ERA DAS REVOLUÇÕES

ERA DAS REVOLUÇÕES

Progresso e reação
de 1600 até o presente

FAREED ZAKARIA

Tradução de George Schlesinger e Renata Guerra

TÍTULO ORIGINAL
Age of Revolutions: Progress and Backlash from 1600 to the Present

PREPARAÇÃO
Diogo Henriques
Isabella Pacheco
Thaís Carvas

REVISÃO
Eduardo Carneiro
João Sette Câmara

REVISÃO TÉCNICA
Jorge Chaloub

ADAPTAÇÃO DE PROJETO GRÁFICO E DIAGRAMAÇÃO
Ilustrarte Design

DESIGN DE CAPA
Pete Garceau

ARTE DE CAPA
Sergej57 / iStockPhoto.com

ADAPTAÇÃO DE CAPA
Lázaro Mendes

Créditos das traduções das citações:
Página 7: Tradução de Álvaro Pina e Ivana Jinkings. São Paulo: Boitempo, 2017.
Página 140: Tradução de Isa Mara Lando. São Paulo: Companhia das Letras, 2010.

CIP-BRASIL. CATALOGAÇÃO NA PUBLICAÇÃO
SINDICATO NACIONAL DOS EDITORES DE LIVROS, RJ

Z25e

Zakaria, Fareed, 1964-
Era das revoluções : progresso e reação de 1600 até o presente / Fareed Zakaria ; tradução George Schlesinger, Renata Guerra. - 1. ed. - Rio de Janeiro : Intrínseca, 2024.
384 p. : il. ; 23 cm.

Tradução de: Age of revolutions: progress and backlash from 1600 to the present
Inclui índice
ISBN 978-85-510-1017-4

1. História das Revoluções. 2. Globalização. 3. Polarização (Ciências Sociais). 4. Políticas mundiais. I. Schlesinger, George. II. Guerra, Renata. III. Título.

24-92070

CDD: 940
CDU: 94(4)

Gabriela Faray Ferreira Lopes - Bibliotecária - CRB-7/6643

[2024]

Editora Intrínseca Ltda.
Av. das Américas, 500, bloco 12, sala 303
22640-904 – Barra da Tijuca
Rio de Janeiro - RJ
Tel./Fax: (21) 3206-7400
www.intrinseca.com.br

Uma citação atribuída a um dos sábios da Mixná diz: "Cubram-
-se com a poeira dos pés do seu rabino."

A meus professores e mentores, que me ajudaram em minha jornada e cuja poeira ostento com gratidão:

Khushwant Singh, Girilal Jain, Robin W. Winks, Paul M. Kennedy, Samuel P. Huntington, Stanley Hoffmann, Robert O. Keohane, Joseph S. Nye Jr., James F. Hoge Jr., Leslie H. Gelb, Richard M. Smith, Mark Whitaker, Jonathan Klein, Richard Pleper, Jeff Zucker.

Essa subversão contínua da produção, esse abalo constante de todo o sistema social, essa agitação permanente e essa falta de segurança distinguem a época burguesa de todas as precedentes. Dissolvem-se todas as relações sociais antigas e cristalizadas, com seu cortejo de concepções e de ideias secularmente veneradas; as relações que as substituem tornam-se antiquadas antes de se consolidarem. Tudo o que era sólido e estável se desmancha no ar, tudo o que era sagrado é profanado, e os homens são obrigados finalmente a encarar sem ilusões a sua posição social e as suas relações com os outros homens.

Karl Marx e Friedrich Engels,
Manifesto comunista

SUMÁRIO

PARTE II: REVOLUÇÕES DO PRESENTE

INTRODUÇÃO

UMA INFINIDADE DE REVOLUÇÕES

O comediante Robin Williams às vezes falava sobre política em suas apresentações de stand-up. Ele começava lembrando a origem da palavra. "Política", explicava, vem de "*poli*, palavra latina que significa muitos, e *tica* [*tics*, em inglês, num trocadilho com a palavra "*tick*", carrapato], que significa criaturas sugadoras de sangue".[1] Isso sempre provocava muitos risos. Na verdade, lamento dizer que a palavra deriva do grego antigo *polites*, que significa "cidadãos" e vem de *polis*, que por sua vez quer dizer "cidade" ou "comunidade". A *Política* de Aristóteles, texto escrito no século IV a.C., é um livro que trata das formas de governar comunidades, ao mesmo tempo que discute todos os elementos da política que hoje nos pareceriam familiares — a natureza do poder, os tipos de sistema político, as causas das revoluções, e assim por diante. A política é um dos raros empreendimentos humanos que não mudaram muito ao longo dos milênios. A forma exterior mudou, mas o cerne de sua preocupação ainda é o mesmo: a luta pelo poder e o que fazer com ele. Em 64 a.C., o maior orador de Roma, Cícero, concorreu ao cargo de cônsul. Seu irmão mais novo decidiu escrever para ele uma espécie de guia que possibilitasse vencer eleições, um conjunto de lições práticas para o irmão por vezes demasiado idealista. Entre as sugestões figuravam prometer tudo a todos, sempre aparecer em público rodeado de partidários apaixonados e lembrar os eleitores dos escândalos sexuais dos oponentes. Mais de 2 mil anos depois, consultores políticos cobram rios de dinheiro para dar os mesmos conselhos.

Apesar dessas constantes, nos últimos séculos a política assumiu uma forma ideológica especial, que pareceria estranha a todos aqueles que viveram no mundo antigo ou medieval. A política moderna, no mundo inteiro, vinha sendo caracterizada como uma disputa entre a esquerda e a direita. A simples demarcação esquerda/direita dizia muito sobre o modo como alguém se situava politicamente, fosse no Brasil, nos Estados Unidos, na Alemanha ou na Índia: a esquerda preconizava um Estado forte com mais regulação e redistribuição; a direita, um mercado mais livre com menos intervenção estatal. Essa divisão ideológica havia muito dominava o cenário político no mundo inteiro, decidia eleições, debates públicos e regulamentações, e chegava até a provocar violência e revoluções. Hoje, porém, essa divisão se desintegrou.

Vejamos o caso de Donald Trump e sua candidatura à presidência dos Estados Unidos em 2016. Trump representava uma ruptura com o passado em muitos aspectos — com sua personalidade bizarra, sua ignorância na área de políticas públicas e sua atitude debochada ante as regras democráticas. Entretanto, talvez o sentido mais significativo em que Trump se mostrava diferente era ideológico. Durante décadas, o Partido Republicano havia adotado um conjunto de ideias que seguiam a chamada "fórmula de Reagan". Ronald Reagan tornou-se um republicano extraordinariamente popular ao defender iniciativas como governo limitado, redução de impostos, corte de gastos públicos, empoderamento das Forças Armadas e a promoção da democracia no exterior. Além disso, ele concorreu com uma plataforma socialmente conservadora — a favor da proibição do aborto, por exemplo —, mas com frequência minimizou esses aspectos do programa, sobretudo depois de ascender ao cargo. Para inúmeros fãs, Reagan era uma figura solar e otimista que celebrava o livre mercado, a abertura ao comércio exterior e generosas políticas de imigração, num modelo que pretendia estender ao restante do mundo.

Trump argumentava contra a maioria dos elementos da fórmula de Reagan. Embora defendesse algumas das mesmas propostas políticas, como redução de impostos e restrições ao aborto, ele dedicava a maior parte do tempo e energia a uma agenda muito diferente. Os longos discursos de campanha de Trump poderiam ser reduzidos em poucas linhas: *Os chineses estão tomando suas fábricas. Os mexicanos estão tomando seus empregos. Os muçulmanos estão tentando matar vocês. Vou derrotar todos eles e tornar os Estados Unidos grandes novamente.* Era uma mensagem de nacionalismo, chauvinismo, protecionismo e isolacionismo. Trump rompeu com muitos elementos centrais da ortodoxia econômica republicana quando prometeu jamais cortar direitos como a previdência social e o Medicare, o que revertia décadas de conservadorismo fiscal republicano. Ele denunciou as intervenções militares de George W. Bush no Afeganistão e no Iraque e condenou o projeto geopolítico do ex-presidente, que visava expandir a democracia. Na verdade, Trump atacou praticamente todos os últimos paladinos republicanos, e foi rejeitado por todos os presidentes vivos do partido e quase todos os indicados vivos também.[2] E, embora reverenciasse o mito Reagan, Trump não poderia ter sido mais diferente — uma figura emburrada e pessimista que alertava para o fato de que os Estados Unidos eram um país condenado e prometia o retorno a um passado mítico.

Trump não é o único homem de direita que rompe com a ideologia direitista tradicional. Na verdade, ele faz parte de uma tendência global. Na Grã-Bretanha, o Partido Conservador liderado por Boris Johnson abraçou abertamente uma política de altos gastos. Ele e outros defensores do Brexit ignoraram economistas conservadores segundo os quais o Reino Unido se ressentiria da perda do livre-comércio com a União Europeia. Viktor Orbán, o líder populista húngaro, mistura livremente grandes programas de governo com ataques a imigrantes e minorias. Giorgia Meloni, a líder da direita italiana, denuncia o consumismo e o capitalismo de mercado enquanto constrói um novo movimento nacionalista baseado na identidade — étnica, religiosa e cultural. Fora da Europa, Narendra Modi promoveu o crescimento econômico e reformas na Índia, mas ele e seu partido tiveram o cuidado de pôr em prática também uma agenda de nacionalismo hinduísta, à custa de muçulmanos, cristãos e outras minorias. No Brasil, o partido direitista de Jair Bolsonaro definia seu projeto como um retorno do país a seu passado cristão, do qual tinha sido desviado por internacionalistas, esquerdistas e minorias. Surgiram ainda movimentos de esquerda que compartilhavam com adversários de direita o desdém pelo *establishment* e o desejo de derrubar a ordem vigente. Personagens como Bernie Sanders, nos Estados Unidos, e Jeremy Corbyn, no Reino Unido, fracassaram na conquista do poder, mas populistas de esquerda passaram a controlar países da América Latina depois de um prolongado domínio conservador, como ocorreu no Chile, na Colômbia e no México.

As plataformas variam de país para país, entre populistas de direita e de esquerda, mas eles partilham uma atitude de desprezo em relação a normas e práticas como liberdade de expressão, procedimentos parlamentares e instituições independentes. A democracia liberal envolve regras, não resultados. Defendemos a liberdade de expressão, não discursos específicos. Desejamos eleições livres e justas, não favorecer um candidato. Fazemos leis por consenso e concessões, não por decreto. No entanto, há cada vez mais pessoas que, frustradas com o processo, certas da própria virtude e execrando o outro lado, querem proibir o que entendem como discursos "ruins", fazer política por decreto e até mesmo manipular o processo democrático. Os fins justificam os meios. Esse antiliberalismo perigoso prevalece mais na direita, mas há exemplos em ambos os lados — Andrés Manuel López Obrador é um clássico populista de esquerda não liberal.

Em 2006, o então primeiro-ministro britânico, Tony Blair, observou argutamente que o século XXI estava assistindo ao desvanecer das "linhas tradicionais esquerda-direita". Em seu lugar, a grande divisão estava se tornando "aberto contra fechado".[3] Os que festejam os mercados, o comércio exterior, a imigração, a diversidade e a tecnologia aberta de uso franco estão de um lado dessa divisão, enquanto os que veem todas essas forças com certa desconfiança e querem desacelerá-las ou eliminá-las estão do outro. Essa cisão não corresponde exatamente à antiga divisão entre esquerda e direita. Um dos sinais de uma era revolucionária é quando a política se embaralha ao longo de novas linhas.

ORIGENS DAS REVOLUÇÕES

Eu estava com Steve Bannon no Campo de' Fiori, uma das praças mais antigas de Roma, quando ele apontou, entusiasmado, para a estátua que havia bem ali, no centro. Era junho de 2018, e Bannon chegara à cidade para promover uma coligação de dois partidos populistas muito diferentes que, juntos, tinham conquistado metade dos votos nas eleições italianas recém-realizadas. Segundo a mensagem dele, esses dois grupos, apesar de parecerem muito distantes no espectro político tradicional, eram aliados no novo cenário político. Ambos abraçavam convicções "fechadas" em relação ao comércio exterior, à imigração e à União Europeia, se opunham aos partidos convencionais de esquerda e de direita que vinham dominando a Itália havia décadas, e apoiavam, com leves variantes, reformas de livre mercado, abertura do comércio, integração europeia e multiculturalismo. Bannon tem uma personalidade vivaz, controversa e volátil, e durou poucos meses como principal estrategista de Trump na Casa Branca. Sua estrela se apagara havia tempos, e, embora ele nunca tivesse exercido impacto direto na política (nem tivesse uma grande bússola moral), não deixava de ter uma visão própria sobre o populismo difundido no mundo. Ignorando dezenas de vendedores que negociavam de tudo, desde azeite de oliva a camisetas, Bannon começou a louvar a figura escura e meditativa vestida com um manto flutuante e um capuz que lhe cobria o rosto quase por completo. Tratava-se de um monumento a Giordano Bruno, monge e filósofo executado ali naquele lugar em 1600. Bannon tinha tanto interesse por Bruno que anos antes gravara um documentário inconcluso sobre ele.

Bannon reverenciava Bruno por ter sido um radical ousado que desafiou abertamente o *establishment* da época, ou seja, a Igreja Católica. Bruno discordava dos mais importantes dogmas da Igreja, e afirmava que a Terra não estava no centro do mundo e que o universo era na verdade infinito. "Galileu, que é considerado um herói hoje em dia, na realidade se retratou", disse Bannon sobre o famoso astrônomo italiano, o qual também afirmara que as estrelas não giram em torno da Terra. "O fato é que foi Bruno quem terminou queimado na fogueira, quinhentos anos atrás", porque negou-se a se retratar. (As dependências da Inquisição papal, instituída para eliminar o livre-pensamento e a heresia, ficavam de frente para o Campo.)

Lembrei a Bannon que havia uma diferença importante entre o seu herói italiano e o seu cliente americano. Bruno era progressista. Opunha-se a conservadores e tradicionalistas, defendia ideias que mais tarde se tornariam parte do arcabouço fundamental do Iluminismo. Bannon, contudo, parecia não se preocupar com isso. Para ele, Bruno era um livre-pensador temerário que desafiou a estrutura de poder vigente. No fundo, Bannon é um revolucionário que pretende derrubar o *establishment*, atacá-lo por todos os lados possíveis. Ele admira Lênin pelas táticas revolucionárias. Reconheceu que se sentia atraído por Bruno porque acreditava que, em tempos de instabilidade, o radicalismo implacável era a única opção. "Outro dia, falando sobre as eleições na Itália, George Soros disse que estamos vivendo tempos revolucionários", comentou Bannon. "Eu acredito nisso. Acho que estamos assistindo a uma reestruturação fundamental."

É estranho que usemos a palavra "revolução" para designar as mudanças radicais, abruptas e por vezes violentas da sociedade. No âmbito da ciência, em que a princípio foi usada, a palavra significa o movimento firme de um corpo em torno de um eixo fixo, quase sempre a órbita normal de um planeta ou estrela. Isso remete a ordem, estabilidade, um modelo determinado — movimento que sempre devolve o objeto à sua posição original. A

Terra gira em torno do Sol de modo determinado e previsível. O segundo significado de revolução, que começou a ser usado pouco depois do primeiro e hoje é o mais comum, é "mudança repentina, radical e completa", "mudança fundamental" ou "derrocada" — um movimento que lança as pessoas para longe de onde estavam.[4] A expressão "Revolução Francesa" é o arquétipo do uso da palavra nesse sentido.

Por que uma só palavra teria duas definições quase que opostas? Derivada do latim *revolvere*, que significa reverter, ela deu origem não apenas a "revolver", como também a "revoltar", que alude à ideia de reverter a lealdade a um rei ou a uma instituição. Talvez exista uma estranha afinidade entre os dois significados. Vemos esse dualismo desde o início, quando a palavra foi usada pelo astrônomo Nicolau Copérnico. Em 1543, Copérnico publicou *Das revoluções das esferas celestes*, tratado no qual usou a palavra em seu primeiro significado, o científico. No entanto, embora tenha usado "revolução" no sentido usual, Copérnico estava propondo uma tese que modificava radicalmente nosso entendimento do cosmo, ao transferir a Terra do centro do universo para a periferia. Tendo virado de ponta-cabeça tanto a astronomia quanto a teologia, a mudança que Copérnico pôs em marcha passou a ser conhecida como Revolução Copernicana, e essa teoria era revolucionária em ambos os sentidos da palavra.

Nossa época é revolucionária no sentido em que comumente se utiliza a palavra. Para onde quer que se olhe, é possível ver mudanças radicais e drásticas. Um sistema internacional que parecia estável e familiar está mudando depressa, com os desafios de uma China em ascensão e uma Rússia revanchista. No seio das nações, vemos uma destruição total da velha ordem política, enquanto novos movimentos que transcendem a tradicional divisão esquerda-direita ganham espaço. No âmbito econômico, o consenso surgido após o colapso do comunismo em relação aos livres mercados e ao livre-comércio foi derrubado, e é grande a incerteza quanto a como as sociedades e as economias devem navegar essas águas não exploradas. Como pano de fundo para tudo isso está o pleno florescimento da revolução digital e a chegada da inteligência artificial, com consequências novas e disruptivas.

Na verdade, nosso momento aparentemente sem precedentes constitui uma revolução no outro sentido da palavra, um desejo nostálgico de voltar ao ponto de partida. O avanço radical é seguido de uma reação e de uma ânsia de retorno a uma era de ouro pregressa, vista como simples, ordenada e pura. Esse é um modelo que podemos ver ao longo da história: aristocratas com saudade da cavalaria mesmo quando já despontava a idade da pólvora; luditas que destruíam máquinas na tentativa de deter o futuro industrializado; e, agora, políticos que apregoam valores familiares e prometem retomar o passado para tornar os respectivos países grandes *de novo*.

A história moderna testemunhou uma série de expressivas e fundamentais rupturas com o passado. Algumas foram intelectuais, como o Iluminismo, enquanto outras foram tecnológicas e econômicas. Com efeito, o mundo passou por tantas revoluções industriais que tivemos que numerá-las: primeira, segunda, terceira e agora, quarta. Houve ainda uma série de revoluções políticas e sociais, que também ocorrem nos dias de hoje.

Durante décadas, assistimos a um mundo em estado de intensa atividade, com mudanças econômicas e tecnológicas aceleradas, concepções de identidade flutuantes e uma geopolítica em rápida transformação. A Guerra Fria levou a uma nova ordem que começou a se desintegrar poucas décadas após a sua instituição. Muita gente celebrou o ritmo e a natureza dessas mudanças; outros as reprovaram. No entanto, acima de tudo, precisamos entender o quão disruptivas elas foram do ponto de vista físico e psicológico, uma vez que essa era de aceleração provocou um sem-número de reações. Precisamos compreendê-las e responder a elas.

Vejamos a epígrafe deste livro: "Tudo o que era sólido e estável se desmancha no ar, tudo o que era sagrado é profanado, e os homens são obrigados finalmente a encarar sem ilusões a sua posição social e as suas relações com os outros homens." Essas frases parecem ter sido escritas hoje, talvez por um intelectual de direita que lamenta o colapso da sociedade tradicional e anseia por um retorno a tempos mais simples. No entanto, elas foram publicadas em 1848, numa era também revolucionária, quando o velho mundo agrícola estava sendo substituído a passos largos por um novo mundo industrial, e a política, a cultura, a identidade e a geopolítica estavam sendo varridas pelos ventos fortes da mudança estrutural. E essas palavras não foram escritas por conservadores, mas por Karl Marx e Friedrich Engels, no *Manifesto comunista*. Marx compreendeu como poucos as consequências imensamente destrutivas do capitalismo e da tecnologia, bem como os muitos problemas que eles causavam, embora as soluções que deram para esses problemas tenham se mostrado desastrosas onde e quando foram postas à prova. O fato de que essa declaração pudesse hoje vir da direita mostra com clareza que estamos ingressando numa nova era da política que pode acabar com as divisões do passado.

UMA REVOLUÇÃO ENTRE NAÇÕES

Essas revoluções *internas* às nações vêm acontecendo junto com uma revolução *entre* nações — um reordenamento fundamental da política global. A partir de 1945, por mais de três quartos de século e de modo surpreendente, o mundo manteve-se estável. Primeiro porque, durante o quase meio século de Guerra Fria, as duas superpotências nucleares se reprimiam reciprocamente. A forte competição entre elas muitas vezes se transmutava em conflitos sangrentos em lugares como a Coreia e o Vietnã, mas entre os Estados mais poderosos — aqueles que poderiam dar início a uma Terceira Guerra Mundial — havia um impasse. Assim, em 1991, com o colapso da União Soviética, entramos em uma era extraordinariamente rara na história, pelo menos desde a queda de Roma: uma era em que havia apenas uma superpotência.

A analogia mais próxima a se fazer seria com o Império Britânico em seus dias de glória; mesmo assim, na arena geopolítica mais importante da época — a Europa —, a Grã-Bretanha do século XIX sempre foi apenas mais uma grande potência entre muitas, todas constantemente manobrando em busca de vantagens. Todavia, os Estados Unidos pós-1991 ergueram-se acima de todas as outras nações, o que resultou em um acontecimento sem precedentes: um mundo unipolar, marcado pela ausência de competição entre as grandes potências. Ao longo da maior parte da história, disputas políticas e militares entre as nações mais ricas e mais pobres do mundo definiram o panorama internacional, tornando-o inerentemente tenso e instável. Contudo, depois de 1991, impôs-se subitamente uma calma nascida da falta de competição. Como poderia haver rivais? A China ainda era uma nação empobrecida em desenvolvimento, responsável por menos de 2% do PIB mundial. A Rússia cambaleava após o colapso do comunismo: seu PIB caiu 50% na década de 1990, ainda mais do que durante a Segunda Guerra Mundial. Até mesmo competidores na área econômica, como o Japão e a Alemanha, na verdade não estavam no páreo. O Japão havia entrado num prolongado período de estagnação, e a Alemanha se exauria na integração de sua metade oriental ao país recém-unificado.

Washington, em sua fase unipolar, empenhou-se em moldar o mundo à sua imagem, cometendo uma série de erros, às vezes, por excesso de cautela, às vezes, por tentar ir longe demais. Isso, no entanto, teve dois efeitos cruciais. Primeiro: a unipolaridade gerou uma era de estabilidade global, livre de grandes disputas geopolíticas, de corridas armamentistas e de guerras entre as grandes potências. Segundo: as ideias americanas tornaram-se globais. Os Estados Unidos impulsionaram o restante do mundo em direção à globalização, à liberalização e à democratização. Mercados, sociedades e sistemas políticos se abriram, enquanto a tecnologia conectava pessoas de todo o planeta em enormes plataformas abertas. Tudo isso parecia natural e inevitável, expressão de desejos humanos inatos. Os americanos sem dúvida pensavam assim.

A impressão era a de que a política importava menos do que no passado. A economia triunfara. Lembro-me de um velho oficial indiano me contando, na década de 1990, que mesmo que o partido dele perdesse, a oposição assumiria e implementaria medidas muito semelhantes, porque também reconhecia a necessidade de buscar formas de atrair investimentos, aumentar a produtividade e crescer. Como havia dito Margaret Thatcher uma década antes, ao justificar sua política de *laissez-faire* na Grã-Bretanha, "não há alternativa". E a década de 1990 e o começo da seguinte — tempos de estabilidade, inflação baixa, cooperação global e progresso tecnológico — pareciam realmente materializar a ideia de que a liberalização era inevitável. Mas não era bem assim. Essas forças na verdade se apoiavam no avassalador poderio militar e econômico dos Estados Unidos como âncora global e unipolar. Assim deu-se a proliferação de democracias liberais pelo mundo.

Uma observação importante: quando uso "liberal" ao longo deste livro, não o uso em sua conotação americana moderna, como sinônimo de "esquerda". Refiro-me ao liberalismo clássico, a ideologia que nasceu do Iluminismo em oposição à autoridade monárquica e religiosa. Embora seja um termo discutível, disputado hoje pela esquerda e pela direita, ele é geralmente entendido no sentido de garantia de direitos individuais e liberdades em âmbito doméstico, liberdade religiosa, livre-comércio e economia de mercado e cooperação internacional dentro de uma ordem regrada. Assim, tanto Ronald Reagan quanto Bill Clinton eram liberais no sentido clássico, com Reagan enfatizando a liberdade econômica e Clinton, a igualdade de oportunidades (para que se possa exercer a própria liberdade). Os novos populistas, de direita e de esquerda, atacam toda a essência do projeto liberal. Desconfiam de procedimentos neutros, como a liberdade de expressão, e estão convencidos da importância de punir o discurso que abominam. O porta-voz republicano da Câmara dos Representantes, Mike Johnson, tornou-se abertamente crítico de um dos pilares da fundação dos Estados Unidos, a separação entre Igreja e Estado. No extremo, esses populistas iliberais pretendem descartar as regras da democracia eleitoral para conquistar um objetivo maior: a eleição de um candidato ou a aprovação de uma lei que apoiam. Na verdade, Mike Johnson foi um dos arquitetos da estratégia que pretendia invalidar a eleição de Joe Biden em 2020.

Um sistema internacional dominado por um país hegemônico liberal, como a Grã-Bretanha no passado e os Estados Unidos hoje, incentiva a disseminação de valores liberais. Mas essa conexão também pode funcionar ao contrário. Quando o domínio americano começou a perder força, a abertura e o liberalismo ficaram sob pressão. Os Estados Unidos continuam extraordinariamente fortes, mas já não são o colosso que foram durante a era unipolar. O primeiro desafio à hegemonia americana foi a primeira grande reação ao país: o 11 de Setembro, um ataque criminoso que veio de uma parte do mundo em que o liberalismo ainda precisava se afirmar, e na qual o fundamentalismo islâmico permanecia em violenta oposição aos valores do Iluminismo. No entanto, a maior parte do estrago não veio dos ataques em si — cometidos por um bando de terroristas sem poder para mudar o mundo —, mas da reação em massa dos Estados Unidos. Acima de tudo, o país esgotou as forças quando decidiu ocupar o Afeganistão e depois invadir o Iraque. O fracasso dessas intervenções rompeu a mística do poderio militar dos Estados Unidos. Para piorar, a invasão representou uma violação da ordem regrada que vinham promovendo havia tempos. Depois veio a crise global de 2008, que dissipou a aura do poderio econômico americano. Na década de 1990, a economia dos Estados Unidos parecia ser um modelo para o mundo, sobretudo no que dizia respeito a seu dinâmico e eficiente sistema financeiro. Países em desenvolvimento costumavam invejar e copiar aspectos do sistema americano, na esperança de replicar-lhe o sucesso. Contudo, quando veio a quebradeira, o que se revelou foi um sistema financeiro crivado de riscos catastróficos ocultos, o que convenceu muita gente de que não havia ali nenhum exemplo a ser seguido. Em meio à crise, um dos principais líderes da China, Wang Qishan, disse ao então secretário do Tesouro dos Estados Unidos, Hank Paulson: "Você era meu professor, mas [...] veja só o seu sistema, Hank. Não temos certeza se devemos continuar aprendendo com você de agora em diante."[5]

Tudo isso acontecia enquanto a estabilidade política também se esfacelava. O Congresso tinha perdido a capacidade de desempenhar algumas de suas funções mais essenciais, como aprovar o orçamento. Ameaças de paralisação do governo tornaram-se rotineiras. Normas e procedimentos havia muito consagrados em Washington foram erodidos e até destruídos. A obstrução de leis tornou-se prática comum, e projetos que no passado eram aprovados com facilidade começaram a se arrastar, o que lançou areia nas engrenagens do governo. A elevação do teto de gastos tornou-se uma batalha partidária existencial, o que agravou o risco de uma moratória nacional. A polarização política chegou a um pico que não se via desde o período que se seguiu à Guerra de Secessão.[6]

Não se trata de um caso de doença contagiosa em ambos os lados. O Partido Republicano, também conhecido como GOP e um dos dois grandes partidos dos Estados Unidos, tornou-se presa de uma apropriação populista que se importa menos com as normas da democracia liberal do que com a manutenção de um radicalismo revolucionário. Donald Trump questionou ou reverteu políticas consagradas no país e no exterior, o que causou preocupação a muitos aliados no tocante à confiabilidade americana. E então, numa iniciativa prolongada que culminou na invasão do Capitólio em 6 de janeiro de 2021, Trump tentou reverter a derrota eleitoral que sofrera e permanecer no poder, o que nenhum presidente americano havia feito em toda a história do país. Seguindo o comando dado por ele, em outro ato sem precedentes, a maioria republicana na Câmara votou contra o reconhecimento da eleição de Joe Biden para presidente, embora dezenas de decisões judiciais tivessem descartado todas as acusações de fraude apresentadas. Washington já não brilhava.

A erosão do prestígio americano teria um peso bem menor se o país não estivesse enfrentando novos desafios. Durante as três últimas décadas, a maré alta do crescimento no mundo resultara num fenômeno que chamei de "a ascensão do resto", com países como a China, a Índia, o Brasil e a Turquia ganhando força e confiança. Certamente, as duas forças mais disruptivas foram de longe a ascensão da China e o retorno da Rússia, que trouxe novas e profundas tensões ao cenário internacional. Depois de uma "folga da história"[7] que durou trinta anos, estávamos mais uma vez num mundo moldado pela concorrência e pelo conflito entre grandes potências. Essas hostilidades sabotaram as forças que pareciam nos unir — comércio exterior, viagens e tecnologia —, à medida que surgem novas barreiras a cada dia. A covid-19 acelerou a propensão ao protecionismo e ao nacionalismo, enquanto os países buscavam caminhos para ser mais autossuficientes. E então veio a Guerra na Ucrânia, que nos levou de volta aos tempos dos conflitos geopolíticos, marcados pela disputa territorial. Assistimos a uma espécie de guerra que muita gente acreditava estar relegada aos livros de história e aos documentários em preto e branco da Segunda Guerra Mundial: cidades europeias sendo destruídas sob bombardeios impiedosos, milhões de civis fugindo dos lares, tanques passando sobre ruínas fumegantes. A recuada do poderio americano no Oriente Médio fez com que potências regionais tentassem preencher o vazio de poder, o que levou a um aumento das tensões e a intensos conflitos locais — da Síria ao Iêmen e a Gaza. A Ásia assistiu à volta da clássica política de equilíbrio de poder, enquanto a China busca exercer maior influência, e muitos dos vizinhos do país recorrem ao auxílio dos Estados Unidos para se equilibrar ante a crescente hegemonia asiática. A língua da cooperação deu lugar a conversas sobre nacionalismo, concorrência e conflito.

Até mesmo em lugares em que guerras não parecem ser iminentes, uma nova atmosfera se impôs. Depois de três décadas de liberalização, democratização e abertura, estamos presenciando um retrocesso. Desde a crise financeira, a economia de mercado vinha perdendo a aura. Hoje, para onde quer que se olhe, a política sobrepuja a economia. Com o Brexit, o Reino Unido preferiu cortar laços privilegiados com o seu maior mercado, a União Europeia, por razões que só podem ser entendidas como políticas. Na China, Xi Jinping abandonou a abertura para o mercado, que elevou o país ao grupo das grandes nações do mundo, e apostou firme no controle estatal. Donald Trump não teve sucesso na construção do muro na fronteira com o México, mas aumentou os impostos sobre artigos estrangeiros mais do que qualquer outro presidente desde que Herbert Hoover assinou a Lei Tarifária, em 1930. O sucessor de Trump, Joe Biden, insistiu que muitos de seus planos de gastos seriam baseados na compra de provisões para os Estados Unidos. Outros países tentaram segui-lo. No mundo todo, os países estão privilegiando a resiliência, a autossuficiência e a segurança nacional em detrimento do crescimento e da eficiência. A imigração, no passado festejada e incentivada, tornou-se um palavrão, e os países passaram a ver os imigrantes com maus olhos. Mudanças culturais que pareciam irreversíveis, como o direito ao aborto, foram revertidas.

"Aceitamos o desafio de sociedades mais abertas ou construímos defesas contra isso?", perguntava Tony Blair em 2006. Um número cada vez maior de líderes escolheu o caminho "fechado". Mais uma vez, acreditaram que não havia alternativa.

O MAL-ESTAR NA MUDANÇA

O que torna uma época revolucionária? Existem outras consequências previsíveis de uma era revolucionária? E como tudo isso termina? Essas são algumas das perguntas que tento responder neste livro e, para tanto, volto no tempo e busco entender épocas revolucionárias anteriores — as origens e consequências —, para depois examinar os dias de hoje.

Comecei pela aurora da era moderna, a primeira revolução liberal, que, ao desafiar séculos de monarquia, criou a forma republicana de governo que atualmente predomina no mundo. Ela ocorreu nos Países Baixos no fim do século XVI e início do século seguinte, mas poderia não ter mudado o mundo se em 1688 alguns de seus elementos não tivessem se espalhado para a Grã-Bretanha. Em 1689, esse segundo episódio foi chamado por um de seus defensores de "Revolução Gloriosa", e resultou na supremacia do Parlamento. No longo prazo, a Revolução Gloriosa conduziu a Grã-Bretanha pelo caminho que faria dela a principal potência industrial do mundo, ao estender a toda parte as ideias e práticas liberais que praticava — as quais sobreviveram ao Império Britânico. Passo, então, a considerar duas revoluções: a Revolução Francesa, que foi um estrondoso fracasso, e a Revolução Industrial, que triunfou além do imaginável. Ambas, cada uma a seu modo, moldaram o mundo em que vivemos. Por fim, passo a segunda metade do livro tentando entender a era atual, que, como muitas eras anteriores, foi atingida por uma mudança revolucionária que dilacerou uma série de domínios ao mesmo tempo — economia, tecnologia, identidade e geopolítica. Dedico um capítulo a cada uma dessas revoluções dos dias de hoje.

Embora os exemplos que examino tenham muitas variantes, todos seguem um modelo básico. Primeiro, vemos amplas mudanças estruturais, com tremendos avanços em tecnologia e aceleração da atividade econômica e da globalização. Essas rupturas desencadeiam outra mudança significativa: na identidade. À medida que começam a surgir novas oportunidades e a enfrentar novos desafios, as pessoas começam a se definir de outra maneira. Talvez você pense que estou descrevendo nossa era atual de políticas identitárias, mas vejamos o fim do século XVI: o avanço da economia dos Países Baixos e de novas tecnologias, como a imprensa, deu origem a uma nova noção de identidade entre as pessoas. Elas passaram a se ver como protestantes, holandesas e, acima de tudo, independentes do Império dos Habsburgo, seus senhores católicos supremos.

Uma transformação semelhante ocorreu quando a Europa e os Estados Unidos se industrializaram, o que modificou o papel da aristocracia rural e ao mesmo tempo deu origem a uma nova categoria de pessoas: a "classe trabalhadora". Ser conservador, na época, significava ser proprietário de terras e ter profunda desconfiança de mercados, mercadores e manufaturadores — cujos interesses eram defendidos pelos liberais. No entanto, em pouco tempo essas identidades se modificaram no Ocidente, com a criação de toda uma nova elite fundada no dinheiro, não na linhagem. O conservadorismo passou a defender uma nova elite comercial, e os liberais, a solidariedade com a classe trabalhadora. Mais recentemente, a era pós-industrial — determinada por saltos tecnológicos e globalização acelerada — promoveu uma revolução própria na identidade, que colocou a cultura em primeiro plano e desviou para a direita trabalhadores que outrora eram de esquerda. Às vezes, essa revolução na identidade envolve uma afirmação positiva, ao instilar uma noção de orgulho das próprias origens. Outras vezes é negativa, por alimentar ressentimentos e hostilidades com relação aos outros. Seja como for, é poderosa e tem consequências.

Quando juntas, essas três forças — tecnologia, economia e identidade — quase sempre provocam uma reação que leva a uma nova política. Os seres humanos não são capazes de absorver tantas mudanças tão rápido assim. A velha política, herdada de uma era anterior, em geral não consegue manter o ritmo. Os políticos lutam para se ajustar e, para tanto, modificam opiniões que antes defendiam e buscam novas alianças. O resultado é reforma e modernização ou repressão e revolta, e, muitas vezes, uma combinação incendiária das duas coisas.

Hoje, as transformações no seio das nações também provocaram uma revolução geopolítica, em que vários países — principalmente a ambiciosa China e a agressiva Rússia — questionam a ordem liberal liderada pelos Estados Unidos. A China deve a ascensão à revolução econômica e tecnológica que permitiu ao país entrar para as fileiras das grandes potências, enquanto a Rússia de Vladimir Putin recorreu a políticas identitárias e ao nacionalismo extremo como forma de reagir ao declínio estrutural do país.

Quando observamos a quantidade de mudanças radicais no mundo de hoje, vemos que estamos atravessando uma das eras mais revolucionárias da história. Essas mudanças nem sempre ocorrem ao mesmo tempo, nem todas as revoluções se dão da mesma forma. Descrevi uma série de forças que quase sempre coincidem, mas seria impossível separar com nitidez causa e efeito em cada caso. Cada revolução é, de algum modo, singular. Apesar disso, todas essas mudanças parecem interagir e se reforçar mutuamente. Elas tendem a dar origem a algum tipo de reação. Exemplos do passado mostram que mudanças bem administradas levam a desfechos estáveis e eficazes, enquanto mudanças mal administradas conduzem a rotundos fracassos. No transcurso da história, houve um verdadeiro movimento para a frente, em direção a uma maior prosperidade coletiva e a mais autonomia e dignidade individuais. Houve também poderosas reações, como as daqueles que, deixados para trás, aferram-se desesperadamente ao passado e revidam com tenaz determinação. No longo prazo, porém, como diria o rei Artur a Sir Bedivere, o último dos cavaleiros da Távola Redonda, no poema de Tennyson, "a velha ordem mudou, e deu lugar ao novo".[8]

Não posso nem pretendo cobrir *todas* as revoluções. Os leitores dos Estados Unidos estranharão que a Revolução Americana esteja desempenhando um papel modesto neste livro — apesar de toda a audácia política demonstrada, ela não transformou de imediato as estruturas mais profundas da sociedade. (Melhor seria pensar nela como uma guerra de independência — de início, muitos colonos tentaram conservar os direitos de que gozavam na condição de cidadãos ingleses, que acreditavam ter sido "usurpados" pelo governo britânico.) Veremos aqui poucas discussões sobre várias outras revoluções que moldaram nosso mundo. Sem dúvida, a tomada do poder pelos comunistas e os levantes islâmicos tiveram consequências profundas; quase sempre resultaram de movimentos econômicos e tecnológicos e da formação de novas identidades, e nesse sentido estão relacionados com revoluções anteriores no Ocidente. Basta ver, por exemplo, como a rápida modernização desestabilizou o Irã, empurrou o povo para o islamismo fundamentalista e terminou com a deposição do xá pela Revolução Iraniana. Algumas revoluções foram diretamente inspiradas pelas revoluções que analiso, uma vez que a Revolução Russa de Lênin se inspirou conscientemente na Revolução Francesa, assim como a Revolução Chinesa de Mao, com consequências devastadoras. No entanto, mais do que mergulhar em cada revolução ocorrida no mundo, preferi me ater ao enredo principal do Ocidente, uma espécie de narrativa mestra que influenciou a política em toda parte.

A história que conto aqui é mais profunda e mais importante do que um debate sobre as possíveis vantagens dos mercados sobre o Estado. Ela trata do cabo de guerra entre passado e futuro. Desde o século XVI, as mudanças tecnológicas e econômicas fomentaram imensos progressos, assim como enormes disrupções. A disrupção e a distribuição desigual das vantagens alimentam a ansiedade. Mudança e ansiedade, por sua vez, levam a uma revolução da identidade, em que as pessoas buscam novas comunidades e novos significados. E todas essas forças, então, geram uma revolução política. Ao longo destas páginas, veremos dois enredos concorrentes: o do liberalismo, que representa progresso, crescimento, ruptura e *revolução (no sentido de avanço radical)*, e o do iliberalismo, que representa retrocesso, restrição, nostalgia e *revolução (no sentido de volta ao passado)*. Esse duplo significado de revolução perdura até os dias de hoje. Donald Trump se vê como revolucionário, mas daqueles que querem levar o mundo de volta à década de 1950.

Não sou um observador isento dessas tendências. Acredito que o crescimento econômico, a inovação tecnológica e a abertura cultural ajudaram a maioria das pessoas a ter uma vida melhor, com mais controle sobre os respectivos destinos. Respeito e compreendo as muitas preocupações que foram manifestadas ao longo do tempo sobre a rápida mudança e a maior liberdade e autonomia individuais, mas não tenho o desejo de voltar à comodidade de um passado imaginário. Para muitos, a quase esquecida Idade de Ouro não foi tão dourada assim, com amplos segmentos da sociedade em grande medida excluídos da prosperidade e do poder. Fui criado na Índia, onde o conceito de "comunidade" seguia quase sempre de mãos dadas com o conformismo social, a repressão e o patriarcalismo. Acredito que o ritmo das mudanças deveria ser por vezes retardado, que as elites deveriam ter cuidado para não impor à sociedade noções radicais e abstratas de progresso, e que aqueles deixados para trás merecem mais ajuda do que a que estão recebendo. É importante observar a natureza orgânica da sociedade, que pode absorver rupturas até certo ponto e permanecer intacta. No fim, porém, só há um caminho razoável no longo prazo: seguir em frente.

Não podemos prever ao certo que forma nossa era revolucionária vai tomar — se os anos vindouros serão de progresso ou retrocesso. O futuro não é um fato estabelecido que nos cabe adivinhar. Dependerá de ações e interações humanas ao longo dos anos e de décadas. O retrocesso por vezes soa como como um revés temporário, um estágio no caminho para o progresso. Mas as sociedades podem passar décadas sob regimes reacionários, como no Irã. Também estamos enfrentando desafios novos e, em alguns casos, sem precedentes, como a mudança climática, ela própria uma reação ambiental desencadeada pela ação humana. Se não for tratada, ela poderá ser a revolução que suplanta todas as outras — e isso certamente transformará não só a política, como também muitas outras coisas. Há vários futuros possíveis. Temos que trabalhar para chegar àquele que desejamos.

AS ORIGENS DA DISPUTA ESQUERDA *VERSUS* DIREITA

Antes de tratarmos da nova política e cultura, com sua divisão aberto-fechado, precisamos entender a velha ordem que está sendo substituída: a tradicional divisão entre esquerda e direita. De onde ela veio? Por que pensamos hoje nas pessoas como sendo de esquerda ou de direita? A terminologia nasceu numa era revolucionária, a França do fim do século XVIII, e supostamente foi obra de um homem: um arquiteto chamado Pierre-Adrien Pâris.

Pâris não era considerado o mais talentoso de sua época, mas era competente na execução e com frequência chamado para cuidar de construções adicionais ou remodelações, sobretudo de quintais e jardins, tendo trabalhado em projetos como a Ópera de Paris e até mesmo o Palácio do Eliseu. Pâris acabou sendo convidado a projetar um grande salão em Versalhes, sede da monarquia francesa, onde, em 1789, se reuniria a Assembleia dos Estados Gerais, uma espécie de parlamento que aconselhava o rei. Ninguém sabia disso na época, mas esse período da política francesa estava a ponto de ser tomado por episódios dramáticos e uma histórica mudança global: a Revolução Francesa. Essa atmosfera de levante gerou a divisão entre esquerda e direita.

Quando a Assembleia se reuniu pela primeira vez, o mapa dos assentos no salão refletia a estrutura de poder do Estado francês desde a época medieval. O rei — ou um representante — ficava no centro; à direita sentavam-se os representantes do clero; à esquerda, os da nobreza; e, no fundo do salão, olhando diretamente para o rei, o povo. Mas o povo logo compeliu os três estados medievais a se fundirem num único corpo com real poder legislativo: a Assembleia Nacional.

O novo corpo legislativo passou do trato de questões fiscais de menor importância a questões muito maiores, sobre o poder da Igreja e o futuro da monarquia. À medida que as discussões se intensificavam, a divisão dos assentos por classe e região deu lugar a um arranjo mais espontâneo, com as pessoas sentando-se perto daqueles com quem concordavam e formando conglomerados ideológicos. Em 29 de agosto de 1789, o barão de Gauville, um conservador, anotou no seu diário: "Começamos a nos reconhecer uns aos outros; os que eram leais à religião e ao rei tomaram assentos à direita, de modo a evitar os apupos, discursos e indecências que tinham livre curso no campo oposto."[9] Isso deu início à divisão, na França, entre os da direita, que desejavam manter a ordem vigente, e os da esquerda, que pretendiam promover o poder do povo. Essa divisão, forjada no calor da Revolução Francesa, foi a responsável pelo fato de até hoje, mais de dois séculos depois, ainda usarmos os termos "esquerda" e "direita".

À medida que a esquerda ganhava força, e levava Luís XVI a dividir o poder com o povo, a sede do governo foi transferida de Versalhes para

Paris. Para o rei, não foi uma mudança difícil, pois ele tinha uma residência na cidade: o Louvre. A Assembleia Nacional, no entanto, precisava de uma sede urbana, e Pierre-Adrien Pâris foi novamente convocado, dessa vez para transformar o hipódromo coberto do Palácio das Tulherias numa câmara legislativa.

O novo espaço, ao que parece, não foi um sucesso retumbante, e abrigava um corredor longo, estreito e mal ventilado. E o mais importante: devido ao formato do salão, o arranjo ovalado anterior deu lugar a um novo, estritamente retangular — um assento para o presidente da sessão ladeado por longas filas à direita e à esquerda. Essa nova configuração exacerbava as tendências que já tinham aparecido na velha câmara. Como diz o historiador Timothy Tackett, "a estrutura do salão levava todos a se sentarem à esquerda ou à direita: uma realidade física que invariavelmente contribuía para a polarização da Assembleia".[10]

Poucos anos depois, a divisão entre esquerda e direita estava profundamente entranhada na política francesa, sendo vista por todos como deletéria para a cooperação e um exercício sensato da política. Assim, a Assembleia decidiu reconstruir suas câmaras com uma disposição de assentos semicircular, sem corredor algum separando esquerda e direita, o que permitia a algumas pessoas se sentarem no meio. Contudo, a grande divisão na orientação política já estava instalada.

Na verdade, essa divisão logo se estendeu para bem além da França. Na Grã-Bretanha, cujo governo era profundamente hostil à Revolução Francesa, grupos que apoiavam o movimento e suas causas surgiram e foram esmagados. No entanto, as exigências dos reformadores britânicos de fins do século XIX soavam familiares aos franceses. O grupo dos chamados "cartistas", por exemplo, clamava pelo voto masculino universal, pela supressão da exigência de posse de terras para membros do Parlamento e por eleições gerais anuais com voto secreto. Na Câmara dos Comuns, os defensores dos cartistas eram por vezes chamados de "esquerda parlamentar". Na Itália, os liberais também faziam eco às questões eleitorais, e clamavam por limites aos poderes monárquicos e por direitos individuais, sob a bandeira da "esquerda" (*la sinistra*). Na Alemanha, o debate começou algum tempo depois e foi um pouco diferente — com forte respeito pelo poder do Estado e menos atenção aos direitos individuais —, mas havia "esquerdistas" que eram também democratas.

Em 1848, décadas depois da Revolução Francesa, a maior parte da Europa estava convulsionada por um movimento em prol da destruição da velha ordem e da introdução de uma nova, mais democrática. Esse movimento era liderado por pessoas muitas vezes chamadas de "esquerdistas" ou "radicais de esquerda". No curto prazo, as Revoluções de 1848 fracassaram. Nos anos seguintes, porém, muitas das ideias revolucionárias passaram a ser adotadas sem alarde em uma sucessão de países. Naturalmente, as pressões da esquerda provocaram uma resposta da direita, um movimento conservador dedicado à oposição da ruptura esquerdista e à preservação da ordem existente. Os conservadores muitas vezes idealizavam as sólidas monarquias da Rússia e da Áustria-Hungria, enquanto os liberais as denunciavam. As divisões entre liberais e monarquistas se refletiam na política internacional, em que monarquistas absolutistas se aliavam para esmagar levantes democráticos e derrotar os que lutavam pela liberdade, unidos pelo desejo comum de suprimir as mudanças políticas. E então o debate entre esquerda e direita tornou-se generalizado, com a velha ordem monárquica e aristocrática no combate às novas forças, mais democráticas, que pressionavam por mudanças. No século XX, a divisão foi reinterpretada: passou a se referir basicamente à economia, e prosseguiu ao longo das guerras mundiais e da Guerra Fria. Hoje, assistimos a um novo conjunto de divisões.

Embora a Revolução Francesa tenha sido um combate feroz entre a velha e a nova ordem, a França não foi a inventora da política moderna. O fracasso da Revolução Francesa deixa isso evidente. A primeira Constituição promulgada durante a revolução foi prontamente contestada e deu lugar a outras. Desde que o documento original foi assinado, os franceses tiveram outras quinze Constituições e foram governados por três monarquias, dois impérios, cinco repúblicas, uma comuna socialista e um regime de tendências fascistas.

A exitosa instituição da política moderna começou em outro lugar, com uma revolução menos tumultuada, num território que desde então teve governos constitucionais funcionais e uma economia em ascensão — um pequeno país pantanoso no norte da Europa que iluminou o caminho para as grandes potências do futuro.

PARTE I

O PASSADO DAS REVOLUÇÕES

1

A PRIMEIRA REVOLUÇÃO LIBERAL

Países Baixos

Há alguns anos, houve uma pequena onda de livros sobre a "salvação" ou a "invenção" do mundo pelos gregos, judeus ou escoceses.[1] Nessa linha, poderíamos dizer que os holandeses inventaram a política e a economia modernas. No século XVII, as minúsculas Províncias Unidas dos Países Baixos tinham se tornado a nação mais rica do continente, quando ostentavam a renda *per capita* mais elevada da Europa. Em 1588, com o estabelecimento da República Holandesa (nome pelo qual era conhecida na época a confederação), os holandeses criaram uma exitosa ordem que duraria cerca de duzentos anos e catapultaria o país ao topo da classificação das nações. Em sua Idade de Ouro, os Países Baixos testemunharam o surgimento de alguns dos mais talentosos pintores do mundo. Esses artistas — Rembrandt e Vermeer, entre outros — pintavam imagens da primeira sociedade mercantil do mundo, retratos de industriais e comerciantes. Quando eles mostravam o interior das casas, ainda que modestas, havia paisagens e retratos pendurados na parede, pinturas dentro de pinturas que revelavam como o acesso à beleza tinha se tornado uma regra não só para as elites, como também para a classe média e os trabalhadores. No âmbito político, o sistema holandês se caracterizava pela rejeição à monarquia, que era o padrão no resto da Europa, e pela adoção de formas republicanas de representação. Como apontaram intelectuais como Simon Schama e Jonathan Israel, ao celebrarem os direitos individuais, abraçarem os mercados e o comércio exterior e defenderem a tolerância religiosa, os Países Baixos foram o primeiro país do Ocidente a testemunhar o florescimento do liberalismo clássico.[2]

Os holandeses também firmaram a tendência que definiu o poder no mundo moderno, segundo a qual o país dominante não é o que tem a maior população ou o Exército mais poderoso, mas o que tem a economia mais próspera e a tecnologia mais inovadora. O historiador da economia Angus Maddison afirmou que, "nos quatro últimos séculos, houve apenas três países líderes", entendidos como pioneiros globais em tecnologia e produtividade do trabalho. A partir de 1890, aproximadamente, os Estados Unidos foram esse líder. Durante a maior parte do século XIX, foi o Reino Unido. E antes disso, afirma Maddison, os "Países Baixos tinham o melhor desempenho".[3] Ainda hoje, quase cinco séculos depois da Idade de Ouro, os holandeses exibem uma das mais elevadas rendas médias do planeta e costumam figurar entre os dez mais bem classificados no Índice de Desenvolvimento Humano das Nações Unidas (que mede a qualidade de vida: riqueza, expectativa de vida e educação). Nada mal para um lugar minúsculo com apenas 17 milhões de habitantes.

Em 1566, quando uma pequena parte das províncias holandesas se rebelou contra quem as governava, a casa dos Habsburgo na Espanha, poucos seriam capazes de prever o impacto histórico mundial dessa rebelião, que dirá imaginar que os pequenos e semissubmersos Países Baixos, na época um conjunto de cidades majoritariamente pequenas situadas ao longo de uma costa gelada e propensa a inundações, criariam o moderno Estado-nação. Mas por que os holandeses, e não grandes impérios como a França, a Espanha ou até mesmo a Turquia otomana? A resposta está nas três grandes ondas de mudança que varriam a Europa na época: a nova *globalização*, à medida que o Ocidente, não mais isolado, lançava a Era das Explorações; as *inovações* tecnológicas e financeiras, estimuladas pelas incessantes operações de guerra e a expansão econômica; e uma *revolução identitária* radical, desencadeada pela Reforma Protestante.

Muitos impérios bem estabelecidos temiam essas mudanças estruturais e resistiam a elas, mas, por razões geográficas, políticas e culturais, a República Holandesa foi o único país europeu do século XVI que capitalizou as três revoluções. Dessa forma, tornou-se a nação mais próspera do continente e talvez até mesmo do mundo. Hoje, à medida que atravessamos nossas ondas de globalização, inovação tecnológica e revolução identitária, a história holandesa tem muito a nos ensinar. Sua trajetória de ascensão, Idade de Ouro e queda mostra o poder do comércio, da abertura e do livre-pensamento — assim como os graves riscos que surgem quando o crescimento econômico e a mudança ideológica deixam muitos para trás.

VENEZA QUEIMA A LARGADA

Houve um importante precursor da República Holandesa, um Estado tão pequeno, empreendedor e propenso a inundações quanto os Países Baixos, mas que acabou fracassando na tentativa de se tornar um modelo para o mundo moderno: Veneza. No século XV, os venezianos e outras repúblicas italianas do Renascimento encantavam os demais países da Europa com sua riqueza e suas realizações científicas. Em Veneza, a mais antiga e poderosa dessas cidades-Estado, os comerciantes constituíam a principal força econômica e política, ao importar tecidos, especiarias e outros bens exóticos da Ásia via Oriente Médio. A Marinha veneziana, tecnologicamente avançada, dominava o Mediterrâneo oriental e conseguiu estabelecer um império de portos e territórios que se estendia da Croácia à Grécia e ao Chipre. Os venezianos não eram apenas poderosos, eram também criativos: aperfeiçoaram o sistema de contabilidade por partidas dobradas, a fim de manter registros precisos de transações comerciais complexas, e inovaram a política, ao regularizar a transferência de poder por meio de eleições após a morte do líder da cidade-Estado, em oposição à transmissão automática do trono a um herdeiro. Em uma Europa dominada por reis e imperadores, Veneza era um caso à parte. Ao afirmar sua soberania num mundo de rivais de proporções muito maiores, reivindicava para si o impressionante superlativo de "Sereníssima República de Veneza".

No entanto, as tentativas dos venezianos de criar um Estado moderno acabaram por fracassar. Com o tempo, suas instituições políticas se enrijeceram. O líder executivo, o doge, viu seu poder cair vertiginosamente. Camarilhas de nobres passaram a governar a cidade-Estado. Esses oligarcas descendiam de comerciantes ambiciosos que haviam ascendido graças a empreendimentos arriscados e meritórios para obter títulos de nobreza. Entretanto, essas elites ricas retiraram a escada depois de terem alcançado o topo, negaram nobreza a recém-chegados e monopolizaram o poder político. Ao invocar uma lei de 1297 conhecida como *Serrata*, o Grande Conselho de Veneza declarou-se hereditário, não mais eletivo. Fechada para sangue novo, a mal-ajambrada república mercantil passou a ser dominada por uma aristocracia corrupta que governava em favor dos próprios interesses. A atitude imperial desses intermediários do poder estendeu-se aos territórios venezianos no continente e no Mediterrâneo. Mais de 90% dos venezianos viviam no Império Veneziano, uma reunião de possessões territoriais que funcionava como um empreendimento extrativo destinado a canalizar dinheiro de impostos e matérias-primas que serviriam à elite de 10% de cidadãos radicados na própria Veneza.[4] Era um sistema centralizado e parasitário, com relações antagônicas entre a metrópole e a periferia.

As inovações venezianas também perderam força à medida que a sociedade se voltava para si mesma. Uma das maravilhas tecnológicas e estéticas dos dias de glória de Veneza era o cristal da ilha de Murano, considerado mais fino do que qualquer outro no mundo, mas a estratégia veneziana de manter a liderança no ramo foi concentrar todos os vidreiros na ilha e aprisionar os que tentassem deixar a República — até mesmo executar os que revelassem as técnicas secretas a estrangeiros.[5] (É desnecessário dizer que "recompensas" como essas em nada incentivavam novas invenções.) Do ponto de vista militar, Veneza enfrentou ameaças vindas de toda parte: rivais italianos, franceses, os Habsburgo e o nascente Império Otomano. A cidade de Veneza podia ser defendida pela Marinha veneziana, mas o restante do império permanecia vulnerável a ataques por terra. A proximidade do continente tinha outra desvantagem: Veneza continuava amarrada à ortodoxia intelectual europeia, sobretudo às rígidas tendências hierárquicas da Igreja Católica romana. A cidade-Estado não tinha como se defender dos caçadores de hereges da Inquisição e da censura da Contrarreforma. Os judeus de Veneza sofreram, enquanto divergências e heterodoxias de todo tipo eram suprimidas.

Acima de tudo, Veneza tornou-se vítima do próprio sucesso. O domínio absoluto do comércio que ela exercia no Oriente levou as potências ocidentais a buscar rotas alternativas através do oceano Atlântico. Essas potências cobiçavam desesperadamente os produtos asiáticos, mas se ressentiam dos custos que se acumulavam ao longo de uma cadeia logística que se estendia da China a Veneza, e por isso ansiavam por eliminar os intermediários. Elas tiveram sucesso nas navegações pelo Atlântico e em volta da África, e com isso anunciaram a ascensão da Europa Ocidental e o declínio da República de Veneza.

A GLOBALIZAÇÃO EM ANDAMENTO

O país que liderou essa ruptura foi outro Estado pequeno, aninhado no sudoeste da costa atlântica: Portugal. Os portugueses tinham ambições de explorar rotas comerciais no norte da África, e em 1415 o rei João I conquistou a cidade marroquina de Ceuta. Um dos filhos do monarca, o ambicioso infante Henrique, nomeado para governar a cidade, em pouco tempo começou a financiar expedições a ilhas próximas e à costa da África Ocidental, e assim ganhou o apelido de Henrique, o Navegador. Portugal colonizou as ilhas, fundou entrepostos comerciais ao longo da costa Ocidental africana e lançou as bases do sistema agrícola de *plantations* e comércio atlântico de escravizados. Marinheiros portugueses continuaram explorando o sul, e, em 1488, Bartolomeu Dias conseguiu dar a volta no cabo da Boa Esperança, no extremo sul do continente africano. Uma década depois, Vasco da Gama tomou essa rota e prosseguiu até a Índia — um novo caminho para o Oriente tinha sido aberto.

Em 1492, outro explorador abalou o mundo com uma ousada viagem. Cristóvão Colombo, nascido em Gênova — rival de Veneza —, ainda bem jovem mudou-se para Portugal, onde foi treinado pelos maiores marinheiros da época. Na década de 1480, depois de anos de viagens comerciais pela rota do Atlântico que se conhecia na ocasião, ele apresentou um plano audacioso à Coroa portuguesa. Queria partir da costa atlântica ocidental e cruzar o oceano até chegar ao Oriente. Portugal recusou a proposta, e então Colombo a apresentou ao país vizinho e adversário dos portugueses, a Espanha, que concordou em financiar a expedição. Colombo, é claro, nunca chegou à Ásia, mas a viagem que empreendera abriu as portas da América a projetos de investigação e exploração financiados por Estados europeus.

A expedição de Colombo desencadeou também uma corrida entre os dois reinos marítimos. Em 1494, Portugal e Espanha chegaram a um acordo, o Tratado de Tordesilhas (mais tarde ratificado pelo papa), para dividir entre si o território recém-descoberto. Segundo o tratado, a Espanha teria direito às terras a oeste do meridiano de Tordesilhas, e Portugal ficaria com as terras a leste. Os espanhóis acabaram ficando com a melhor fatia do negócio, uma vez que a maior parte das terras sem dono ficava do lado deles da linha, e logo se lançaram à conquista dos habitantes e à extração das riquezas da América. Portugal ficou com o Brasil, mas priorizou as incursões comerciais na Ásia. Às vezes pacificamente, às vezes por conquista, os portugueses instituíram uma ampla rede de centros comerciais que atingia pontos longínquos como a Índia, a Indonésia, a China e o Japão. A Espanha também se envolveu no comércio com o Extremo Oriente, quando conquistou as Filipinas e transformou Manila num importante entreposto.

Era o começo da era da globalização. É bem verdade que a Rota da Seda havia tempos vinha levando viajantes e o comércio a domínios distantes. Mas então, pela primeira vez, as principais economias passaram a estar interligadas por uma rede mundial de marinheiros e comerciantes — muitas vezes por meio da violência.

Como suas sucessoras, essa primeira revolução globalizadora esteve fortemente ligada a uma revolução tecnológica. Os conquistadores portugueses e espanhóis ostentavam uma tecnologia naval e militar muito superior a qualquer coisa que os povos indígenas pudessem ter. Inventaram, por exemplo, a nau, um navio de três ou quatro mastros com capacidade de quinhentas toneladas ou mais, e também a caravela, uma embarcação menor e mais fácil de manobrar. Além disso, integraram essa tecnologia a métodos de navegação astronômica muito precisos, que lhes permitiam fazer viagens de longo curso. Embora a China tivesse desenvolvido uma tecnologia naval avançada séculos antes, no início do século XVI os chineses destruíram toda a frota oceânica que possuíam por conta da decisão de voltar-se para dentro. Em alto-mar, os europeus não tinham rivais.

À medida que chegavam cada vez mais longe, portugueses e espanhóis trouxeram com eles novas armas. No século XVI, grande parte da Europa Ocidental passava pelo fenômeno que os historiadores chamam de Revolução Militar.[6] Devido a escaramuças praticamente permanentes — consequência de uma enorme quantidade de montanhas e florestas fechadas que facilitavam as divisões e faziam com que fosse mais fácil defender os principados do que conquistá-los —, a Europa tinha se tornado a grande inovadora do planeta em matéria de guerra. Os exércitos do continente haviam passado por aprimoramentos radicais em termos de poder de fogo e táticas — dispunham então de balestras mais precisas, armas de fogo letais, canhões de longo alcance, fortificações mais resistentes e formações táticas mais eficazes —, e as marinhas europeias transformaram criativamente os combates no mar, com a instalação de canhões em navios, que passaram a ser também eficientes vasos de guerra. Os navios tornaram-se maiores e mais sofisticados. Assim, quando os europeus se aventuravam mundo afora, as forças geralmente eram muito mais letais do que as dos grupos indígenas. (O que não foi nada em comparação com o impacto mortífero dos agentes patogênicos levados às novas terras pelos europeus, que dizimaram mais de 90% das populações indígenas do hemisfério ocidental.)[7] Mesmo em comparação com os poderosos impérios terrestres chinês e otomano, que resistiram apesar do massacre infligido pelo Ocidente, os europeus estavam à frente em todas as dimensões.

A CRIAÇÃO DOS PAÍSES BAIXOS PELOS HOLANDESES

No século XVI, poucos teriam visto os holandeses como o próximo grande império ou um modelo para o futuro. O sistema político descentralizado adotado por eles era visto como antiquado e até mesmo retrógrado. A forma de governo moderna na época, que ganhava espaço em toda parte, era a monarquia absolutista. A Idade Média foi um período de autoridade dividida, em que os líderes regionais lutavam entre si por mais poder e os monarcas firmavam alianças com eles a fim de conseguir exercer o governo, ainda que de maneira precária. No entanto, à medida que a Idade Média se aproximava do fim, a autoridade desses baronetes locais teve o mesmo destino, e o poder foi usurpado cada vez mais pelo rei. Nessa época, os monarcas europeus estavam consolidando a primazia financeira e militar, concentrando o poder, desafiando o alcance da Igreja Católica e administrando vastos reinos instalados nas principais cidades em crescimento. Era o início de uma era dominada por grandes governantes modernizadores, como Luís XIV na França e Filipe II na Espanha. O confuso mundo medieval, com seus centros de poder concorrentes, dava lugar a um novo cenário, eficiente, claramente organizado, centrado nas capitais e mais qualificado para realizar as duas tarefas básicas dos Estados na época: elevar impostos e travar guerras.

Os Países Baixos eram diferentes. Lá, não havia um governante único ou chefe de Estado. O poder consistia numa colcha de retalhos de governos citadinos e provinciais, com príncipes eleitos e turbulentas assembleias, associações de comerciantes e guildas. Tratava-se de um lugar em que cada cidadezinha e cada comunidade exerciam a autoridade dentro do próprio território. As pessoas tinham que trabalhar em conjunto para que alguma coisa fosse feita. A autoridade era difusa.

Por que essas áreas resistiram à tendência centralizadora? Provavelmente em razão da geografia. Na maior parte dos demais países da Europa, vastas extensões de terras férteis eram controladas por algum tipo de líder, que governava os camponeses que trabalhavam no campo. Como mostrou o historiador Marc Bloch, o sistema senhorial, como era conhecida essa ordem feudal, controlava todos os aspectos das comunidades medievais. O senhor governava seus camponeses do ponto de vista econômico, político e social. Com o tempo, porém, os senhores tiveram que se curvar, cada vez mais, à autoridade do rei. A história do fim do feudalismo e do triunfo da modernização da Europa é até certo ponto a história do enfraquecimento da aristocracia e da ascensão de monarcas poderosos. Esses reis cimentaram seu poder ao dividir as velhas propriedades feudais e conferir a elites privilegiadas direitos de propriedade sobre parcelas dessas terras, que antes constituíam bens comuns, num processo conhecido como cercamentos. Essa prática de apropriação desapossou muitas pessoas, mas teve um importante efeito de nivelamento: transformou o bem econômico mais significativo da época — a terra — num ativo comercial negociável, o que deu início a uma economia de mercado.

Nos Países Baixos, pelo contrário, a terra nunca fora propriedade de uns poucos nobres, e cultivada por camponeses. Para começar, havia pouquíssima terra. A maior parte do atual território dos Países Baixos formou-se durante a Era do Gelo, quando os rios que fluíam a partir da Europa continental depositaram sedimentos nos estuários, processo que criou algumas pequenas faixas de terra. Os seres humanos conseguiram se radicar ali, mas o solo pantanoso dificultava o cultivo. Os primeiros habitantes enfrentaram o problema da falta e do excesso de água simultaneamente, e viviam numa terra propensa a inundações pela água do mar, mas com difícil acesso à água doce. O manejo constante da água era crítico para a sobrevivência. A princípio, os habitantes construíram *terps*, colinas artificiais para onde a população acorria quando chegavam as inundações.[8] Por volta do século XI, foram construídos diques para controlar a afluência da água. No fim da Idade Média, os holandeses começaram a fazer por conta própria o que a natureza tinha deixado pela metade, e passaram a depositar sedimentos e outros materiais em aterros que aumentaram o território em que viviam. Daí o lema que se tornou um mantra fundador dessa nação: "Deus criou a Terra, mas os holandeses criaram os Países Baixos."

O processo de manejo da água e de ganho de território fez com que a terra, mesmo antes da Revolução Holandesa, fosse vista não como propriedade de um conde ou de um duque, mas como pertencente ao povo que havia trabalhado para salvá-la do mar. No século XVII, John Locke, grande filósofo do liberalismo, formulou a conhecida ideia de que, quando os seres humanos uniram o próprio trabalho à terra, foi criada a propriedade privada. A teoria de Locke encontrou sua expressão máxima nos Países Baixos.

Foi assim que os holandeses nunca desenvolveram totalmente um sistema senhorial. Nas palavras do historiador Jan de Vries, havia ali "camponeses livres, campos cercados e controle privado da terra".[9] Enquanto os vizinhos europeus eram formados por vastas extensões de terras agrícolas governadas por uma capital, os Países Baixos formavam uma coleção de cidades. Os holandeses eram um povo urbano numa época em que a maior parte da Europa era rural. Em outras regiões, a terra era trabalhada pelos camponeses, mas permanecia sob posse do rei, de aristocratas e da Igreja. As cidades holandesas ostentavam um conjunto mais amplo de ofícios. Em 1514, menos de um quarto dos trabalhadores na província da Holanda se dedicava à agricultura, enquanto mais da metade se ocupava do comércio, do transporte e da produção manufatureira.[10]

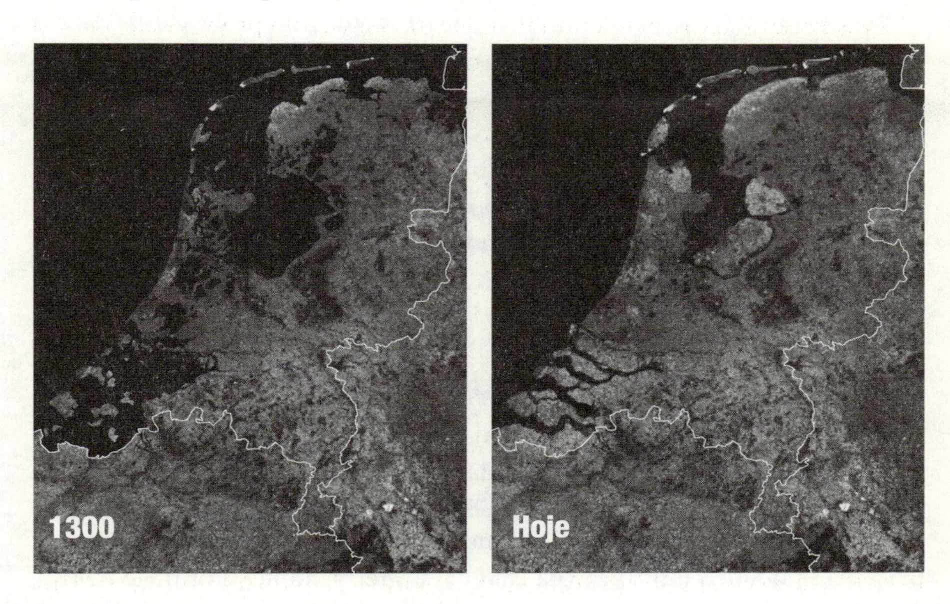

Mapa que representa a extensão de terra dos Países Baixos de 1300 até o presente.

A diferença entre o modelo holandês e a economia europeia típica pode ser vista na arquitetura. No século XVIII, a República Holandesa era mais rica do que sua vizinha monárquica, a França, sendo a renda *per capita* de Amsterdã correspondente a quatro vezes a de Paris.[11] No entanto, há poucos equivalentes holandeses ao castelo de Vaux-le-Vicomte e outros, mansões rurais construídas em propriedades que dominavam milhares de hectares ao redor. O que vemos ali são elegantes casas urbanas densamente aglomeradas ao longo dos fervilhantes canais de Amsterdã. A riqueza dos holandeses afluía para os comerciantes das cidades, grandes e pequenas. Het Loo, que pode ser visto como a versão holandesa de Versalhes, é um pavilhão de caça bem mais modesto, com muito pouco dos ornamentos extravagantes do palácio francês.

A fim de construir e manter suas terras, os holandeses se viram obrigados a inventar impressionantes tecnologias, de sofisticados diques e comportas a bombas d'água acionadas por moinhos de vento. E tiveram que inovar também na política, de modo a incentivar a cooperação entre as cidades e angariar recursos. Para alcançar esses objetivos, fundaram conselhos para o manejo e drenagem da água (*heemraadschappen*) e instituíram impostos de alcance geral, taxando, por exemplo, os bens de consumo. Tudo isso significava que o poder era compartilhado e a população participava do governo. O funcionamento do governo consistia em reunir grupos de cidadãos para a tomada coletiva de decisões, com os custos e benefícios das ações sendo também compartilhados.

Na época, essa era uma forma peculiar de fazer política — na Europa — ou em qualquer outra parte. Isso acabou por transformar o país em território fértil para um movimento que desafiaria a autoridade central e convulsionaria toda a Europa: uma revolução identitária que conduziria o continente para a idade moderna.

A PRIMEIRA REVOLUÇÃO IDENTITÁRIA

"Todo homem deve fazer por conta própria duas coisas: desenvolver suas crenças e morrer." Essa convicção, atribuída a um sacerdote agostiniano de 33 anos, Martinho Lutero, levou-o a empreender um ataque àquela que era então a mais poderosa instituição da Europa: a Igreja Católica. Por meio de suas 95 teses — que, segundo se diz, ele teria pregado na porta da Igreja de Todos os Santos de Wittenberg em 1517 —, Lutero lançou a chispa que desencadearia uma série de batalhas teológicas e guerras religiosas contra a hierarquia eclesiástica, que mais tarde ficariam conhecidas como Reforma Protestante. Embora o motivo principal da indignação do reformador alemão fosse a corrupção católica e a concessão das famosas "indulgências" — propinas que permitiam à alma pecadora furar fila para entrar no Céu —, Lutero lançou as bases de um processo bem mais amplo de pensamento crítico sobre a religião que perduraria muito além de seus dias. Ao solapar a autoridade da Igreja Católica, ele abriu as portas para o raciocínio individual.

Foi a prensa de tipos móveis que tornou possível a revolução de Lutero. A invenção transformou a palavra escrita de textos raros dirigidos a um público de elite — por exemplo, uma Bíblia medieval ilustrada e meticulosamente copiada à mão num mosteiro — em livros baratos e panfletos para leitura de um maior número de pessoas. A Reforma mostrou o poder dessa nova tecnologia da informação para "desintermediar" a difusão de ideias, ou seja, para eliminar os intermediários. Bispos distantes já não interpretavam a Bíblia latina para massas obedientes e analfabetas. Lutero fez uma tradução da Bíblia para que cada crente pudesse decidir o que era verdade, fosse para o bem, fosse para o mal. Nesse "sacerdócio de todos os crentes", como era conhecida a nova atmosfera, nenhuma ideia humana podia ter o monopólio do saber. Nem mesmo Lutero, que em pouco tempo se indispôs com muitos dos demais reformadores, cujas crenças iam bem além do luteranismo.

A explosão protestante foi parte de um crescendo ainda maior: a ascensão da razão, do individualismo e da ciência. Será que ela causou esses processos? Muitas forças diferentes operavam naquela época, mas a Reforma com certeza ajudou. Tempos depois, o sociólogo Max Weber creditaria o sucesso do norte da Europa à "ética de trabalho protestante". Trata-se de uma afirmação controversa, mas não há dúvida de que, no século XVI, os dogmas e as superstições da Idade Média tinham começado a dar lugar ao pensamento crítico, aos estudos humanistas e à experimentação empírica. Essas tendências intelectuais tiveram consequências políticas de grande alcance em toda a Europa, e mergulharam o continente em longos e sangrentos conflitos religiosos.

OS HOLANDESES SE LIBERTAM

No norte da Europa, a tendência a uma fé mais individual levou os holandeses a buscar a libertação. No começo do século XVI, os habitantes dos Países Baixos já estavam se rebelando contra o aumento constante dos impostos determinado pela distante monarquia dos Habsburgo na Espanha. Entretanto, o que os levou ao ponto de ruptura foi a religião, não a riqueza. Uma vez que os Países Baixos constituíam um porto seguro para pensadores independentes e dissidentes religiosos, a Reforma Protestante alastrou-se rapidamente pelas províncias holandesas, e grande parte da população se converteu ao calvinismo, uma denominação protestante assim chamada em alusão ao teólogo francês João Calvino. Em 1566, os Habsburgo, católicos ferrenhos, tentaram pôr fim a essa heresia, mas um grupo de nobres holandeses apresentou uma petição ao governador que representava os monarcas em protesto contra a perseguição.

Nesse mesmo ano, multidões de calvinistas se insurgiram nos Países Baixos contra a persistência de imagens católicas, que eles viam como idolatria. Assim, estilhaçaram vitrais, derrubaram estátuas de santos e desfiguraram pinturas religiosas. Na Antuérpia, fanáticos invadiram a Igreja de Nossa Senhora, um dos mais destacados templos católicos locais, e saquearam-na com tanta violência que um observador comentou que a cena "parecia um inferno".[12] Um perplexo cronista católico registrou que os revoltosos sapatearam sobre o pão consagrado e "lançaram sua urina fedorenta sobre ele [...] como se não se tratasse do próprio corpo de Cristo".[13] O surto de iconoclastia, que se estendeu por toda a região que hoje corresponde à Bélgica e aos Países Baixos, ficou conhecido como Beeldenstorm, ou "ataque às imagens". (Hoje, um iconoclasta é alguém que ataca figurativamente crenças arraigadas.) Por ironia do destino, esse espasmo de violência fez parte de um levante que deu origem à primeira revolução liberal do mundo.

A repressão não tardou. De seu trono imperial em Castela, Filipe II demitiu as autoridades locais e indicou novos governadores, mas a agitação se aprofundou ainda mais. Com choques eclodindo ao longo de 1566 e 1567, a corte dos Habsburgo enviou soldados para restabelecer a ordem imperial e o dogma da Igreja. O comandante dessas forças, o duque de Alba, estabeleceu um novo patamar de carnificina ao instituir o Tribunal dos Tumultos, órgão de infausta memória que julgava os suspeitos de heresia ou rebelião. Nem mesmo os líderes locais escapavam ao castigo. O prefeito de Antuérpia foi torturado e decapitado. Esse tribunal, apelidado pelos indignados holandeses de "Tribunal do Sangue", proferiu mais de mil sentenças de morte.

O sul dos Países Baixos se submeteu à pressão. Sempre mais leal ao catolicismo, a região (que por fim se transformou na atual Bélgica) se alinhou com o Império Espanhol. No norte, porém, a campanha brutal dos Habsburgo fracassou. Essas províncias lutaram bravamente pela autonomia e pela fé calvinista, e, ao longo de 1579 e 1580, assinaram a União de Utrecht, que instituiu uma confederação chamada Províncias Unidas dos Países Baixos. A luta pela independência se prolongou — e ficou conhecida tempos depois como a Guerra dos Oitenta Anos, vencida pelos holandeses —, mas o estabelecimento da União marca o momento em que os holandeses se tornaram efetivamente independentes da Coroa espanhola.

A nova ordem política criada pela União de Utrecht anunciou duas grandes tendências da modernidade. Em primeiro lugar, privilegiou a descentralização ao atribuir mais poder às autoridades locais e reservar ao governo central algumas poucas funções. Essa ideia, aliás, está na base da moderna União Europeia, com o princípio da subsidiariedade, pelo qual os governos nacionais conservam o maior poder possível. (Também é possível ouvir ecos da União de Utrecht no sistema federalista descentralizado instituído pelos fundadores dos Estados Unidos.) Em segundo lugar, a União instituiu formalmente a liberdade religiosa, e rompeu com séculos de monopólio ideológico exercido pela Igreja de Roma.

A globalização impulsionou a ascensão da Espanha, que se tornou o país mais poderoso da Europa. No entanto, os holandeses, por fim, conseguiram se livrar da dominação espanhola, e em pouco tempo superaram seus antigos senhores. A Espanha, primeira locomotiva da globalização, acabou não sendo o Estado mais bem-sucedido no início da Idade Moderna. Isso deixa uma lição importante: os que chegam grandes e fortes a uma nova era muitas vezes não são os senhores dela. Os que mais bem se *adaptam* a essa nova era são os que terão êxito. O modelo espanhol se baseava no governo de cima para baixo, com altas doses de repressão, e estava centrado na expansão territorial e na extração de riquezas mais do que no comércio. A vitória da Revolução Holandesa inaugurou uma era em que a velha lógica do poder deu lugar ao refinamento econômico e tecnológico. Essas qualidades desabrocharam mais numa sociedade que distribuía o poder entre os cidadãos, em detrimento da corte.[14]

CORPORAÇÕES E COMBOIOS

Os famosos moinhos de vento dos Países Baixos são um exemplo de como as inovações do país se complementavam, e com isso deram origem a um crescimento econômico sustentável. Depois de usados para triturar cereais e bombear água a fim de criar terras aráveis, os moinhos de vento forneceram energia para processos industriais de todo tipo, dos quais o mais importante talvez tenha sido a serraria, que forneceu a madeira usada pelos holandeses para fabricar navios de alta qualidade.[15] Com navios melhores, vieram os avanços na cartografia e na navegação, entre eles o aperfeiçoamento da bússola magnética. A partir dessas vantagens, surgiu a Pax Hollandica — a Holanda era a província dominante da União, e muitas vezes teve o nome usado para designar toda a confederação —, uma paz marítima de que os comerciantes e mercadores holandeses se valeram para gerar ainda mais riqueza e influência.

A geografia impulsionou a criatividade holandesa. Naquele momento, a geopolítica desencadeava uma nova onda de inovação. Enquanto lutavam contra os espanhóis, os holandeses foram impedidos de usar a rede de portos ibéricos de que sempre se haviam servido. Assim, construíram uma rede de comércio totalmente nova, que ia de Nova Amsterdã, na América do Norte, à Cidade do Cabo, no sul da África, e à Batávia, no arquipélago indonésio.

As ferramentas mais importantes de que eles dispunham eram os navios comerciais, que na época faziam inveja ao mundo. O típico navio do país, o *fluyt*, era uma maravilha náutica: uma embarcação de carga de grande porte que podia ser operada por uma pequena tripulação. A capacidade de carga do *fluyt*, de mais de doze toneladas por marinheiro, ultrapassava facilmente os maiores navios ingleses, que podiam transportar no máximo cinco toneladas por tripulante.[16] Dessa forma, os holandeses dispunham de uma capacidade de embarque extraordinariamente eficiente, com custos que chegavam à metade dos que oneravam os concorrentes.[17] Assim como fariam os contêineres padronizados surgidos quatrocentos anos depois, o *fluyt* turbinou o comércio global.

O segredo do sucesso do *fluyt* não era apenas tecnológico. A embarcação funcionava tão bem assim para o comércio porque não era equipada para o combate. Não estava preparada para desenvolver grandes velocidades e, ainda mais importante, tinha tripulações reduzidas e pouco equipamento militar, sendo quase sempre desprovida de canhões. Isso significava que, sozinhos, esses navios eram indefesos. Mas eles não estavam sós: eram protegidos pela Marinha holandesa. Os Países Baixos tinham uma enorme e atemorizante frota militar, cujo objetivo não era sair à conquista de terras estrangeiras — embora também se dedicasse a isso, em menor grau —, mas, sobretudo, implantar a Pax Hollandica, ao tornar seguros os mares navegados pelos comerciantes privados holandeses. Essa era a mais evidente das muitas parcerias público-privadas que permitiram a prosperidade sob o olhar protetor do Estado.

E a prosperidade era um fato. Da década de 1590 à de 1740, essa pequena república dominou a navegação mundial e, consequentemente, o fluxo de bens, dinheiro e ideias. No auge, os Países Baixos possuíam uma frota mercante com capacidade de 568 mil toneladas, "mais do que a França, a Inglaterra, a Escócia, o Sacro Império Romano-Germânico, a Espanha e Portugal juntos", segundo os cálculos de um historiador.[18] Os holandeses eram vistos como os mais prodigiosos inovadores tecnológicos, na Europa e fora dela. Quando Pedro, o Grande, manifestou o desejo de modernizar a Rússia, no fim do século XVII, saiu à procura das últimas técnicas em todas as áreas, da construção de navios à fabricação de relógios e à iluminação pública. Ele encontrou tudo isso em Amsterdã. Quando visitou a cidade, em 1697, o tsar, obcecado pela tecnologia, chegou a trabalhar durante algum tempo como aprendiz de carpintaria naval num dos estaleiros da cidade.[19]

Os holandeses complementavam as vantagens tecnológicas com inovações na área financeira. Um dos principais recursos naturais da pequena república era a riqueza do oceano, especialmente o arenque. Há quem torça o nariz diante desse peixe de odor intenso, mas ele se tornou a base de um novo tipo de atividade econômica dominada pelos Países Baixos. O modelo tradicional de investimento na pesca consistia em investir dinheiro em expedições de um só barco. No entanto, isso era arriscado, uma vez que muitos barcos afundavam antes de se tornarem lucrativos. Os holandeses reuniram capital e investiram em uma série de viagens e barcos para diluir esse risco. O governo ajudou ao oferecer um quadro legal para dirimir disputas, mas a intervenção mais decisiva foi estender a proteção naval a pescadores holandeses, a fim de garantir que navios rivais (em geral ingleses) não interferissem na atividade. Nos Países Baixos, o governo se via como parceiro nas atividades dos negociantes, que tinham o potencial de enriquecer a si mesmos e ao país. Foi assim que os holandeses inventaram os negócios com fins lucrativos da forma como os conhecemos hoje.

A ascensão do comércio global pôs em circulação muitos produtos que até então estavam fora do alcance da maior parte dos europeus, desde porcelana aos têxteis e às especiarias. Graças ao comércio internacional, pessoas comuns se habituaram à oferta permanente de estimulantes como o açúcar, o tabaco e o café, enquanto os que tinham mais dinheiro se permitiam comprar marfim, sândalo e sedas. Enquanto isso, a economia se democratizava também por outros meios, principalmente pela Bolsa de Valores de Amsterdã. Nela, qualquer pessoa podia levantar dinheiro no mercado mesmo sem ter a vantagem da rede de contatos de investidores ricos.

A negociação de títulos surgiu na verdade com a Companhia Holandesa das Índias Orientais, constituída em 1602 pela fusão de diversas empresas menores. Acredita-se que essa empresa tenha sido a primeira na história a vender ações ao grande público, que podia comprá-las e vendê-las no mercado aberto. Isso ajudava a reunir capital. Além disso, a empresa desfrutava também um monopólio cedido pelo governo para o comércio com o Oriente, assim como uma licença oficial para conquistar territórios em regiões distantes e neles cobrar impostos. A Companhia Holandesa das Índias Orientais se tornaria uma das primeiras corporações multinacionais e a maior empresa comercial conhecida até então, com 40 navios de guerra, 150 navios comerciais, 10 mil soldados, 20 mil marinheiros e cerca de 50 mil empregados civis.[20] Os lucros eram imensos. O historiador T. C. W. Blanning chamou-a de "a corporação mais rica do mundo".[21]

A fim de facilitar todo esse comércio, foi criado em 1609 o Banco de Amsterdã, o qual permitia que os comerciantes fizessem o câmbio de moedas, depósitos, obtivessem crédito e renegociassem dívidas ao transferir dinheiro de uma conta para outra. Embora tenha sido uma iniciativa da cidade de Amsterdã e fosse financiado pelo governo, ele funcionava como entidade independente e contava com gestão própria. Não era tecnicamente um banco central, mas servia para manter a estabilidade do sistema financeiro. Em visita a Amsterdã na década de 1660, o estadista inglês William Temple chamou-o de "o maior Tesouro, real ou imaginário, conhecido em qualquer lugar do mundo".[22] O economista Adam Smith ficou igualmente fascinado pelo banco, e descreveu os procedimentos da instituição em detalhes em *A riqueza das nações*. Ele dizia que os Países Baixos haviam ganhado fama não pelos castelos e canhões, mas pelos bancos e comerciantes. Comparada com os vastos tesouros imperiais constituídos por meio do saque, essa pequena república se destacou por criar valor a partir da engenhosidade e do trabalho árduo.

SURFANDO A ONDA DA RUPTURA

Na condição de centro comercial cosmopolita com uma forma de governo particularmente cooperativa, os Países Baixos havia muito desfrutavam uma reputação de tolerância às diferenças. Pessoas de toda a Europa tidas como inimigas ou hereges em sua terra natal procuraram refúgio entre os holandeses. Em 1492, quando foram expulsos da Espanha, muitos judeus ali se radicaram. Contudo, foi só depois da Revolução Holandesa, quando os Países Baixos romperam com a Igreja Católica, que o país se tornou verdadeiramente um mercado aberto de ideias. O desapreço geral pelos inquisidores e censores permitiu o florescimento de correntes filosóficas que teriam sido reprimidas em qualquer outro lugar. À medida que um manto sufocante de repressão e censura conhecido como Contrarreforma se estendia sobre a Europa católica, as nações protestantes viram surgir em seus territórios um número bem maior de cientistas em comparação com os países católicos.[23]

Amsterdã, em especial, foi um porto seguro para protestantes de todo o continente que fugiam da perseguição, pois serviu de refúgio até mesmo para protestantes de outras partes dos Países Baixos. Em 1576, quando tropas espanholas saquearam brutalmente a cidade de Antuérpia, na época o principal entreposto comercial europeu, dezenas de milhares de protestantes expulsos encontraram abrigo em Amsterdã. Na Antuérpia e além dela, táticas opressivas adotadas pelos antigos senhores dos Países Baixos levaram a uma fuga de cérebros que favoreceu os tolerantes holandeses. De 1580 a 1630, um terço da comunidade comercial de Amsterdã se compunha de refugiados protestantes ou filhos de refugiados.[24] A maior parte deles chegava à cidade sem um tostão, mas o que lhes faltava em dinheiro sobrava em perseverança e iniciativa.[25]

Ninguém ilustra melhor o pendor dos Países Baixos para a tolerância às diferenças e a celebração do talento do que o filósofo Baruch Spinoza. Nascido em Amsterdã, filho de pais judeus portugueses refugiados, Spinoza trabalhava na época como lapidador de lentes para os microscópios e telescópios utilizados pelos cientistas holandeses, mas ganhou muito mais renome pelas inspiradas críticas ao dogma religioso e pela celebração da liberdade individual que escrevia em seu tempo livre. Uma das primeiras e mais radicais figuras do Iluminismo, Spinoza foi expulso da comunidade judaica de Amsterdã por conta do ceticismo que nutria em relação à religião, mas não teve problemas em continuar morando e escrevendo na cidade. A mesma coisa ocorreu com René Descartes, o titã do Iluminismo que passou a maior parte da vida na República Holandesa, não em sua repressora França natal. Com intelectuais de peso, Amsterdã logo ganhou a reputação de abrigo para livres-pensadores e tornou-se *A cidade mais liberal do mundo*, como reza o subtítulo de um livro do historiador Russell Shorto sobre o tema.

Na verdade, é possível que a ideia da cidade como um centro de inovação e empreendedorismo tenha surgido nos Países Baixos. O país era o mais densamente povoado da Europa,[26] com um nível de urbanização altíssimo para a época — já em 1622, mais de 56% da população viviam em cidades de pequeno e médio porte.[27] (A título de comparação, na França, um século depois, esse número era de apenas 8%.)[28] Amsterdã foi a que mais se beneficiou, uma vez que a riqueza proveniente do comércio e de investimentos a transformou na primeira cidade moderna, dotada não apenas de uma bolsa de valores e de uma rede de transporte público em botes pelos canais, como também de água relativamente limpa e do primeiro sistema de iluminação pública destinado a coibir criminosos.[29]

Pela primeira vez nos Países Baixos, os ricos e instruídos enxergavam a vida na cidade como algo desejável. Desde a queda do Império Romano, no século V, as elites europeias preferiam radicar-se em grandes propriedades rurais ou unir-se à corte de um monarca. As cidades eram esquálidas, infestadas de doenças e repletas de trabalhadores. O clero instruído se aglomerava bem longe das massas ignaras. Os reinos tinham capitais, mas elas funcionavam mais como vitrines de palácios e outros projetos caprichosos da realeza do que como verdadeiros centros econômicos. Os Países Baixos, por sua vez, contavam com uma rede de centros urbanos na qual uns competiam com os outros sem o apoio de um monarca.

Os profissionais holandeses da época — comerciantes, banqueiros, advogados, artesãos, engenheiros — se aglomeravam nas cidades, e, dessa forma, colhiam as vantagens materiais do efeito de rede proporcionado pela proximidade. Um comerciante em busca de melhores telescópios para sua frota tinha fácil acesso a um lapidador de lentes especializado como Spinoza. Um escritor francês exilado podia encontrar outros dissidentes com mentalidade semelhante reunidos no círculo intelectual de Descartes, além de tipografias ávidas por imprimir literatura subversiva. Os mercados operavam numa escala maior do que nunca, barateando *commodities* e tornando-as acessíveis para a classe média, enquanto as altas receitas obtidas com os impostos permitiam que o governo investisse em infraestrutura, o que deixava as cidades holandesas habitáveis e agradáveis. Para um holandês dessa época, a busca por lucros não era exclusiva de empresários riquíssimos. Em 1620, um oitavo da população trabalhadora de Amsterdã era composto por empresários de todo tipo, de homens que haviam começado a vida como produtores de leite e progredido para a produção e comercialização de queijos a ricos magnatas da navegação que investiam no comércio de especiarias trazidas da Indonésia.[30] Essa cultura tão propícia aos negócios era praticamente única na Europa da época. Como afirmou o historiador Karel Davids, ao contrário do que acontecia em qualquer outro lugar no continente europeu, "a busca de ganhos privados na República Holandesa não costumava ser considerada ilegal ou imoral".[31]

Hoje, reconheceríamos sem dificuldade a cultura de empreendedorismo diligente, as modas de consumo e os ciclos especulativos de crescimento e queda que caracterizaram a Idade de Ouro holandesa. Ela foi repleta de exuberância irracional, como se pode perceber pelo notório episódio dos bulbos de tulipa da década de 1630, quando algo que havia começado como um simples negócio de coleta e comercialização de flores se tornou uma verdadeira febre. No auge da "mania das tulipas", um único bulbo podia ser vendido por um valor maior do que o salário médio anual de um holandês. Entretanto, esses excessos ocasionais eram o preço inevitável da invenção do consumismo moderno. A prosperidade holandesa foi fundada sobre uma revolução no consumo de massas que impulsionou (e foi impulsionada por) uma revolução *industriosa*, para usar o termo do historiador Jan de Vries. Pelo menos até que os investimentos em tulipas virassem pó, a vida para o consumidor holandês médio era mais agradável do que nunca. Devido ao comércio global, aos mercados em expansão e à iniquidade do trabalho escravo, artigos como o açúcar e o tabaco tornaram-se acessíveis a qualquer holandês. Por isso mesmo, os trabalhadores eram incentivados a trabalhar um pouco mais por um pouco mais de dinheiro.

A PRIMEIRA REPÚBLICA MODERNA

Os holandeses não eram apenas ricos e inovadores — a política que praticavam também era excepcionalmente audaciosa. Durante a maior parte da história, a política foi em essência cortesã, centrada no governante (fosse rei, rainha, imperador, padre ou líder local), e consistia em maquinações de conselheiros e parentes que disputavam influência. O que mais contava eram os laços com o governante e a habilidade para organizar forças militares em favor dele. Proprietários de terras locais e senhores eram aliados que ofereciam lealdade, soldados e dinheiro.

Houve exceções, é claro. O governo da Roma Antiga começou como república, mas logo se metamorfoseou em monarquia, enquanto a cidade se transformou em personagem de menor importância num poderoso império. Depois, durante milênios, as únicas repúblicas foram pequenas cidades-Estado. Até a era do Iluminismo, muitos filósofos políticos acreditavam que as instituições representativas só poderiam funcionar em âmbito regional — até mesmo o democrata radical Jean-Jacques Rousseau acreditava que sua Gênova natal mostrava que a escala ideal para uma república era a cidade. Contudo, quando se transformaram numa grande potência, os Países Baixos permaneceram fiéis às raízes republicanas descentralizadas que os caracterizavam. Melhor dizendo, tornaram-se uma grande potência justamente *por terem mantido* uma estrutura política descentralizada.

As estruturas políticas da República Holandesa dividiam a autoridade do governo — mais ou menos como os Estados Unidos sob os Artigos da Confederação. Havia um chefe executivo, o detentor do poder do Estado, que era mais uma peça decorativa do que propriamente um rei.

Mesmo quando ocuparam o cargo, os príncipes da Casa de Orange eram governantes semioficiais que respondiam a cada corpo legislativo provincial. Na verdade, seria mais exato definir os Orange como uma dinastia *política* popular do que como uma dinastia *real*. Assim como os Roosevelt e os Kennedy, a família precisava administrar uma constelação variada de atores políticos, desde a Câmara Legislativa nacional às câmaras provinciais e assembleias municipais.

Nesse sistema descentralizado, havia autoridades locais que detinham a maior parte do poder. Qualquer província podia vetar uma legislação nacional. Até mesmo a Holanda, onde fica Amsterdã, era apenas a primeira entre iguais, embora fosse a mais populosa e rica das sete províncias (responsável por 58% da receita total de impostos).[32] As cidades e províncias tinham que buscar com frequência meios de cooperação, sobretudo quando enfrentavam ameaças externas. Fosse na terra ou no mar, fosse para aproveitar oportunidades econômicas ou lidar com ameaças à segurança, mecanismos espontâneos de autogoverno, de baixo para cima, permaneciam no cerne do modelo holandês. Era nítido o contraste com o sistema dos grandes impérios continentais, de cima para baixo, estatista e centralizado.

Que tipo de sociedade essa nova ordem política criou? No tratamento dispensado às pessoas comuns, a sociedade holandesa era incomparável. Como observou o historiador Jonathan Israel, "muitas vezes um cavalheiro que viajasse nos barcos holandeses de passageiros — um meio de transporte rotineiro que não se encontrava em nenhum outro lugar da Europa no século XVI — ficava desconcertado ao ser abordado por pessoas comuns, que conversavam casualmente com ele sem a menor consideração por seu *status*, como se ele fosse uma pessoa qualquer".[33] Em termos de diversidade, igualdade e energia exuberante, essa era a versão do século XVII do metrô de Nova York. Nunca se sabia o que poderia acontecer ou quem se poderia encontrar. Israel observa que a República Holandesa era "amplamente percebida na Europa como um canteiro de promiscuidade teológica, intelectual e social que subvertia as relações usuais e adequadas entre homens e mulheres [...] senhores e servos, nobres e plebeus, soldados e civis".[34]

Essas forças igualitárias impulsionaram a ascensão da República Holandesa, ao mesmo tempo que foram impulsionadas por ela. No entanto, não eram aceitas por todos. A principal divisão na política holandesa da época soaria familiar aos ouvidos de hoje. A república estava profundamente dividida entre os que viam a abertura, a tolerância, a diversidade e a liberdade como virtudes e os que não pensavam dessa forma.

A REAÇÃO

Até aqui, tracei a história da República Holandesa em grandes pinceladas. Ao examiná-la mais detidamente, no entanto, percebe-se que ela não era um paraíso de harmonia e prosperidade. Nenhum país, por mais bem-sucedido que tenha sido, jamais esteve perto disso. Havia muita discórdia e insatisfação no confuso governo dos Países Baixos.

A política na República Holandesa era um cabo de guerra entre aqueles que acreditavam, como disse Shorto, que "a ideia de liberalismo encerrava a promessa de um mundo melhor" e aqueles "para quem a ideia de liberalismo continha as sementes da destruição de tudo o que conheciam".[35] (Não se usava na época a palavra "liberalismo", mas Shorto e muitos outros historiadores defendem, de modo convincente, que os holandeses acatavam ideias e práticas — políticas não monárquicas, livre mercado, livre-comércio e pluralismo religioso — que posteriormente seriam definidas por essa palavra.) Em cada lado da ampla divisão havia campos familiares. Os religiosos conservadores acreditavam numa adesão estrita à doutrina calvinista, enquanto os liberais encaravam o dogma protestante de maneira menos severa e mais tolerante. Embora os comerciantes holandeses adotassem o livre-comércio e a globalização, muitos outros atores econômicos tentavam levantar obstáculos no caminho do mercado. Os artesãos tradicionais, por exemplo, estabeleceram monopólios das guildas sobre certas atividades, e esforçavam-se para impor tarifas e outros regulamentos protecionistas. Essas diferenças ideológicas podiam ser mapeadas geograficamente: enquanto as cidades litorâneas mostravam-se mais tolerantes, tecnocráticas e favoráveis ao livre-mercado, as áreas rurais eram mais tradicionais, hierarquizadas e autárquicas. À medida que a economia holandesa ascendia, ideias e práticas liberais impulsionavam a nação, mas a desestabilizavam do ponto de vista interno. O ritmo das mudanças era tão acelerado que muita gente queria apenas voltar à normalidade.

Os conservadores seguiam a liderança da nobreza holandesa, sobretudo a da Casa de Orange. Os Orange haviam oferecido uma base de nacionalismo patriótico durante a guerra de independência. Guilherme, o Silencioso, assassinado por um católico leal aos Habsburgo, tornou-se um mártir ao cimentar seu legado como "Pai da Pátria" e o *status* quase mítico da família Orange. Contudo, em pouco tempo surgiu uma cisão entre esses orangistas e o Partido dos Estados, um grupo de comerciantes urbanos que podiam ser classificados como liberais. Os membros do Partido dos Estados não eram democratas de verdade, mas eram liberais. Acreditavam na tecnocracia de elite — o que na prática significava um governo de comerciantes inteligentes e instruídos, a exemplo deles próprios —, defendiam uma abertura maior e abraçavam o dinamismo de seu moderno país sem nutrir uma nostalgia pelo passado.

Esses dois grupos não constituíam partidos políticos formais, uma vez que atuavam mais como facções dentro da classe governante. Na primeira década do século XVII, com o prosseguimento da guerra pela independência, a Espanha ofereceu aos holandeses uma trégua, mas não um acordo. O Partido dos Estados queria aceitar a proposta (enquanto os orangistas clamavam por mais guerra), adotava uma forma mais liberal de calvinismo (enquanto os orangistas acreditavam na pureza religiosa) e também abraçava conceitos novos como a liberdade de navegação e a arbitragem internacional, cujo pioneiro foi um de seus membros intelectuais, Hugo Grotius, muitas vezes chamado de "pai da lei internacional". Por um breve período, esse grupo presidiu o governo mais liberal que a história do planeta já tinha visto.

Para as cidades litorâneas holandesas, esse governo acumulou uma sucessão de triunfos, e os setores manufatureiro e de navegação criaram empregos cada vez mais bem pagos. Os imigrantes lotavam os portos holandeses em busca de oportunidades. Mas, como vimos, as cidades do interior e as zonas rurais sofriam. Muitas das regiões no campo dependiam de gastos militares com fortificações e tropas estacionadas. Com a cessação das hostilidades com a Espanha, a economia da pequena república se esvaziou e suas cidades perderam população, o que causou, nas palavras de Israel, um "drástico aprofundamento do abismo de vitalidade que separava a maior parte da Holanda" das regiões interioranas e produziu "uma espiral crescente de pobreza e privações nas zonas rurais".[36]

No âmbito da cultura, as guildas serviam como baluartes do conservadorismo social calvinista que o Partido dos Estados considerava retrógrado; já no âmbito econômico, elas buscavam regulamentos protecionistas que o partido considerava ineficientes. Essas tensões explodiram na província de Utrecht em 1610, quando guildas descontentes assumiram o controle do governo municipal e exigiram o monopólio da produção de cerveja e de outras indústrias urbanas. A assembleia local, dominada por comerciantes, recorreu à liderança liberal em Haia, que enviou um exército para derrotar as guildas.

Essa rivalidade geográfica que contrapunha, de um lado, cidades e vilarejos empobrecidos e, de outro, as grandes cidades, era intensificada pela nostalgia. Terminada a guerra pela independência, a paz erodiu a coesão social e a unidade de objetivos que o nacionalismo patriótico havia despertado. Calvinistas conservadores remontavam aos velhos tempos dourados, quando a República Holandesa travava uma guerra justa contra os hereges da Espanha católica. As cidades passaram a estar repletas de migrantes não holandeses, e as pessoas pareciam se preocupar apenas em enriquecer, pois fechavam negócios com quem quer que fosse — protestante, católico ou judeu. Como o destino mostraria, os conservadores holandeses teriam a vontade satisfeita. Uma nova guerra se aproximava.

A EXPERIÊNCIA DE QUASE MORTE DO LIBERALISMO

A ascensão do liberalismo holandês desencadeou uma reação não apenas por parte dos conservadores holandeses, como também na corte francesa, a mais poderosa da Europa. Na época, o centralismo absolutista praticado na França reivindicava ser ele próprio um modelo político progressista. Déspotas "esclarecidos" como Luís XIV conseguiram varar as camadas confusas e irracionais dos privilégios feudais a fim de forjar um Estado moderno dotado de uma burocracia nacional. O Rei Sol ficava no centro de todas as órbitas, e era um governante inquestionável mas racional, com todos os súditos girando em torno dele.

Os holandeses eram republicanos, tolerantes e voltados para o comércio. Luís XIV desprezava essas três qualidades: via os holandeses como rebeldes e hereges arrogantes, e a república que haviam instituído, como uma ferida aberta no corpo político da Europa. Enquanto os holandeses aproveitavam os conhecimentos de exilados que fugiam da Inquisição, Luís XIV provocava uma catástrofe humanitária ao reprimir duramente as minorias religiosas de seu país. A repressão aos protestantes franceses — os huguenotes — tornou-se cada vez mais implacável durante as sete décadas de reinado desse monarca, o que levou pelo menos 150 mil pessoas a fugir da França.[37] (Esse êxodo chocou de tal forma a consciência da Europa que nos deu a palavra "refugiado", de *réfugié*.)

Não só Descartes, mas livres-pensadores e dissidentes franceses de todas as cepas também encontraram refúgio seguro em Amsterdã. Enquanto os holandeses oferecessem abrigo aos inimigos religiosos e ideológicos de Luís XIV, a supremacia do modelo monarquista francês estaria em perigo. Assim, o Rei Sol decidiu resolver o problema bem ao modo de um monarca absolutista da época: por meio da guerra. Ao invadir os Países Baixos, ele pretendia obrigar os holandeses a se humilharem e renderem-lhe homenagens — e a renunciarem a grande parte do território deles em favor da França. Ele tentaria esmagar a audaciosa experiência da República Holandesa.

Em maio de 1672, um grande exército francês invadiu os Países Baixos e tomou cidade após cidade, ocasião em que Luís XIV desfilou triunfante pelas ruas de Utrecht. Essas rápidas vitórias francesas desacreditaram profundamente a política liberal do governo holandês, que buscava a paz e um livre-comércio harmonioso com a França. Os líderes do Partido dos Estados foram linchados nas ruas por multidões, o que criou um vácuo de liderança que foi logo preenchido por Guilherme de Orange, bisneto do herói de guerra Guilherme, o Silencioso.

A República Holandesa sobreviveu, mas a um preço altíssimo. Os holandeses destruíram deliberadamente os diques, e criaram um fosso gigantesco com o intuito de deter a invasão, mas que inundou a terra que tinham cultivado com perseverança ao longo de séculos. Essa manobra quase suicida permitiu que os Países Baixos se salvassem, mas ao preço da destruição de grandes áreas de seu território.

O ano de 1672 seria lembrado pelos holandeses como o Rampjaar: o ano da catástrofe. De muitas formas, ele marcou o fim da Idade de Ouro holandesa. Até mesmo mais tarde, o país viveria sob a sombra da invasão. Amsterdã não ocuparia mais a mesma posição dominante nas redes comerciais e financeiras, nem voltaria a servir de principal porto seguro para minorias.

O liberalismo podia ter morrido ali, sob as botas dos soldados de Luís XIV. No entanto, ao tentar demonstrar a força do absolutismo, o monarca francês cometeu um erro fatal: por acreditar — de maneira equivocada — que o príncipe seria uma marionete obediente, permitiu que Guilherme de Orange, aos 22 anos, reclamasse o poder após a queda das lideranças liberais. Embora a preferência de Guilherme pela monarquia fizesse dele um conservador em comparação com os republicanos do Partido dos Estados, as atitudes tolerantes e a deferência demonstradas com as assembleias legislativas o colocaram como liberal em comparação com outros governantes europeus. O ambicioso holandês acabaria coroado rei da Inglaterra, o que possibilitou lançar as sementes da Revolução Holandesa do outro lado do canal da Mancha. Essa Revolução Gloriosa garantiu que o experimento político dos Países Baixos criasse raízes em outro poderoso Estado europeu, que em pouco tempo se transformaria na primeira superpotência global da idade moderna.

2

A REVOLUÇÃO GLORIOSA

Inglaterra

Os britânicos gostam de dizer que a ilha em que vivem nunca foi invadida com êxito desde a chegada de Guilherme, o Conquistador, em 1066. Isso não é bem verdade. A Inglaterra foi invadida com êxito em 1688, e por outro Guilherme, o de Orange. O país nunca mais foi o mesmo desde a invasão holandesa, há quase 350 anos. Embora esse acontecimento e suas consequências tenham ficado conhecidos como Revolução Gloriosa, muitos a veem hoje como um episódio moderado e anêmico, que apenas restabeleceu o *status quo* inglês tradicional. O historiador Thomas Macaulay a descreveu como uma "revolução estritamente defensiva".[1] Na verdade, embora tenha ficado marcado pela moderação — houve poucos combates e derramamento de sangue —, o episódio de 1688 teve consequências revolucionárias, por ter criado uma fusão anglo-holandesa à medida que o pluralismo e as instituições políticas modernas da República Holandesa foram adotados pelo vasto reino inglês. O liberalismo encontrou um novo lar, maior e mais permanente, do outro lado do mar do Norte.

A Revolução Gloriosa na verdade foi a culminação de várias revoluções. Primeiro, a partir de meados de 1500, séculos de revoluções econômicas e identitárias ocorreram no norte da Europa. Elas deram forma à política do século XVII, enquanto a Inglaterra oscilava entre visões concorrentes de modernidade. Depois de 1688, o país chegou a um arranjo final, quando adotou uma forma de governo dos sonhos, nem tão rígida nem tão caótica, que elevou a nação à posição de domínio global e remodelou o mundo.

A EXCEPCIONALIDADE INGLESA

Como foi que um holandês, líder da primeira república moderna, tornou-se rei da Inglaterra? O desenvolvimento histórico peculiar da Inglaterra proporcionou um terreno fértil para as instituições e ideias holandesas. Assim como ocorreu com os Países Baixos, a história da Inglaterra começa pela geografia.

Separada da Europa continental pelo canal da Mancha, a província romana da Britânia era uma das mais distantes do centro imperial situado na Itália; portanto, sempre teve um tipo de governo mais frouxo. Quando caíram as províncias ocidentais do Império Romano, no século V, "a ordem romana entrou em colapso de modo mais espetacular na Britânia do que em qualquer outra parte".[2] Nada parecido com a ordem romana estritamente hierárquica ocupou seu lugar. A Inglaterra, pelo contrário, tornou-se uma confusa colcha de retalhos de feudos conflitantes. Essa ausência de uma estrutura imperial fez do país a incubadora perfeita para a mesma característica que impulsionou o sucesso holandês: centros de poder concorrentes. O poder político era exercido por numerosos grupos e instituições, inclusive o Parlamento.

Essa instituição se desenvolveu gradualmente ao longo do tempo. A Inglaterra medieval contava com governos locais fortes, uma vez que era organizada em pequenas unidades de administração autônoma: condados e burgos. Depois que esses pequenos feudos se consolidaram em reinos maiores, o rei reuniu os *witan* (sábios, em inglês antigo) em *witenagemots* (assembleias de sábios), a fim de se aconselhar e criar consenso.[3] Essa prática persistiu, com alterações, após a conquista normanda de 1066. Então, em 1215, barões rebeldes obrigaram o tirânico rei João a aceitar certas limitações na autoridade real, codificadas na Magna Carta. Os reis subsequentes com frequência reuniam notáveis e clérigos para assisti-los em questões legais e de aumento de impostos. O primeiro parlamento relativamente representativo foi constituído em 1295.

A palavra "parlamento" vem do francês *parler*, que significa falar, mas, ao contrário de muitas cortes, conselhos e Estados por toda a Europa continental, as reuniões parlamentares da Inglaterra medieval eram mais do que meras conversas de trabalho. Os membros não eram apenas conselheiros do rei, mas legisladores de pleno direito. Um parlamento representativo fazia mais do que apenas limitar o poder real, pois, de certa forma, fortalecia esse poder. Um aparato formal destinado a obter a adesão das elites do país favorecia o fortalecimento de um governo nacional. Como nos Países Baixos, maior legitimidade se traduzia em maiores poderes de tributação: a Idade de Ouro holandesa foi marcada por alguns dos impostos mais altos da Europa, e os ingleses possivelmente estabeleceram o primeiro Estado de bem-estar efetivo do mundo ao aprovar a Lei dos Pobres elizabetana, que proporcionava alívio, não castigo, aos pobres. Ao longo da era medieval tardia e do começo da Idade Moderna (mais ou menos do século XIV ao XVII), as instituições parlamentares foram neutralizadas ou extintas na França, na Espanha, na Alemanha e em outras partes da Europa continental. Como observou o historiador Walter Scheidel, a Inglaterra, com seu Parlamento comparativamente forte, funcionava não como uma propriedade pessoal do monarca, mas como uma "comunidade de contribuintes".[4]

A Grande Peste, que grassou em meados do século XIV, reforçou de maneira peculiar a estrutura mais igualitária do país. Ao matar cerca de 30% a 50% da população europeia, acabou por valorizar o trabalho em detrimento da terra e do capital, o que proporcionou o aumento da renda média.[5] Na Europa continental, a maior parte dos países viu o salto pós-peste se desvanecer com a recuperação das populações. Na Inglaterra, porém, por motivos ainda debatidos acaloradamente pelos estudiosos, a peste levou a padrões de vida mais elevados e duradouros para agricultores e trabalhadores urbanos.[6] Além disso, ela acelerou a adoção do "padrão europeu de casamento", em que as mulheres preferiam se casar mais tarde e ter menos filhos para não regredir a um padrão de subsistência. (Hoje, esse padrão é chamado simplesmente de "transição demográfica", e é observado em sociedades em processo de modernização, do Peru à China.) O efeito generalizado da peste — menos trabalhadores, com maior produtividade e poder de barganha — foi empoderar os ingleses comuns em relação à aristocracia e à pequena nobreza rural. Embora ainda não detivessem poder real, as massas já exerciam influência sobre aqueles que o detinham.

CONDUZINDO A INGLATERRA À MODERNIDADE

A Inglaterra reunia os ingredientes políticos ideais para uma revolução liberalizante e modernizadora. Nos séculos anteriores a 1688, ela havia desenvolvido também uma estrutura econômica que tornaria possível a Revolução Gloriosa.

Comecemos pela lã. Deselegante e áspera, por séculos a lã permitiu que os pastores tivessem lucros muito além do nível de subsistência que a agricultura oferecia. Foi a lã que levou ao movimento de cercamentos (que começou de fato no século XV), com o qual as terras públicas foram loteadas, privatizadas e, em boa medida, transformadas em pastos para alimentar o gado ovino. Os cercamentos levaram a uma transformação mais profunda, do trabalho no campo voltado para a subsistência a uma agricultura voltada para o mercado. Ao mesmo tempo, inovações em fertilizantes e técnicas de cultivo ajudaram a maximizar os resultados, o que levou à produção de mais alimentos em um pedaço menor de terras.

À medida que a produção de lã em escala comercial substituía a agricultura praticada em pequenos lotes, os salários mais altos oferecidos pela manufatura passaram a atrair os agricultores — despojados de suas terras — para as cidades. As pastagens se expandiram e a produção agrícola cresceu, mas, para esses trabalhadores rurais, o aumento da eficiência foi traumático, o que nos lembra que a ruptura social tem sido há muito tempo o preço da modernização econômica. Com os cercamentos, a Inglaterra transformou um mundo medieval de aldeias integradas, estáveis e seguras numa sociedade moderna mais rica, porém marcada pela insegurança, a instabilidade e a desigualdade. No novo mundo capitalista, ganhar dinheiro era primordial, não motivo de vergonha. As virtudes burguesas da prudência (comprar na baixa e vender na alta) e da temperança (poupar e acumular) eram essenciais.[7] Enquanto isso, os proprietários de terras deixavam de ser nobres distantes e alheios que governavam pelo direito senhorial, e davam pouca atenção à administração contanto que os servos piolhentos pagassem os encargos. Os pequenos nobres rurais começaram a ficar mais parecidos com homens de negócios sedentos de lucro. Nesse aspecto, a nobreza rural inglesa passou a se alinhar com a classe burguesa em ascensão, integrada por empreendedores no comércio e na manufatura.

Assim, dois "perdedores" potencialmente ressentidos da economia moderna — senhores que desdenhavam do dinheiro e camponeses desconfiados do mercado — pouco a pouco saíram de cena. Comentando a magnitude dessa mudança, o sociólogo Barrington Moore Jr. afirmou que, ao contrário do que ocorreu em outros lugares, "a modernização pôde avançar na Inglaterra" sem se deixar deter por um "grande reservatório de forças conservadoras e reacionárias".[8] Embora possa ter se mostrado cautelosa em relação aos novos empreendimentos industriais ultramodernos, a aristocracia rural inglesa não se opôs a eles.[9] Com efeito, muitas vezes ela ajudou indiretamente o avanço da industrialização, ao proporcionar capital para a construção da infraestrutura necessária, como canais, docas e minas.

Outro fator estrutural que ajudou a Inglaterra a se modernizar foi o processo generalizado de urbanização em toda a Europa. Havia no país muitas cidades em ascensão, com nichos econômicos próprios, não um único centro dominante localizado na capital. Norwich, Colchester e Manchester produziam têxteis. Gloucester fabricava pregos, Birmingham forjava ferramentas de metal e Newcastle explorava minas de carvão. Apesar de influente, Londres não dominava os condados ingleses da forma como Paris fazia com suas províncias (ou como a Londres do século XXI domina uma Grã-Bretanha pós-industrial esvaziada).

O dinamismo econômico inglês não se restringia às áreas urbanas. Até mesmo o interior do país progrediu e se modernizou, ao tirar proveito da explosão protoindustrial. Moinhos, minas e fábricas brotaram por toda a zona rural inglesa. No começo do século XVIII, cerca de 40% dos trabalhadores rurais no país estavam envolvidos em atividades que não a agricultura — sobretudo a mineração e a manufatura.[10] Todos esses avanços econômicos criaram um trampolim a partir do qual a Inglaterra poderia saltar para o futuro, com uma classe média capaz de participar da governança parlamentar e uma economia pronta para a industrialização.

DA REFORMA À REVOLUÇÃO

Por mais favoráveis que as condições estruturais tenham sido, o caminho da Inglaterra rumo ao modelo holandês tornou-se incrivelmente tortuoso. A história política inglesa, assim como a história política holandesa, foi definitivamente marcada pela Reforma Protestante. Em 1534, Henrique VIII rompeu com o papa porque queria se divorciar. A nova Igreja da Inglaterra já não responderia a Roma. Essa decisão teria consequências que iam muito além da vida amorosa do rei inglês. Num primeiro momento, a monarquia tornou-se mais forte com a apropriação dos bens da Igreja e a nacionalização do controle da hierarquia religiosa. No longo prazo, porém, a Reforma inglesa incentivou os paroquianos a questionar a autoridade, algo que acabaria por se voltar contra a monarquia.

No século XVII, a Inglaterra estava dividida entre os que a queriam mais parecida com a França católica, uma monarquia absolutista, e os que preferiam seguir o exemplo dos Países Baixos protestantes, uma república descentralizada. Havia argumentos favoráveis a cada um desses modelos. Como aspirante ao absolutismo, o rei Carlos I, compreensivelmente, preferia o estilo francês. Por conseguinte, casou-se com uma francesa católica que vinha a ser irmã do rei Luís XIII.

Conforme suas pretensões, Carlos I promoveu reformas religiosas que favoreciam a hierarquia ao modo católico. Ao mesmo tempo, mostrou uma tendência imperial ao empreender aumentos de impostos ao longo da década de 1630 sem o beneplácito do Parlamento — atitudes como essa tinham desencadeado revoltas em séculos anteriores. Em 1642, os atritos constantes entre Carlos I e o Parlamento culminaram em derramamento de sangue. A Guerra Civil inglesa, que envolveu 1 em cada 8 ingleses[11] e ocasionou a morte de 150 mil pessoas,[12] terminou em vitória do Exército Parlamentar.[13] Em 1649, Carlos I foi decapitado, a monarquia, abolida, e proclamou-se uma república (pela primeira e única vez na história britânica).

A era republicana da Inglaterra entrou para a história não pelo humanismo e pela democracia, mas pela repressão. O regicídio de Carlos I deu início a uma escalada de radicalização e disputas políticas. A violenta desordem que se seguiu desencadeou uma série de forças iliberais — por exemplo, ao empoderar puritanos radicais que pretendiam impor à sociedade uma teocracia estritamente calvinista. Eles proibiram o teatro (até mesmo Shakespeare!), pois enxergavam as peças como "espetáculos do prazer", repletos de "regozijo e frivolidade".[14] Séculos antes de a Fox News soar o alarme, esses desmancha-prazeres declararam uma verdadeira guerra contra o Natal ao denunciar o feriado como dissoluto, pagão e mundano. A incansável guerra contra a cultura empreendida pelos puritanos — contrários ao teatro, à música, à dança, às festas e a qualquer tipo de diversão — feriu a popularidade do novo regime. O desprezo das pessoas por essa censura interminável e a tendência puritana ao controle cultural pavimentaram o caminho para uma revolução muito mais moderada e liberal em 1688.

O governo puritano deu a partida para uma reação. Aristocratas e religiosos conservadores apoiaram a Coroa contra o Parlamento e pegaram em armas pelo rei, e os herdeiros dele escaparam para o exílio quando Carlos I foi decapitado. Os puritanos conspurcavam os monarquistas chamando-os de *cavaliers*, epíteto com a mesma raiz de "cavalaria". Com efeito, o grupo ansiava por uma Inglaterra repleta de cavaleiros e belas damas, um mundo de banquetes e brasões. Os *cavaliers* apreciavam a hierarquia cristã, cujos rituais e espetáculos, mesmo formalmente anglicanos, eram na prática bem próximos do Catolicismo. Além disso, gostavam de vinho, mulheres e música e usavam cabelos longos, em oposição aos puritanos, adeptos de cortes austeros e por isso apelidados de Cabeças Redondas (hoje em dia, poderíamos dizer que eram quadrados).

O governo dos Cabeças Redondas foi estrito e austero não somente em questões do dia a dia, como também nos métodos mais gerais.[15] A república logo degenerou numa ditadura militar liderada por Oliver Cromwell. Desencantado com legisladores que via como egoístas e incapazes de governar, Cromwell dissolveu o Parlamento por força das armas e assumiu o título de Lord Protetor. A morte dele, em 1658, finalmente abriu as portas para a contrarrevolução. Seu desafortunado filho ocupou seu lugar, mas foi logo destituído.

Monarquistas radicais reuniram forças com parlamentaristas moderados para pôr fim a essa experiência inglesa, e restauraram a monarquia com Carlos II, filho de Carlos I. O novo rei, apoiado por um Parlamento tão conservador que ficou conhecido como Parlamento Cavalier, logo começou a desmanchar muito do que havia sido feito durante o interregno. Os novos governantes eram na maior parte magnânimos, e concederam anistia geral aos que haviam lutado contra Carlos I ou participado do regime seguinte, mas puniram os envolvidos na execução do monarca.[16] Alguns foram enforcados, estripados e esquartejados. O corpo de Cromwell foi exumado, enforcado e decapitado.

Com o tempo, Carlos II desentendeu-se com o Parlamento, mas de modo geral reinstituiu a estabilidade de que a nação necessitava e reafirmou o poder da monarquia. Ele reinou durante 25 anos, e sentiu tanto prazer com isso que foi apelidado de Monarca Alegre. Faleceu de morte natural em 1685. O pescoço dele ficou intacto.

A RESTAURAÇÃO DO ABSOLUTISMO

Com a morte de Carlos II, infelizmente, o irmão dele, Jaime II, herdou o trono. Embora Carlos II tivesse o nome paterno, era Jaime quem de fato se parecia com o pai. Ele também almejava a monarquia absolutista no estilo francês. Havia suspeitas de que Carlos I fosse um católico enrustido, mas Jaime II era abertamente católico. O cenário estava montado para uma revanche entre o Parlamento e o rei.

A religião de Jaime II já havia motivado oposição generalizada antes mesmo que ele fosse coroado rei. Uma facção do Parlamento, descendente menos radical dos Cabeças Redondas, queria excluí-lo da linha sucessória por ele ser católico. Essa foi a causa da maior disputa entre Carlos II e o Parlamento. Os membros do grupo que se opunha a Jaime II como sucessor ficaram conhecidos como *Whigs*, enquanto os que apoiavam o projeto de sucessão, a mesma facção antes identificada como *cavaliers*, foram denominados *Tories*. Apesar do triunfo, muitos *tories* acabaram se arrependendo de terem deixado o príncipe assumir o poder.

Logo depois de assumir o trono, Jaime II desencadeou uma reação com várias tentativas de dobrar o Parlamento à vontade dele e impor políticas pró-católicas por decreto. A resistência ao governo veio de lordes, clérigos, comerciantes e também do povo. Em 1688, uma série de levantes de menor importância ocorreu pelo país. Os inimigos de Jaime II podiam sentir o cheiro de sangue.

Foi nesse momento que as coisas começaram a acontecer de outra maneira, sem desaguar numa nova guerra civil. Um grupo de nobres ingleses integrado tanto por *whigs* quanto por *tories* convidou Guilherme de Orange a invadir o país e a tomar o poder. Havia uma certa lógica nesse esquema: Guilherme havia se casado com a irmã protestante de Jaime, Maria Stuart, e por isso estava, tecnicamente, na linha de sucessão. No entanto, foi uma virada surpreendente no enredo da antiga rivalidade anglo-holandesa.

Poderíamos pensar que uma fusão anglo-holandesa era óbvia. Afinal, as duas nações eram potências protestantes oprimidas com uma forte tradição parlamentar, que haviam combatido as forças navais espanholas e se sentiam ameaçadas pela tirania católica. Contudo, em vez de unir forças, as duas potências navais do mar do Norte tinham sido concorrentes e até mesmo demonstrado uma hostilidade mútua durante décadas. Quando assumiu o trono inglês, Guilherme de Orange finalmente encerrou o conflito. E trouxe consigo as revolucionárias inovações da política e do comércio holandeses.

Antes da Revolução Gloriosa, durante longos anos os ingleses se ressentiram do sucesso econômico holandês. Por que a Inglaterra tinha que embarcar para os Países Baixos toda a lã que produzia, para que fosse fiada e tecida? E por que a arrogante República Holandesa devia ser o centro do comércio global, principalmente depois de toda a destruição que havia infligido ao mundo? A Companhia Holandesa das Índias Orientais atuava de forma tão desapiedada quanto qualquer conglomerado dos dias de hoje — as incursões empreendidas eram literalmente implacáveis. Em 1623, numa pequena ilha, o governador nomeado pela companhia ordenou a tortura e a execução de dez comerciantes que trabalhavam para a Companhia Britânica das Índias Orientais e haviam tentado romper o monopólio holandês no comércio com a Indonésia. Essa atrocidade, conhecida como o massacre de Amboyna, provocou protestos na Inglaterra e inspirou canções, peças e poemas anti-holandeses. O título de um panfleto impresso em Londres em 1653 resume a intensidade do ódio: "O PEDIGREE dos holandeses, ou Uma relação que mostra como eles foram engendrados e descendem de um ARRIVISTA".[17]

Um momento particularmente humilhante para os ingleses ocorreu durante uma incursão dos holandeses no verão de 1667, como parte da Segunda Guerra Anglo-Holandesa. Quando a frota holandesa se retirou do rio Medway, perto de Londres, seus navios haviam deixado um rastro de destruição e infligido terror no coração de cada inglês. Os ingleses, quase desprovidos de recursos, tinham montado uma frágil defesa do principal estaleiro da Marinha Real. Vários dos navios então afundaram. Alguns foram danificados pelos holandeses, mas muitos foram afundados deliberadamente pelos próprios ingleses, numa tentativa desesperada de bloquear a passagem e deter o ataque. Foi tudo em vão. Os holandeses tomaram a nau capitânia *Royal Charles* como prêmio e, consequentemente, a dignidade do monarca a quem a embarcação dava nome. Em meio a relatos de que os holandeses estavam então aterrorizando outros portos, um oficial naval inglês explodiu: "Meu Deus, acho que o diabo está cagando holandeses."[18] O diarista Samuel Pepys, ele próprio um administrador naval, era mais realista sobre a situação: "Assim, em todas as coisas — em sabedoria, coragem, força, conhecimento de nossas tendências e sucesso —, os holandeses nos superaram, e terminarão a guerra vitoriosos."[19]

Ao longo do século XVII, a Inglaterra e os Países Baixos cobrariam tarifas sobre os produtos uns dos outros, atacariam os comerciantes e pescadores uns dos outros e entrariam em guerra três vezes. Na última dessas guerras, Nova Amsterdã tornou-se Nova York. Uma série de expressões que surgiram durante esse período para depreciar os holandeses persiste até hoje, de "*go Dutch*" ("virar holandês", dividir a conta por avareza) a "*Dutch courage*" ("coragem holandesa", valentia estimulada pelo álcool).

Apesar das guerras comerciais e militares, muitos holandeses e ingleses entendiam que uma reconciliação era indispensável, em grande parte porque os dois países enfrentavam a mesma ameaça: a França expansionista de Luís XIV. Os dois lados se beneficiariam de um comércio internacional pacífico e da possibilidade de desenvolver as respectivas economias para enfrentar o inimigo comum. Reconhecendo o valor permanente de uma aliança anglo-holandesa, os líderes ingleses aproveitaram-se da grande impopularidade de Jaime II e começaram a reunir dinheiro e tropas em cidades portuárias da República Holandesa. Eles planejavam um movimento ousado. Dos Países Baixos, a frota holandesa enviaria uma força de invasão composta em partes iguais por soldados holandeses e soldados exilados da Inglaterra e da Escócia, liderados por nobres e comerciantes descontentes.[20] O tempo e a sorte cooperaram, e, uma vez que a frota anglo-holandesa chegou em terra, grande parte da Marinha de Jaime II se amotinou. O pretenso monarca absolutista da Inglaterra fugiu e passou o resto da vida num palácio francês, vivendo à custa de uma pensão paga por Luís XIV.

Guilherme e Maria tomaram Londres sem lutar, e o chefe de Estado holandês e a esposa foram coroados rei e rainha. A Revolução Gloriosa havia triunfado. Pela primeira vez na história britânica, os novos reis foram investidos de poder por uma Lei do Parlamento, que fez deles monarcas *constitucionais*. Esse episódio determinou o ponto de virada na modernização política da Inglaterra.[21] O país ainda estava longe de ser uma democracia, e as características do movimento de 1688 não obscureciam o fato de que ele havia sido em grande medida orquestrado por membros da elite. Não obstante, a política havia se ampliado significativamente. Dali em diante, a Inglaterra seria governada por uma classe, não por uma corte.

O próprio Guilherme personificava a fusão anglo-holandesa, tanto no que dizia respeito ao seu liberalismo quanto no tocante às contradições. Muito antes de se tornar rei da Inglaterra, havia integrado a facção mais conservadora da política holandesa, tendo sido afastado do poder pelos adversários liberais. Opositor da monarquia e de um Poder Executivo forte, o Partido dos Estados havia impedido que ele se tornasse chefe de Estado. No entanto, Guilherme, um ator político competente e implacável, acabou assegurando o cargo depois de incentivar uma revolta do povo contra esses opositores internos, a quem chamou de traidores da pátria e adoradores dos franceses — e chegou inclusive a fazer vista grossa enquanto multidões orangistas assassinavam os principais adversários dele. Em 1688, mais uma vez, Guilherme não hesitou em se servir de forças obscuras e iliberais, e aproveitou o preconceito contra os católicos para angariar apoio popular na Inglaterra, ao permitir que seus partidários propagassem teorias da conspiração, como a do Terror Irlandês, e ao acusar o perverso rei Jaime II de embarcar milhares de soldados irlandeses para massacrar protestantes ingleses. No entanto, uma vez consolidado no trono, abraçou a tolerância religiosa e o governo parlamentar, e lançou os fundamentos da Inglaterra moderna que conhecemos hoje.

IDENTIDADE POLÍTICA E BIPARTIDARISMO

Depois de décadas de disputa, o ano de 1688 trouxe certa moderação aos conflitos religiosos e políticos na Inglaterra. A estabilidade permitiu que o país consolidasse a identidade nacional pragmática centrada no lucro. Ironicamente, o ingrediente secreto foi a adoção de ideias e instituições holandesas, o que ajudaria a forjar uma sociedade inglesa com base numa liga nova e mais forte. Uma interpretação comum dos acontecimentos de 1688 foi a de que Jaime II, como rei católico de um país protestante, estava condenado ao fracasso. O historiador Steven Pincus, no entanto, descarta a ideia de que a Revolução Gloriosa tenha sido totalmente — ou pelo menos em grande parte — motivada pela intolerância sectária. A religião, com certeza, teve sua importância. Entretanto, muitos ingleses católicos comemoraram a deposição do monarca. Apesar de compartilharem a mesma fé, eles rejeitavam o absolutismo à francesa de Jaime II. "Os ingleses", conclui Pincus, referindo-se à identidade religiosa, "começaram a se mover além das políticas identitárias".[22]

Durante a Revolução Gloriosa, os *tories* (conservadores) e os *whigs* (liberais) chegaram a um consenso para rejeitar os extremos do absolutismo católico e do republicanismo radical que haviam arruinado a Inglaterra. Em 1689, aprovaram a Declaração de Direitos, na qual Guilherme e Maria reconheciam certas prerrogativas do Parlamento e do povo. Como ainda havia um rei e uma rainha, o novo regime sem dúvida não representava uma adoção plena da estrutura política da República Holandesa. Era um pouco melhor, pelo menos para aquela época e lugar. Os ingleses ficaram com o melhor de dois mundos: não só a liderança e a estabilidade advindas do fato de terem um monarca no comando, como também o dinamismo propiciado pela existência de centros de poder concorrentes que refreavam essa autoridade. Esse sistema, que fortalecia a burguesia guiada pelo lucro interessada no sucesso da Inglaterra, poderia "popularizar" as melhores políticas de uma ampla faixa da sociedade e decidir sobre um curso de ação por meio de negociações políticas.[23] O crescente poder da classe dos comerciantes ingleses tornou-se, então, o lastro para o navio do Estado quando a modernização começou de verdade.

A Revolução Gloriosa não conduziu nenhum partido ao poder de maneira permanente. Mais do que isso, foi uma fuga *bipartidária* de uma perigosa polarização. Isso não quer dizer que *whigs* e *tories* já não tivessem divergências. Elas sem dúvida existiam, com os *whigs* acusando os *tories* de tiranos católicos, e os *tories* acusando os *whigs* de puritanos regicidas. Os dois lados, porém, encontraram algumas áreas cruciais de consenso. E ainda mais importante: ambos afirmaram o papel central do Parlamento no que dizia respeito a cuidar das finanças do reino. Então, com as rédeas do país bem seguras nas mãos do Legislativo, credores internos e externos tinham a confiança de que a Inglaterra pagaria as dívidas que contraíra.[24] *Whigs* e *tories* podiam ter opiniões diferentes sobre política econômica — os primeiros apoiavam a manufatura, enquanto os últimos defendiam a pequena nobreza rural —, mas admitiam que era a prosperidade inglesa que definia o interesse nacional, não a glória dinástica ou o zelo religioso.[25]

No que dizia respeito à religião, os ingleses também seguiram o exemplo dos holandeses ao abraçarem o pluralismo confuso em vez da uniformidade coercitiva. A Lei de Tolerância de 1689 estendeu à Inglaterra a tolerância religiosa à moda holandesa (a qual englobava todos os protestantes, mas não os católicos).[26] À medida que a religião deixou de ser o principal fator de divisão política, a dominação por católicos ou por puritanos radicais tornou-se impensável. Apesar de algumas restrições remanescentes, como ocupar cargos públicos e frequentar a universidade, grupos protestantes não conformistas, a exemplo dos batistas e dos metodistas, conseguiram prosperar lado a lado com a Igreja da Inglaterra sem serem vistos como uma ameaça à ordem política. A Inglaterra passara a ser um país solidamente protestante, mas já não se consumia em guerras religiosas. Um efeito colateral positivo disso foi que a diversidade de pensamento se tornou em geral mais aceita, o que ajudou o país a roubar o cetro dos Países Baixos como berço de ideias pioneiras. Essa era a Inglaterra de Isaac Newton e John Locke. Com efeito, só depois da Revolução Gloriosa é que Locke pôde deixar com segurança o exílio nos Países Baixos e voltar para casa.

Toda a Europa notou que a Inglaterra acabara de se tornar politicamente estável e culturalmente tolerante. Banqueiros de Amsterdã abriram filiais em Londres, e estadistas holandeses imigraram com Guilherme a fim de aconselhar o novo monarca inglês sobre política externa e economia. Os números da imigração a partir de 1688 revelam em que medida os ingleses haviam superado os holandeses. Os huguenotes que preferiam abandonar a França buscavam cada vez mais a Inglaterra, não os Países Baixos, como refúgio, e depositavam as economias no novíssimo Banco da Inglaterra, criado pelo Parlamento em 1694 para seguir o bem-sucedido exemplo do Banco de Amsterdã.[27] Cerca de 15% do capital inicial do banco inglês vinha dos protestantes franceses,[28] e na Carta de Fundação dessa instituição constava um grande número de assinantes com sobrenome huguenote.[29]

A Revolução Gloriosa teve três desdobramentos importantes. Primeiro, reuniu os interesses dos impérios comerciais e navais da Inglaterra e dos Países Baixos, de forma semelhante ao que acontece hoje quando duas empresas se fundem. Segundo, moderou a política inglesa, o que fez com que os dois partidos alcançassem uma trégua e rejeitassem extremismos monárquicos e republicanos a fim de estabelecer um consenso. E, por fim, levou à adoção das práticas liberais holandesas, sobretudo na área econômica, o que marcou o abraço definitivo da Inglaterra à modernização comercial dos Países Baixos em detrimento da centralização absolutista francesa.

No limiar do século XVIII, os ingleses haviam superado os holandeses. Nos anos seguintes, a liderança conquistada se ampliaria com a corrida para a industrialização.

PEQUENA DIVERGÊNCIA, GRANDE DIVERGÊNCIA

Os historiadores da economia falam de duas "divergências" do *status quo* econômico da humanidade. O milagre econômico anglo-holandês do século XVII ficou conhecido como "Pequena Divergência", com as duas economias do mar do Norte se distanciando da estagnação observada no restante da Europa. Tempos depois, no século XIX, houve a Grande Divergência, o crescimento exponencial do poder econômico, tecnológico e geopolítico que levou a maioria dos países do Ocidente para a dianteira e lhes permitiu subjugar poderosas nações em todo o globo. Essa última divergência foi liderada pela Inglaterra, que passava pelo processo de industrialização e se tornou Grã-Bretanha ao se unir à Escócia, em 1707. Os Países Baixos, antes tão avançados, estagnaram.

A Grã-Bretanha não só adotou as características modernizantes que haviam sido responsáveis pelo florescimento da República Holandesa, como também ultrapassou a antiga mentora, deixando-a para trás. Por que a Grã-Bretanha continuou tendo sucesso, enquanto os Países Baixos regrediam?

Essencialmente, porque os holandeses se acomodaram. Apesar de toda a engenhosidade que tinham, dos canais e das corporações, além do espírito cívico que os tornara tão hábeis no comércio, eles acabaram ficando para trás na época da *economia industrial*. Os moinhos de vento e a roda hidráulica dos holandeses eram avançados para seu tempo, mas então pareciam anêmicos como fonte de energia se comparados ao carvão e ao vapor que chegavam para substituí-los. Os holandeses haviam dominado a produção de têxteis durante muito tempo, mas eram então superados pelas fábricas movidas a carvão dos britânicos. Áreas nas quais os holandeses não eram obviamente líderes tecnológicos — como a mineração e a metalurgia — mostravam-se pontos fortes dos britânicos e viriam a constituir a base da Revolução Industrial. Além disso, sendo uma ilha apartada da Europa, a Grã-Bretanha estava muito mais segura contra ameaças militares continentais do que os Países Baixos. Sobre essa sólida base geográfica, os britânicos pegaram as inovações holandesas — mercado de ações, empresas multinacionais, empreendedorismo, comércio global — e as potencializaram, ao aplicá-las a segmentos mais amplos da sociedade e numa escala maior. Na época da Revolução Gloriosa, a força de trabalho inglesa era mais do que duas vezes superior à holandesa em contingente humano. Essa disparidade aumentaria ainda mais com o tempo, na medida em que a Escócia foi absorvida, a industrialização disparou e a população se avolumou.

Em meados do século XVIII, era óbvio que os holandeses haviam perdido o ímpeto tecnológico e econômico para a Grã-Bretanha. Militarmente ameaçada pela França e oprimida por impostos estrangeiros, a República Holandesa instituiu medidas protecionistas. Outrora o maior defensor do livre-comércio, o país agora restringia o fluxo de tecnologia holandesa e protegia a manufatura nacional da concorrência.[30] Era a própria Veneza revivida.

Enquanto isso, à medida que os últimos vestígios das guildas medievais desapareciam na região do mar do Norte, as cidades holandesas procuravam fortalecer seu sistema restritivo de guildas e até mesmo fundar mais guildas.[31] Governantes, elites urbanas e interesses particulares confluíram para bloquear a adoção de novas tecnologias industriais vindas de fora, que lhes ameaçavam o ganha-pão tradicional. Nenhuma dessas iniciativas salvou a indústria holandesa. Em vez disso, a liderança tecnológica passou para as mãos dos britânicos.

Nessa época, os Países Baixos já não eram os arrivistas beligerantes que haviam sido no passado, um país aberto a novas ideias, novos setores de atividade e novas tecnologias. Restavam-lhes apenas olhar para o passado. O clima político dominante era de nostalgia pelo passado de grandeza.

Essa história se tornaria comum: avanço rápido, deslocamento, e então uma onda de lembranças de uma Idade de Ouro perdida.

ALÔ, CAPITALISMO GLOBAL

O momento em que o mercantilismo holandês se uniu ao poder inglês pode ser visto como aquele em que o mundo medieval chegou ao fim. Os valores começaram a ser medidos mais em libras e xelins do que em termos de nobreza e pureza religiosa. Velhas hierarquias medievais feneceram, e foram substituídas por medidas quantificáveis de poder, *status* e riqueza. Não se podia atribuir um preço a uma virtude cristã ou a uma honra cavaleiresca, mas era possível medir o peso da própria bolsa. O historiador britânico Henry Maine chamou isso de transformação de um mundo de "*status*" para um mundo de "contrato", e a identificou como a condição essencial para uma sociedade moderna composta por indivíduos autônomos.[32]

À medida que o mundo de contrato se ampliou, a mesma coisa aconteceu com o alcance da língua inglesa. O inglês trouxe consigo um nacionalismo inclusivo e uma identidade partilhada com as Ilhas Britânicas. No mundo de hoje, os liberais quase sempre enxergam o nacionalismo como uma força destrutiva que rompe laços internacionais. No início da Era Moderna, porém, o nacionalismo era geralmente *construtivo*, pois servia para consolidar Estados maiores e mais funcionais a partir de uma confusa colcha de retalhos medieval. Com a união da Escócia à Inglaterra pelas Leis de União de 1707, o novo país se consolidou linguisticamente. Acompanhando o crescimento dos mercados, o inglês se estendeu para regiões britânicas falantes do galês e do gaélico escocês. Os povos da Grã-Bretanha adotaram o inglês em boa medida pelo fato de ser eficiente do ponto de vista comercial, não porque foram obrigados. Muitos dos soldados e administradores que viajavam para além-mar a fim de comandar o Império Britânico, chamados pejorativamente pelos súditos de "ingleses" arrogantes, eram na verdade escoceses. A língua inglesa e um projeto imperialista comum serviram de incentivo para acelerar a criação de uma identidade nacional conjunta, que forjou a Grã-Bretanha a partir da Pequena Inglaterra, e criou uma língua franca para a globalização que resistiu durante séculos e tornou-se ainda mais forte em décadas recentes.

À medida que os britânicos passavam a usar uma mesma língua e a ter uma identidade empresarial comum, seus gostos se expandiram para bem longe das praias rochosas das Ilhas Britânicas. A mudança podia ser vista em coisas tão prosaicas quanto a evolução do café da manhã: enquanto os camponeses e demais trabalhadores medievais não tinham tempo nem dinheiro para uma bebida matinal, todo britânico passara a tomar chá da China com açúcar do Caribe. Para o antropólogo americano Sidney Mintz, o advento da cultura do chá entre os ingleses prefigurou "a transformação de toda uma sociedade", sendo o primeiro gole de chá o equivalente à primeira mordida da maçã por Adão — o que fez com que o capitalismo e a globalização deslanchassem de uma só vez.[33]

Ao contrário do que ocorreu em potências continentais, o impulso consumista na Grã-Bretanha não se restringiu às elites. O aumento da renda disponível permitiu que até mesmo a classe pobre e a dos trabalhadores desfrutassem as benesses do livre mercado. No fim do século XVIII, um inglês médio consumia cerca de 2.450 calorias diárias, contra apenas 1.850 do congênere francês.[34] Os trabalhadores britânicos ganhavam muito mais do que suas contrapartes em toda a Europa, e muitíssimo mais do que aqueles que viviam na Ásia e na África. A abundância era visível. O romancista e economista Daniel Defoe observou em 1726:

> Os trabalhadores manufatureiros da Inglaterra comem bem e bebem bem, vivem melhor e têm mais sorte do que os trabalhadores pobres de qualquer outra nação da Europa; ganham melhores salários e gastam mais em roupas e alimentos do que em qualquer outro país.[35]

Os historiadores contemporâneos estão de acordo. Segundo os cálculos que fizeram, algo entre 60% e 80% das receitas arrecadadas pelo cada vez mais poderoso Estado britânico vinha de tarifas alfandegárias e impostos sobre os novos bens de consumo: especialmente de alimentos e estimulantes como o açúcar, o café, o chá e o tabaco, que estavam ao alcance de qualquer pessoa.[36] À medida que a renda e o consumo cresciam, aumentava também a arrecadação. De 1500 até a década de 1780, o valor médio de impostos arrecadados por pessoa triplicou na Espanha, quintuplicou na França e decuplicou na Inglaterra.[37] O governo britânico sabia que ter êxito em longo prazo dependia de manter os cofres cheios. Assim, fez o que qualquer empreendimento comercial sensato faria: reinvestiu. A fim de manter os mares abertos para o comércio, os britânicos construíram a mais forte e a mais global das marinhas.

Assim como a frota holandesa um século antes, a Marinha Real inovava ao passo que aumentava seu alcance. O imenso projeto britânico de construção naval estimulou aquele que talvez tenha sido o primeiro complexo industrial-militar do mundo. Uma enorme quantidade de metalúrgicos prosperou com contratos para a fabricação de canhões. Os altos-fornos queimavam carvão, o que estimulou a criação dos primeiros motores a vapor para bombear água das minas. Não dispondo de nada parecido com esse poderio tecnológico e financeiro, os adversários da Grã-Bretanha simplesmente não tinham condições de competir, de modo que o domínio naval britânico tornou-se avassalador. Em meados do século XIX, a Marinha Real contava com quase tantos navios quanto todas as frotas das demais nações juntas.[38]

Não surpreende, portanto, que a Pax Britannica tenha tido maior alcance e duração do que a Pax Hollandica. No que dizia respeito à manutenção da segurança nos mares para o comércio, os britânicos terminaram o que os holandeses haviam começado. Embora a Grã-Bretanha tenha usado a Marinha Real contra inimigos estrangeiros, o poderio naval que ela detinha era empregado sobretudo para conter a pirataria que predava o comércio pacífico, inclusive navios que não ostentavam a bandeira da União — nesse sentido, os britânicos foram notavelmente menos mercantilistas do que seus contemporâneos. Com o tempo, a Grã-Bretanha abraçou e passou a incentivar o livre-comércio, à medida que seu poderio naval se expandia pelo mundo (e abria mercados à força de canhões, como ocorreu durante a Guerra do Ópio contra a China). Graças à Marinha Real, o dinamismo econômico britânico se espalhou pelo mundo todo. O milagre anglo-holandês tinha se tornado global.

HISTÓRIA *WHIG*?

Os estudiosos que descrevem de que maneira as condições materiais e as liberdades individuais evoluíram ao longo dos séculos muitas vezes são depreciados como mascates da "história *whig*". A expressão vem do Partido Whig, cujos membros posteriormente passaram a ver a Revolução Gloriosa como o momento inaugural de um fluxo irrefreável de progresso, ao minimizar os retrocessos e ignorar aqueles que haviam sido pisoteados durante a marcha incessante da história. No entanto, eles acabaram por denominar uma escola de otimistas convencidos de que, a partir do momento em que a política e a economia modernas entraram em cena, por volta de 1688, a Grã-Bretanha (e por extensão, o mundo) tornou-se melhor em praticamente todos os aspectos concebíveis: "físicos, morais e intelectuais".[39] Segundo essa visão, a democracia representativa e o capitalismo industrial são os desdobramentos mais importantes da história, e devemos ser gratos por ter nascido na Idade Moderna. Os representantes dessa visão nos dias de hoje são acadêmicos como Steven Pinker e Matt Ridley.

Hoje, a "história *whig*" saiu de moda no mundo acadêmico. Ouvimos que a história é complexa, que é difícil medir o progresso, que a vida tem sido dura para muitos grupos, até mesmo em anos recentes. Tudo isso é verdade, mas temos que aceitar que a noção de progresso sustentado não tinha qualquer precedente para as primeiras sociedades modernas. A ascensão da ciência, da tecnologia e da indústria iniciada nos séculos XVI e XVII marcou de fato um rompimento com o passado. O progresso ao longo do tempo na história moderna é um fato, não uma teoria. Discordo de alguns historiadores *whig* pelo fato de não ver nada de inevitável ou automático na trajetória anglo-holandesa — que foi um desvio da tendência anterior. O liberalismo poderia ter sido facilmente sufocado no continente europeu por Luís XIV ou outros tiranos absolutistas. Poderia ter desaparecido entre os holandeses ou jamais ter sido transplantado para a Inglaterra. A democracia representativa e o capitalismo, o liberalismo clássico e até mesmo a própria Modernidade poderiam ter sido sufocados no berço. Após a queda de Roma, a Europa entrou e permaneceu durante séculos na Idade das Trevas, quando perdeu o conhecimento da ciência e da engenharia elementares, isso sem falar da organização política. É muito difícil imaginar essas coisas hoje em dia. Entretanto, a democracia liberal ainda poderia se deteriorar nas condições modernas, suprimida pelo populismo, pela demagogia e pela tecnologia.

No entanto, do modo como a história aconteceu, a Revolução Holandesa e a Revolução Gloriosa tiveram sucesso e perduraram. Na verdade, esses movimentos estabeleceram um padrão para revoluções vitoriosas — e prepararam o terreno para as revoluções fracassadas que viriam. Os casos holandês e inglês mostram instituições políticas sendo reformadas de cima para baixo a fim de se adequar às respectivas sociedades em processo de modernização. As elites desempenharam papel de liderança, mas, ao conduzirem a transformação política, acompanharam a tendência das mudanças econômicas e identitárias subjacentes. Quando exigiram seus "direitos como ingleses" nos anos que precederam 1776, os colonos americanos estavam evocando o espírito de 1688 e a Declaração de Direitos que dele resultou. É claro que o descontentamento se transformaria em uma luta pela independência americana — com um estímulo chegado da França, rival da Grã-Bretanha.

Mas o preço de apoiar a guerra revolucionária americana levou a monarquia francesa à falência e precipitou uma crise. Nos últimos anos do século XVIII, os líderes franceses, inspirados nos predecessores americanos, depuseram o rei que os governava. Entretanto, foram muito além das reformas e tentaram fazer uma revolução de cima para baixo, e impuseram a modernização a uma sociedade ainda despreparada para uma mudança tão drástica. Isso se revelaria um erro atroz, que reverberou ao longo dos tempos.

3

A REVOLUÇÃO FRACASSADA

França

Uma multidão furiosa baixou sobre a capital, e saiu em marcha rumo ao Parlamento. O ressentimento quanto à ilegitimidade de seus governantes havia fermentado durante meses, mas naquele momento irrompia em forma de violentos distúrbios. Os guardas do complexo, em pequeno número e não habituados à violência pública naquela escala, tentavam desesperadamente barrar a entrada dos intrusos. No entanto, o tamanho e a implacabilidade da turba eram irrefreáveis. Os enfrentamentos diante das portas tornaram-se mortais. Num corpo a corpo caótico, os guardas, exaltados, abriram fogo contra os invasores, enquanto manifestantes enraivecidos espancavam os guardiões até a morte. Os insurgentes se lançaram então sobre os políticos acovardados e praticamente indefesos nos respectivos gabinetes. Os legisladores, aterrorizados, fugiram em pânico.

Isso não ocorreu em Washington em 6 de janeiro de 2021, mas em Paris, em 10 de agosto de 1792, e o alvo era o Palácio das Tulherias, num episódio que deu início a uma fase sangrenta e obscura da Revolução Francesa. Dois meses antes, o rei Luís XVI havia sido forçado por outra multidão ameaçadora nas Tulherias a envergar o barrete vermelho, um símbolo da liberdade usado durante a revolução. Uma taça de vinho havia sido dada ao rei para que brindasse à saúde de toda a nação. Ele deu um pequeno gole, cauteloso, e deixou escapar um relutante "*Vive la nation!*" a fim de apaziguar a massa.

Luís XVI envergou o barrete vermelho e gritou: "Vive la nation!"...

A população obriga Luís XVI a adotar o "barrete vermelho".

O populismo do século XXI não se correlaciona perfeitamente com a caótica política de facções da Revolução Francesa. Hoje, porém, a sombra dessa revolução, caracterizada pela polarização e pelo extremismo, se estende ao longo da história. Em muitos países, a esquerda e a direita modernas vêm usando a palavra "revolucionário" para descrever a si mesmas. A Revolução Francesa, no entanto, não foi uma figura de linguagem. Foi uma realidade sangrenta, à medida que ideólogos radicais forçaram mudanças rápidas e drásticas numa sociedade antiquada. A iniciativa, no entanto, fracassou — de modo violento, dramático e com enormes consequências.

Os contornos mais gerais da Revolução Francesa são conhecidos. Em 1789, o endividado Luís XVI precisava aumentar as receitas do reino e, para tanto, convocou a Assembleia dos Estados Gerais, havia muito adormecida. Acontece que os *communards* desse órgão destituído de poder e representatividade negaram-se a aprovar uma reforma fiscal. Em vez disso, declararam uma nova legislatura, mais representativa, e exigiram uma constituição escrita. Cidadãos enfurecidos saíram às ruas de Paris em solidariedade e mostraram o poder das massas mobilizadas como força política. A Assembleia aboliu o feudalismo em toda a França e reduziu os poderes do rei. Uma nova era de democracia parecia estar nascendo.

Mas não era para ser. Observando os acontecimentos com grande alarme, a Áustria e a Prússia invadiram a França. O pânico e a paranoia tomaram conta de Paris. Os líderes revolucionários executaram Luís XVI na recém-inventada guilhotina, o que deu início à matança que ficou conhecida como "o Terror". Uma facção radical liderada por Maximilien de Robespierre tomou o poder e denunciou todos os adversários como traidores. O que havia começado como uma luta pela democracia e pela liberdade de expressão degenerou numa orgia de repressão e radicalismo.

Nesse cenário de desordem, surgiu a figura de um jovem e carismático general, Napoleão Bonaparte. Depois que ele tomou o poder, em 1799, a França se transformou num império e esmagou um a um todos os adversários. Em certo momento, o domínio de Napoleão estendia-se da Espanha à Polônia. Mas sua fracassada invasão da Rússia, em 1812, prenunciou-lhe o fim. Em 1815, outro Luís estava de volta ao trono, e os sonhos idealistas da Revolução Francesa pareciam mortos.

O que deu errado? Acima de tudo, a Revolução Francesa mostra os perigos de uma revolução imposta por líderes políticos, em vez de surgir naturalmente de amplas mudanças sociais, econômicas e tecnológicas. Os líderes franceses tentaram impor a modernidade e o esclarecimento por decreto, de cima para baixo, num país em grande medida despreparado para isso. Esse foi o principal problema: a modernização leva décadas, se não séculos, para se desenvolver. Nos países em que o liberalismo havia criado raízes profundas, ela se desenvolveu aos trancos e barrancos, nos salões municipais e nas associações comerciais dos Países Baixos, nos comitês parlamentares e nas sociedades anônimas da Inglaterra. Ela cresceu por meio de um processo de transformação econômica e tecnológica de baixo para cima, mais tarde combinado a uma liderança competente que navegava bem em meio a essas novas correntes. Quando líderes holandeses e ingleses tentaram explicitamente alterar as instituições políticas de seus países, foi em grande medida para implementar, confirmar e codificar transformações que *já tinham ocorrido* na sociedade, sob a superfície política. Na França, ao contrário do que ocorreu nos Países Baixos e na Inglaterra, os líderes da revolução tentaram moldar a sociedade de um só golpe, e agiram de cima para baixo, não de baixo para cima.

A Revolução Francesa mostra também que o apelo a categorias exclusivas de identidade pode facilmente fugir ao controle. Quando todos se tornam patriotas ou traidores, cabeças vão rolar. O extremismo, a polarização e as políticas identitárias da Revolução Francesa contrastam fortemente com a moderação, o pluralismo e o liberalismo das Revoluções Holandesa e Inglesa. As mudanças sociais devem ocorrer de forma orgânica. Quando apressadas, a ruptura e o caos podem causar um retrocesso capaz de acabar com a própria civilização.

A fragmentação da sociedade em inimigos e amigos da revolução (o que chamamos de direita e esquerda) foi um legado inescapável da Revolução Francesa. Como observou o historiador inglês Herbert Butterfield, "todo homem deve ter uma posição sobre a Revolução Francesa — deve, de alguma forma, tomar uma decisão em relação a ela — como parte do posicionamento que geralmente adota na vida".[1] Ainda hoje, as refregas entre liberais e conservadores fazem parte da guerra política que começou em 1789.

REVOLUÇÃO MALFADADA

No que diz respeito à história, "O que causou a Revolução Francesa?" é uma daquelas perguntas de 1 milhão de dólares, e equivaleria a perguntar o que provocou a queda do Império Romano: as causas são tão infinitamente complexas que nem mesmo o mais brilhante estudioso será capaz de um dia oferecer uma resposta que seja ao mesmo tempo simples e satisfatória. A França poderia atribuir o levante a uma combinação de estrutura política calcificada, tensões de classe latentes, trauma por conta da derrota na Guerra Anglo-Francesa, crises orçamentárias recorrentes e liderança ineficaz.

Para nossos fins, a questão central não é saber por que a revolução aconteceu — caos e distúrbios não são incomuns na história —, mas por que aconteceu de forma tão violenta e fracassou de maneira tão retumbante. A Revolução Holandesa e sua sequência na Inglaterra foram transformações relativamente pacíficas e graduais.[2] Tiveram êxito em suprimir a tirania e forjar sistemas políticos mais eficazes. A Revolução Francesa, em comparação, evoca uma assustadora série de imagens: multidões nas ruas, pessoas sendo guilhotinadas, a ditadura de Napoleão. Mesmo julgada por métricas próprias, não há dúvida de que a Revolução Francesa deu errado.

No começo, ela parecia uma revolução ordinária, que antagonizava o povo com o rei. Suas origens foram acima de tudo financeiras. A monarquia francesa era sabidamente pródiga — os penicos em Versalhes eram feitos de prata —, mas as despesas realmente pesadas eram de caráter militar. Durante o reinado de Luís XIV, o Rei Sol, de 1643 a 1715, o Exército consumia metade das receitas reais — e mais de 80% em tempos de guerra.[3] Na verdade, todos os penicos de prata tiveram que ser fundidos a fim de pagar pelas intermináveis guerras de Luís XIV na Europa. Mais adiante vieram guerras em âmbitos globais, entre elas a intervenção francesa na revolta dos colonos americanos de 1776, que teve como desfecho um grande golpe contra o Império Britânico, mas acabou quebrando a França. Do ponto de vista financeiro, a Revolução Americana deu à luz a sangrenta congênere francesa.

Em maio de 1789, o endividado Luís XVI convocou a Assembleia dos Estados Gerais, o Legislativo francês havia muito adormecido, que mais se aproximava de um conselho de Estado do que de um órgão governante efetivo, como o Parlamento britânico. Na ocasião, fazia 175 anos que os Estados Gerais não se reuniam! Esperando que a Assembleia desse a bênção a novos impostos, Luís XVI concordou em empreender reformas tributárias de menor importância e refrear os gastos da monarquia. Reunidos em Versalhes, os Estados Gerais eram formados pelos três grupos que representavam as classes francesas: o clero (Primeiro Estado), a nobreza (Segundo Estado) e todos os demais (Terceiro Estado). Este último abrigava cerca de 98% da população. Durante o encontro, o Terceiro Estado (representado na Assembleia principalmente por prósperos advogados) logo recusou as inócuas reformas propostas pelo rei. Em acordo com nobres liberais, como o marquês de Lafayette, herói da guerra revolucionária americana, e clérigos reformistas, como o abade Sieyès, o Terceiro Estado exigiu mudanças políticas profundas. Os *communards* insistiam na fusão com os dois outros Estados, de modo a criar uma Assembleia Nacional conjunta. Em junho, num salão de Versalhes destinado ao lazer real, eles fizeram o famoso Juramento do Jogo da Pela, pelo qual se comprometiam a não se dispersar até que tivessem as demandas atendidas. A ideia era instaurar uma nova ordem política na França: uma monarquia com limites constitucionais. Dias depois, de má vontade, Luís XVI aceitou a legitimidade da nova Assembleia Nacional e o direito que ela adquirira de redigir uma Constituição. A monarquia absolutista estava rachada, e logo se quebraria.

Além de Versalhes, os acontecimentos nas ruas empurravam a revolução para a frente. Em 14 de julho de 1789, uma multidão parisiense inflamada por jornalistas e oradores incendiários invadiu a prisão da Bastilha, que tinha se tornado um símbolo da tirania real — ainda que, na ocasião, abrigasse apenas sete prisioneiros. Embora quase insignificante em termos práticos, a queda da Bastilha simbolizou uma fase nova e violenta da revolução, e alguns de seus guardiões foram mortos por cidadãos enraivecidos. Os legisladores continuaram reunidos em Versalhes, no salão ornamentado concebido por Pierre-Adrien Pâris, onde grupos isolados contra e a favor da monarquia se organizavam em direita e esquerda. Mas à espreita de todas as facções havia uma nova realidade: para além dos corredores do poder, os levantes de rua poderiam reescrever as regras da política da noite para o dia.

Com a queda da Bastilha, o Antigo Regime entrou de fato em colapso. Nas províncias, uma onda de pânico conhecida como "Grande Medo" varreu a França rural. Teorias da conspiração se espalhavam de maneira desenfreada, em que os *communards* afirmavam que os nobres amargurados, tendo perdido os antigos privilégios e as receitas de impostos, estavam tramando para matar os camponeses de fome. (Robert Darnton diz que a proliferação de boatos, fofocas, canções e panfletos ao longo das décadas anteriores havia criado um "temperamento revolucionário" na França.)[4] Agricultores derrubaram centenas de palácios, queimaram documentos que registravam as obrigações feudais que lhe eram impostas e levaram ao chão propriedades inteiras, tudo isso na esperança de destruir as formas físicas do feudalismo.

Em agosto, numa sessão frenética que varou a noite, a Assembleia Nacional aprovou a abolição de todas as estruturas legais do feudalismo. Tomando as questões nas próprias mãos, os camponeses não esperaram pela ação oficial e prosseguiram com a violência. Os nobres mais cautelosos começaram a procurar uma saída. Em pouco tempo, começaria um êxodo em massa da aristocracia francesa.

Nesses primeiros dias auspiciosos, muitos observadores esperavam que a Revolução Francesa trouxesse o que a Revolução Gloriosa havia trazido à Inglaterra: uma monarquia constitucional com supremacia parlamentar, estabilidade financeira, o estado de direito e uma boa dose de liberdades individuais e tolerância religiosa. Era esse o objetivo explícito de muitos revolucionários liberais franceses. E eles conseguiram algumas primeiras vitórias: a promulgação de uma Constituição, a limitação dos poderes reais, a proclamação da Declaração dos Direitos do Homem e do Cidadão (escrita em coautoria por Lafayette e Thomas Jefferson, na época enviado dos Estados Unidos à França) e a realização de eleições nacionais. O chão, porém, tremia sob os pés de todos.

RADICALISMO DESENFREADO

Acontecimentos fora da França combinaram-se com distúrbios internos para enfraquecer os liberais revolucionários. De início, as capitais europeias tinham recebido a Revolução Francesa com um misto de ansiedade monárquica e exultação oportunista. Com os franceses atolados no caos, os adversários ficaram com as mãos livres. Prússia, Rússia e Áustria preencheram o vazio de poder e engoliram a Polônia, que foi varrida do mapa durante quase 125 anos. Todavia, quando as esperanças luminosas da revolução começaram a se atenuar, os vizinhos da França ficaram nervosos.

Uma fuga real da prisão tornou-se o ponto de virada. Em 1791, Luís XVI, com os poderes já restringidos pela nova ordem constitucional, tentou fugir do país disfarçado, e deixou uma carta desafiadora em que denunciava a revolução, assim como cartas incriminadoras, as quais mostravam que ele planejava uma contrarrevolução juntamente com forças conservadoras da Áustria. Se o monarca tivesse escapado, toda a Revolução Francesa poderia ter encontrado uma bifurcação diferente em seu caminho histórico, mas o rei foi reconhecido na estrada e detido. Um magistrado já idoso que vivera em Versalhes chegou a se ajoelhar instintivamente aos pés dele.[5] Escoltado de volta a Paris por 6 mil homens da Guarda Nacional e revolucionários armados, Luís XVI se deparou com uma visão sinistra:[6] foi recebido por uma multidão — uma vez súditos, agora cidadãos — em absoluto silêncio. Ele, antes louvado como Pai do Povo, passara a ser visto como um traidor em retirada. A legitimidade da monarquia jamais se recuperou, e a família real foi posta sob guarda armada no coração de Paris.

Com a vida de Luís XVI em perigo, os demais monarcas europeus decidiram que o novo regime revolucionário era perigoso demais e não podia prosseguir. Foi firmada então uma aliança decisiva entre a Áustria, cujo governo arquiconservador pretendia exterminar a ameaça ao absolutismo, e a Grã-Bretanha, cujo governo mais liberal desejava paz e estabilidade (e tinha meios para financiar o esforço de guerra). O resultado foram décadas de confrontos para tentar desfazer a revolução. Em julho de 1792, a Áustria e a Prússia, ao declarar sua intenção de libertar o rei e restituir os plenos poderes dele (além de proteger a rainha Maria Antonieta, nascida em território austríaco), invadiram a França.

A guerra pôs fim à fase liberal da revolução e levou-a a um período mais sombrio. O nacionalismo, o populismo e o autoritarismo passaram a estar na ordem do dia. Com uma intolerância ao dissenso e uma imposição violenta da ortodoxia (que mudava de mês para mês), a Revolução Francesa abandonou decisivamente o caminho mais tolerante anglo-holandês.

Transbordando de entusiasmo patriótico, o povo francês cada vez mais via as apostas na revolução como uma questão existencial. Com exércitos estrangeiros marchando sobre Paris, um dos generais prussianos, o duque de Brunswick, emitiu uma proclamação aos habitantes da capital, por meio da qual ameaçava a cidade com uma "vingança exemplar [...] execução militar e destruição completa"[7] se alguma coisa acontecesse ao casal real.

Em nada acovardadas pela ameaça, as multidões parisienses nas ruas ficaram ainda mais audazes. Veio em seguida a insurreição no Palácio das Tulherias, em agosto de 1792, no estilo do que ocorreu em 6 de janeiro de 2021 em Washington. Não satisfeitos em aterrorizar a família real, os radicais em ascensão agiram rápido para abolir totalmente a monarquia e proclamar a República Francesa. Os legisladores votaram a favor de destronar o rei e levá-lo a julgamento. Em janeiro de 1793, depois de declarado culpado de traição, o rei de 38 anos foi guilhotinado diante de uma multidão na Place de la Révolution. O banho de sangue estava apenas começando.

LAFAYETTE, O LIBERAL CONDENADO

O caminho anglo-holandês para a modernidade foi rejeitado pela França em favor de um modelo mais radicalmente igualitário. Por quê? Podemos contar essa história pela vida de três importantes figuras. De início, o marquês de Lafayette, um liberal comprometido, tentou sem sucesso levar a França a uma reforma moderada. Depois veio Maximilien de Robespierre, um populista radical cujas execuções em massa associaram para sempre a Revolução Francesa à guilhotina. Por fim, em meio ao caos da queda de Robespierre, o líder revolucionário mais bem-sucedido de todos tomou o poder: Napoleão Bonaparte. Ele canalizou o patriotismo popular e modernizou o Estado, mas a agressividade militar empregada condenou a revolução. Na vida desses três homens, podemos ver o liberalismo fracassado da revolução, o populismo radical e a transformação final em nacionalismo autoritário.

Lafayette personificou o liberalismo inicial da Revolução Francesa. Monarquista constitucional e reformador, ele ansiava por algo semelhante à Revolução Gloriosa ou à Revolução Americana para seu próprio país. Participou desta última como oficial do Exército Continental, e estabeleceu um relacionamento muito próximo com George Washington, a quem passou a considerar um pai. Nos Estados Unidos, Lafayette foi celebrado por ajudar a expulsar a Coroa britânica.

Lafayette voltou à França como um herói revolucionário de capa e espada, e nos primeiros anos da Revolução Francesa esteve na vanguarda dos acontecimentos. Por um lado, não desejava uma república plena, como a dos Estados Unidos, sem monarca algum — o que, para ele, seria demasiado radical e desestabilizador no próprio país. Por outro, defendia a abolição dos privilégios dos nobres como ele, assim como reformas democráticas mais sistemáticas e de amplo alcance. Foram dias inebriantes, com Lafayette e os companheiros revolucionários acumulando alguns êxitos liberais como aqueles que haviam transformado os Países Baixos e a Grã-Bretanha. O povo francês passara a ter mais voz na Assembleia Nacional. Além disso, foram adotadas medidas para desregular o setor agrícola, eliminar as barreiras internas ao comércio e racionalizar o pagamento de impostos, de modo que os nobres, anteriormente isentos, pagassem a parte que lhes cabia. Contudo, apesar da instituição do voto masculino quase universal, o número de votantes continuou lamentavelmente baixo. Muitos cidadãos estavam aterrorizados demais com a ameaça crescente de violência política para ir às urnas. Nas eleições de 1792, o comparecimento desabou para 15% em toda a nação.[8] Em Paris, epicentro da revolução, foi ainda mais baixo: inexplicáveis 8,7%, o pior índice do país.[9]

À medida que a revolução se voltava para o extremismo, Lafayette foi perdendo espaço. Ele queria preservar a revolução contra extremismos de esquerda e de direita: era preciso impedir que nobres contrarrevolucionários desmantelassem as reformas e radicais sedentos de sangue destruíssem o novo sistema constitucional. Como comandante em chefe da nova Guarda Nacional, Lafayette dirigia unidades policiais de elite compostas exclusivamente por membros da classe média contribuinte e encarregadas de garantir a ordem, e angariou para sempre o ódio da esquerda ao comandar a dispersão de uma turba parisiense que pedia a deposição do rei, episódio no qual morreram dezenas de pessoas. O Massacre do Campo de Marte, como ficaria conhecido, manchou gravemente a reputação dele aos olhos de historiadores contemporâneos e posteriores.

No fim, Lafayette não foi capaz de salvar nem o rei nem a experiência constitucional francesa. Com a autoridade em farrapos, ele perdeu o controle sobre os homens da guarda, que passaram em massa para o lado dos extremistas. Em seguida, esses radicais tomaram Paris, executaram o rei e estabeleceram uma "república" que era, na verdade, uma ditadura. A tentativa de chegar a um meio-termo levou Lafayette à ruína. Ele fugiu da França e ficou em uma prisão austríaca durante anos, desprezado no país de origem como um aristocrata traidor da revolução e, no estrangeiro, como um revolucionário traidor do rei. Todas as tentativas que empreendeu para manter a Revolução Francesa num caminho liberal moderado em direção ao constitucionalismo fracassaram. A França não progrediria da mesma forma que os Países Baixos, a Grã-Bretanha e os Estados Unidos.

ROBESPIERRE, O POPULISTA EXTREMISTA

Se Lafayette representou o início otimista da revolução em 1789, Robespierre personificou a fase mais extrema e sangrenta da revolta a partir de 1792. O liberalismo e os direitos humanos deram lugar a uma visão de igualdade imposta à força bruta. Essa segunda revolução, que durou até 1795, foi marcada pela decapitação do rei, a declaração da República e a uma implacável radicalização. Por um bom motivo esse período foi chamado de "Terror". Ninguém estava a salvo da guilhotina.

Essa fase mais sombria começou com trabalhadores furiosos intimidando legisladores considerados comedidos demais e até mesmo traidores. A abolição da monarquia não bastava. Em manifestações nas câmaras da Convenção Nacional, o novo órgão legislativo da República, os trabalhadores exigiam medidas econômicas radicais que, segundo esperavam, alimentariam as massas famintas, castigariam comerciantes gananciosos e estabilizariam a economia cambaleante. Uma política nacional de tabelamento — a qual fixava preços máximos para cereais e outros artigos (como o pão) — era a solução que propunham. Os acusados de aumentar preços ou estocar alimentos eram sumariamente executados como traidores da pátria.

Surfando essa maré estavam os jacobinos, uma agremiação política liderada por Maximilien de Robespierre. Em 1789, esse advogado de 30 anos de idade tornou-se membro dos Estados Gerais com a proposta de defender medidas idealistas: sufrágio masculino universal, abolição da escravatura, respeito ao estado de direito e até mesmo o fim da pena de morte.[10] Foi ele quem popularizou o lema "Liberdade, Igualdade, Fraternidade". No entanto, o jovem sonhador mostrou-se um divisionista implacável e bem-sucedido. Em 1792, denunciou Lafayette como traidor e pediu sua expulsão. Em 1793, na condição de membro do eufemisticamente chamado Comitê de Segurança Pública, lotado de partidários, Robespierre passou a exercer controle de fato sobre o governo nacional. Sem qualquer oposição ao poder que exercia, ele pôs em prática grande parte das medidas reclamadas pelos trabalhadores. Muitas delas foram mantidas por Napoleão e líderes franceses posteriores a fim de refrear o barril de pólvora populista. (Com efeito, para conter a escassez de pão, o governo se reservou o direito de decidir em que período os padeiros teriam autorização para tirar férias, uma lei que continuou em vigor até 2015!)

A filosofia de Robespierre, contudo, era destrutiva. Ele acreditava que a escassez não era causada por desastres naturais como a seca ou pragas, nem por um desequilíbrio entre oferta e demanda, mas simplesmente pela cobiça de "estocadores" e "especuladores". Assim, embora tenham alimentado as massas famintas de Paris, as medidas dele acabaram por quebrar a economia francesa. As intervenções de Robespierre estavam em compasso com a tradicional atitude francesa em relação à economia: burocrática, estatizante e desigual. Tentando repartir o bolo de maneira mais igualitária, a revolução mais prendeu gente do que acelerou o processo de modernização do mercado. Os agricultores não inundaram as cidades a fim de se unir à força de trabalho urbana na indústria. Muito tempo depois de a maior parte dos agricultores do Reino Unido ter sido absorvida pelas indústrias modernas, a França ainda conservava um robusto campesinato. O capitalismo industrial francês nunca deslanchou como nos Países Baixos ou na Grã-Bretanha.

No fim das contas, porém, o nome de Robespierre entrou para os anais da história não pelos regulamentos contraproducentes, mas pelos expurgos sanguinários, que inspirariam futuros tiranos como Lênin, Stálin e Mao. Hoje, de fato, ele é mais lembrado pelas execuções na guilhotina.[11] Na prática, os alvos foram não só o rei e seus seguidores. Ainda que possamos ter uma imagem de trabalhadores furiosos guilhotinando aristocratas, a maior parte das cerca de 17 mil vítimas da guilhotina eram da classe trabalhadora — por exemplo, donos de armazéns flagrados em violação à lei que proibia a estocagem de alimentos.[12] Hoje, a palavra "terrorista" evoca a imagem de um insurgente antigovernista vindo do povo, mas o Terror francês (que nos deu, aliás, a palavra "terrorismo") foi um programa executado de cima para baixo, um programa de violência do Estado contra pessoas comuns.

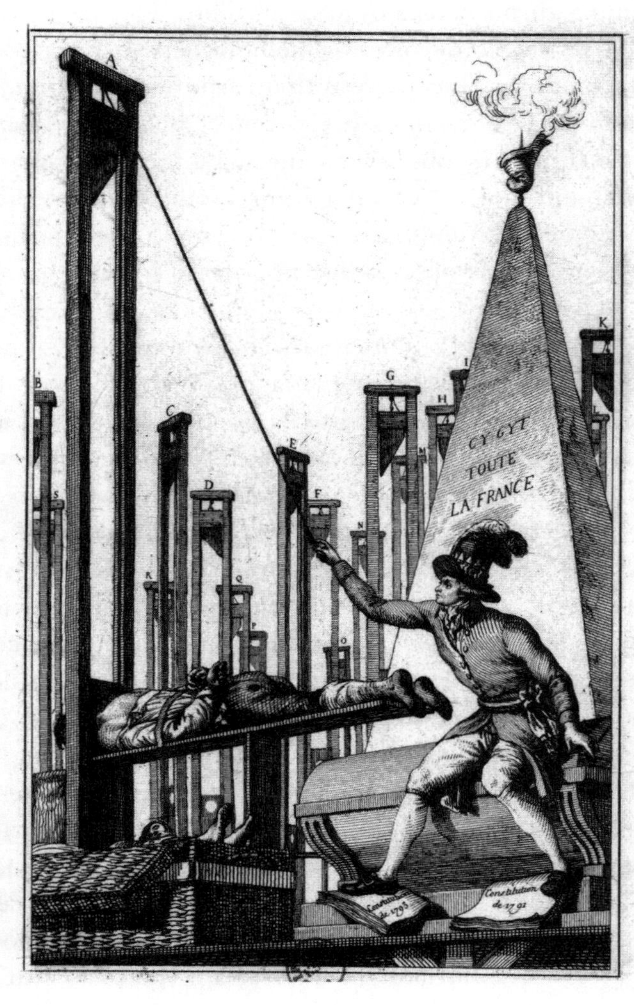

Robespierre guilhotina o carrasco, depois de ter guilhotinado a França inteira.

Enquanto isso, os limites do que era politicamente aceitável se estreitavam cada vez mais. No passado, o anseio pela república fora tido como uma posição radical. Naquele momento, até mesmo aqueles que defendiam a República Francesa eram vistos com suspeição se não tivessem demonstrado entusiasmo suficiente com a execução do rei. Na verdade, nada disso bastava — as credenciais revolucionárias de qualquer pessoa podiam ser questionadas caso ela não tivesse erguido a voz para denunciar os legisladores que se opunham à sentença de morte. A paranoia chegou a níveis absurdos: alguns legisladores foram acusados de traição simplesmente por terem comparecido a um jantar em que alguns convidados foram mais tarde acusados de traição.[13] Como afirmou um contemporâneo, "a revolução, como Saturno, devora os próprios filhos".[14]

A revolução devorou os melhores e mais brilhantes da França. Entre as vítimas de destaque estiveram Antoine Lavoisier, o "pai da química moderna", e o marquês de Condorcet, filósofo e matemático. (Condorcet se desentendeu com os jacobinos e tentou se disfarçar de *communard* para evitar a prisão, mas cavou a própria sepultura ao pedir a um estalajadeiro uma omelete com doze ovos — exemplo claro da aristocracia intocável, ao contrário da observação apócrifa de Maria Antonieta: "Pois que comam brioches.")

À medida que o número de mortos aumentava, as pessoas começaram a perceber que Robespierre estava fora de controle. Seu fervor antirreligioso também afastou grande parte da população. Os camponeses franceses podiam desprezar senhores locais e até mesmo alguns padres gananciosos, mas no fundo eram cristãos tementes a Deus. Robespierre desejava uma nova religião, "racional", e se apresentava como uma espécie de líder de seita. Fez erguer uma montanha artificial no Campo de Marte, no coração de Paris, para uma cerimônia que chamou de Festival do Ser Supremo. Enquanto uma estátua de papel machê ardia teatralmente em chamas, Robespierre descia do cume da montanha vestido num cinturão de plumas. Chocado com o espetáculo, um de seus opositores observou: "Já não lhe basta ser mestre, ele tem de ser Deus."[15] Esse momento de megalomania convenceu muitos dos velhos aliados de que Robespierre havia perdido o juízo.

O pretenso Moisés jamais chegou à Terra Prometida. O caminho era demasiado sangrento para que os aliados o suportassem. Em julho de 1794, uma improvável coligação de elementos de esquerda, centro e direita mandou Robespierre à guilhotina. Entretanto, a queda dos jacobinos radicais chegou um tanto tarde para salvar a revolução. Os piores dias da era da guilhotina haviam ficado para trás, mas a frágil aliança responsável pela deposição de Robespierre não se sustentou, e o poder foi tomado por um grupo de centristas cujos únicos valores eram o pragmatismo e a falta de escrúpulos. Eles tentaram impor um equilíbrio mortal, e expurgaram tanto a extrema direita, que pretendia a volta da monarquia, quanto a extrema esquerda, que desejava um Terror ainda maior.

As aparentemente intermináveis alternâncias de poder e a instabilidade que se seguiram pavimentaram o caminho para a ascensão de uma figura carismática que prometia restabelecer a ordem. Tratava-se de um herói de guerra e ícone populista: o general Napoleão Bonaparte.

NAPOLEÃO, *L'EMPEREUR*

Nascido Napoleone Buonaparte, ele personificava o nacionalismo francês, embora tivesse nascido na Córsega, onde se falava italiano (o francês dele tinha um leve sotaque). Napoleão se destacou durante a revolução como um brilhante oficial de artilharia, quando fez uso dos mais recentes recursos da engenharia militar para invadir fortalezas inimigas nas primeiras guerras da República Francesa. Promovido a general aos 24 anos, em pouco tempo tornou-se o homem mais popular e famoso do Exército do país.

Conforme os anos de lutas internas após a queda de Robespierre se arrastavam, alguns estadistas passaram a ver a ditadura esclarecida como a solução para a França. Durante um breve período de governo de exceção, um clérigo e teórico político, o abade Sieyès, arquitetou um golpe para salvar e reformar a República Francesa. Sieyès, político talentoso, entendeu que precisava de musculatura. Foi nesse momento que surgiu Napoleão. Apoiados pelos soldados do jovem general, os integrantes do complô tomaram o poder em novembro de 1799. Napoleão assumiu o poder e o título de primeiro-cônsul. Inicialmente considerado uma marionete obediente que poderia ser usada e em seguida descartada com segurança, Napoleão revelou-se um ator muito mais inteligente do que seus pretensos manipuladores.

Ao longo da história, vimos repetidamente elites conservadoras subestimarem um líder populista, acreditando que podiam usá-lo como mera figura decorativa sem abrir mão do poder. Elas quase sempre estiveram erradas. Com efeito, depois de assumir o controle do governo com a ajuda de Sieyès, Napoleão logo se voltou contra o antigo aliado e deu início a quinze anos de governo ditatorial, e mais tarde, imperial, durante os quais conquistou grande parte da Europa, e ele talvez tenha sido a figura mais hiperativa, arrogante e ambiciosa de todo o século XIX.

Como ditador e imperador, Napoleão pôs fim ao caos e instituiu uma série de reformas, algumas das quais verdadeiramente modernizadoras: emancipou os judeus da Europa da condição de segunda classe; racionalizou a administração, ao estabelecer a meritocracia no Exército e na burocracia; e legou à França um código de leis secular e uniforme, o Código Napoleônico. Contudo, não foi a modernização que deu à França napoleônica o poder que ela passou a ter. Napoleão conseguiu conquistar grande parte da Europa valendo-se dos pontos fortes tradicionais da França: uma vasta (ainda que pobre) população, que foi mobilizada para a guerra, e uma pequena (mas tecnicamente preparada) elite, que oferecia uma governança democrática. Napoleão teve êxito em inflamar a Grande Armée com a paixão nacionalista, complementando a superioridade numérica francesa com o moral elevado. Não há dúvida de que, como general e imperador, ele inspirava o entusiasmo das massas.[16]

A despeito das diferenças que tivesse, tanto o absolutismo e o republicanismo jacobino quanto o governo imperial de Napoleão refletiam o desejo de modernizar a França de cima para baixo. Em seu famoso estudo histórico, *O Antigo Regime e a Revolução*, Alexis de Tocqueville observou a surpreendente continuidade entre os modelos burocráticos adotados pela monarquia e pelos regimes franceses posteriores, o revolucionário e o imperial, todos liderados pelo Estado. Fosse em nome de Deus, fosse em nome da vontade popular ou da grandeza de toda a nação, e cada qual à sua maneira, Luís XIV, Robespierre e Napoleão se opuseram ao modelo anglo-holandês de reforma gradual em direção à democracia representativa e ao livre mercado.

No fim, Napoleão foi deposto e exilado. Primeiro, foi forçado a um retiro confortável na ilha de Elba, no Mediterrâneo, mas, depois de um complô fracassado para retomar o poder, foi enviado para um segundo exílio, dessa vez mais severo, na remota ilha de Santa Helena, no Atlântico Sul, a uma distância segura de quaisquer eventuais conspiradores, quando veio a ter como principal companhia os livros e as aves marinhas. Na França, enquanto isso, a era napoleônica foi seguida não por uma reafirmação do governo parlamentar, mas pela restauração da monarquia na pessoa de Luís XVIII, depois de duas décadas sem reis. De qualquer ponto de vista, a Revolução Francesa havia fracassado.

Para o historiador Simon Schama, a Revolução Francesa "foi tanto a interrupção quanto o catalisador da Modernidade",[17] um desvio desnecessário e sangrento de um caminho mais firme, reformista, para a democracia e o capitalismo. O caos revolucionário interrompeu o processo necessário de mudança social, o que proporcionou, na verdade, um choque corretivo a um velho regime calcificado. Quando examinamos a França pré-revolucionária, porém, o que vemos é uma sociedade muito menos preparada, do ponto de vista estrutural, para a modernização. As forças que operaram mudanças de baixo para cima nos Países Baixos e na Grã-Bretanha eram muito mais fracas em território francês.

VINHO NOVO EM ODRES VELHOS

Por que a Revolução Francesa não foi capaz de dar origem a um regime parlamentar estável, como aconteceu com a revolução de 1688 na Inglaterra? Certas decisões políticas e pontos de inflexão tiveram importância, mas o problema principal era que a sociedade francesa do Antigo Regime não havia passado pelas mudanças estruturais econômicas e tecnológicas que embasaram as tendências políticas à liberdade e à democracia em outros países.

A França revolucionária pode ser mais bem compreendida por meio da metáfora do vinho novo em odres velhos. Tratava-se de uma sociedade profundamente tradicional, rural, religiosa e aristocrática, sobre a qual os revolucionários derramaram um espírito mais moderno, urbano, secular e republicano. É preciso recordar que o velho sistema senhorial havia se difundido em muitas partes da Europa, mas não nos Países Baixos. Durante séculos, a França foi a personificação desse sistema, em que um nobre local exercia o controle econômico e político em âmbito local, sendo ao mesmo tempo senhor e senhorio dos inquilinos agricultores. Não seria essa estrutura feudal profundamente arraigada que conduziria ao crescimento e à economia com base no mercado.

Diante da estrutura social retrógrada de seu reino, Luís XIV tentou empreender uma correção de rumo. Tendo levado a França a uma série de guerras contra adversários protestantes no fim do século XVII e início do seguinte, ele foi obrigado a adotar algumas práticas dos britânicos e holandeses a fim de se equiparar a eles, e chegou a enviar representantes a Londres e a Amsterdã para aprender técnicas de engenharia naval.[18] Acontece que ele não podia simplesmente transplantar algumas soluções tecnológicas dos adversários para o precário aparelho governamental francês e esperar que elas se difundissem por toda a sociedade.

A França do Antigo Regime pode ter ficado deslumbrada diante do espetáculo do "capitalismo protestante",[19] mas não foi capaz de absorver os aspectos mais profundos da sociedade do liberalismo clássico, do pluralismo e da concorrência que alimentaram o sucesso anglo-holandês. E, para piorar as coisas, o "absolutismo esclarecido" do Rei Sol, como alguns definiam o modo de governo desse monarca, não era afinal tão esclarecido assim. A brutal perseguição aos huguenotes empreendida por Luís XIV levou-os a fugir para Amsterdã e Londres. Esses protestantes franceses dissidentes haviam tido uma educação e um preparo extraordinários, de modo que o exílio representou uma fuga de cérebros, o qual levou perspicácia comercial e conhecimentos científicos aos inimigos da França. (Séculos depois, os nazistas fariam a mesma coisa com os judeus alemães, e os Estados Unidos colheriam os benefícios.)

Ao contrário do que ocorria nos Países Baixos ou na Inglaterra, a classe mercantil francesa era politicamente débil. A origem do termo "*laissez-faire*" parece remontar a um lendário encontro do ministro das Finanças de Luís XIV, Jean-Baptiste Colbert, com comerciantes franceses. Quando Colbert lhes perguntou como o Estado poderia promover seus interesses comerciais, o líder parisiense dos comerciantes teria respondido: "*Laissez-nous faire*", ou "Deixe que nós mesmos cuidamos disso". A grande ironia é que, ainda que tenha sido a França a cunhar o termo, foram os Países Baixos e a Grã-Bretanha que se tornaram os verdadeiros praticantes dessa filosofia.[20]

O comércio marítimo, em vez de prezado como uma força nacional, era visto muitas vezes com desconfiança pelos reis franceses, como uma fonte adversária de poder. Londres havia muito tempo servia como capital política *e* principal porto da Inglaterra, enquanto o centro marítimo da França, Bordeaux, era politicamente neutro. Depois de se revoltar contra Luís XIV em 1675, a assembleia municipal caiu em desgraça e foi fechada. Um poeta da época admoestou a cidade rebelde: "Povo de Bordeaux, Luís é o rei. Obedeçam sem protestar."[21] A Marinha francesa, embora grande e poderosa a ponto de causar problemas à Grã-Bretanha, na verdade nunca chegou a lhe fazer frente, pois preferiu em geral a grandeza decorativa à inovação tecnológica.[22] Com efeito, os elevados gastos navais apenas pioraram as já combalidas finanças francesas, o que contribuiu para a falência do país e a revolução.

Outro problema grave dos franceses era a urbanização, ou a falta dela. Na época da Revolução Gloriosa, cerca de 40% da força de trabalho inglesa atuava na agricultura. Já na época da Revolução Francesa, um século depois, cerca de 60% dos franceses trabalhavam no campo.[23] Além disso, a urbanização era mais assimétrica na França do que na Inglaterra. A França era um país extremamente centralizado, e tinha em Paris sua metrópole. A região da capital, a Île-de-France, era de fato uma ilha urbana num mar rural. Vimos que, na Grã-Bretanha, cidades vibrantes desenvolveram-se em todo o país. Na França do século XVIII, porém, Paris era o Sol, em torno do qual gravitavam as humildes províncias. A história era escrita nas estradas, a maior parte delas irradiava-se a partir de Paris, de modo que o governo pudesse prontamente enviar tropas a fim de reprimir revoltas. O objetivo nunca foi estimular viagens e o comércio entre as cidades provinciais.[24]

Do ponto de vista tecnológico, a França do Antigo Regime não era totalmente retrógrada. Durante muito tempo, os reis franceses haviam sido patronos da Revolução Científica. No século XVI, Francisco I patrocinou Leonardo da Vinci. Cientistas franceses formados no país também foram líderes em muitas áreas. Antes de ser vitimado pela revolução, o químico Antoine Lavoisier descobriu o papel do oxigênio na combustão. Em 1783, num espetáculo mais empolgante, os irmãos Montgolfier inauguraram a era da aviação ao fazerem dois passageiros sobrevoarem Paris num balão de ar.[25]

Contudo, grande parte das inovações francesas era basicamente financiada por investidores da aristocracia, ou dependentes deles. Eram mais fruto da determinação do que de algo orgânico. E o mais importante: embora respeitasse os cientistas, a França não estava muito interessada nas técnicas e nos procedimentos mecânicos que pontilhavam a paisagem britânica. Engenheiros e metalúrgicos não eram cavalheiros. Sujavam as mãos com inventos que tinham aplicações concretas, práticas e comercializáveis, as quais, por fim, conduziriam à Revolução Industrial (como veremos no próximo capítulo).

Diz-se que Napoleão depreciava a Grã-Bretanha como "uma nação de lojistas", o que exprime com exatidão o desprezo francês pelos valores britânicos. A sociedade francesa era muito menos comercial do que a britânica ou a holandesa, e muito menos consumista, em grande parte porque não havia consumidores suficientes. Embora a França se orgulhasse de ter uma população muito maior, uma proporção muito menor dela pertencia à classe média com renda disponível. Uma classe reduzida de aristocratas e comerciantes ricos estava situada no topo de uma pirâmide populacional constituída sobretudo por camponeses, e muitos deles trabalhavam na agricultura em nível de subsistência. No fim do século XIX, os trabalhadores britânicos já eram assalariados havia gerações, e sempre incentivados a produzir mais. A maior parte dos franceses, no entanto, ainda lavrava pacientemente a terra, e a remuneração dependia da safra de cada ano ou da compra de mais um boi. Sem os incentivos para deslocar a população rural das fazendas até as fábricas, os motores de uma "revolução industriosa" paralela nunca começaram a girar. A classe média francesa cresceu lentamente e de forma irregular.

UMA SOLIDÃO CHAMADA LIBERDADE

Ao longo da história, existe frequentemente um padrão de rivalidade entre grandes potências, em que uma potência agrícola terrestre se contrapõe a outra de comércio marítimo. Esparta lutou contra Atenas, Roma lutou contra Cartago. No século XVIII, a França era claramente a potência terrestre predominante. As elites parisienses viam os intrépidos holandeses e ingleses fazerem avanços no comércio e na tecnologia, mas, quando medido pelos fatores concretos que haviam determinado o poder estatal ao longo de milhares de anos — terra arável, população, contingente militar —, o Reino da França parecia estar em um patamar diferente.

Na época da Revolução Francesa, no entanto, as regras da concorrência entre grandes potências tinham sido reescritas ao largo do canal da Mancha. A Grã-Bretanha estava se lançando à frente no quesito industrial, capaz de financiar a expansão para além-mar numa escala inigualável. A política parlamentarista adotada também tinha se modernizado e chegado a um nível de governança não equiparado por nenhuma outra potência europeia. Por meio da revolução, a França tentou redirecionar seu caminho rumo à competitividade. As conquistas inglesas de 1688 — supremacia parlamentar, monarquia constitucional, carta de direitos e administração racionalizada — pareciam objetivos valiosos para a França de 1789.[26] Com efeito, nos primeiros e animadores meses da Revolução Francesa, alguns moderados e liberais enquadraram explicitamente seus objetivos numa réplica da Revolução Gloriosa. Num discurso de novembro de 1789, um revolucionário declarou:

> Por que devemos ter vergonha [...] de reconhecer que a Revolução que ora se estabelece em nosso país se deve ao exemplo dado pela Inglaterra há um século? [...] Foi daqueles tempos que nosso ódio ao despotismo extraiu sua energia. Ao garantir a felicidade para si mesmos, os ingleses prepararam o caminho para a felicidade do universo.[27]

No entanto, a situação logo mudou. Para usar o discurso moderno da ciência política, a "janela de Overton" — o leque de posições políticas tidas como aceitáveis — mudou tão rápido que muitos liberais e moderados franceses, antes vistos como radicais, foram pegos de surpresa. Os objetivos mais limitados foram varridos pelas correntes populista e nacionalista a partir de 1792. A França se tornou ainda mais radical em âmbito interno depois de mergulhar em décadas de guerras externas. A chance de uma reforma liberal mais gradual estava perdida.

O objetivo principal do liberalismo na Era do Iluminismo, sobretudo na Inglaterra e na Escócia, era a abolição das restrições arbitrárias impostas a comportamentos políticos e econômicos. Vistas no amplo espectro da história, essas mudanças podem parecer puro progresso. Entretanto, para muitos cidadãos franceses da época, principalmente no campo, elas foram vistas de outra forma. Para o camponês da França, a Modernidade — leis agrárias liberais, por exemplo — parecia corrosiva e desestabilizadora.[28] A Revolução Francesa é vista quase sempre através das lentes dos teóricos e líderes da elite, os pensadores radicais do Iluminismo que exigiam mudanças. Mas a violência revolucionária foi alimentada pelos medos dos franceses comuns, que se sentiam vítimas da mudança.

Em 1789, os trabalhadores já tinham se tornado intensamente descrentes do livre-mercado.[29] Sua crença não era um conceito acadêmico abstrato, mas uma profunda convicção nascida de décadas de desconfiança. Buscando recriar em poucos meses o movimento de cercamentos que se desenvolvera ao longo de séculos na Grã-Bretanha, os revolucionários franceses brincavam com fogo.[30] Como disse o historiador Eric Hobsbawm, do ponto de vista dos camponeses, o feudalismo pode ter sido "ineficiente e opressivo", mas proporcionava "bastante certeza social", sobretudo porque boa parte da terra era de propriedade da Igreja Católica, que oferecia um universo moral e político autônomo aos inquilinos e paroquianos. Então, diante da supressão da velha ordem e do rápido advento da economia de mercado, os agricultores franceses sofreram "um bombardeio silencioso que estilhaçou a estrutura social em que eles sempre haviam habitado e não deixou nada no lugar além dos ricos: uma solidão chamada liberdade".[31]

A transição para a Modernidade foi bastante inquietante na Inglaterra, onde a liberalização econômica teve uma justa fatia de opositores, como vimos. Na França, a desconexão entre líderes políticos e a realidade da sociedade que eles pretendiam transformar era ainda mais nítida. De várias formas, a Revolução Francesa foi, como disse Margaret Thatcher, "uma tentativa utópica de derrubar uma ordem tradicional [...] em nome de ideias abstratas, formuladas por intelectuais arrogantes".[32] Consideremos, por exemplo, as tentativas dos revolucionários de racionalizar o próprio tempo, a começar pelo calendário, que teve os doze meses do ano renomeados, cada um deles dividido em três semanas de dez dias, cada dia dividido em dez horas, cada hora dividida em cem minutos, e cada minuto, em cem segundos.[33] (Os trabalhadores franceses logo entenderam que esse esquema "racionalizado" significaria menos dias de folga.) E o tempo já não começaria com o nascimento de Cristo, de cuja divindade eles duvidavam, mas com o nascimento da própria República. Em alguns templos egípcios antigos invadidos pelas tropas de Napoleão, ainda é possível ver grafites com mensagens imortais e a indicação "Ano sexto da República".[34] A presunção dos revolucionários era notável: o tempo, postulavam eles, tinha começado de novo.

Em outra tentativa de impor o Iluminismo à força, eles se propuseram a redesenhar o mapa da França. Praticamente todos concordavam que as velhas e caóticas províncias francesas, com suas dioceses e jurisdições sobrepostas e tamanho e população muito desiguais, clamavam por reformas. O abade Sieyès, clérigo transformado em revolucionário, propôs — como parte da reorganização que, segundo ele, favoreceria uma administração racional, fatiar a França em 81 departamentos quadrados de igual tamanho, sendo cada quadrado dividido em nove municipalidades. É claro que tal grade, perfeitamente cartesiana, ignorava rios, montanhas e a rede de estradas, rotas de comércio e agrupamentos culturais que davam a cada região uma identidade. O novo mapa não correspondia à França real que o povo conhecia e entendia.

Na condição de mais afamado crítico da Revolução Francesa, o estadista conservador anglo-irlandês Edmund Burke comparava desfavoravelmente o caso francês com os "princípios de conservação e correção" que haviam definido a Revolução Gloriosa. Burke não era reacionário. Crítico feroz do abuso de poder pela Companhia das Índias Orientais e defensor dos direitos dos colonizadores da América, ele acreditava na liberdade e por vezes até mesmo na mudança radical, mas apenas se pudesse ser realizada organicamente, sem perturbar a sociedade. Alguns aspectos da Revolução Gloriosa eram genuinamente radicais, como a supremacia parlamentar, a deposição de um rei despótico, a promulgação de uma Declaração de Direitos. Já outros elementos eram basicamente conservadores, o que garantia a preservação da monarquia e da aristocracia enquanto a classe dos comerciantes e a ordem econômica subjacente ganhavam poder. Para Burke, sem reforma há estagnação. Entretanto, mudanças radicais que não preservam elementos essenciais do passado levam ao risco de desintegração da sociedade.

NACIONALISMO EM MASSA

Como foi que a Revolução Francesa chegou a ponto de rejeitar o liberalismo e adotar a ditadura? Ela havia começado com aspirações democráticas, clássico-liberais. Contudo, uma vez que a guerra eclodiu, em 1792, e as monarquias da Europa se aliaram para esmagar a revolução, a radicalização disparou incontrolavelmente. Inimigos externos, sobretudo os odiados austríacos, eram descritos como tiranos cruéis. Internamente, qualquer oposição à camarilha governante de jacobinos era denunciada como traição contrarrevolucionária, um presente para o inimigo. Tratava-se de culpa por associação: se você se opunha ao governo do momento, por definição estava apoiando a monarquia e queria reescravizar "o povo".

A incursão de Robespierre pela paranoia e pelo assassinato exemplifica a polarização e o extremismo que marcaram a revolução. Ocorre que o populismo, entrelaçado com nacionalismo patriótico, era também indispensável para alimentar o sucesso militar da França. A Revolução Francesa teria sido prontamente esmagada pelas monarquias vizinhas não fosse pelo sucesso em alimentar o entusiasmo das massas por uma guerra total a fim de salvar a República e derrotar a tirania.

Em 1792, quando os exércitos da Áustria e da Prússia se depararam com a massa de recrutas franceses que defendiam a estrada que levava a Paris, as forças monarquistas esperavam uma vitória rápida. Afinal, os reinos aliados contavam com os melhores soldados da Europa: eram liderados por um corpo de oficiais da elite aristocrática, homens que haviam sido treinados nas melhores academias militares e comandavam soldados profissionais e mercenários experientes. Estava claro que uma chusma indisciplinada de trabalhadores e camponeses não tinha a menor chance.

No entanto, para surpresa geral, a França venceu. Nesse primeiro teste militar, a Batalha de Valmy, os revolucionários — incentivados pelo entusiasmo em massa — superaram um exército bem treinado. No ano seguinte, o legislativo revolucionário instituiu a *levée en masse*, uma ordem de recrutamento que reuniu números impressionantes de 800 mil soldados no primeiro ano. Essa medida foi parte de um esforço de toda a sociedade para salvar a revolução. O Comitê de Segurança Pública deu a cada um seu papel: "Os jovens irão para o campo de batalha; os homens casados forjarão armas e transportarão provisões; as mulheres farão tendas e roupas e trabalharão nos hospitais; as crianças transformarão lençóis velhos em ataduras; os velhos devem [...] pregar o ódio aos reis e a unidade da República."[35]

A *levée en masse* recrutou milhões de soldados em toda a França e salvou o país. As antigas potências teriam que deter forças revolucionárias sem freio. Ao longo das duas décadas seguintes, a França revolucionária e a França napoleônica derrotariam cinco coligações antifrancesas, lutando praticamente com os punhos contra o restante da Europa e valendo-se de reservas aparentemente inesgotáveis de cidadãos patriotas. As monarquias tradicionais teriam de se adaptar à nova realidade ou seriam destruídas.

O sucesso da França não demonstrou apenas a superioridade de uma burocracia nacional em recrutar milhões de cidadãos para uma máquina de guerra; mostrou também o valor de um chamado patriótico às armas. Camponeses e trabalhadores ouviam uma nova versão da realidade. Longe de ser uma subclasse à disposição dos superiores da nobreza, os trabalhadores foram reclassificados como os verdadeiros heróis da história, os soldados que romperam as cadeias do despotismo. Assim, não surpreende que Schama afirme que "o nacionalismo militarizado não foi, por uma espécie de acidente, uma consequência não intencional da Revolução Francesa: ele foi o coração dela, bem como a alma".[36]

Verificou-se que existe um curto passo entre o nacionalismo militarizado e a demagogia carismática. Napoleão subiu ao poder quando acenou com uma força aparentemente estabilizadora em meio ao caos populista. Como ditador, ele via o papel que desempenhou como salvaguarda e consolidador da revolução, e depositava o legado desta na pessoa dele. "A revolução acabou", disse ele. "Eu sou a revolução." Surpreendentemente, muitos ex-jacobinos e outros grupos de esquerda o aceitaram. Napoleão tomou o poder jurando proteger a revolução, mas logo virou pelo avesso os princípios republicanos que defendia e se fez coroar imperador, ao mesmo tempo que distribuía títulos de nobreza a parentes e amigos — pôs os irmãos nos tronos da Holanda e da Espanha e um general da confiança dele, no da Suécia. (Os descendentes de um soldado francês do povo ainda hoje reinam em Estocolmo.)

Depois de substituir a República por um império dinástico, Napoleão negociou com o papa para restabelecer o lugar central ocupado pelo Catolicismo na sociedade francesa. Os democratas idealistas se desesperaram. No início, o grande poeta romântico William Wordsworth havia celebrado a revolução: "Êxtase era estar vivo naquela aurora,/Mas ser jovem era verdadeiramente o paraíso!" Depois que Napoleão se declarou imperador, Wordsworth tornou-se amargo e lamentou o retrocesso histórico: "o cachorro/Voltando a seu vômito".[37] Igualmente desgostoso com a arrogante autocoroação de Napoleão, Ludwig van Beethoven, que dedicara a ele a Terceira Sinfonia, intitulada "Bonaparte", alterou o nome da peça, e substituiu-o por "Eroica". Napoleão, infinitamente presunçoso e reacionário em muitos aspectos, entre eles o que dizia respeito aos direitos da mulher, não era nenhum herói.

Observadores posteriores mostraram-se menos avessos a ele. O historiador Andrews Roberts afirmou, entusiasmado: "As ideias que fundamentam nosso mundo moderno — meritocracia, igualdade perante a lei, direito de propriedade, tolerância religiosa, educação laica moderna, finanças saudáveis e assim por diante — foram defendidas, consolidadas, codificadas e geograficamente expandidas por Napoleão."[38] O cientista político Francis Fukuyama identifica as conquistas básicas da Revolução Francesa como o estado de direito, o Estado administrativo neutro e o Código Civil — todos eles resultantes de reformas de Napoleão.[39] Entretanto, além das mudanças legais, qual foi a principal inovação moderna da era revolucionária? A resposta é: o recrutamento em massa de centenas de milhares de homens, às vezes milhões. A era das guerras limitadas, travadas por um pequeno número de soldados profissionais e mercenários, havia chegado ao fim, e dera lugar à guerra total.

A conquista por meio da força militar permitiu que os regimes revolucionário e imperial deixassem de lado a questão das profundas reformas econômicas de base que se faziam necessárias. Tanto os jacobinos quanto Napoleão equilibraram as finanças da França por meio de saques, não pela modernização do aparato fiscal. Assim, o país devia o sucesso militar obtido não primordialmente a um aparato estatal modernizado, mas a características extremamente antiquadas. Com efeito, por serem milenares, elas teriam sido reconhecidas pelos imperadores romanos cujos louros e estátuas o imperador Napoleão imitava: liderança carismática para desenvolver o moral, senso estratégico individual por parte do comandante e expansão do império territorial. Em seu ápice com Napoleão, o Império Francês, que incluía reinos clientes e Estados fantoches, estendia-se da Espanha à Polônia e abarcava a maior parte da Europa Ocidental e Central.

Não devemos subestimar os méritos de Napoleão. Ele era um gênio tático no campo de batalha, com grande conhecimento logístico — era obcecado, por exemplo, pela qualidade das botas que fornecia a seus homens, que precisavam ser adequadas ao ritmo acelerado das marchas. Napoleão foi de fato um modernizador, mas não permitiu que as estruturas mais profundas da sociedade se aprimorassem de maneira orgânica. Ele trouxe o progresso por meio de um decreto.

A ASCENSÃO DO ESTATISMO

Apesar do zelo administrativo e da energia sem limites, Napoleão tinha muitos defeitos fatais. Sua tendência a controlar tudo pessoalmente e sua convicção de que o comércio era um jogo de soma zero obstruíram o processo de modernização da França, assim como a tentativa que fizera de estimular a inovação por meio de mandatos que tornavam todos os cientistas dependentes de patrocínio do Estado. Essas medidas permitiram alguns avanços tecnológicos no curto prazo, mas no longo prazo romperam as conexões com o setor privado que haviam sido essenciais para deslanchar a Revolução Industrial do outro lado do canal da Mancha. Os subsídios e outras medidas protecionistas de Napoleão pretendiam estimular a indústria, mas, junto com o tabelamento de preços e o controle econômico de Robespierre, frustraram a competitividade francesa durante séculos. Todas essas medidas tinham um traço comum: a centralização de cima para baixo. Depois da Segunda Guerra Mundial, os franceses passaram a chamar esse modelo de *dirigisme*, baseado no princípio de que o Estado deve controlar e dirigir a vida econômica.

Napoleão fez de tudo para consolidar esse modelo quando criou uma zona de comércio que chamou de Sistema Continental. Ela reunia a maior parte da Europa continental num único bloco econômico a fim de incentivar o florescimento do comércio dentro da esfera de influência da França imperial — e também neutralizar o inimigo britânico. Esse sistema já foi visto como um protótipo da Comunidade Econômica Europeia. No entanto, não é exato chamar o Sistema Continental de zona de livre-comércio, pois na verdade tratou-se de um projeto protecionista. O Império Francês, junto com seus vassalos e aliados, estava sujeito a regulamentos burocráticos dispendiosos, arbitrários e em constante mudança. Os britânicos, no tocante aos têxteis industriais, sofreram um atraso temporário e precisaram sair à caça de outros mercados — e em pouco tempo encontraram ávidos consumidores nos Estados Unidos, na América Latina e na Ásia. Como ocorrera com a Espanha ao tentar coibir os holandeses com tributos, a tentativa de sufocar o rival com protecionismo acabou levando a potência visada a se tornar global.

O comércio foi outra área em que a tendência de Napoleão a não delegar, que no campo de batalha lhe havia servido muito bem, saiu como um tiro pela culatra. O imperador se preocupava com a quantidade exata de grãos, azeite de oliva ou conhaque que era carregada ou descarregada em cada um dos vários portos do país. A obsessão dele em derrotar a Grã-Bretanha, aquela "nação de lojistas", fez com que se tornasse um burocrata intrometido dedicado a contar tostões. Em vez de abrir espaço para a iniciativa privada, Napoleão sobrecarregou os aspirantes a empresários com um labirinto insano de licenças.[40]

Além do prejuízo no longo prazo causado à competitividade da indústria francesa, a ambição e a agressividade de Napoleão precipitaram-lhe a própria queda. Em 1810, a Rússia, recusando-se a ser absorvida pelo Sistema Continental dominado pela França, retomou o comércio com a Grã-Bretanha. Em 1812, furioso com essa descortesia do tsar, Napoleão deu início a uma desastrosa invasão da Rússia. A retirada de Moscou destruiu a Grande Armée de 600 mil homens que ele tinha recrutado em toda a Europa: menos de 25 mil homens sobreviveram ao massacre causado pela cavalaria russa e à inclemência do inverno.[41] Planejada para ser o clímax das conquistas de Napoleão, a campanha russa quebrou a espinha dorsal do poderio militar francês. Obrigado a abdicar, Napoleão foi preso e enviado à ilha de Elba. Escapou da prisão e voltou à França para uma última jogada militar, quando foi enfim derrotado na Batalha de Waterloo, em 1815.

DAS CINZAS

O símbolo mais marcante das eras revolucionária e napoleônica talvez seja o ainda incompleto Arco do Triunfo em Paris. De início, previa-se que o monumento fosse encimado por uma estátua grandiosa que personificasse o triunfo da revolução contra a anarquia e o despotismo. Contudo, os idealizadores não conseguiram chegar a um acordo sobre que símbolo deveria coroá-la: nas palavras de um historiador, "outra carruagem ou uma efígie de Napoleão de pé sobre uma pilha de armas inimigas ou sobre um globo terrestre, ou uma enorme águia, ou uma estátua da liberdade, ou uma estrela gigantesca".[42] O topo do arco ficou vazio, e assim permanece até hoje.[43]

Da mesma forma, o Estado francês revolucionário tinha um vazio no cerne de seu triunfo. Inflamada pelo espírito revolucionário e arregimentada pelas táticas de Napoleão, a França conquistara a Europa. Mas para quê? Certamente, não para defender uma democracia duradoura no país. Vejamos a avassaladora instabilidade política que a revolução deixou em sua esteira. Como observei, de 1792 a 1958, pouco mais de um século e meio, a França foi governada por três monarquias, dois impérios, cinco repúblicas, uma comuna socialista e um regime quase fascista. (A Grã-Bretanha, enquanto isso, desde 1688 pode se vangloriar de não ter passado por mudanças de governo inconstitucionais ou violentas. Resistente por mais de um terço de milênio, trata-se do sistema representativo mais duradouro do planeta.) A França passou por muitas outras crises, levantes e quase bloqueios, até mesmo nos tempos modernos.[44]

De início, alguns liberais de outras partes da Europa se inspiraram no nacionalismo triunfalista de Napoleão, ao verem como ele havia unido e empoderado a França. Eles queriam ter políticas nacionais próprias, em vez de fazer parte de um vasto império multinacional comandado por Viena, Moscou ou Istambul. O modelo francês estimulou imitadores nas décadas posteriores ao reinado de Napoleão e incitou levantes nas regiões que hoje correspondem à Itália, à Hungria, à Alemanha, e também em outras partes. Essas revoluções, porém, morreram no nascedouro. No longo prazo, o legado do nacionalismo francês à Europa não foi disseminar valores liberais para lançar as sementes de uma identidade política. Ainda que alguns movimentos nacionalistas por vezes tenham começado como liberais, muitos se voltaram para a nostalgia e o iliberalismo.

Outras potências europeias também reagiram contra o apego à razão da Revolução Francesa e ao desapreço que ela nutria em relação à religião. Os Estados germânicos, acima de tudo, exibiram uma violenta reação ao racionalismo frio do Iluminismo e à filha monstruosa que ele dera à luz: a revolução. A direita voltou-se para um novo movimento: o Romantismo. Em sua forma mais benigna, tratava-se de uma poesia angustiada e de uma arte que privilegiava o coração, não a razão, como *Os sofrimentos do jovem Werther*, de Goethe. A tendência também podia ser vista na arquitetura, na "mania de ruínas" que se disseminou pela Europa Ocidental. Atraídos por uma era romântica passada, os aristocratas contratavam arquitetos para construir ruínas sob medida nas respectivas propriedades — a perfeita expressão da necessidade nostálgica de rejeitar a Modernidade em favor de um passado que nunca havia existido. No âmbito político, porém, o Romantismo acendeu a chama que cozeria em banho-maria um nacionalismo germânico vingativo que por fim se transformaria em fascismo.

A reação imediata à revolução veio dos monarcas conservadores que derrotaram Napoleão. Decididos a evitar novas revoluções, eles empreenderam um programa reacionário na Europa. Essa era pós-napoleônica, dominada por uma coligação de grandes potências conhecida como Concerto da Europa, se estendeu aproximadamente de 1815 a 1856 na forma mais robusta, mas se arrastou durante décadas, tendo sido definida por um arquiconservador, o chanceler austríaco Klemens von Metternich. Nessa época, surgiu a teoria da conspiração de direita como a conhecemos hoje. Os líderes que haviam derrotado a Revolução Francesa viam a sombra da guilhotina para onde quer que olhassem. Por mais implausível que nos pareça hoje, estadistas sérios como Metternich faziam política com a convicção de que grupos secretos como os Cavaleiros Templários, os Illuminati e os maçons, ligados por células ocultas de jacobinos, estavam todos unidos como parte de uma insidiosa rede global. Se rebeldes italianos se levantavam contra o domínio austríaco, não havia dúvida de que isso tinha relação com rumores em Paris — ou com nobres dissidentes na Polônia. Nas palavras do historiador Adam Zamoyski, foi uma era de "terror fantasma".[45]

Em outro retrocesso para o liberalismo, o violento legado da Revolução Francesa desacreditou o racionalismo e a democracia. Assim como acontece hoje com os liberais do século XXI, rotulados de "comunistas" por opositores conservadores, muitos reformistas moderados do século XIX foram punidos por associação com o Terror. A lembrança de expurgos políticos minou reformas de todo tipo. Zamoyski observa que o papa Leão XII, ao retomar o controle político sobre os Estados italianos que Napoleão havia tirado da Igreja Católica, rapidamente "trouxe de volta a Inquisição" e "despachou os judeus de volta ao gueto". Além disso, ele reverteu outras "novidades revolucionárias",[46] como a iluminação pública e a vacinação.

Mais insidiosamente, a era Metternich revelou que o medo desproporcional de uma revolução pode originar uma contrarrevolução alienante que procura reprimir no nascedouro qualquer tipo de movimento democrático. Metternich reagia a pedidos de reformas com repressão a estudantes e universidades. Até mesmo os conservadores austríacos viam a repressão que desencadearam como um esforço em última análise inútil. Uma "floresta de baionetas e a manutenção inflexível de tudo o que existe" é "o melhor caminho para produzir uma revolução",[47] reclamou um ministro ao chanceler em 1833. O governo britânico, comparativamente liberal, via as monarquias do continente como inapelavelmente retrógradas. Com efeito, ao reprimirem toda e qualquer reforma, os monarcas restaurados acabaram por garantir que uma revolução acontecesse. Em janeiro de 1848, Tocqueville fez um discurso ante o Legislativo francês para prevenir sobre um "vulcão"[48] de energia política reprimida. Em poucos meses, o vulcão entraria em erupção.[49]

O VULCÃO REVOLUCIONÁRIO

As Revoluções de 1848 figuram entre os acontecimentos mais extraordinários da história. Por toda a Europa, de norte a sul, de leste a oeste, da Escandinávia à Romênia, da Irlanda à Itália, até mesmo na bucólica Suíça, as pessoas se insurgiram contra governos autocráticos, adotaram o ideário liberal e, arriscando a própria vida, protestaram contra os governos estabelecidos nos respectivos países. Nada parecido jamais voltou a acontecer. As Revoluções de 1989 foram restritas à Europa Oriental. A Primavera Árabe de 2011 nunca foi além dos países de língua árabe. Todavia, as Revoluções de 1848, a Primavera dos Povos, foram uma onda de choques revolucionários que perpassaram sociedades com dezenas de línguas e etnias diferentes. Da mesma forma que a Primavera Árabe, elas fracassaram num primeiro momento. No longo prazo, porém, ambas tiveram consequências profundas e de longo alcance.

Por que elas ocorreram? De Paris a Berlim e Viena, o processo de modernização econômica prosseguia a passos largos, com o trabalho manual substituído progressivamente pelo carvão e o vapor. Nas primeiras décadas do século XIX, os camponeses afluíam para as cidades a fim de se tornarem operários nas fábricas, o que solapava o modelo da produção artesanal dominado pelos membros das guildas. No topo dessas bases em mutação, porém, os governantes europeus tentavam preservar as mesmas políticas restritivas de cinquenta anos antes, quando a Revolução Francesa ainda não havia perturbado o equilíbrio do continente. Essa desconexão entre a modernização da economia e a estrutura política acabaria provocando os levantes.

Na França, o ressentimento decorrente do ritmo arrastado das reformas com a restauração da monarquia levou a uma reprise da Revolução Francesa. Em 1848, a repressão inoportuna a reuniões políticas provocou manifestações de massa nas ruas de Paris, o que culminou na declaração da Segunda República. Felizmente para o rei, nessa época já não havia guilhotinas, e Luís Filipe fugiu para uma confortável aposentadoria na Inglaterra. A revolução, no entanto, estava de volta à ordem do dia.

O levante de Paris foi o tiro de largada para reformadores e revolucionários em todo o continente. Liberais instruídos de classe média sentiam-se incomodados com o clima político estagnado desde 1815. Nesse meio-tempo, insucessos na agricultura levaram a uma elevação no preço dos alimentos, enquanto o desemprego na indústria manufatureira aumentava e mergulhava grande parte da classe trabalhadora europeia na pobreza. Com a liderança de intelectuais e massas de trabalhadores desempregados enraivecidos, as notícias da revolução em Paris deflagraram explosões sociais.

Na refulgente capital do Império Austríaco, Viena, uma massa de estudantes e trabalhadores exigia a deposição de Metternich. O chanceler arquiconservador foi demitido e forçado a se exilar, primeiro nos Países Baixos, e em seguida, na Inglaterra, que continuava sendo um porto seguro para hereges de todo tipo. O governo imperial austríaco já estava lutando para reprimir as demandas liberais por reformas e conter as ambições dos grupos étnicos que integravam o império: húngaros, croatas, tchecos, eslovacos, eslovenos e outros, cada qual em disputa por território e um lugar de destaque. Usando tropas de choque croatas para esmagar a tentativa de independência da Hungria, o governo central austríaco só conseguiu impedir revoluções em 1848 ao lançar grupos étnicos rivais uns contra os outros.

Uma Alemanha dividida também estava a ponto de enfrentar uma revolução. Na época, a Alemanha era uma região, não um país, dividida em dezenas de Estados que participavam da Confederação Germânica. No entanto, uma geração jovem e idealista, inspirada no nacionalismo francês, sonhava com um povo alemão unido. De início, as manifestações em Berlim exigiram concessões à monarquia constitucional da Prússia, mas depois os revolucionários tentaram ir além, e convocaram um autoproclamado Legislativo nacional em Frankfurt, onde declararam um Estado alemão unificado sob o comando do rei prussiano, que supunham simpatizante de seus objetivos nacionalistas. Horrorizado com a repentina radicalização, o rei rejeitou a oferta de uma "coroa vinda da sarjeta". As reformas constitucionais liberais foram revertidas, assim como os planos para uma unidade nacional germânica. Na Itália, os revolucionários que tentaram uma unificação parecida enfrentaram um grave revés quando o papa declarou oposição ao movimento. As forças da ordem derrotaram os revolucionários em todas as frentes. Em toda a Europa, os monarcas conservadores asseguraram a autoridade e deram um suspiro de alívio.

Na camada superficial da política, as Revoluções de 1848 foram um fracasso completo. Só na França o novo governo revolucionário durou, e, mesmo ali, não se tratou de uma vitória da democracia, pois o sobrinho de Napoleão ganhou a primeira eleição presidencial da nova República e três anos depois tomou o poder por meio de um golpe e declarou-se imperador. As aparências, porém, eram enganosas. Fosse qual fosse a estrutura política que assumissem, os governos europeus instituídos nas décadas que se seguiram a 1848 cada vez mais convergiram para um mesmo conjunto de medidas econômicas. Todos promoveram o desenvolvimento de estradas de ferro, comércio exterior e o novo modelo de capitalismo industrial.

No alvorecer da década de 1870, esses países, que permaneciam oficialmente monárquicos — como a Áustria, a Rússia e a Alemanha —, foram obrigados a fazer mais concessões. Pressionados pela esquerda, os líderes alemães inauguraram um sistema de bem-estar social e adotaram um Parlamento federal, o Reichstag, que decidia sobre impostos e orçamento. Defrontado com novos distúrbios na Hungria, o Império Austríaco evoluiu para a Áustria-Hungria, uma "monarquia dual" que elevou o nacionalismo húngaro aos píncaros do poder. Até mesmo a Rússia, a mais autocrática das grandes potências europeias, aboliu a servidão (na verdade, a escravatura dos camponeses russos) e fomentou a industrialização.

A Itália de 1848 estava entre as regiões menos industrializadas da Europa e mais atrasadas do ponto de vista tecnológico. Nos anos seguintes à malfadada revolução, a luta dos italianos pelo Risorgimento — ressurgimento e unificação nacional — mostrou o desafio de tentar modernizar uma sociedade enquanto a velha ordem política atua para preservar os valores tradicionais. O escritor Giuseppe Tomasi di Lampedusa (último príncipe de uma casa nobre siciliana) captou o espírito das forças cruéis que reconstruíram a Sicília na década de 1860 em seu romance *O leopardo*, de 1958. Ao ver a própria condição social ameaçada, o protagonista do livro, um nobre, recebe um conselho memorável: "Se quisermos que tudo continue como está, é preciso que tudo mude."[50] Para escapar à revolução, as classes governantes conservadoras tiveram que aceitar reformas. As reformas, contudo, intensificaram mudanças estruturais na sociedade.

Depois de 1848, sob a superfície política, os fundamentos da sociedade estavam mudando. Mesmo com os velhos regimes aferrados ao poder, as aspirações liberais de liberdade e igualdade não desapareceram. Na época, os revolucionários foram esmagados, mas seus objetivos idealistas — encerrar o monopólio imperial sobre o poder, instituir parlamentos fortes, promover a liberdade de expressão, cultivar o nacionalismo — foram quase sempre adotados por meio de reformas graduais.

Mas nem todos estavam satisfeitos com reformas a conta-gotas. Para radicais e descontentes, o sonho utópico da Revolução Francesa, o de que a sociedade podia ser radicalmente transformada num piscar de olhos, nunca morreu. Na verdade, a revolução seria copiada praticamente linha por linha a dois mil quilômetros da França. Um dos maiores efeitos em cascata da Revolução Francesa foi sua sequência russa.

Um império terrestre outrora grandioso, com vastos recursos e mão de obra, mas um monarca impopular e incompetente, se depara com o colapso econômico e a derrota militar — sendo a princípio substituído por um governo moderado cuja inépcia pavimenta o caminho para um regime radical e criminoso. A diferença é que a Revolução Francesa, depois de 1789, se desdobrou numa escalada em grande parte não planejada, enquanto a Revolução Russa de 1917 foi fruto de uma estratégia consciente do círculo mais próximo de Vladimir Lênin, numa imitação da Revolução Francesa tal como ela é vista pelo marxismo. Para Lênin, a previsão de Marx de uma progressão natural para o comunismo era lenta demais, incerta demais — o que o levou a convocar uma "classe vanguardista" de revolucionários para acelerar a história. Assim, podemos entender a Revolução Russa como um processo bastante semelhante à Revolução Francesa: uma revolução de cima para baixo posta em movimento por elites radicalizadas sobre uma sociedade agrária, em grande medida não modernizada. Em ambos os casos, as tentativas de salvar a revolução de inimigos internos e externos desencadearam uma campanha de terror e estreitaram os limites da tolerância política até que um homem passou a reinar supremo sobre o Estado.

Da mesma forma que sua predecessora francesa, a Revolução Russa devorou os próprios filhos. Em 1927, Leon Trótski, que havia integrado o círculo mais próximo de Lênin, foi acusado de traição contrarrevolucionária. Em seu discurso de defesa, ele fez uma analogia entre as duas revoluções: "Durante a Grande Revolução Francesa, muitos foram guilhotinados. Nós também tivemos muitas pessoas levadas para a frente do pelotão de fuzilamento."[51] A pergunta que Trótski fazia aos que o acusavam era: "Segundo qual capítulo" da Revolução Francesa os que se opuseram a ela "se preparavam para nos dar um tiro?". Ele retratou a Revolução Russa como em risco de cair nas armadilhas da moderação, à semelhança dos centristas que sucederam Robespierre, ou do "bonapartismo", querendo dizer com isso a captura por um general ambicioso. No exílio, Trótski acusaria Stálin de ser "o Bonaparte" cuja ditadura militarizada mais uma vez arruinara os objetivos idealistas de uma nobre revolução.

O comunismo resistiu na Rússia por muito mais tempo do que o republicanismo radical na França, mas o legado de ambos foi similar: uma sociedade politicamente traumatizada e economicamente deslocada que caiu ante seus adversários liberal-democráticos.

A INDÚSTRIA ENGOLE A POLÍTICA

Foi esse o destino da França. Os frutos que o país colheu com a revolução que fizera pareciam modestos: crescimento econômico prejudicado, indústrias não competitivas, um império reduzido. O comércio exterior francês, que representava 20% do PIB nacional em 1790, despencou para 10% em 1820.[52] Pior ainda: em 1815, quando Napoleão foi deposto, o nível de industrialização tinha subido a ponto de se equiparar ao da Grã-Bretanha... de 1780.[53] A França pós-revolucionária tinha ficado décadas atrás da rival.

Eric Hobsbawm, em sua magistral *A era das revoluções*, explica por que a Revolução Francesa fracassou em aspectos em que a Revolução Industrial inglesa teve sucesso. Ele recorre ao conceito marxista de infra e superestrutura para mostrar por que a economia francesa, aparentemente tão bem situada para o crescimento de 1789 a 1848, engasgou e estagnou. A regulamentação pesada e o tabelamento de preços minaram as primeiras tentativas de modernização empreendidas pelos revolucionários liberais, afirma ele, enquanto "a parte capitalista da economia francesa era uma superestrutura erguida sobre a base imóvel do campesinato e da pequena burguesia".[54] No nível mais fundamental, em outras palavras, a economia francesa permaneceu sempre pré-moderna. Por meio da conquista napoleônica, a Revolução Francesa levou o estado de direito e a governança racionalizada a uma série de regiões da Europa Central e Ocidental, o que possibilitou o lançamento das sementes de crescimento econômico futuro em muitos países.[55] Além disso, ela deu início a uma onda de "revoluções atlânticas", da Espanha ao Haiti e à Colômbia. No entanto, não enriqueceu a França de maneira permanente.

A era revolucionária francesa consagrou o lugar central da Grã-Bretanha no coração da ordem política e econômica do mundo. A incomparável primazia naval, comercial e industrial do Reino Unido só aumentou ao longo da era que se iniciava. O modelo de política e economia reformista e liberal que inspiraria os modernizadores do século XIX no mundo seria o da Grã-Bretanha, não o da França. É Hobsbawm quem melhor define: "A Revolução Industrial (britânica) engoliu a revolução política (francesa)."[56]

4

A MÃE DE TODAS AS REVOLUÇÕES

Grã-Bretanha industrial

A Revolução Industrial "foi provavelmente o acontecimento mais importante da história do mundo", escreveu Eric Hobsbawm, "e foi iniciada pela Grã-Bretanha".[1] Embora as origens exatas de muitas das transformações que hoje chamamos em conjunto de Revolução Industrial sejam discutíveis, ninguém pode negar o que a economista Deirdre McCloskey chama de "o Grande Fato": a decolagem exponencial e sem precedentes da produtividade que começou com a industrialização. Esse crescimento possibilitou praticamente todos os aspectos do mundo moderno que hoje damos como garantidos — rendas crescentes, classes médias em ascensão, educação universal, política de massas, tecnologia generalizada, comunicações globais, viagens e transporte internacionais baratos e fáceis. A Revolução Holandesa e a consequente revolução de 1688 modernizaram a Grã-Bretanha, mas a Revolução Industrial modernizou grande parte do mundo.

Para entender o drástico rompimento com o passado que a Revolução Industrial representou, vejamos um gráfico do PIB mundial ao longo dos últimos dois mil anos. Como se vê, foram séculos e séculos de crescimento econômico quase zero, e depois, por volta de meados do século XIX, um pico global acentuado no PIB *per capita*. Esse crescimento foi distribuído de maneira desigual — ficou concentrado a princípio no Ocidente — e, como sabemos hoje, teve um impacto muito prejudicial ao meio ambiente. Mas não nos enganemos. Ele deu origem ao mundo moderno, com todas as suas maravilhas, crueldades, hipocrisias e glórias.

PIB mundial ao longo dos dois últimos milênios

Produção total da economia mundial.

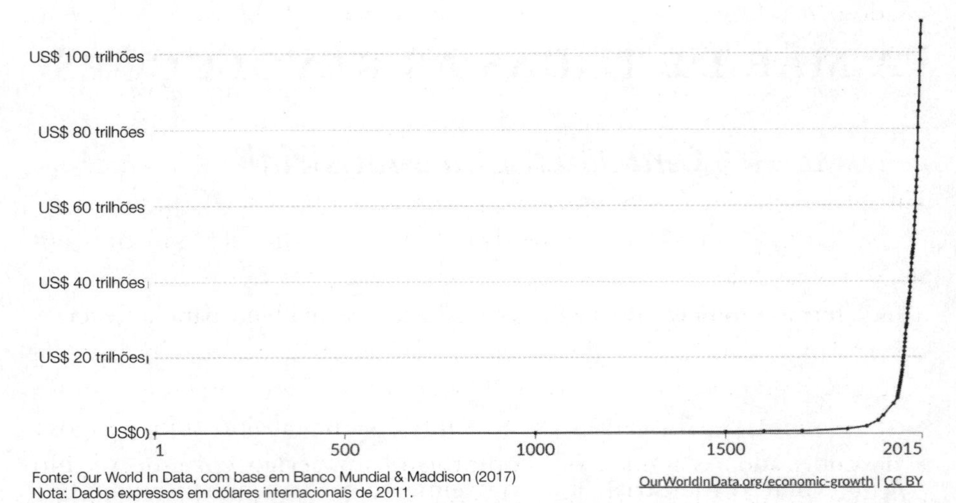

1. Dólar internacional: Moeda hipotética usada para comparações significativas de indicadores monetários do padrão de vida. Os números são corrigidos pela inflação interna dos países ao longo do tempo e pelas diferenças no custo de vida entre países. O objetivo desses ajustes é proporcionar uma unidade cujo poder de compra mantenha-se fixo ao longo do tempo e em diferentes países, de modo que um dólar internacional possa comprar bens e serviços na mesma quantidade e qualidade independentemente de onde ou quando seja gasto. Leia mais em nosso artigo "What are Purchasing Power Parity Adjustments and Why Do We Need Them?".

PIB mundial corrigido pela inflação, de 0 a 2015 d.C.

Existe uma vasta literatura que busca explicar por que a Revolução Industrial teve início na Grã-Bretanha. Alguns historiadores afirmam que o país reunia certas qualidades singulares que impulsionavam o progresso; outros destacam "o carvão e as colônias", além das grandes reservas de combustível, dos muitos mercados e da mão de obra barata no exterior. Minha opinião é que, ao mesmo tempo que tinha uma grande vantagem devido à energia abundante e aos domínios na Índia e no Caribe, a Grã-Bretanha também apresentava algumas características especiais que estimularam a inovação tecnológica e econômica. O Japão do século XVIII, por exemplo, também contava com uma pujante indústria têxtil, mas nunca decolou como a Grã-Bretanha. Vejamos uma das primeiras invenções da Revolução Industrial: a lançadeira voadora. Patenteada por John Kay em 1733, essa simples ferramenta que permitia transportar rapidamente o fio da trama de um lado para outro do tear consistia numa tecnologia — rodas e pesos acrescentados a um corpo de madeira — que poderia ter sido inventada centenas de anos antes. Contudo, ao permitir que uma só pessoa operasse um tear, ela proporcionou um considerável aumento de produtividade nas tecelagens. Centenas de máquinas e dispositivos como esse foram inventados na Grã-Bretanha do século XVIII. Muitos deles, como a lançadeira voadora, não tinham nada a ver com o baixo preço do carvão. E todo esse progresso na indústria coincidiu com grandes inovações na agricultura, que desencadearam uma revolução agrícola mais ou menos na mesma época. Está evidente que havia outros países à frente da Grã-Bretanha em termos de ciência, mas foi ali que metalúrgicos, mecânicos e inventores floresceram.[2] E foram eles, não os teóricos, que fizeram a Revolução Industrial.

Na verdade, o carvão foi uma dádiva. As Ilhas Britânicas são ricas em depósitos facilmente acessíveis desse combustível. No fim do século XVI, a Inglaterra enfrentava uma perigosa escassez de madeira para aquecer as casas.[3] Trocar a madeira pelo carvão — até certo ponto, um projeto da elite que pretendia preservar as florestas para a caça aos cervos — não foi fácil. A mineração do carvão era (e ainda é) um trabalho sujo, perigoso e desvalorizado. As inundações constituíam um perigo em especial. No entanto, a criatividade britânica chegou em socorro. Em 1712, Thomas Newcomen criou um dispositivo mecânico de bombeamento de água. Ele era alimentado por um pistão empurrado por vapor pressurizado, e a grande quantidade de carvão existente era queimada para ferver a água. James Watt aperfeiçoou esse mecanismo em 1776. Nesse ano, as colônias norte-americanas da Grã-Bretanha se declararam independentes, mas as vantagens da industrialização mostram que a máquina a vapor de Watt em pouco tempo mais do que compensaria as terras perdidas. Mais ainda do que tinha acontecido no caso holandês, a energia nacional estava se dissociando da geografia.

A bomba a vapor — a primeira máquina a vapor prática e de uso generalizado — acelerou a produção de carvão, que então passou a alimentar novas máquinas a vapor usadas para fornecer energia às tecelagens, propulsionando por fim toda a economia. Ao permitir que as máquinas fossem operadas não por homens ou cavalos, mas por uma forma inanimada de energia, o carvão destravou o potencial humano de centenas de maneiras. Essa revolução energética constituiu o núcleo da Revolução Industrial, e sem ela a maior parte dos avanços da era moderna teria sido impossível. No fim do século XIX, por exemplo, uma locomotiva a vapor executava a mesma quantidade de trabalho do que cerca de 1.300 cavalos.[4] A consequência definitiva da era industrial foi libertar a humanidade dos limites da biologia. Daí em diante, a civilização só seria detida pelos limites do engenho humano.

A Grã-Bretanha não tinha sido agraciada, como num passe de mágica, com mais inventores do que outros países. A Revolução Gloriosa havia cimentado dois pilares essenciais da excepcionalidade inglesa: o governo parlamentar e o capitalismo de mercado. Os dois sistemas se destacavam pelo processo contínuo de tentativa e erro, o que incentivava uma cultura de experimentação. Em 1623, o Parlamento aprovou uma inovadora lei de patentes que pôs fim a exigências abusivas e fraudulentas de monopólio sobre determinadas invenções, que veio recompensar o "verdadeiro e primeiro inventor", mas limitou o monopólio do inventor a catorze anos. Essa regra vigorou durante séculos, e tornou-se ainda mais importante no século XVIII, quando autoridades e juízes passaram a exigir explicações dos inventores a fim de lhes conceder a proteção de uma patente.[5] Uma vez que o inventor original era suficientemente recompensado para incentivar a inovação, mas não podia reclamar o uso exclusivo dela por tempo indefinido, o sistema permitia que outros adotassem e aperfeiçoassem novas tecnologias. O Parlamento chegou a pagar a inventores para que fornecessem mais informações sobre suas descobertas. Em 1732, quando a patente de Thomas Lombe para as máquinas de fabricar seda que ele havia desenvolvido estava a ponto de expirar, o Parlamento negou-se a conceder-lhe uma extensão de prazo, mas ofereceu-lhe o equivalente a 4 milhões de dólares em valores atuais para que permitisse que agentes da Coroa inspecionassem as máquinas, construíssem modelos e os exibissem publicamente, de modo que outros tecelões pudessem aprender com eles.[6]

Há indícios de que a lançadeira voadora tenha sido inventada na França um ano antes de Kay patenteá-la na Grã-Bretanha. Entretanto, as autoridades francesas, preocupadas com as consequências nefastas que o novo dispositivo teria sobre o emprego, destruíram as máquinas e, ao que parece, proibiram o uso delas.[7] A Grã-Bretanha, em comparação, festejava os inventores e protegia os direitos de propriedade, o que dava a eles bons motivos para continuar inovando.

Qualquer que tenha sido o exato conjunto de causas, uma mudança avassaladora no modo como trabalhamos e vivemos teve início na Grã-Bretanha em meados do século XVIII. Isso multiplicou o poder e a influência da pequena ilha, e permitiu que o país empreendesse outra grande rodada de apropriação de terras coloniais e disseminasse suas ideias aos quatro ventos. A metrópole enriqueceu, o inglês tornou-se uma língua global e a Grã-Bretanha virou um modelo de liberalismo político e econômico para o mundo. Os britânicos governaram os mares, dominaram a economia e definiram a cultura moderna, os esportes e o lazer. Muitos dos aspectos do mundo de hoje que vemos como costumeiros — do futebol ao turismo e à proverbial caminhada no parque — tiveram origem em hábitos das classes alta e média da Grã-Bretanha.

A VIDA COTIDIANA SE TRANSFORMA

Mesmo no século XVIII, antes da decolagem do carvão, o consumo de algodão cru na Grã-Bretanha aumentou cem vezes, e a produtividade do trabalho na indústria têxtil multiplicou-se por 150.[8] E então veio a era vitoriana, que se estendeu de 1837 a 1901, o período de reinado da rainha Vitória. Durante o "século vitorioso",[9] como um historiador descreveu esse período mais amplo de domínio britânico, o crescimento saltou para um novo patamar. Maior produtividade significava maior renda e mais comida na mesa. De 1770 a 1870, o salário real aumentou mais de 50%,[10] mesmo depois de ajustado pelo custo de vida e pela inflação. O historiador da economia Brad DeLong calcula que o trabalhador médio não qualificado do sexo masculino na Londres pré-industrial, *circa* 1600, ganhava o suficiente para oferecer à família cerca de 3 mil calorias diárias de pão, número que chegou a 5 mil calorias em 1870.[11] Esse número era substancialmente mais elevado do que o de outros países europeus, para não falar nas terras muito mais pobres da Ásia e da África. Ao longo da primeira metade do século XIX, a expectativa de vida na Grã-Bretanha subiu cerca de 3,5 anos, mesmo durante um período muitas vezes lembrado como sombrio.[12] Não foi só a possibilidade de o trabalhador prover a família de alimentos e outras necessidades: a melhora no atendimento médico e na saúde pública também prolongou vidas.

A população da Grã-Bretanha explodiu, tanto pelo crescimento populacional natural quanto pela chegada de imigrantes atraídos pelas oportunidades. O primeiro censo do Reino Unido, realizado em 1801, contou pouco mais de 10 milhões de ingleses. Um século depois, a população havia praticamente triplicado, chegando a 30 milhões.[13] O crescimento das cidades britânicas foi ainda mais espetacular. O censo de 1851 mostrou que, pela primeira vez, o Reino Unido tinha se tornado um país de população majoritariamente urbana — e, de longe, o maior país da história nesse quesito, ao deixar para trás as cidades-Estado italianas e a República Holandesa.[14] Londres cresceu e se tornou a maior cidade de todos os tempos, mais populosa do que as grandes cidades da China ou do que Roma em seu auge. De apenas 1 milhão de habitantes em 1800, a população londrina disparou para 3 milhões em meados do século, e para impressionantes 6,5 milhões em 1900.[15] E muitas das cidades britânicas de segundo escalão — Liverpool, Manchester, Edimburgo — tiveram explosões populacionais semelhantes, em alguns casos com o número de habitantes em poucas décadas decuplicado.

Esses números podem nos parecer abstratos hoje, mas representaram a profunda transformação da vida do cidadão comum em algo que agora reconhecemos. A industrialização britânica revolucionou a condição humana, ao modificar drasticamente a relação das pessoas com o tempo e o espaço. As estradas de ferro encurtaram distâncias, e pessoas e bens passaram a mudar de lugar com uma rapidez nunca antes vista. O primeiro trem de passageiros ligou Liverpool a Manchester, numa viagem que durava quatro horas de carruagem e vinte pelo canal (aquela grande revolução dos transportes do século anterior capitaneada pelos holandeses), mas que de trem levava uma hora e 45 minutos.[16] Desde a abertura da primeira estrada de ferro britânica, em 1825, a malha ferroviária do país se estendeu para mais de 30 mil quilômetros em 1914.[17]

Embora a viagem de trem tenha sido a princípio uma maravilha exclusiva das elites, não tardou muito para que, com um empurrãozinho do governo, tais vantagens alcançassem as massas. Em 1844, um jovem membro do Parlamento e futuro primeiro-ministro, William Gladstone, introduziu a Lei de Regulamentação das Estradas de Ferro, segundo a qual toda rota ferroviária do país era obrigada a oferecer pelo menos um trem por dia útil com bilhetes ao preço reduzido de 1 pêni por milha. Esse serviço barato, conhecido como "trem parlamentar", possibilitou que britânicos de parcos recursos tivessem acesso à revolução dos transportes.

Viagens tão difundidas assim exigiam um controle exato do tempo. A era vitoriana testemunhou o advento do onipresente relógio de bolso não apenas como indicador de riqueza, mas também como elemento de conexão com a própria Modernidade. Antes que os relógios fossem produzidos em massa, praticamente todos os seres humanos do planeta viviam em unidades de tempo vagas: "ao amanhecer", "ao meio-dia", "ao pôr do sol". Os europeus da Idade Média dependiam em grande medida das badaladas do relógio da torre (quase sempre bastante inexato) para saber a que horas ir à igreja. No século XVII, os governos europeus passaram a oferecer altas recompensas a inventores capazes de criar marcadores de tempo cada vez mais exatos a fim de determinar longitudes e manter os navios em seus cursos, e brilhantes cientistas atenderam ao chamado.[18] Infelizmente, as soluções propostas por eles — entre as quais um capacete equipado com um telescópio, inventado por Galileu para observar as luas de Júpiter — eram em geral criativas mas pouco práticas, inúteis para quem não fosse um experiente matemático ou navegador.

Na era dos trens com horários programados, as pessoas finalmente tornaram-se capazes de controlar o tempo com precisão de minutos. Ter um relógio de bolso ou de pulso era o equivalente do século XIX ao telefone celular de hoje, um dispositivo onipresente que conectava as pessoas ao mundo moderno. Os que tinham condição de marcar o tempo podiam pegar trens e barcas, combinar encontros e calcular quantas horas empregavam por dia nas diversas tarefas que desempenhavam. O relógio pôs ordem no nebuloso caos da vida cotidiana. O historiador Daniel Boorstin o descreveu como a "mãe das máquinas",[19] pela maneira como difundiu a criatividade técnica por toda a sociedade. A fim de evitar a enxurrada de horas locais diferentes, a Railway Clearing House (uma espécie de agência reguladora da pujante malha ferroviária britânica) introduziu em 1847 o Tempo Médio de Greenwich. Era uma maneira eficaz de manter em sintonia a economia nacional em processo de industrialização e de garantir que os domínios distantes operassem em harmonia. A tecnologia não mudou apenas a realidade: mudou também o modo como as pessoas a entendiam.

A INVENÇÃO DO LAZER

Capazes então de mensurar o tempo, o que os britânicos fariam com isso? Eles trabalhavam em horários definidos, claro, porém mais pessoas passaram a poder gastar mais tempo com o *lazer*. Embora tenha resultado em milhões de trabalhadores que desempenhavam tarefas repetitivas em ambientes insalubres, a Revolução Industrial resultou também em salários mais altos — razão pela qual as pessoas deixavam os povoados para trabalhar em fábricas — e em horários fixos. Com o tempo, essa situação deu origem ao modo de vida que hoje associamos à classe média global, com acesso a algo anteriormente permitido apenas aos muito ricos: renda para consumo. Mesmo antes disso, no século XVIII, a classe média alta havia começado a consumir chá, café e açúcar, à medida que os preços caíam e esses artigos ficavam ao alcance dela. E outros hábitos, que no passado haviam sido prerrogativa da aristocracia, se difundiram. Durante séculos, jovens damas e cavalheiros britânicos faziam o Grand Tour, uma viagem de meses de duração pela Europa continental, cujos propósitos eram visitar as grandes capitais e ver obras-primas da arte renascentista italiana, frequentar a ópera em Paris, navegar pelos canais de Veneza e caminhar nos gloriosos Alpes suíços. Esse era um mundo dourado acessível apenas a poucos ricos. À medida que a industrialização engordava a carteira da classe média e reduzia as barreiras às viagens, esses luxos ficaram ao alcance de uma fatia muito maior da população.

O empresário vitoriano Thomas Cook poderia com justiça reivindicar o título de primeiro agente de viagens do mundo. Membro do cada vez mais popular movimento da temperança, ele pretendia oferecer atividades mais saudáveis e menos inebriantes às pessoas do que a de beber toda a renda disponível; então, teve a ideia de criar pacotes de viagem, que incluíam passagem de trem, alojamento e refeições. As primeiras excursões que ele organizou foram modestos passeios de fim de semana a Liverpool, à Escócia ou à Grande Exposição em Londres, mas o navio a vapor acabaria por levar os clientes a desfrutar viagens internacionais até então impensáveis. Até mesmo num fim de semana comum (a expressão "fim de semana" só se tornaria corrente na Inglaterra por volta da década de 1880), as famílias podiam se divertir mais perto de casa.[20] Bastava embarcar no trem parlamentar para que elas pudessem visitar os vários museus, bibliotecas, parques e demais atrações que surgiam, deliberadamente concebidas para oferecer aos trabalhadores alternativas mais edificantes e sóbrias do que o *pub*. Ao longo de toda a história anterior à Revolução Industrial, a ideia de que um humilde trabalhador pudesse embarcar numa viagem exclusivamente por prazer teria soado absurda. O lazer existia para as elites proprietárias de terras e os comerciantes ricos. Para o cidadão comum, o conceito de férias era uma verdadeira revolução.

Os esportes também assumiram uma forma moderna durante a era vitoriana.[21] Um nobre francês, o barão Pierre de Coubertin, estava horrorizado com a instabilidade crônica em seu país natal, o tempo todo assolado por golpes e revoluções. A solução que propôs? Os esportes. Apaixonado pelos internatos ingleses de elite, como podemos ver no romance *Tom Brown School Days*, de 1857, ele buscou introduzir na França o espírito de competição e *fair play* dos britânicos. Com efeito, essas escolas de elite haviam sido pioneiras do esporte, como a Rugby School, por exemplo, que emprestou o nome ao jogo. Nas palavras do escritor Ian Buruma, para Coubertin e outros anglófilos invejosos do progresso industrial e do sistema educacional da Grã-Bretanha, "os britânicos conseguiram empreender nada menos do que uma revolução moral, sem derramamento de sangue, jacobinos ou distúrbios".[22] Promotor tanto do internacionalismo quanto do críquete, do remo, do boxe e do futebol, Coubertin entendia o esporte como um meio de canalizar a competitividade humana para uma "rivalidade pacífica" em vez de "batalhas armadas".[23] Inspirado por essas ideias, ele fundaria os Jogos Olímpicos Modernos em 1896.

Mesmo fora dos círculos da elite, em todos os níveis da hierarquia social, os esportes se tornaram cada vez mais populares e organizados. O futebol fez parte da cultura de massa da Inglaterra ao longo de séculos. Em *Rei Lear*, de Shakespeare, um nobre insulta outro chamando-o de "canalha" e "futebolista vulgar".[24] O esporte, porém, se profissionalizava e perdia o estigma de passatempo de plebeus. Os clubes de futebol mais antigos que ainda existem hoje — entre eles o Sheffield FC, fundado em 1857 — marcaram o início das agremiações de atletas profissionais como as conhecemos hoje. No fim do reinado de Vitória, os esportes britânicos tinham se tornado verdadeiramente mundiais. O críquete conquistou corações no sul da Ásia, enquanto o futebol foi adotado com entusiasmo na Europa e na América Latina (embora os comportamentos de alguns *hooligans* ponham à prova a esperança do barão de Coubertin de fazer do esporte uma alternativa pacífica à guerra).

Nenhum aspecto da vida — o modo como as pessoas trabalhavam, se vestiam, comiam, passavam as horas de folga e pensavam o tempo e o espaço — permaneceu incólume depois da transformação econômica britânica, nem mesmo um dos arranjos sociais mais antigos da história: os efetuados entre homens e mulheres.

A REVOLUÇÃO DO TRABALHO DAS MULHERES

Não foi por acaso que, depois da mineração do carvão, a primeira área da economia transformada pelo vapor foi a indústria têxtil. Fabricar tecidos havia sido uma tarefa árdua durante milênios. Segundo o historiador Bret Devereux, a produção de têxteis foi "uma das principais atividades (na verdade, *a* principal atividade) para cerca de 40% da população na maior parte das sociedades pré-modernas — não só para mulheres adultas, como também para meninas".[25] Pelos cálculos de Devereux, a produção de roupas para uma família pré-moderna de seis pessoas consumia mais de sete horas por dia, uma quantidade notável de trabalho para produzir apenas um punhado de peças por pessoa.[26] Mesmo aliviada por dispositivos que poupavam trabalho, como a roda de fiar (inventada no fim da Idade Média), horas e horas de trabalho eram consumidas em atividades como cardar, fiar, tecer, cerzir e costurar antes da Revolução Industrial.

A industrialização não apenas acelerou o ritmo da economia mundial, fazendo-a crescer mais rápido do que em qualquer outra época. Não seria exagero dizer que ela constituiu o primeiro passo para a libertação feminina. Sim, muitas mulheres se amontoavam no chão de fábrica, exploradas pelos chefes em troca de um salário muito mais baixo do que o dos homens. Contudo, no começo do século XIX, assim como aconteceu com as mulheres de Daca e Hanói no início do século XXI, as trabalhadoras de Birmingham e Leeds começaram a fugir da pobreza da vida rural — e do isolamento e das privações. Os salários das mulheres que trabalhavam na indústria eram muito mais altos do que qualquer outro a que pudessem ter acesso nos povoados, se é que havia nos povoados algum trabalho remunerado. Em muito pouco tempo, as mulheres perceberam que precisavam se organizar e exigir melhores condições de trabalho — e direitos.

Essa mudança, que levou as mulheres a migrar do trabalho doméstico não remunerado para atividades em que ganhavam seu próprio dinheiro, transformou ao mesmo tempo a força de trabalho e a família. As mulheres só conquistariam o direito ao voto mais de um século depois de terem passado a integrar a força de trabalho industrial, mas havia uma ligação nítida entre esses dois acontecimentos. À medida que começaram a participar da economia moderna, as mulheres tornaram-se também mais instruídas, confiantes e politicamente ativas. Sociedades abolicionistas, clubes de aperfeiçoamento e, por fim, o movimento sufragista —, todas essas organizações floresceram em meio ao novo contingente de força de trabalho urbana feminina. Além disso, uma vez que obtiveram algum poder político, as mulheres logo se puseram na vanguarda de iniciativas mais amplas que visavam à proteção de grupos oprimidos de todo tipo — pessoas escravizadas, trabalhadores infantis e trabalhadores mal pagos. A libertação feminina pode, com toda a propriedade, ser vista como a maior revolução social da história, e foi disparada pela industrialização, sua maior revolução econômica.

MOINHOS ESCUROS E SATÂNICOS

Apesar de todas as extraordinárias conquistas da Revolução Industrial, a época foi vista também como uma queda em desgraça. Um poema de

William Blake de 1804 lamenta que "a terra verde e agradável da Inglaterra" tivesse sido desvirtuada por "aquelas fábricas escuras e satânicas". Cento e cinquenta anos depois, J. R. R. Tolkien também ligou a industrialização ao mal. Em *O senhor dos anéis*, o diabólico mago Saruman, com seu "cérebro de metal e rodas", "não se preocupa com os seres que crescem, a não ser enquanto o servem",[27] e se apresenta como um industrial em formação. Por cobiça, ele derruba florestas e transforma o idílico condado pré-industrial numa terra devastada de casas iguais, um mar de chaminés de tijolos e rios malcheirosos.[28] Diante de quadros como esses, quem não ficaria ao lado da natureza e do campo contra a intrusão da industrialização brutal, mecânica e desalmada?

Essas descrições refletem uma visão romântica das sociedades pré-modernas como puras e inocentes. A verdade, no entanto, é que o mundo anterior à Revolução Industrial não era nenhum Paraíso. Para a imensa maioria das pessoas, a Grã-Bretanha pré-industrial estava muito mais perto do Inferno do que do Paraíso. No campo, a agricultura, próxima do nível de subsistência — ou seja, sob ameaça constante de fome —, foi a regra durante quase toda a história até o século XX. Doenças, trabalho árduo e insegurança definiam "o mundo até ontem",[29] para usar a expressão do antropólogo Jared Diamond.

Os dados que discuti anteriormente deixam claro que, embora fossem explorados e maltratados, os trabalhadores da Grã-Bretanha industrial ainda viviam muito melhor em termos materiais do que os antepassados, até mesmo do que os próprios pais. Isso pode ser atestado pelas escolhas feitas pelos camponeses comuns. Dezenas de milhões de agricultores em toda a Europa optaram por deixar a pobreza rural para buscar uma vida melhor nas cidades (bilhões de pessoas no mundo em desenvolvimento escolheram a mesma opção em décadas recentes). Sim, é claro que houve fatores que impulsionaram essas escolhas. Os cercamentos expulsaram as famílias do campo e novas técnicas agrícolas reduziram a demanda por mão de obra na lavoura. Entretanto, das multidões que acorreram às cidades, nem todos foram coagidos ou estavam desiludidos. O chamado da vida urbana era forte, e a Revolução Industrial recompensava materialmente os trabalhadores que chegavam, ainda que eles tivessem de enfrentar condições de trabalho perigosas, habitações superlotadas, chefes cruéis e longas jornadas de trabalho. Nada disso isenta de críticas a industrialização, um processo histórico disruptivo, cruel e traumático — mas que no longo prazo promoveu uma grande elevação no padrão de vida da classe trabalhadora. "*Não* se trata da era dos sacos de dinheiro e da hipocrisia, da fuligem, da confusão e da feiura", escreveu o historiador britânico Frederic Harrison a respeito do século XIX. "Trata-se da era das grandes expectativas e da incansável luta por coisas melhores."[30]

Até mesmo os que reconheciam o progresso material da industrialização viram nele as sementes do colapso moral. Em 1770, na aurora da era industrial, o poeta Oliver Goldsmith lamentou, no poema "The Deserted Village", que a Modernidade tivesse despopulado o campo e aniquilado a "felicidade humilde"[31] que havia definido o modo de vida rural. A partir de então, escreveu ele, "a riqueza se acumula e os homens decaem". A princípio, essa nostalgia era expressa sobretudo por conservadores, que viam a Revolução Industrial como a fonte do pecado moderno. Mas em pouco tempo juntaram-se a eles ideólogos de esquerda — com destaque para os arquitetos do comunismo. Friedrich Engels, colaborador e financiador de Karl Marx, havia herdado a riqueza da família, proprietária de várias tecelagens, uma delas em Manchester. Em 1845, depois de observar e administrar essas fábricas, Engels se inspirou a escrever um estudo chamado *A condição da classe trabalhadora na Inglaterra*, que antecedeu em três anos o *Manifesto comunista*.

De muitas formas, Engels pintou os meados do século XIX com a visão obscura que ainda temos hoje. É difícil culpá-lo. A imagem espelhada da deslumbrante maquinaria da era industrial era o rosto manchado de fuligem dos empregados cujo trabalho construía tudo aquilo. Uma reação visceral era compreensível. E Engels escrevia sobre um período em que a tecnologia encontrava-se em expansão, mas os salários reais permaneciam assombrosamente baixos.

No entanto, esse período, que se estendeu mais ou menos de 1790 a 1840, não constituiria o novo normal da industrialização, como temiam Engels e outros autores. Em vez disso, tratou-se de uma anomalia histórica de curta duração, a tal ponto que o historiador Robert C. Allen o apelidou de "pausa de Engels",[32] uma pausa antes que os salários e as condições de vida dos trabalhadores decolassem. Várias teorias foram propostas para explicar esse interlúdio. Durante as primeiras fases da Revolução Industrial, os empregos eram muito simples, e os trabalhadores urbanos enfrentavam a forte concorrência dos que migravam do campo — até mesmo das crianças. Por fim, a migração diminuiu, o governo restringiu o trabalho infantil e as fábricas passaram a exigir operações mais complicadas. Tudo isso aumentou o poder de barganha dos trabalhadores e os ajudou a conseguir salários mais altos.[33] Outra explicação é que simplesmente levou tempo até que a nova tecnologia fosse plenamente aproveitada — e, portanto, para que os trabalhadores pudessem partilhar os ganhos. O pleno potencial do vapor foi se destravando pouco a pouco, à medida que se espalhava pela economia. A princípio, a energia do vapor só era capaz de elevar a produtividade dentro de determinada tecelagem, uma vez que o restante da infraestrutura econômica continuava inalterada. Entretanto, com o avanço das estradas de ferro e dos navios a vapor, que permitiram o rápido transporte dos bens industriais, as fábricas se tornaram cada vez mais lucrativas.

Como evidencia a revolução digital que vivemos nos dias de hoje, as mudanças tecnológicas elevam a produtividade e os salários aos trancos e barrancos. Contudo, quanto mais uma nova tecnologia se torna onipresente, mais a estrutura econômica de um país muda, e cada vez mais seus líderes se esforçam para acompanhar esse movimento irregular de avanço e a reação a ele. Em meio a essa disrupção, a política torna-se bastante turbulenta.

LUDITAS E LIBERAIS

O progresso tecnológico não provoca progressos políticos como num passe de mágica. Vejamos as mudanças políticas decisivas que ocorreram no início do século XIX na Grã-Bretanha: a implementação do livre-comércio, que abaixou significativamente os preços dos alimentos, e a expansão do direito ao voto a homens da classe trabalhadora. Essas reformas chegaram ao Parlamento depois de décadas de agitação muitas vezes radical, vinda de baixo. A pressão provinha de várias fontes — tecelões revoltados com a mecanização, filósofos em defesa da democracia, minorias religiosas que reivindicavam direitos iguais. Esse impulso reformista surgiu a partir de mudanças econômicas e tecnológicas que possibilitaram o surgimento de novos grupos de interesse e lhes conferiram poder. Toda a história começa no momento em que a Grã-Bretanha travava uma luta existencial contra a França revolucionária.

O caos e a violência da Revolução Francesa macularam a ideia de reforma em grande parte da Europa, e a Grã-Bretanha não foi exceção. Qualquer apelo à liberalização, ainda que fosse para ampliar os direitos das pessoas comuns ou pleitear melhores condições para os trabalhadores, tornava-se suspeito. As exigências de reformas, ainda que modestas, eram demonizadas por associação com ideias radicais, revolucionárias e estrangeiras que tinham levado ao desastre. (O modelo acabaria se tornando conhecido: da mesma forma que a França revolucionária era invocada pela Grã-Bretanha nas décadas de 1790 e 1800 para desacreditar a expansão do Estado de bem-estar social, a Rússia soviética era lembrada nos Estados Unidos nas décadas de 1950 e 1960.) Decidido a manter a revolução ao largo, principalmente num momento em que a Grã-Bretanha se defendia de Napoleão, o governo britânico reagiu com repressão à dissidência.

Foi nessa época que apareceram os famigerados luditas. Tomando de empréstimo o sobrenome de Ned Ludd, um aprendiz rebelde ficcional, esses tecelões do norte da Inglaterra começaram a depredar as máquinas das tecelagens, que acreditavam estar lhes usurpando os empregos, salários e *status* de trabalhadores qualificados. Embora tampos depois os estudiosos tenham contestado a oposição dos luditas à tecnologia industrial em si, ao afirmarem que eles simplesmente protestavam contra as más condições de trabalho, "ludita" acabou se tornando sinônimo de pessoas retrógradas que resistem aos avanços da tecnologia. Atemorizado com qualquer interrupção no esforço de guerra, o governo britânico esmagou os rebeldes sem piedade e dispersou as reuniões ao mesmo tempo que executava alguns dos líderes. O Parlamento chegou a aprovar uma nova lei que tornava a destruição de máquinas industriais crime punível com o enforcamento.

Com a derrota e o banimento de Napoleão em 1815, os reformistas britânicos sentiram-se encorajados, convictos de que as reivindicações não seriam mais vistas como atos pró-franceses ou de traição. Esse otimismo não era absurdo. Afinal, a Grã-Bretanha deveria estar em ascensão: tinha vencido a tradicional adversária e estava ocupada inventando novas e assombrosas máquinas e expandindo o império. No entanto, o fim das guerras napoleônicas não trouxe um processo de degelo político, e a Grã-Bretanha mergulhou em décadas de desassossego. Além das más condições de trabalho, havia muitas outras razões para protestar.[34] Embora fosse um Estado relativamente liberal se comparado aos contemporâneos no continente, a Grã-Bretanha estava longe de ser uma verdadeira democracia. Era mais uma espécie de oligarquia hierárquica. As restrições ao voto variavam bastante de distrito para distrito, mas o eleitorado estava estritamente limitado aos que pagavam impostos ou tinham propriedades. Até a década de 1830, menos de 2% dos britânicos votavam.[35] Os candidatos eram sobretudo ricos proprietários de terras. De 1790 a 1820, cerca de 75% do Parlamento era constituído por membros de famílias bem relacionadas, donas de propriedades ou com pelo menos três parentes no Parlamento.[36]

Ainda pior: a distribuição das cadeiras entre os distritos tinha sido decidida séculos antes e nunca fora atualizada. Os limites dos distritos eram literalmente medievais. Assim como acontece hoje com o Senado dos Estados Unidos e com o poder desproporcional que ele concede aos estados rurais, o Parlamento britânico representava terras, não pessoas. Centros industriais pujantes como Manchester, Liverpool, Glasgow e Birmingham haviam experimentado um aumento populacional de dez ou até mesmo vinte vezes no período entre 1700 e 1850, mas muitos deles tinham pouca ou nenhuma representação. Enquanto isso, alguns distritos rurais contavam com membros no Parlamento apesar de quase não terem eleitores. Nesses distritos, chamados de "podres",[37] que tinham tão poucos eleitores que as autoridades locais poderiam facilmente suborná-los, muitas cadeiras passaram um século ou mais sem contestar sequer uma eleição. O mais tristemente famoso desses distritos foi Old Sarum, perto de Salisbury, que, com apenas onze eleitores, mantinha duas cadeiras parlamentares. Outro desses distritos, o de Dunwich, na costa leste da Inglaterra, fora literalmente engolido pelo mar havia séculos, mas também continuava mantendo dois assentos.

A situação era ótima para a pequena nobreza rural que sempre dominara a política britânica, mas tornava-se cada vez mais intolerável para as classes industriais em ascensão — tanto os ricos profissionais da classe média quanto os empregados da classe trabalhadora. Num Parlamento dominado por lordes e proprietários de terras, não havia lugar para chefes e operários.

O Parlamento, temendo rebeliões, continuou a empregar medidas repressivas, como a suspensão do *habeas corpus*, mesmo após o fim das guerras napoleônicas. Mas as batidas do tambor do descontentamento continuavam soando. Um tipógrafo inglês, William Cobbett, se esquivou de acusações de que seria o responsável por publicar um "jornal" (que precisaria ser censurado) em que omitia as notícias e publicava apenas opiniões. Em 1817, seu autocrítico "pasquim barato" vendia mais de 70 mil exemplares por edição. Na época, cada exemplar costumava ser lido em voz alta por alguém alfabetizado para dezenas de ouvintes semianalfabetos e analfabetos.[38] Alguns historiadores sugerem multiplicar a tiragem por vinte para que seja possível ter uma ideia do real alcance do jornal, o que significa que nada menos do que 1,4 milhão de leitores (de uma população de cerca de 20 milhões) estavam sendo brindados com as invectivas de Cobbett contra o Estado britânico — uma proporção superior à dos que assistem hoje aos noticiários da noite.

A inquietação não era nova; nova era a capacidade de expressá-la por meio de algo além de protestos. Todos os dias, britânicos assinavam petições pacíficas tornadas possíveis pela facilidade de impressão e pelo aumento da alfabetização, bem como frequentavam manifestações tornadas possíveis pelo aperfeiçoamento dos transportes. Um novo conjunto de instituições sociais — nas palavras da historiadora Emma Griffin, "as igrejas dissidentes e suas escolas dominicais; os clubes de comércio e sociedades beneficentes; e ainda as sociedades de socorro mútuo"[39] — deu aos trabalhadores a oportunidade de ter alguma educação e aprender a exercer o poder por meio da organização e da mobilização.

Em 16 de agosto de 1819, quando as exigências de reformas vinham num crescendo, uma multidão de 60 mil pessoas ocupou o St. Peter's Fields, na periferia da florescente cidade industrial de Manchester, para exigir uma revisão do Parlamento. Mais do que as exigências que estavam sendo feitas pelos manifestantes, foi a própria escala do acontecimento que aterrorizou os líderes britânicos. Esse momento marcou o início da moderna política de massas no país. Os magistrados municipais convocaram a cavalaria, e soldados a cavalo brandindo sabres dispersaram a multidão ao mesmo tempo que transfixavam e pisoteavam homens, mulheres e crianças inocentes. O saldo final foi de onze mortos e centenas de feridos.

A imprensa *antiestablishment* chamou o desastre de St. Peter's Fields de "Peterloo", num trocadilho com Waterloo. Todavia, ao contrário do maior triunfo militar britânico, esse massacre foi denunciado como a maior vergonha da história da Grã-Bretanha. Ainda assim, o governo redobrou a repressão, exigiu a aprovação de magistrados locais para agrupamentos de mais de cinquenta pessoas e fez em tiras o "jornal" que servira de veículo para a circulação de opiniões sediciosas. Num primeiro momento, Peterloo representou um retrocesso para o movimento reformista, mas, ao seguir um modelo conhecido, muitos dos objetivos foram por fim alcançados — nesse caso, passados apenas quinze anos. As reformas implementadas foram um acerto do sistema político britânico. Embora confusas e improvisadas, no fim das contas atenderam às vozes vindas de baixo.

REFORMAR PARA DETER A REVOLUÇÃO

A morte do rei Jorge IV, em 1830, trouxe duas eleições em rápida sucessão, sendo a segunda delas uma vitória decisiva dos reformistas do Partido Whig. Uma nova era parecia desenhar-se no horizonte. Apesar disso, quando a esmagadora maioria da Câmara dos Comuns aprovou uma lei que revisava o sistema eleitoral britânico, a câmara alta do Parlamento, a

Câmara dos Lordes, rejeitou-a de imediato. Como representante das elites proprietárias de terras que se sentiam pouco à vontade com a rápida industrialização e as mudanças que esta acarretava, ela bloquearia qualquer iniciativa reformista pelos cem anos seguintes.

Com o caminho parlamentar para o progresso interrompido, um surto de inquietação popular varreu o país. A violência explodiu nas maiores cidades britânicas, com manifestantes demolindo as residências de lordes e bispos numa efusão de ódio contra a elite latifundiária. A fúria reformista combinou-se com uma segunda onda de distúrbios luditas nos chamados "Swing Riots" de 1830, movimento de abrangência nacional que destruiu debulhadoras, símbolo da mecanização da agricultura que ameaçava os empregos. Assim como os luditas originais, esses manifestantes não eram tão contrários à tecnologia como a princípio se dizia. Na verdade, eles lutavam por melhores condições de trabalho e mais direitos. Uma vez mais, as demandas dos manifestantes foram recebidas com dura repressão. A Grã-Bretanha parecia estar se descosturando — mas os lordes mantiveram-se firmes. Não haveria reformas.

Em 1831, num discurso apaixonado e profético na Câmara dos Comuns, Thomas Babington Macaulay, político *whig* e um dos mais eloquentes reformistas, defendeu os direitos da nova massa de habitantes das cidades alijados do poder. "Infelizmente, enquanto o crescimento natural da sociedade prosseguiu, o governo artificial permaneceu intacto", disse ele.[40] "Então veio essa pressão quase explodindo [...] o povo novo sob as velhas instituições." Macaulay situou a luta pelo direito ao voto no âmbito da história:

> Toda história é repleta de revoluções, produzidas por causas similares às que agora operam na Inglaterra. Uma parte da comunidade que não vinha sendo levada em consideração se expande e se torna forte, e passa a exigir um lugar no sistema adequado não à sua debilidade anterior, mas a seu poder atual. Se isso lhe for concedido, estará tudo bem. Se lhe for recusado, virá então uma luta entre a energia jovem de uma classe e os antigos privilégios de outra.

Macaulay citou exemplos do passado: em Roma, o choque de plebeus contra patrícios, que levou à guerra civil, à queda da República e à ascensão dos césares; nos Estados Unidos, a guerra dos colonos para se livrar do domínio britânico; e, na França, a derrubada da monarquia por um Terceiro

Estado reprimido. Dessa história, Macaulay tirou a inescapável lição: "Para preservar é preciso reformar."

Embalado por chamados como esse, o recém-coroado Guilherme IV rompeu o impasse. Por temer uma escalada da violência nas ruas, e com a liderança *whig* prevendo uma revolução como a francesa, o rei escolheu a reforma. Ainda que relutante, concordou em reverter a decisão da Câmara dos Lordes e fez uso da autoridade real para criar cinquenta títulos de nobreza da noite para o dia, de modo a forçar a aprovação de reformas. Os lordes, horrorizados com a perspectiva de conviver com os novos nobres recém-chegados, boicotaram a reforma, o que fez com que a lei só fosse aprovada depois de dois anos de impasse. Embora a Câmara dos Lordes mantivesse a posição e continuasse a ser um obstáculo por muitos anos, a democracia de massa estava pouco a pouco chegando à Grã-Bretanha.

Seria um longo caminho. Os termos reais da Lei de Reforma de 1832 eram relativamente modestos. Muitos distritos podres foram abolidos, inclusive o notório Old Sarum. Os distritos rurais menores perderam membros no Parlamento, ao passo que cidades industriais outrora sem representação ganharam representantes. O direito ao voto se expandiu ligeiramente e passou a abranger cerca de 20% da população adulta masculina (e uma proporção menor na Escócia e na Irlanda).[41] Os requisitos de propriedade para votar permaneceram, embora tenham sido reduzidos. Ainda não havia o sufrágio secreto, e muitos eleitores do campo continuavam a depositar o voto sob o olhar vigilante de seus senhores.

Para os reformadores mais radicais, as determinações da Lei de Reforma eram apenas migalhas lançadas da mesa do senhor. Assim, seis anos depois, um grupo de parlamentares e ativistas publicou a Carta do Povo, um manifesto que pedia o sufrágio universal masculino, o voto secreto, o fim dos requisitos de propriedade para servir ao Parlamento e uma nova racionalização dos distritos. Os cartistas, como ficaram conhecidos esses reformadores, foram frustrados em seus esforços na época, muitas vezes com violência. Seriam necessários quase cem anos — até o fim da Primeira Guerra Mundial — para que as exigências deles fossem plenamente atendidas.[42] Contudo, a classe trabalhadora britânica havia encontrado uma voz própria.

Mesmo com um futuro de democracia universal vislumbrado pelos cartistas, forças britânicas poderosas continuavam olhando para o passado. Um capricho da história da arquitetura propiciou um fim conveniente para a Lei de Reforma. Em 1834, dois anos depois de aprovada a lei, o Palácio de Westminster, que abrigava o Parlamento, ardeu em chamas. Uma duquesa horrorizada escreveu sobre "o edifício físico que desmorona, junto com o edifício político!".[43] Então, teve início um debate sobre a substituição do palácio. O rei Guilherme IV ofereceu aos parlamentares o de Buckingham, que ele detestava. Outros sugeriram construir um edifício neoclássico, com colunas e frontões que evocassem a Grécia e a Roma antigas, mas o estilo estava em voga nos Estados Unidos, de modo que era associado à recente rebelião e à forma de governo republicana. Das cinzas do velho edifício, portanto, ergueu-se a estrutura neogótica que conhecemos hoje — um esforço deliberado para evocar uma Grã-Bretanha mais pura, mais cristã. Assim, ao mesmo tempo que começava a se reformar para a era moderna de democracia de massa, o Parlamento continuava mergulhado num imaginado passado medieval nostálgico. Ancorando o complexo estava o Big Ben, projetado para ser o relógio mais preciso do mundo.[44] Tudo isso tornou o edifício não apenas majestoso, como também útil, uma personificação da ênfase da era industrial na eficiência e no avanço tecnológico. Progresso e reação, tudo junto e misturado.

COM A BARRIGA CHEIA NÃO HÁ REVOLUÇÃO

Durante a convulsão da Revolução Industrial, a Grã-Bretanha conseguiu evitar quase que por completo a inquietação que havia tomado conta do restante da Europa em 1848. Como? A resposta mais comum: com reformas e rosbife.

Em meio a batalhas verbais sobre condições de trabalho, reforma eleitoral, direitos para católicos e judeus e livre-comércio, a Grã-Bretanha pouco a pouco atualizou sua política oligárquica calcificada. Igualmente importantes para desarmar qualquer revolução eram os altos padrões de vida. Já na época da Revolução Francesa, quando a industrialização dava ainda os primeiros passos, os britânicos já eram conhecidos por serem bem alimentados. Depois que as multidões se levantaram em Paris, caricaturas britânicas patrióticas mostravam o inglês típico como um produto da classe média em ascensão, rotundo, de faces coradas e comendo carne, enquanto reclamava (como sempre) dos "malditos impostos". Os franceses, enquanto isso, eram retratados como figuras esqueléticas, patéticas, que em nada lembravam quaisquer liberdades que pudessem ter obtido no papel. Embora tudo isso fosse um grande exagero, os britânicos de fato tinham um padrão de vida mais elevado. Cobbett, o tipógrafo radical, lamentou a relativa acomodação da classe trabalhadora britânica: "Duvido que você consiga mobilizar um sujeito de barriga cheia."[45]

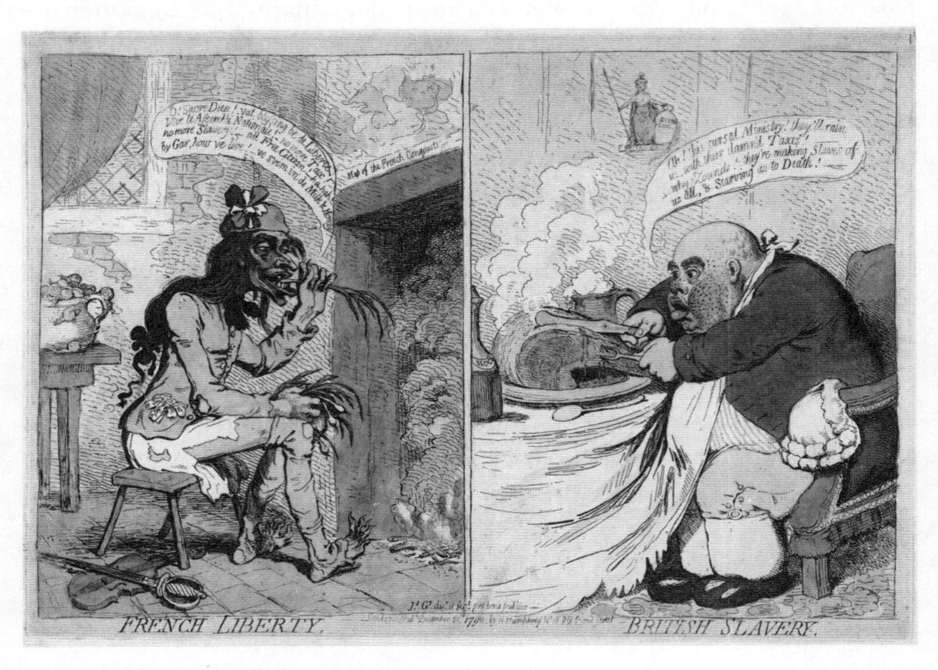

Liberdade francesa, escravidão britânica.

É quase certo que o consumismo generalizado tenha ajudado a eliminar tendências revolucionárias entre os trabalhadores britânicos. Da mesma forma que os americanos de classe média da década de 1950 estavam ocupados demais comprando carros e vendo televisão para se importar com o comunismo, a maior parte dos britânicos, um século antes, estava ocupada demais com aquecedores a carvão e historinhas de terror baratas para erguer a foice e o martelo. E não era apenas o trabalho que os estava enriquecendo: na virada do século XIX, essa "nação de lojistas" tinha se tornado também uma nação de investidores. Cerca de 300 mil pessoas possuíam títulos do governo britânico, o que criava um amplo estrato na sociedade britânica que tinha interesse no êxito do país.[46] Não surpreende que um destacado cartista, pouco antes do levante de 1848, tenha advertido Engels: "Uma revolução neste país seria um projeto insano e tolo."[47]

A essa história tradicional devem-se acrescentar outros fatores que também apagaram a chama revolucionária. Como demonstrou o historiador Miles Taylor, o Império Britânico de além-mar ajudou enormemente o país, sobretudo ao lhe franquear acesso a *commodities* baratas.[48] As colônias também proporcionavam locais distantes para onde os agitadores podiam ser exilados, embora essa prática não tenha funcionado na Austrália nem na Colônia do Cabo, em que a chegada dos radicais acendeu novas crises.

Também havia repressão dentro de casa. Em 1848, o governo *whig* convocou milhares de policiais para dispersar um protesto de cartistas em Londres, com o apoio de 150 mil guardas voluntários.[49] No mesmo ano, o Parlamento aprovou uma polêmica Lei de Deportação de Estrangeiros. Visando a imigrantes franceses e irlandeses, ela os ameaçava de deportação por ativismo contra o governo.[50] Assim, a história da excepcionalidade britânica permanece, mas a versão totalmente lisonjeira dá espaço a outra, mais matizada.

ESQUERDA PRÓ-*LAISSEZ-FAIRE*, DIREITA ANTIMERCADO

A consequência política mais importante da Revolução Industrial foi a mistura da tradicional divisão entre esquerda e direita, o que levou os dois lados a intercambiar políticas. Na aurora da industrialização, os *tories* representavam o partido dos privilégios aristocráticos, do protecionismo rural e do bem-estar. Eles eram céticos quanto ao crescimento descontrolado do capitalismo moderno e procuravam preservar o modo de vida nos povoados contra as rupturas do mercado. Os *whigs*, por sua vez, tinham começado como o partido da Modernidade, que apoiava o livre-comércio, os comerciantes e a industrialização. Já no tocante ao bem-estar, e da mesma forma que a direita moderna do livre mercado, opunham-se ao assistencialismo e achavam que os pobres deveriam trabalhar.

Nada exemplifica melhor o sabor de *laissez-faire* das reformas dos *whigs* do que a nova Lei dos Pobres que eles promulgaram. Recém-vitoriosos com a aprovação da Lei de Reforma de 1832, instituíram o que poderia ser chamado do fim do bem-estar tal como era conhecido. A antiga Lei dos Pobres, uma rede de segurança social criada durante o reinado da rainha Elizabeth, ainda estava em vigor. Tratava-se de um sistema grosseiro mas eficaz de distribuição de dinheiro aos necessitados, paróquia por paróquia. Raras vezes os destinatários da ajuda tiveram que ingressar numa instituição que iria mudar o comportamento deles. No espírito da caridade cristã, o sistema havia sido projetado para aliviar a esmagadora pobreza rural (e, com uma intenção menos caridosa, para evitar a proliferação de pedintes em locais públicos).[51] Os conservadores vinham apoiando esse sistema havia tempos, por acreditarem que a sociedade tinha o dever de ajudar as pessoas em dificuldades e que a legislação preservava a ordem tradicional.

Entretanto, os *whigs*, de mentalidade progressista orientada para o mercado, viam nesse sistema de bem-estar um obstáculo à eficiência e ao crescimento econômico, e afirmavam que ele incentivava a indolência. Os *whigs* já vinham desmantelando outros resquícios do sistema econômico elisabetano, como as leis de aprendizado, que até 1814 restringiam certos ofícios aos membros das guildas.[52] Em 1834, no mesmo espírito de racionalização, o Parlamento dominado pelos *whigs* aprovou uma nova Lei dos Pobres, a qual eliminava o sistema de bem-estar distribuído pelos povoados. Os pobres, então, passariam a ser encaminhados a asilos urbanos, com instalações semelhantes às de uma prisão, que serviam ao mesmo tempo para punir e reabilitar seus residentes. Ali, idealmente, eles aprenderiam um ofício e assimilariam uma ética de trabalho, mas num ambiente tão desagradável que logo iam querer ir embora e encontrar um emprego. São famosas as descrições dessas condições que mais pareciam um pesadelo feitas por Charles Dickens em *Oliver Twist*.

O tratamento diferente dispensado aos pobres pelos dois partidos indicava a divisão política mais ampla no começo do século XIX, com os *whigs* promovendo a industrialização e os *tories* irritando-se com ela. A desconfiança do capitalismo por parte dos *tories* tinha raízes no Cristianismo, com suas muitas advertências sobre o amor ao dinheiro como "a raiz de todos os males".[53] Aos olhos do ensaísta conservador Thomas Carlyle, o mundo industrial — portador de uma racionalidade fria, de um interesse impiedoso, sua fé inabalável no progresso — não era um mundo em que valia a pena viver. O universo, ele escreveu em 1831, "era uma enorme, mortal, incomensurável máquina a vapor, que roda em sua mortal indiferença para me esmagar membro a membro".[54]

O crítico cultural vitoriano John Ruskin lamentava igualmente a "mecanização" do trabalho, que considerava degradante para os trabalhadores devido aos movimentos irracionais e repetitivos.[55] Ruskin atacava explicitamente a visão de Adam Smith sobre o capitalismo. Enquanto Smith, em *A riqueza das nações*, celebrava a divisão do trabalho envolvido na produção de um alfinete, com tarefas eficientemente separadas em passos cada vez mais simples, Ruskin usava o mesmo exemplo para destacar os males da nova economia. "Na verdade, não é o trabalho que é dividido", disse ele, "mas o homem", que era reduzido a ponto de não lhe sobrar inteligência "o bastante para produzir um alfinete".[56] Os artesãos de eras passadas eram mestres dotados de liberdade e criatividade, como os pedreiros que trabalhavam nas catedrais góticas e tinham prazer nas próprias habilidade e imaginação. O trabalhador industrial estava reduzido a uma simples roda em uma enorme engrenagem. A obra de Ruskin é apenas uma entre todo um gênero de lamentações que atacam a desumanização da sociedade vitoriana industrial, uma poderosa cadeia de conservadorismo nostálgico anticapitalista.

No início da Revolução Industrial, a diferença entre os dois partidos parecia nítida: os *whigs*, ligeiramente à esquerda, defendiam a indústria urbana e todas as mudanças que ela acarretava, enquanto os *tories*, à direita, defendiam a agricultura e os métodos tradicionais. Mas uma batalha motivada por questões de política comercial viria a sacudir a velha divisão entre os dois grupos.

A LINHA DIVISÓRIA DO LIVRE-COMÉRCIO

O Parlamento regulamentara havia tempos a importação de cereais, e em 1815 aprovou uma nova lei a fim de apoiar a agricultura britânica, que enfrentava a concorrência estrangeira. A Lei dos Cereais implementou tarifas de importação punitivas para grãos vindos de fora, o que na prática impedia que eles fossem importados. Numa época de rápida urbanização, a medida era um claro presente para os grandes latifundiários que formavam a base do Partido Tory, à custa dos citadinos que integravam a base *whig* e tinham que pagar mais pelo alimento.

Nas cidades, a Lei dos Cereais foi denunciada como uma praga. Os trabalhadores se enfureceram diante da alta de preços dos alimentos; patrões se preocupavam com a necessidade de aumentar os salários para fazer face ao custo do pão, e reuniram forças na Liga pela Lei Anticereais, uma campanha nacional de petições e agitação destinada a pressionar o Parlamento. Em 1846, o esforço deu resultado. Nesse ano, o primeiro-ministro conservador, Sir Robert Peel, cedeu aos protestos e forçou a revogação da lei.[57] Quase todos os *whigs* apoiaram o primeiro-ministro, que teve a aprovação de apenas um terço dos *tories*. Contudo, isso foi o bastante para derrubar a lei, num episódio que inaugurou a era da Grã-Bretanha como defensora do livre-comércio — ainda que à custa da divisão do Partido Tory e da queda de Peel. As coligações políticas britânicas começavam a rachar.

A disputa em torno da Lei dos Cereais fez com que os partidos se realinhassem de uma forma que reconheceríamos hoje. A queda de Peel levou os *whigs* ao poder, mas essa ascensão prontamente revelou as fissuras internas do partido, entre os que defendiam o progresso econômico e os mais preocupados com a dignidade dos trabalhadores. Alguns *whigs* haviam votado pela revogação da lei por acreditarem firmemente na autorregulação dos mercados livres. (As consequências dessa ideologia do mais puro *laissez-faire* ficaram evidentes durante a Fome da Batata, quando esses tubérculos continuaram sendo exportados para mercados estrangeiros enquanto, em casa, milhões de irlandeses morriam de fome.) Muitos *whigs*, porém, preferiam o livre-comércio não por uma crença em teorias econômicas abstratas, mas em razão dos benefícios tangíveis que ele conferia ao trabalhador. No futuro, pesquisadores confirmariam: a revogação da Lei dos Cereais ajudou 90% dos trabalhadores mais mal pagos, à custa dos 10% mais bem remunerados. No caso dessa lei em particular, a economia do *laissez-faire* e os direitos dos trabalhadores vinham de mãos dadas. No entanto, com maior frequência, os dois lados encontravam-se em tensão. E assim os *whigs* começaram a se questionar se uma liberdade econômica irrestrita seria possível numa sociedade industrial ou se isso levaria ao caos à medida que as pessoas fossem derrubadas pelas engrenagens dos mercados e da mecanização. Eles foram se mostrando mais preocupados com a situação dos pobres, e pediram por mais regulamentação e bem-estar.

Entre os *tories*, a revogação da Lei dos Cereais dividiu o partido durante décadas, e determinou um exame de consciência. O livre-comércio havia quebrado o poder econômico da elite rural, cujos bens agrícolas eram vendidos a preços muito mais baixos. Nunca mais os proprietários de terras teriam tanta influência sobre a vida britânica. De 1809 a 1879, cerca de 88% dos milionários britânicos (em libras esterlinas corrigidas pela inflação) eram proprietários de terras, membros da classe que durante longo tempo dominara o Parlamento. De 1880 a 1914, porém, só um terço dos milionários pertencia à classe dos latifundiários.[58] Os *tories* tomaram nota.

Em vez de torcer o nariz para as elites de novos-ricos produzidas pela Revolução Industrial, a direita passou a enxergar os donos de fábricas e financistas como aliados contra os levantes sociais e as greves promovidos pelas classes mais baixas. Industriais ricos adquiriram propriedades e se casaram com viúvas da aristocracia, o que lhes permitiu entrar na alta sociedade britânica. Essa reversão do partido foi um divisor de águas na transformação política induzida pela industrialização. Em vez de proteger a vida rural das incursões da modernidade, os *tories* — que passaram a se designar Conservadores, embora informalmente ainda se chamassem pelo velho nome — transformaram-se em defensores do *laissez-faire* capitalista, com todas as disrupções que o caracterizam. Enquanto isso, os *whigs* evoluíram para um partido autodenominado Liberal, e ficaram cada vez mais divididos diante das contradições entre o crescimento econômico industrial e as condições de trabalho. A instável coligação entre industriais urbanos e trabalhadores se desgastou e por fim rachou. Os liberais deixariam de ser defensores acríticos da Revolução Industrial para se transformar na esquerda social-democrata que criou grandes estados de bem-estar social ao longo do século XX.

Uma cena emblemática de *Middlemarch*, o romance de George Eliot, capta muito bem essa transformação da vida política britânica. Um grupo de agricultores ingleses arrendatários de terras, desconfiado de uma nova estrada de ferro que está para chegar na região, e cheio de coragem "depois de ter tomado sua cerveja do meio-dia", ataca um grupo de funcionários da empresa que está inspecionando a linha férrea. Os valentões não têm uma gota de sangue revolucionário nas veias, mas são contrários às estradas de ferro e a tudo aquilo que elas representam, convencidos de que servirão apenas "para a gente graúda fazer dinheiro [...] Eles vão é deixar os pobres cada vez mais para trás".[59] Fred Vincy, um jovem cavalheiro, corre para resgatar os inspetores e detém com um chicote os agricultores, que empunham forcados. Numa época anterior, seria de se esperar que o senhor de terras local compartilhasse o ceticismo dos arrendatários em relação aos empresários urbanos e à nova tecnologia. Ele, contudo, fica do lado do progresso inevitável. A aristocracia rural tinha feito as pazes com o dinheiro novo.

Após o realinhamento político da Grã-Bretanha, os argumentos cada vez mais utilizados pela esquerda contra o capitalismo espelharam aqueles que haviam sido durante muito tempo brandidos pelos conservadores quando eram *eles* que desconfiavam do mercado. Em 1928, quando essas divisões já estavam cristalizadas, George Bernard Shaw captou muito bem o sentimento da esquerda. O renomado dramaturgo irlandês era igualmente famoso como ideólogo esquerdista, e escreveu um best-seller intitulado *Guia da mulher inteligente para o socialismo e o capitalismo*. Nele, a fim de descrever o efeito esmagador do capitalismo de mercado, Shaw utilizou o mesmo exemplo de Adam Smith — a produção de um alfinete — criticado por John Ruskin, e também citou o assombroso poema de Oliver Goldsmith; chegara a hora de a esquerda lamentar o mundo em que "a riqueza se acumula e os homens decaem". A direita, por sua vez, começou a celebrar as mesmas forças que havia lamentado durante tanto tempo, e defendeu o capitalismo à medida que suas fileiras inchavam com os que deviam a recente riqueza ao livre mercado. A indústria estava gerando uma nova aristocracia que não se definia pelas terras herdadas, mas ainda assim era capaz de desempenhar papel importante na manutenção da ordem e da estabilidade social.

PALÁCIO DE CRISTAL OU PANÓPTICO?

O filósofo utilitarista John Stuart Mill começou como um entusiasta do livre mercado antes de se tornar um cético e em seguida um opositor ferrenho — que trilhava o mesmo caminho da esquerda mais ampla. Mill chegou à idade adulta durante o auge da Revolução Industrial, e refletia o otimismo que a acompanhava. Mas, ao amadurecer, sua visão luminosa deu lugar à desesperança.

Em 1851, a Grã-Bretanha parecia estar no topo do mundo. Nesse ano, Londres sediou orgulhosamente a Grande Exposição dos Trabalhos da Indústria de Todas as Nações, uma vitrine para o gênio industrial britânico e o poderio das manufaturas. O ponto alto foi o Palácio de Cristal, um grande salão de convenções transparente construído com vigas de aço e a maior quantidade de vidro usada até então numa única estrutura. Para liberais e otimistas, o Palácio de Cristal era a própria modernidade: leve e arejado, chegando ao céu, prometendo transparência e abertura na era industrial. Para os pessimistas, porém, ele materializava as falsas ilusões da idade moderna industrial hiperindividualista. O mal-humorado protagonista das *Memórias do subsolo*, de Fiódor Dostoiévski, por exemplo, considerava o edifício irremediavelmente utópico. Muitos visitantes, todavia, ficavam atordoados com a promessa de progresso.

A vida de Mill, que transcorreu de 1806 a 1873, foi pontuada por marcos da Revolução Industrial e da evolução democrática da Grã-Bretanha. Quando o filósofo nasceu, a adoção do vapor estava em franco crescimento, e ele chegou à idade adulta a tempo de testemunhar a inauguração das primeiras estradas de ferro, na década de 1830, e a promulgação da Lei de Reforma de 1832. Os *whigs* daquela época abraçaram a abertura liberal em todas as formas possíveis — que incluíam não apenas a abolição da escravidão e a expansão do direito ao voto, como também o capitalismo *laissez-faire* e o incentivo à ciência e à tecnologia. Quando ele morreu, o descontentamento com as consequências da industrialização era generalizado, e o movimento trabalhista ganhava força. O próprio significado de liberalismo havia mudado. A esquerda continuava progressista no campo social, mas abandonara o entusiasmo pela industrialização irrestrita.

A própria vida de Mill foi um grande experimento de racionalismo liberal. O pai, um historiador nascido na Escócia, criou-o com o objetivo de torná-lo o maior gênio da história mundial, e para isso mergulhou-o na filosofia desde tenra idade. Mill começou a aprender grego antigo aos 3 anos, e latim, aos 8.[60] Aos 12, tinha absorvido grande parte do cânone clássico. Na adolescência, ele dava longas caminhadas com David Ricardo, o teórico liberal do livre-comércio e da vantagem comparativa. O padrinho intelectual de Mill foi Jeremy Bentham, fundador do utilitarismo e de certa forma o principal pensador da política liberal que dominou a era da Revolução Industrial. O jovem Mill seguiu os passos de Bentham ao absorver a máxima de que o grande objetivo da vida é promover "a maior felicidade para o maior número de pessoas". Em Londres e Paris, Mill passou um sem-número de horas em convívio com notórios filósofos, ativistas, cientistas e políticos do círculo do pai. Embora essa atmosfera fervilhante tenha sem dúvida feito dele um grande realizador, também o conduziu a uma espiral depressiva. Aos 20 anos, o jovem prodígio teve um colapso nervoso e chegou a pensar em suicídio. Depois de se recuperar, decidiu se libertar da estrita criação imposta pelo pai e da sombra de Bentham, ocasião em que procurou uma conexão mais forte com as emoções humanas na poesia de William Wordsworth e Samuel Coleridge.

Não surpreende que Mill tenha se sentido incomodado com uma criação voltada para o utilitarismo puro. Havia um lado mecanicista perturbador e desalmado na filosofia de Bentham, cujo experimento mental mais duradouro e inquietante talvez tenha sido o panóptico. Projetada para funcionar como uma prisão, essa estrutura distópica apresentava o outro lado do espelho do Palácio de Cristal. O projeto previa um edifício perfeitamente redondo, com celas individuais em volta de um núcleo interno no qual os guardas ficariam de vigia, monitorando os prisioneiros através de pequenos orifícios. Os guardas poderiam supervisionar o comportamento dos internos, mas estes não veriam uns aos outros — nem saberiam quando estavam sendo vigiados.

Interior do Palácio de Cristal.

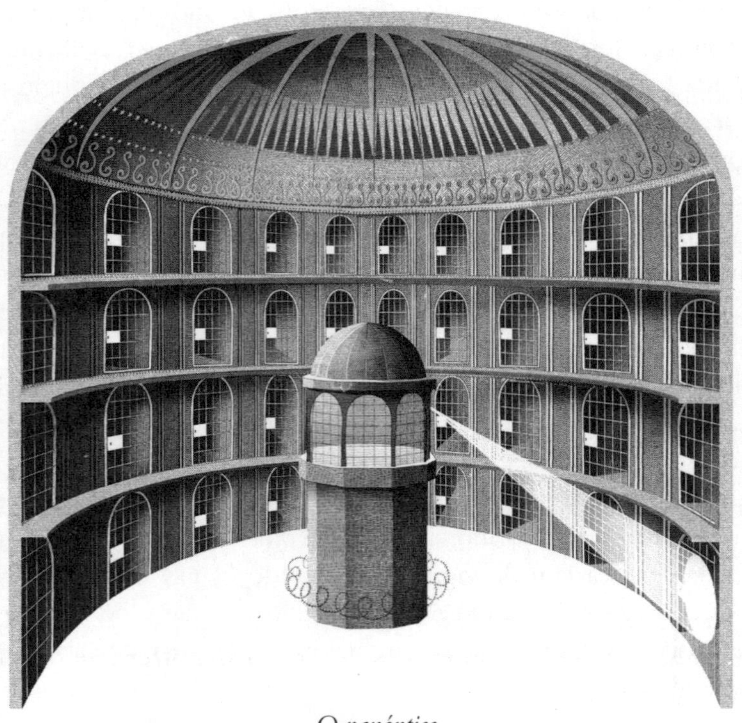

O panóptico.

Era uma visão de máxima eficiência e ordem, sem privacidade alguma e sem escapatória do trabalho sob um olhar que tudo vê — utilitarismo infundido com a crueldade dos asilos instituídos pela nova Lei dos Pobres. Tempos depois, autores como Michel Foucault apontaram que o panóptico representou um novo tipo de controle total, no qual o prisioneiro sabia que cada um de seus movimentos poderia estar sendo vigiado e, por isso, internalizava a condição de cativo. Ele foi um precursor do tecnototalitarismo, das teletelas de *1984* e dos grampos da Stasi ou do KGB — ou das câmeras de reconhecimento facial da China contemporânea. Com a industrialização rugindo no fim da era vitoriana, era completamente incerto que tipo de civilização as brilhantes novas tecnologias produziriam. Um mundo de abertura, livre-comércio, engenho humano e prosperidade universal — um Palácio de Cristal gigantesco? Ou um panóptico global, um mundo fechado e paranoico de vigilância constante, policiamento hipereficiente e sujeição às máquinas?

À medida que desenvolvia seu pensamento, Mill rompeu com a ortodoxia de Bentham e defendeu o empoderamento dos trabalhadores. As obras de economia política que ele havia escrito nos últimos anos traçavam um caminho que se afastava de uma sociedade que abandonava os pobres e vulneráveis e se aproximava de uma sociedade preocupada em protegê-los. Esse caminho levou o liberalismo britânico para longe do *laissez-faire* e dos asilos de pobres e o trouxe para perto dos sindicatos e da regulamentação — e, por fim, da rede de segurança defendida pelo Partido Trabalhista, que assumiu plenamente o manto liberal como principal partido de esquerda do Reino Unido.

NOVA POLÍTICA, VELHAS FERIDAS

Mesmo depois que o progresso tecnológico abriu novas perspectivas, o refluxo das velhas políticas de identidade conservou a antiga força. E a Grã-Bretanha não foi exceção. Enquanto o país se industrializava e modernizava, o velho conflito entre protestantes e católicos permanecia tóxico. Toquei nesse assunto anteriormente, mas a história toda é bem mais antiga e concentra-se na Irlanda, que fora conquistada e colonizada pela Grã-Bretanha. Sem entrar em muitos detalhes, basta dizer que os católicos eram subjugados desde longa data na Irlanda, quando foram despojados das terras e reduzidos à condição de agricultores arrendatários, enquanto na Grã-Bretanha tinham que pagar impostos extraordinários e eram proibidos de frequentar as melhores universidades ou de servir ao Parlamento. A "questão irlandesa" provocava divisões, e muitos políticos, sobretudo os conservadores, valiam-se delas para atiçar o populismo anticatólico — a política identitária da época.

Se os britânicos comuns reivindicavam direitos políticos no começo do século XIX, os católicos faziam a mesma coisa. Em 1800, o Parlamento instituiu o Reino Unido da Grã-Bretanha e da Irlanda, quando fundiu o Parlamento irlandês ao Parlamento nacional em Londres. Os irlandeses passaram então a eleger representantes em Westminster, mas os católicos — a maioria da população da ilha — estavam proibidos de participar de pleitos. O tumulto em torno dessa questão levou o governo conservador a aprovar uma lei em 1829 que permitia quase tudo aos católicos, exceto o acesso aos cargos públicos mais altos. No entanto, alguns conservadores sentiram-se traídos pela reforma e acabaram forçando o partido a se tornar explicitamente protestante. A princípio, os *whigs* (e depois, os liberais) se beneficiaram dessa confusão na direita — da mesma forma que, no século XX, os republicanos nos Estados Unidos se beneficiaram da divisão no Partido Democrata provocada pelo movimento pelos direitos civis.

Essa versão de política identitária acabaria por destruir o maior político liberal do século XIX, William Gladstone. Eleito primeiro-ministro em 1868, Gladstone esperava estabilizar a Irlanda com a ampliação dos direitos dos agricultores arrendatários e a retirada da Igreja Anglicana da condição de igreja oficial do país. (Essa iniciativa fazia parte de um movimento mais amplo para "desinstitucionalizar" a Igreja Anglicana como igreja oficial do Reino Unido, e encontrou forte oposição.) Os liberais do partido de Gladstone estavam dispostos a concordar com essa reforma limitada. Mas, quando ele foi mais longe e propôs conceder à Irlanda um autogoverno com poderes limitados, a questão rachou o partido. Os "unionistas" do Partido Liberal queriam a Irlanda firmemente submissa ao tacão de Londres. Já os *tories* aproveitaram essa dissidência para dar início a um período de duas décadas de domínio conservador. No fim das contas, a Grã-Bretanha não conseguiu conceder o autogoverno aos irlandeses a tempo de aplacar-lhes fúria, e, em 1919, a Irlanda declarou guerra de independência.

É tentador acreditar que as coisas boas caminham de mãos dadas, que o crescimento econômico leva à harmonia política. No caso da Grã-Bretanha, porém, antigas divisões sectárias serviram para alimentar o populismo mesmo após séculos de transformação industrial. Tanto na época quanto hoje, o progresso tecnológico não determinou o destino da política identitária — na verdade, teve o efeito oposto. Como as terras e heranças já não eram mais elementos definidores do conservadorismo, muitos britânicos se apegaram à religião e ao império. Trabalhadores britânicos atingidos por forças desestabilizadoras eram presa fácil para argumentos que se valiam de bodes expiatórios, como, por exemplo, o de que a mão de obra irlandesa barata minava os salários — a versão do século XIX para a cantilena segundo a qual o México e a China estão roubando empregos dos americanos.

O TRIUNFO DA BRITÂNIA

"A complacência", observou o historiador Charles R. Morris, "é um sentimento perigoso para qualquer competidor, mas talvez seja compreensível no caso britânico".[61] Morris escrevia sobre os anos seguintes à queda de Napoleão. Com a derrota da França, a Grã-Bretanha se tornou a "superpotência" da época, mais ou menos como os Estados Unidos depois da Guerra Fria. O país destinava apenas de 2% a 3% do PIB aos gastos militares, e, de um ponto de vista estritamente militar, era no máximo o primeiro entre iguais na Europa.[62] Entretanto, como havia financiado o lado vitorioso, a Grã-Bretanha foi o principal ator no Congresso de Viena, que organizou o mapa geopolítico após a derrota de Napoleão. Além disso, o país dominava os mares e grande parte do mundo não europeu. Os tempos de glória da industrialização britânica foram também o auge do Império Britânico.

A superioridade econômica e tecnológica da Grã-Bretanha se fez sentir na arena geopolítica. A Marinha Real, a maior e mais avançada do mundo, assegurava cadeias de abastecimento verdadeiramente globais. Cabos de telégrafo submarinos, o primeiro sistema de comunicação global de alta velocidade, ligavam as colônias britânicas. O império havia crescido de maneira significativa no fim do reinado de Vitória, quando incorporou territórios africanos impossíveis de conquistar antes do advento das metralhadoras (para massacrar rapidamente exércitos não europeus) e da medicina moderna (para se proteger da malária e de outras doenças tropicais). No auge, o império cobria um quarto da superfície terrestre e impunha o domínio a um quarto da humanidade.

O imperialismo era, sem dúvida, lucrativo para a indústria britânica. A Inglaterra de fato proibiu a importação de tecidos de algodão da Índia no começo do século XVIII a fim de proteger seus tecelões dos produtos indianos mais baratos e de melhor qualidade. No entanto, foi a invenção da máquina de fiar multifusos, da máquina de fiar hidráulica e de outros dispositivos semelhantes que favoreceram o domínio britânico na tecelagem. O historiador John Darwin estima que, em meados do século XIX, ao longo dos territórios britânicos e de impérios informais, como a América Latina, os tecidos produzidos de maneira industrial eram cerca de *duzentas vezes* mais baratos do que as alternativas locais, o que tornava impossível a concorrência de tecelões autóctones.[63] Como afirmaram os economistas Mark Koyama e Jared Rubin, o aumento da renda desencadeado pela Revolução Industrial não dependeu necessariamente da exploração de povos não europeus.[64] A Rússia do século XVIII anexou vastos territórios na Ásia Central e na Sibéria, enquanto a dinastia Qing absorveu as regiões que hoje correspondem a Xinjiang e ao Tibete — mas sem experimentar melhoras perceptíveis no crescimento econômico. Conquista e industrialização nem sempre caminham de mãos dadas.

No entanto, no auge da sua extensão territorial, no período entre as duas guerras mundiais, o Império Britânico parecia de fato indispensável à prosperidade britânica. Até mesmo pensadores de esquerda concordam. Confirme descreve o escritor George Orwell:

> Pois à parte qualquer outra consideração, o nível de vida de que desfrutamos na Inglaterra depende de segurarmos bem firme as rédeas do Império, em especial as regiões tropicais, como Índia e África. No sistema capitalista, para que a Inglaterra possa viver em relativo conforto, 100 milhões de indianos têm que viver à beira da inanição — um estado de coisas perverso, mas você consente com tudo isso cada vez que entra num táxi ou come morangos com creme. A alternativa é jogar fora o Império e reduzir a Inglaterra a uma pequena ilha gélida e sem importância, onde todos teríamos que trabalhar muito duro e sobreviver, basicamente, à base de arenque com batatas.[65]

Nas décadas que se seguiram a 1945, porém, à medida que a Grã-Bretanha foi despojada de suas colônias, sua economia cresceu *mais rápido* do que antes.[66] A Grã-Bretanha pós-imperial teve problemas, de greves a estagnação — mas "arenque com batatas" não foi um deles.

A Grã-Bretanha prosperou imensamente durante a era industrial, e, em grande parte como consequência disso, criou um império global. As vantagens do império são muito debatidas. Ele pôs enormes recursos e mão de obra sob controle britânico, mas também consumiu seus estadistas e exigiu gastos pesados para conquista e defesa. À medida que novos concorrentes se equiparavam ao nível econômico da Grã-Bretanha, ela se viu enredada em compromissos ultramarinos cada vez maiores e carente de recursos para financiá-los — um império sobrecarregado. Não seria um exagero chamá-la de "polícia do mundo" do século XIX. O historiador Paul Kennedy resume as muitas preocupações que consumiam o país só no ano de 1895:

> O Gabinete estava preocupado com a possível fragmentação da China após a Guerra Sino-Japonesa, com o colapso do Império Otomano em decorrência da crise armênia, com o iminente confronto com a Alemanha por causa do sul da África, tudo isso quase que exatamente ao mesmo tempo que se davam a disputa com os Estados Unidos em torno da fronteira entre a Venezuela e a Guiana Inglesa, as expedições militares francesas na África Equatorial e a incursão da Rússia no Hindu Kush.[67]

Enquanto isso, outras nações invejavam o Império Britânico e buscavam seu próprio lugar ao sol. A maior preocupação tornou-se algo que ficava muito mais perto de casa: a ascensão da Alemanha. No entanto, o concorrente mais forte da Grã-Bretanha acabou sendo uma antiga colônia, ramificação cultural da ilha e, num futuro próximo, um aliado: os Estados Unidos da América. E o poder americano estava enraizado na própria Revolução Industrial, que ecoava muitos dos aspectos da marcha britânica rumo à Modernidade. Mas sua reconfiguração política tomaria um caminho mais sangrento e caracteristicamente americano.

5

A VERDADEIRA REVOLUÇÃO AMERICANA

Estados Unidos industriais

A Revolução Americana foi curiosamente não revolucionária. Em certo sentido, nem sequer foi uma *revolução* — ou seja, uma transformação social, econômica e política abrangente —, mas, sobretudo, uma luta pela independência. É verdade que a política do país mudou, com o afastamento de uma monarquia em favor de uma forma de governo republicana. Mas as estruturas sociais e econômicas da sociedade americana permaneceram basicamente intactas depois de 1776. Latifundiários continuaram governando o Sul. Até mesmo no Norte, "cavalheiros revolucionários" suprimiram com violência as tentativas de mudança radical — por exemplo, esmagando a Rebelião de Shays, uma revolta contra a cobrança de impostos. Antes e depois da Declaração de Independência, os estados mantiveram grande parte da autonomia que tinham como colônias. A escravidão prosseguiu. As mulheres continuaram sendo cidadãs de segunda classe. Os indígenas continuaram perdendo território enquanto os ex-colonos ocupavam-lhe as terras com agressividade cada vez maior.

A Revolução Americana enfatizou a liberdade e a igualdade, mas a cultura igualitária que distinguia os Estados Unidos (pelo menos para homens brancos e livres) não era nada nova. Essa sensibilidade existia desde que os primeiros colonos chegaram à América do Norte, sendo mais um produto da fronteira ocidental escancarada do que uma consequência da Revolução Americana. A tarefa de tentar sobreviver em meio à natureza selvagem e tomar terras dos povos indígenas alavancou o espírito de cooperação. A abundância de terras permitiu também um alto grau de igualdade econômica entre os brancos. Em 1774, as colônias americanas tinham maior igualdade de renda do que a pátria-mãe, até mesmo quando os escravizados eram incluídos nos cálculos.[1] Mais importante ainda: pelo menos no Norte, não havia um sistema senhorial ao estilo europeu, de grandes propriedades e privilégios aristocráticos, que precisasse ser desmantelado. Os Estados Unidos não precisaram de uma grande revolução social para superar o feudalismo, pois simplesmente nunca importaram essas relíquias do Velho Mundo. Foi isso o que Tocqueville quis dizer quando afirmou que os americanos "chegaram a um estado de democracia sem ter que suportar uma revolução democrática", e que "nasciam iguais em vez de *se tornarem* iguais".[2]

Grande parte do espírito da Revolução Americana — contra monarquias, a favor de direitos individuais derivados de Deus e da razão — pode ter sido nova e radical, mas a estrutura social e política básica da sociedade permaneceu notavelmente estável. Dois dos maiores historiadores da Revolução Americana, Edmund Morgan e Bernard Bailyn, diziam que os revolucionários estavam, na verdade, exigindo o restabelecimento de direitos que já tinham, na condição de ingleses, antes que o Parlamento os abolisse. O cientista político Samuel Huntington afirma que a Revolução Americana basicamente ampliou uma "política Tudor"[3] preexistente, um sistema fraco e descentralizado, cujos conselhos, órgãos legislativos e fórmulas legais foram trazidos da Inglaterra no século XVII pelos primeiros colonos. Até hoje, o sistema incomum dos Estados Unidos — que divide os poderes entre diferentes ramos e diferentes níveis de governo — ostenta o selo do sistema Tudor.

Do ponto de vista social, a Revolução Americana serviu mais para reafirmar do que para subverter hierarquias vigentes. Segundo Bailyn, o que os revolucionários americanos buscavam não era erradicar as desigualdades sociais ou econômicas, mas "purificar uma constituição corrupta e combater o aparente crescimento das prerrogativas reais britânicas".[4] Uma vez que a Coroa e o Parlamento avançaram sobre o território americano, os revolucionários buscaram especificamente cortar essa conexão externa. Longe de tentar transformar radicalmente a sociedade, como os franceses fariam pouco tempo depois, eles tentavam preservá-la de forças que viam como arbitrárias e despóticas.

Os Estados Unidos, contudo, acabariam tendo uma revolução de verdade. Depois de chegar aos portos americanos, a Revolução Industrial reformulou profundamente a sociedade local e mudou não apenas as forças produtivas, como também as relações elementares entre as pessoas. Inovações nos transportes, nas manufaturas e nas comunicações remodelaram o cotidiano. A nação logo se urbanizou, o trabalho deixou de ser realizado dentro de casa e associações cívicas baseadas em novas identidades se multiplicaram. As disparidades regionais tornaram-se mais acentuadas à medida que as regiões industriais progrediam. A Revolução Industrial americana, que vinha avançando aos trancos e barrancos desde antes da fundação do país, começou a decolar de verdade a partir da década de 1860, e coincidiu com a maior mudança da história do jovem país: o fim da escravidão. E embora não tenha sido uma causa direta, seria justo dizer que a industrialização transferiu massivamente o poder econômico e tecnológico para o Norte, o que deu à União uma vantagem na guerra civil. A industrialização posterior redefiniu as coligações políticas nos Estados Unidos e criou a divisão entre esquerda e direita que conhecemos hoje.

Quando uma das primeiras estradas de ferro dos Estados Unidos começou a ser construída, em 4 de julho de 1828, a honra de assentar o primeiro trilho coube ao único signatário ainda vivo da Declaração de Independência. Charles Carroll, de 91 anos, proclamou: "Creio que este seja um dos atos mais importantes da minha vida, atrás apenas da minha assinatura na Declaração de Independência."[5] Para os poucos que haviam vivido tanto a Revolução Americana quanto os primeiros dias da industrialização, não estava realmente muito claro qual desses acontecimentos seria o mais importante. Hoje, dois séculos depois, podemos afirmar de maneira definitiva: a Revolução Industrial mudou a sociedade americana mais ainda do que a própria revolução do país.

UMA ÁGUIA NO HORIZONTE

Como foi que os Estados Unidos se industrializaram? Em grande parte, ao pegar carona no sucesso britânico. Mais exatamente, ao roubar propriedade intelectual britânica. No fim do século XVIII e início do seguinte, os industriais americanos tentaram com todas as forças atrair para o outro lado do Atlântico trabalhadores e gerentes das fábricas britânicas, para que revelassem suas técnicas — a tal ponto que os britânicos (como os holandeses antes deles) viram-se obrigados a instituir rígidos controles para a exportação de ideias, e chegaram a limitar a emigração de profissionais qualificados da indústria.[6] Charles Dickens ficou furioso ao saber que cópias pirateadas de suas obras haviam vendido muito mais nos Estados Unidos do que os exemplares originais, experiência que azedou a relação do escritor com o país durante décadas.[7] Em 1791, o governo americano pagou 48 dólares a um tecelão inglês para que trouxesse a tecnologia da fiação para os Estados Unidos, num primeiro episódio da espionagem industrial financiada pelo Estado que ajudou a plantar as sementes da indústria nascente. Vinte anos depois, a manufatura americana decolaria de vez, após Francis Cabot Lowell, um empresário de Massachusetts, percorrer uma série de tecelagens britânicas, memorizar as instalações e fundar a primeira tecelagem de algodão moderna nos Estados Unidos.[8] A indústria britânica ainda provocava inveja no mundo, mas incubava inventos que poderiam ser desenvolvidos e aperfeiçoados nos Estados Unidos. A fim de proteger a jovem indústria do país, o governo americano impôs pesados impostos sobre artigos importados.

A partir do século XIX, inventores americanos começaram a superar os congêneres britânicos, o que deu uma amostra do crescente potencial industrial dos Estados Unidos. Já em 1807, Robert Fulton fez história ao operar o primeiro barco a vapor comercialmente viável do mundo, quando transportou passageiros ao longo do rio Hudson numa viagem de ida e volta de 62 horas de duração entre Nova York e Albany. Embora desenvolvidos do outro lado do Atlântico, os barcos a vapor foram comercializados e amplamente utilizados nas sinuosas hidrovias dos Estados Unidos. Em pouco tempo, inventores americanos começaram a produzir uma série de inovações por conta própria. Em 1844, Samuel Morse enviou a primeira mensagem telegráfica de longa distância do porão do Capitólio ("Vê tudo quanto Deus tem realizado!"),[9] e dois anos depois, em Cambridge, Massachusetts, Elias Howe patenteou a primeira máquina de costura moderna — em ambos os casos, tratava-se de aperfeiçoamentos de antigas ideias britânicas.

Quando eclodiu a Guerra de Secessão, o presidente Abraham Lincoln aproveitou-se da ausência de representação do Sul em Washington para promover não apenas um "renascimento da liberdade", como também um renascimento dos gastos em infraestrutura. Lincoln havia ingressado na política como *whig*, uma facção inspirada nos *whigs* britânicos. Da mesma forma que o homônimo do outro lado do Atlântico, o partido defendia o investimento público em infraestrutura. Certa vez, um jovem Lincoln manifestou a ambição de seguir os passos do governador do estado de Nova York, De Witt Clinton, que havia construído o canal de Erie e posteriormente trabalhou como advogado especializado em ferrovias.[10] Como presidente, Lincoln destinou polpudas verbas federais para a construção de uma ferrovia transcontinental que ficou pronta em 1869, quatro anos depois de ter sido assassinado. No devido tempo, os investimentos em infraestrutura, somados aos fartos recursos naturais dos novos territórios assentados no Oeste e à abundante mão de obra imigrante, permitiram que os Estados Unidos se modernizassem rapidamente e se tornassem líderes industriais. (De várias formas, a Guerra de Secessão, como outras guerras, acelerou o desenvolvimento tecnológico.)

A Idade de Ouro americana — o período de criação maciça de riqueza do fim do século XIX — coincidiu com o auge da era vitoriana na Grã-Bretanha. Os Estados Unidos, aproximando-se novamente após a guerra civil, em pouco tempo se tornaram um colosso industrial maior do que a própria Grã-Bretanha. Por mais prodigiosa que a manufatura britânica tivesse sido, a indústria americana logo a apequenaria. Em meados da década de 1880, os Estados Unidos haviam ultrapassado a Grã-Bretanha na produção de ferro e aço. E a força industrial do país continuaria crescendo. Em 1929, a produção manufatureira dos Estados Unidos era 28 vezes maior do que em 1859,[11] e já em 1916 o PIB do país superou o da Grã-Bretanha.[12] Nos 135 anos transcorridos desde a Revolução Americana até o início da Primeira Guerra Mundial, o crescimento anual dos Estados Unidos ficou no patamar médio de assombrosos 3,9% — proeza nunca igualada nem mesmo pela China e pela Índia, as máquinas de crescimento de hoje.[13]

Na década de 1860, num sinal de que a inovação industrial estava se transferindo para o outro lado do Atlântico, um grande número de casas britânicas ostentava relógios produzidos nos Estados Unidos.[14] Esses relógios eram tão baratos que o governo britânico, não sem razão, acusou os americanos de *dumping* — isto é, de inundarem o país ilegalmente com artigos vendidos a preços inferiores ao do mercado, de modo a prejudicar os produtores locais —, e começou a apreender o contrabando. *Dumping*, roubo de propriedade intelectual, carvão em abundância e mão de obra barata foram ingredientes essenciais para o crescimento da indústria americana no fim do século XIX — assim como têm sido essenciais para a indústria chinesa no século XXI.

Por mais sombrias que tenham sido as origens da Revolução Industrial americana, não havia como deter a disseminação de ideias e invenções através do Atlântico para um país ávido e ansioso, pronto para desenvolvê-las em grande escala. No fim da guerra civil, os Estados Unidos tinham construído algo genuinamente novo. Depois de 1870, segundo o historiador da economia Brad DeLong, a inovação começou a tomar uma nova forma, mais acelerada, na Europa Ocidental e na América do Norte. "As economias do Atlântico Norte tinham inventado a invenção", disse ele.[15] "Tinham inventado não somente o maquinário para a indústria têxtil e as ferrovias, como também os laboratórios de pesquisa industrial e as formas de burocracia que deram origem às grandes corporações." Em nenhum lugar isso foi mais verdadeiro do que nos Estados Unidos, onde a economia, alimentada por esses avanços tecnológicos, alcançou novas alturas.

A TRANSFORMAÇÃO DOS ESTADOS UNIDOS

A maior parte do crescimento econômico americano estava concentrada nas cidades, que decolaram nesse período. A parcela da população que vivia em áreas urbanas passou de 25%, em 1870, para 50% apenas cinquenta anos depois,[16] sendo 1920 o primeiro ano em que se registraram mais americanos nas cidades do que no campo.[17] A poesia de Walt Whitman sintetiza as complexidades da transformação do país. Ao se mudar para a cidade, o próprio Whitman entrou num novo mundo: "Vicejai, cidades", escreveu em "Travessia da balsa do Brooklyn", "trazei vossa carga, vossos espetáculos, rios amplos e suficientes". Ele celebrou o nascimento da indústria — "Queimai alto, chaminés das fundições!"[18] —, mas também lamentou a desigualdade e os transtornos da industrialização em outro poema, escrito apenas quatro anos depois: "Eu me sento e observo todas as tristezas do mundo, e toda opressão e vergonha."[19] As palavras do poeta refletem a exuberância e a angústia dos Estados Unidos modernos em plena adolescência — um país ao mesmo tempo otimista e cético.[20]

Nova York, que em 1860 já era a maior cidade do país, viu sua população aumentar de cerca de 600 mil habitantes em 1850 para 3,5 milhões em 1900. Grande parte dessa expansão deveu-se ao forte fluxo de imigrantes vindos da Europa, que não apenas alteraram a densidade populacional da cidade, como também, a cultura. Muitos desses recém-chegados se estabeleceram em bairros segregados por etnia em Nova York e em outras cidades do Nordeste industrial, onde abriram negócios, construíram igrejas e sinagogas e fundaram clubes sociais. Além disso, constituíram sindicatos e organizações políticas, a mais famosa das quais foi a Tammany Hall, de Nova York, uma máquina política que extraía sua força dos votos dos imigrantes — sobretudo irlandeses — e manteve grande influência sobre a política da cidade até o século XX. Essa nova onda de imigração transformou os Estados Unidos numa nação muito mais moderna e diversa, à medida que os recém-chegados tentavam preservar a identidade cultural do Velho Mundo ao mesmo tempo que se tornavam americanos.[21]

O rápido crescimento urbano não se restringiu à Costa Leste. Com efeito, foi Chicago quem disparou em população no fim do século XIX, ao se estabelecer como um centro de transportes. Em 10 de maio de 1869, quando Leland Stanford pregou uma cavilha de ouro simbólica em Promontory Summit, no estado de Utah, finalmente uma ferrovia transcontinental unia as metades leste e oeste dos Estados Unidos.[22] Como ponto médio lógico da vasta e agora interconectada nação, Chicago serviu de ligação entre as matérias-primas vindas do Oeste e às máquinas industriais do Leste que delas se alimentavam. Depois que o advento do vagão refrigerado, em 1871, tornou possível o processamento industrial da carne, a maior parte da carne consumida pelos americanos passou a vir dos estábulos de Chicago.[23]

O Sul, entretanto, ainda se recuperava da guerra civil, e os imigrantes que afluíam ao país evitavam os velhos estados confederados, com crescimento econômico lento e baixos salários (devidos em parte às leis de segregação racial). Em 1870, o número de pessoas nascidas em outros países era três vezes maior no Norte do que no Sul,[24] que além disso era tecnologicamente atrasado, com a agricultura quase por inteiro desprovida de mecanização. Durante a Idade de Ouro, abriu-se um abismo entre as cidades e as zonas rurais, entre o Norte e o Sul, entre o litoral e o interior, entre ricos e pobres no seio das cidades. Todas essas diferenças deram origem a uma nova política no país.

O dramático processo de industrialização americano alimentou a ideologia de livre mercado que reinava na época, e foi, até certo ponto, alimentado por ela. Os americanos sempre desconfiaram do Estado forte, mesmo em questões econômicas. Contudo, no fim do século XIX, muitos adotavam a política de *laissez-faire*, uma preferência que também se imiscuía nas visões sociais. Quando Edward Livingstone Youmans, defensor do darwinismo social — crença segundo a qual as pessoas estão sujeitas aos mesmos conceitos evolutivos, como a seleção natural, aplicáveis a plantas e aos demais animais — e fundador da revista *Popular Science*, foi perguntado sobre o que faria para abordar as questões sociais, ele respondeu: "Nada! Nem eu nem você podemos fazer nada. É tudo uma questão de evolução. Só podemos esperar por ela. Talvez daqui a quatro ou cinco mil anos ela tenha levado o homem para além deste estado de coisas. Mas não podemos fazer nada."[25]

Era a época dos barões ladrões, tempos em que homens como John D. Rockefeller e Andrew Carnegie tomaram as rédeas da economia, consolidaram os respectivos poderes e acumularam uma riqueza assombrosa. Contudo, o domínio absoluto que eles conquistaram levantou a perspectiva de monopólios permanentes. Enquanto alguns americanos obtinham dinheiro e poder imensuráveis, outros mal conseguiam chegar ao fim do mês. As condições eram particularmente atrozes para a classe trabalhadora urbana, retratada no fim da década de 1880 por Jacob Riis na famosa coletânea de fotos *How the Other Half Lives*, que documenta os cortiços de Manhattan. A intensa desigualdade que caracterizou o período inevitavelmente levaria a uma reação.

SEM ESPAÇO PARA O SOCIALISMO

Essa reação tomaria uma forma ligeiramente diferente nos Estados Unidos em comparação com a Europa, que também passara por um processo de industrialização que havia esvaziado as zonas rurais e inchado as cidades. Os industriais europeus tornaram-se fabulosamente ricos, e trabalhadores de colarinho branco emergiram sob a forma de uma classe burguesa empoderada, enquanto os trabalhadores europeus amargavam condições de vida e trabalho perigosas. Nos dois lados do Atlântico, uma parte dos trabalhadores foi atraída pelo socialismo — termo flexível originalmente entendido como a propriedade coletiva dos meios de produção —, embora o movimento fosse muito mais coeso na Europa. Na época em que Karl Marx e Friedrich Engels publicaram o *Manifesto comunista*, durante os levantes de 1848, o liberalismo e o nacionalismo ainda eram as ideologias dominantes. Entretanto, na época da morte de Marx, em 1883, o socialismo tinha se tornado uma poderosa força política em toda a Europa. A ideologia havia criado raízes primeiro na Grã-Bretanha. Londres, uma potência do capitalismo no século XIX, chegou a se tornar inclusive a sede da Primeira Internacional, uma rede global de socialistas e comunistas que contava em suas fileiras com o próprio Marx, na época um jornalista exilado e pouco conhecido. Com uma forte rede de sindicatos e um legado de reformas políticas democráticas, a Grã-Bretanha teve condições de instituir reformas sociais graduais — como a regulamentação da saúde pública e a criação de normas para garantir melhores condições de trabalho nas fábricas — que mantiveram à distância as expressões mais radicais do socialismo. Tempos depois, liberais e socialistas se uniriam em torno do Partido Trabalhista, que se tornou a força política dominante da esquerda britânica no começo da década de 1920.

O desassossego da classe trabalhadora também se disseminou pela Europa continental. Em 1871, quando a Comuna de Paris, socialista, governou por um curto período de tempo a capital francesa, partidos socialistas e social-democratas viáveis emergiram no continente. Na Alemanha, onde o Estado recém-unificado havia começado a se industrializar, o Partido Social-Democrata se tornou tão poderoso que empurrou a sociedade para a esquerda — em 1883, temendo que seu governo fosse deposto pelo voto, o chanceler conservador Otto von Bismarck se viu obrigado a instituir uma rede de seguridade que incluía o atendimento médico universal. Mais uma vez, a direita aprendeu a aceitar reformas como o preço para evitar revoluções.

Nos Estados Unidos, em contrapartida, os socialistas do fim do século XIX não conseguiram se unir num poderoso partido trabalhista nem influenciar de maneira significativa a política ou qualquer dos dois grandes partidos existentes. Embora os trabalhadores americanos resistissem de maneira combativa às condições de exploração, essa resistência se restringia a greves e boicotes nas fábricas, raramente com incursões na arena política.[26] Década após década, houve nos Estados Unidos um consenso bipartidário sobre o capitalismo, com várias facções políticas que debatiam apenas sobre como deveria ser o livre mercado, ou se deveriam ou não apoiar os interesses de banqueiros ou fazendeiros. O Partido Populista se tornou uma terceira força, e era constituído por capitalistas agrários de baixo escalão que desprezavam Wall Street e os grandes negócios — não por socialistas que exigiam do governo federal a nacionalização das indústrias ou a abolição da propriedade privada. As demandas desse partido tinham origem em disparidades regionais: os interesses econômicos dos estados agrícolas do Meio-Oeste reunidos contra os interesses da manufatura e das finanças urbanas.

Então, por que o mais industrializado dos países nunca produziu um forte contingente socialista? Para começar, os Estados Unidos nunca tiveram uma estrutura de classes feudalista. Sua tradição de individualismo liberal, potencializada pelo vertiginoso *boom* econômico da era industrial, obscurecia as linhas estritas dos conflitos de classes que alimentavam o socialismo. E embora a aristocracia latifundiária do Sul se assemelhasse a uma elite feudal, os camponeses nesse caso eram negros escravizados, violentamente oprimidos e excluídos da sociedade mais ampla. Mesmo depois que a escravidão foi abolida, os afro-americanos tiveram negados seus direitos políticos, e as identidades étnicas e raciais continuaram moldando as afinidades sociais e políticas. Esses fatores dificultaram a unidade das classes mais baixas. Além disso, as elites brancas com frequência se dedicavam a semear divisões entre os trabalhadores negros e brancos, ao lembrar aos brancos pobres sua condição "mais elevada" e recrutá-los para a perseguição racial.[27]

Durante grande parte da história americana, a política do país foi atravessada por profundas fraturas em boa medida sem relação com a divisão entre esquerda e direita. As discussões se centraram no federalismo, com os defensores de um governo central forte em disputa contra os que desejavam manter o poder em âmbito estadual. O debate entre os adeptos de Hamilton e Jefferson, e tudo o que brotou dele, consumiu grande parte das energias no início da vida política americana. Contudo, em essência, o que estava de fato em debate era outra coisa: praticamente todas as questões candentes da época — direitos dos estados, alcance do Executivo — na verdade serviam para encobrir as profundas divergências em torno da escravidão. Foi assim que os Estados Unidos seguiram um caminho próprio, até a guerra civil, quando a escravidão foi abolida e o governo federal ficou mais forte. Nesse ponto, com a economia americana pronta para um *boom* industrial, a política foi reconfigurada e começou a ficar mais parecida com a da Grã-Bretanha vitoriana durante a industrialização. Essa reconfiguração, no entanto, daria uma guinada caracteristicamente americana.

NOVAS IDENTIDADES, NOVAS POLÍTICAS

Na época em que a industrialização americana disparou, depois que os Estados Unidos emergiram da Guerra de Secessão, o Partido Republicano era ao mesmo tempo um entusiasta dos grandes governos e dos grandes negócios. Essa combinação talvez pareça estranha hoje, mas um governo central ativo era de fato necessário para promover a industrialização num país tão vasto. A industrialização americana jamais teria decolado de maneira tão espetacular sem os grandes investimentos feitos pelo governo em projetos de infraestrutura, da ferrovia transcontinental ao canal do Panamá. Eram necessários gastos públicos numa escala sem precedentes para superar os limites impostos pela geografia e recompor a república que se estendia do Atlântico ao Pacífico. Assim, os industriais — na maioria urbanos, republicanos e socialmente liberais — de início defenderam um governo central forte.

Enquanto isso, os democratas viam com cautela tanto a industrialização quanto um Estado forte que pudesse interferir em seus assuntos locais, e, atendendo aos desejos da base de agricultores socialmente conservadores, defendiam os direitos dos estados. Sobretudo no Sul, nos anos que se seguiram à Guerra de Secessão, eles resistiram ao poder centralizado, porque, dessa forma, cada estado poderia implementar leis próprias de segregação racial e retirar dos negros o direito ao voto.

Tudo isso mudou quando a industrialização chegou ao auge. A política é quase sempre resultado de forças estruturais mais amplas, como a economia e a tecnologia, e, à medida que a industrialização derrubava as estruturas sociais vigentes, trazia também novas considerações políticas à mesa de discussões. "Estamos todos de olho no futuro", afirmou Theodore Roosevelt em 1895, "para prever a ação das grandes forças silenciosas desencadeadas pela estupenda revolução industrial que ocorreu neste século."[28] Com efeito, a Revolução Industrial reescreveu os termos em que a política seria discutida. Os partidos foram obrigados a reenquadrar as ideologias que os definiam em relação ao mercado, e se distinguiam mais em questões econômicas do que sociais, o que levou a uma grande reconfiguração do sistema político americano.

Com o tempo, os republicanos, outrora defensores de um Estado forte, se tornariam o partido do *laissez-faire* na economia, e os democratas, no passado propositores de um governo descentralizado, passariam a defender um Estado mais forte. Assim como havia acontecido no Reino Unido, os dois maiores partidos políticos dos Estados Unidos basicamente trocaram suas convicções ideológicas com o advento da industrialização. Embora haja muitas diferenças entre os dois casos — os Estados Unidos jamais romperam totalmente com sua peculiar e problemática história no tocante à questão racial —, dos dois lados do Atlântico a industrialização acabou gerando uma divergência mais evidente entre um partido de esquerda e um partido de direita, divididos em relação à economia moderna e ao papel do Estado. O fato de a política americana moderna ter nascido nessa época nos dá uma prova do poder de transformação da Revolução Industrial. A divisão entre esquerda e direita que surgiu na virada do século XX persistiria por bem mais de cem anos, e só se complicou recentemente, com novas clivagens e formas de identidade.

A transformação política que a Revolução Industrial pôs em curso nos Estados Unidos ocorreria devagar, ao longo de quarenta anos. E, tal qual a Lei dos Cereais havia desencadeado um realinhamento político na

Grã-Bretanha, a reconfiguração americana começou com uma disputa em torno de interesses dos agricultores.

CRUZ DE OURO

A reação ao capitalismo industrial que incentivou o socialismo na Europa levou à ascensão do populismo nos Estados Unidos. As sementes do descontentamento populista surgiram primeiro no interior agrícola e nos centros industriais do país. Impelidos à ação pelo que enxergavam como uma desigualdade grotesca, os populistas se insurgiram contra os barões ladrões que haviam enriquecido com a "moeda forte" do padrão-ouro — no qual o valor do dólar americano equivalia a determinada quantidade de ouro —, enquanto os trabalhadores mergulhavam na pobreza e nas dívidas. Os políticos americanos eram corruptos, diziam eles, e os banqueiros e magnatas da indústria estavam enriquecendo injustamente à custa dos trabalhadores, que, na verdade, eram quem produzia os bens agrícolas e industriais do país.

O Partido Populista tornou-se um dos mais bem-sucedidos "terceiros partidos" da história americana, tendo controlado governos estaduais, angariado votos em eleições para a presidência e elegido dezenas de legisladores para o Congresso. Seu contato mais próximo com o poder veio no momento em que se infiltrou em um dos dois principais partidos políticos convencionais.[29] Em 1896, os populistas quase ganharam a presidência quando William Jennings Bryan, um impetuoso político de Nebraska, conseguiu a indicação pelo Partido Democrata. Com o famoso grito de guerra proferido contra os banqueiros — "Vocês não vão crucificar a humanidade numa cruz de ouro", uma alusão ao desejo dos populistas de expandir a base monetária por meio da cunhagem de moedas de prata, o que causou inflação e desvalorizou dívidas —, ele extraía sua força dos pequenos proprietários e trabalhadores em difícil situação que a Revolução Industrial americana havia deixado para trás. O Partido Populista decidiu indicar Bryan como candidato também. A candidatura causou pânico entre as elites, as quais temiam que uma "moeda fraca" trouxesse mudanças revolucionárias aos Estados Unidos. O jornal *The New York Sun* chegou a apelidá-lo de "Jacobino".[30]

Ainda que Bryan tenha perdido as eleições de 1896 (e posteriormente as de 1900 e 1908), a base populista energizada havia exposto o lado vulnerável da ortodoxia econômica dominante. O Partido Populista acabou desaparecendo, mas a reação populista tinha vindo para ficar. A própria carreira posterior de Bryan mostraria que o populismo antielite desenvolvido nos Estados Unidos, ao contrário do socialismo europeu, extraía grande parte da força daqueles que viam seus valores tradicionais ameaçados pela Modernidade. Em 1925, num episódio que ficou conhecido como "Julgamento do Macaco", em que o estado do Tennessee moveu uma ação contra o professor de biologia John Thomas Scopes por ensinar aos alunos a teoria da evolução de Darwin, contrária à interpretação literal da Bíblia, Bryan colaborou com a acusação. Em vez de desencadear uma política secular de inspiração marxista voltada para a classe trabalhadora, a Revolução Industrial nos Estados Unidos provocou uma reação enraizada em valores tradicionais e no fundamentalismo religioso.

Em 1900, L. Frank Baum publicou uma história infantil, *O mágico de Oz*, que era também uma fábula alegórica em favor do populismo — o que talvez explique o interesse duradouro pela obra. O historiador americano Henry Littlefield decodificou a história num brilhante ensaio de 1964.[31] Dorothy mora no Kansas, um exaurido estado agrícola do Meio-Oeste. Ela segue a estradinha de tijolos amarelos (que representa os defensores do padrão-ouro) até a Cidade das Esmeraldas, onde reina Oz (símbolo do ouro, cujo peso era aferido em onças, ou "oz", na abreviatura em inglês), que acaba se revelando uma fraude. No livro, os sapatos mágicos que Dorothy usa não são vermelho-rubi, como no filme, mas prateados, numa referência ao metal mágico ardentemente defendido pelos populistas. Ao longo do caminho, Dorothy se encontra e se alia com o espantalho, que representa o fraco e assustado agricultor, e com o Homem de Lata, um trabalhador desumanizado que perdeu o coração. Os vilões são as bruxas más do Leste e do Oeste, que representam as cidades com grande poder financeiro e político. E o leão covarde é William Jennings Bryan, o inflamado orador que só sabe falar e na prática não faz nada.

O desafio de Bryan ao *establishment* da Idade de Ouro sem dúvida fracassou. Em sua esteira, porém, populistas de direita e de esquerda ressurgiriam periodicamente na política americana, sobretudo em momentos de grandes mudanças econômicas e tecnológicas. A opção pelo populismo agrário antielite feita pelo Partido Democrata representou o primeiro passo na direção de um realinhamento partidário nos Estados Unidos, que se consolidaria ao longo das décadas seguintes.

O REALINHAMENTO DE 1896

Na época em que Bryan obteve a indicação do Partido Democrata para concorrer às eleições presidenciais de 1896, o principal debate da política americana se dava em torno da política econômica. Martelando os mesmos temas de seu discurso sobre a cruz de ouro, Bryan fez campanha contra a corrupção dos industriais urbanos e a desigualdade diante dos agricultores das zonas rurais. Embora ainda conservasse componentes da velha coligação democrata, inclusive supremacistas brancos no Sul, ele se afastou das conexões raciais que no passado tinham mantido a unidade do partido. Em lugar disso, sua campanha populista tratou em grande medida da resistência às consequências desiguais da industrialização. Os democratas, históricos opositores do poder centralizado, começavam então a entender que a intervenção estatal era a maneira mais segura de apoiar os que tinham ficado para trás devido ao progresso tecnológico. Essa decisão de utilizar o governo para aliviar as desigualdades produzidas pelo mercado se tornaria central para o Partido Democrata moderno.

Enquanto Bryan firmava os democratas como críticos dos titãs da indústria, seu opositor na corrida presidencial, William McKinley, firmava os republicanos como defensores das grandes corporações. Embora no passado os republicanos tivessem defendido que o governo investisse em ciência e infraestrutura em favor dos negócios, esse foco mudou com as eleições de 1896, vencidas por McKinley. Após sua vitória, os republicanos tornaram-se mais céticos quanto à mediação do governo. Enquanto isso, no alvorecer do século XX, a fonte de capitais para a industrialização estava se deslocando do setor público para o privado — sobretudo por meio dos impérios corporativos de Carnegie, Rockefeller, Morgan e Ford. Convencidos por esses magnatas, os republicanos passaram a afirmar que a intervenção estatal dificultaria o progresso tecnológico e o crescimento econômico. No passado, eles haviam defendido a autoridade de um governo centralizado, mas dali em diante assumiriam uma posição antiestadista, e passariam a apoiar a economia *laissez-faire*.

Esse realinhamento ainda conservava características tipicamente americanas. No Sul, o Partido Democrata via a ascensão dos populistas como um grande perigo para o governo dos brancos. O movimento ameaçava unir negros e brancos pobres numa coligação que encontraria o inimigo comum nos latifundiários, e assim o partido dedicou-se a romper essa aliança ao exacerbar os ânimos racistas ao longo da primeira metade do século XX.

Lyndon Johnson, que, no início da carreira, antes de abraçar a defesa dos direitos civis, fora aliado dos supremacistas brancos, lembrou-se dessa tática de dividir para dominar: "Se você conseguir convencer o homem branco mais humilde de que ele é melhor do que o homem negro mais excepcional, ele não vai perceber que você está esvaziando os bolsos dele. Meu Deus, basta lhe dar alguém que ele possa olhar com desprezo e ele esvaziará os bolsos para você."[32]

O ano de 1896 não foi apenas o da decisiva corrida presidencial entre Bryan e McKinley: foi também o da decisão da Suprema Corte no processo Plessy *versus* Ferguson, que consagrou constitucionalmente a segregação racial do tipo "separados, mas iguais". Nos anos seguintes a essa decisão, o sistema de segregação do Sul se expandiu, e proibiu os negros americanos não apenas de votar, como também de comer nos mesmos restaurantes que os brancos, de hospedar-se nas mesmas pousadas e usar os mesmos banheiros. Se negros e brancos estavam proibidos de se misturar, talvez devessem também ser proibidos de encontrar um campo econômico e político comum.

Veteranos da União e dos confederados trocam apertos de mão.

No entanto, as batalhas pelos direitos dos negros vinham declinando desde o fim da Reconstrução, em 1877, à medida que os dois partidos aceitavam a crescente discriminação racial e passavam a se centrar na questão crucial da intervenção do governo na economia. As questões sociais foram varridas para debaixo do tapete, o que perpetuou a supremacia branca. Essa barganha bipartidária é simbolizada por uma série de fotos feitas em 1913, durante o quinquagésimo aniversário da Batalha de Gettysburg, em que veteranos da União e dos confederados aparecem trocando apertos de mão, como se todas as divergências entre os dois grupos tivessem sido esquecidas. O sistema político americano passara a ser definido pelas mesmas clivagens econômicas que se revelavam em toda parte: os democratas começaram a ser identificados como o partido que via o capital com ceticismo e os republicanos, como o partido do livre mercado.

O ÚLTIMO REPUBLICANO PROGRESSISTA

Theodore Roosevelt, o sucessor republicano de McKinley, constituiu uma importante exceção nessa rígida divisão entre esquerda e direita. Ele não era um radical, mas rompeu de maneira decisiva com a ideologia *laissez-faire* do partido. Assim como haviam feito os conservadores britânicos antes do realinhamento político no próprio país, Roosevelt procurou coibir os excessos do capitalismo. Um de seus programas, conhecido como Square Deal, visava proteger os consumidores, apoiar a União e implementar medidas antitruste a fim de combater os barões ladrões e a respectiva monopolização da indústria. "Quando digo que acredito num acordo justo, não quero dizer com isso que é preciso [...] dar a cada homem as melhores cartas", explicou Roosevelt.[33] "O que quero dizer é que o jogo deve ser limpo, sem trapaças." O presidente não procurava deter o crescimento econômico, queria apenas garantir que todos jogassem segundo as regras. Para ele, parecia não haver maior ofensa do que a arrogância das novas elites — nas palavras dele, "a rica classe criminosa"[34] —, que dissimulavam suas práticas de negócios antiéticas sob o manto do livre mercado.

O próprio Roosevelt havia nascido numa família riquíssima, dona de vastas propriedades em Long Island. Ele, no entanto, fazia uma clara distinção entre a "aristocracia genuína" a que pertencia e os "vulgares imitadores",[35] os barões ladrões da época. A ascendência aristocrática de Roosevelt havia incutido nele uma certa *noblesse oblige* que contrastava com a conduta dos novos titãs dos bairros luxuosos de Manhattan, os quais ostentavam riqueza, manipulavam o mercado por baixo dos panos e tinham total desconsideração pelo bem público. De várias maneiras, Roosevelt se assemelhava a um aristocrata europeu, desalentado pelo comportamento agressivo e antiético dos homens de negócios, novos-ricos que de repente tinham passado a dominar a sociedade. No seio da velha elite de Nova York, personificada pela família de Roosevelt, havia um entendimento coletivo de que o *status* privilegiado implicava uma responsabilidade moral em relação ao público.[36] Muitos integrantes dessa classe reconheciam a natureza disruptiva do capitalismo e a necessidade de um governo que ajudasse as massas.

Em 1901, com o assassinato de McKinley, Roosevelt, que havia concorrido como vice na chapa republicana contra William Jennings Bryan em 1900, foi alçado à presidência, e de muitas maneiras abraçou as reivindicações populistas, ao tomar medidas enérgicas contra o grande capital. Ele se notabilizou por adotar um programa contra os trustes, por meio do qual lançou mão do poder federal para quebrar monopólios que tiravam proveito dos pequenos empreendedores. Além disso, pressionou o Congresso a elevar o poder regulatório do governo sobre atividades que iam desde a instalação de ferrovias até a produção de alimentos. Em certa ocasião, quando uma greve dos carvoeiros ameaçou a nação com um inverno gelado, Roosevelt interveio para buscar um acordo entre trabalho e capital, em vez de atacar os grevistas, como o presidente Grover Cleveland havia feito em 1894. Ele acreditava no capitalismo, mas via o governo como uma espécie de polícia do livre mercado. O sucessor de Roosevelt, William Howard Taft, embora tenha colocado em prática alguns elementos do programa do antecessor, sobretudo no que dizia respeito aos trustes, acabou se revelando mais tolerante com o grande capital, e Roosevelt se arrependeria de tê-lo escolhido para a sucessão.

As divergências entre Roosevelt e Taft espelhavam uma rixa mais ampla no Partido Republicano entre conservadores e progressistas na área econômica, que levou a uma crise em 1909 devido à questão tributária. Os progressistas do GOP achavam que os impostos sobre produtos importados tinham ficado altos demais, o que elevava os preços para o consumidor comum e favorecia os interesses do grande capital — argumento parecido com o que os opositores da Lei dos Cereais tinham usado na Grã-Bretanha. Mesmo assim, os republicanos conservadores aprovaram a Lei Payne-Aldrich, que elevava ainda mais os impostos sobre determinados produtos. Embora partidário do livre-comércio, Taft assinou a legislação, para a revolta dos republicanos progressistas, os quais alegavam que a lei priorizava o capital em detrimento do homem comum. Taft conseguiu obter a indicação do Partido Republicano para as eleições de 1912, o que consolidou o GOP como um partido decididamente pró-capital. Com a derrota dos republicanos progressistas, Roosevelt fundou o Partido Progressista, pelo qual concorreu à presidência.

As divergências entre Roosevelt e Taft acabaram dando a vitória ao democrata Woodrow Wilson, que defendia uma plataforma econômica semelhante à de Roosevelt. Muitos republicanos progressistas acorreram então ao Partido Democrata, que se consolidou como o partido da redistribuição e da regulação. O realinhamento partidário americano estava enfim concluído. A vida política no país ao longo do século seguinte seria definida sobretudo pela guerra política entre a direita, que defendia o dinamismo do *laissez-faire*, e a esquerda, que preconizava a seguridade social e a estabilidade. Sobrava pouco espaço para a síntese centrista de Roosevelt.

A CONSTRUÇÃO DOS ESTADOS UNIDOS MODERNOS

Nas primeiras décadas do século XX, um novo tipo de aceleração tecnológica surgiu nos Estados Unidos. A Segunda Revolução Industrial, como passou a ser chamada, viu o petróleo substituir o carvão como principal fonte de combustível, enquanto o trem era substituído pelo automóvel. Se haviam estado à sombra da Grã-Bretanha durante a Primeira Revolução Industrial, os Estados Unidos passaram a ser o epicentro indiscutível dessa nova onda de industrialização. Dos grandes mananciais de óleo negro do Texas ao zumbido frenético e à precisão mecânica das fábricas de Detroit que produziam carros populares para as massas, os Estados Unidos estavam forjando o futuro. Uma nova filosofia de gestão, o "fordismo" — conhecido pelas peças intercambiáveis e linhas de montagem, bem como por transformar trabalhadores em rodas de engrenagens cada vez maiores e mais eficientes —, começou a varrer o planeta. A estrutura física do mundo que conhecemos hoje, com autoestradas que ligam o centro das cidades aos subúrbios residenciais, estava começando a tomar forma. Para as pessoas da época, era como se o poder da eficiência industrial, somado ao maquinário de alta tecnologia, estivesse conferindo aos indivíduos mais velocidade, conforto e autonomia do que em qualquer momento anterior da história. Com a chuva de presentes propiciada pela iniciativa privada — refrigeradores, rádios, aspiradores de pó —, questionar o livre mercado pareceria, no melhor dos casos, uma ingratidão, e no pior, uma heresia.

Os sucessores republicanos de Roosevelt já aceitavam então a ideologia pró-capital que dominava a política de direita no mundo todo. A visão pró-mercado dos republicanos chegou ao auge durante a presidência de Calvin Coolidge, que assumiu o cargo em 1923. Coolidge era conhecido pelo jeito taciturno, por um discreto senso de humor e uma aparente passividade. O jornalista Walter Lippmann assim o descreveu: "O talento do sr. Coolidge para a inatividade está desenvolvido no mais alto grau. Ela está longe de ser uma inatividade indolente. Trata-se de uma inatividade decidida, determinada, alerta, que o mantém constantemente ocupado."[37] (Quando ele morreu, a satirista Dorothy Parker comentou: "Quem diria?")

A falta de firmeza de Coolidge não era um mero traço de personalidade, mas a característica central do governo que exercera. Inspirado na ética puritana de trabalho, Coolidge acreditava que as pessoas deviam assumir a responsabilidade pelo próprio sucesso. O escritor Irving Stone comentou certa vez que Coolidge "acreditava que menos governo era o melhor governo; pretendia ser o menos importante presidente que o país já havia tido, e sem dúvida realizou esse desejo".[38] A firme ideologia *laissez-faire* de Coolidge situou os republicanos como um grupo inequivocamente favorável ao grande capital. Como ele mesmo disse, "o principal negócio do povo americano é o negócio". Sua mensagem era adequada àqueles tempos. Afinal, era a época dos Anos Loucos, e a indústria americana estava explodindo.

No mesmo ano, no estado de Nova York, o governador democrata Al Smith lutava por ideias opostas que redefiniriam o Partido Democrata. Smith vislumbrava um papel muito maior para o governo, e convidou os eleitores a aprovar a emissão de 100 milhões de dólares em títulos com o propósito de financiar um sem-número de projetos para o estado de Nova York, desde a construção de escolas e instalações voltadas para a saúde mental até a expansão de programas de benefícios para os trabalhadores.[39] Smith foi sucedido por Franklin Delano Roosevelt — primo distante de Theodore Roosevelt —, e, embora os dois tenham se tornado grandes rivais, FDR foi em muitos aspectos um herdeiro ideológico de Smith.[40] Muitas das medidas que Roosevelt implementaria mais adiante como presidente, no âmbito do New Deal, haviam sido testadas em Nova York por Smith. Ambos abraçavam uma visão de governo enérgica e incansavelmente experimental, que levaria o Estado ao comando.

Roosevelt ganhou imensa popularidade quando prometeu lutar em favor do "homem esquecido na base da pirâmide econômica". As brasas do Partido Populista ainda ardiam. No entanto, a nova coligação de Roosevelt já não estava enraizada principalmente no interior agrícola. Com a industrialização aumentando o tamanho das cidades e aprofundando o abismo entre ricos e pobres, muitos trabalhadores urbanos sentiram-se atraídos pelas ideias dos democratas sobre um governo mais atuante. O Partido Democrata começou a ficar mais parecido com os partidos social-democratas da Europa — que defendiam uma regulação do mercado combinada com bem-estar e redistribuição de renda —, embora permanecesse mais moderado no tom e mais progressista nos métodos.

Roosevelt tinha derrotado o sucessor de Coolidge, Herbert Hoover, republicano que havia começado a carreira identificado com a ala mais progressista do partido. Como secretário de Comércio nos anos 1920, Hoover havia apoiado reivindicações dos trabalhadores e estimulado a cooperação entre o governo e o grande capital. No que dizia respeito ao papel do Estado, Hoover defendia aquilo que Walter Lippmann chamava de "domínio, não deriva",[41] isto é, desejava um governo que incentivasse deliberadamente a prosperidade e ao mesmo tempo impedisse que as forças naturais do mercado atuassem a seu bel-prazer. Conta-se que ele, certa vez, comentou com um jornalista: "Você sabe, o único problema do capitalismo são os capitalistas, gananciosos como o diabo."[42]

Como presidente, porém, Hoover tendia a se submeter à ideologia pró-mercado que tomara conta do partido que o lançara. Com o realinhamento esquerda-direita, já não havia espaço para um republicano nos moldes de Theodore Roosevelt e o Square Deal. E, no grande teste de sua administração, a Grande Depressão, Hoover optou por ser mais favorável ao não intervencionismo. A revista *New Republic* repreendeu-o por essa visão: "O papel histórico do sr. Hoover, ao que parece, é tentar o experimento de contemplar o que o grande capital pode fazer quando é colocado no leme. O sr. Hoover insiste que deve haver um leme, ao mesmo tempo que permite ao grande capital assumi-lo".[43]

Quando veio a Grande Depressão e os americanos passaram a buscar alívio econômico urgente, a ideologia republicana do *laissez-faire* mostrou-se inadequada, e pela primeira vez em décadas um presidente democrata foi eleito por larga margem. Franklin D. Roosevelt assumiu o cargo em 1933, com firme controle das duas câmaras do Congresso e autoridade inconteste. E imediatamente lançou-se ao trabalho, sobretudo nos primeiros cem dias. Ele não mostrava nenhuma visão ideológica coesa além de tentar ajudar as pessoas, e ganhou reputação como um homem de pensamento experimental e eclético. Entretanto, o que mantinha unida essa sopa de letrinhas de programas reformistas era o fato de que eles rejeitavam a outrora inconteste crença na justiça do mercado e defendiam um governo ativo, capaz de oferecer estabilidade e segurança diante dos choques econômicos.

As reformas em conta-gotas ocorridas durante o primeiro ano do governo Roosevelt frustraram os que esperavam uma reformulação mais radical da sociedade americana. Felizmente para eles, Roosevelt logo ajustou o prumo. Ao se aproximar da marca de dois anos de governo, ele disse ao Congresso que "a justiça social, que já não é um ideal distante, tornou-se um objetivo definitivo".[44] Segundo o historiador David Kennedy, Roosevelt "agora buscava não apenas a recuperação, não o mero alívio". Na verdade, ele queria "algo 'totalmente diferente' [...] algo que permitisse que a mão estabilizadora 'daquele controle organizado que chamamos de governo' mantivesse o equilíbrio, a equidade e a ordem em toda a sociedade americana".[45] As ambições de Roosevelt remetiam à velha visão progressista do "tio Teddy". Em 1935, num gesto que teria enchido de orgulho o parente distante, FDR assinou a Lei de Seguridade Social, e com isso lançou as bases do moderno Estado de bem-estar.

Esse Estado de bem-estar era singularmente americano — menos abrangente e mais comprometido com o mercado do que aquele defendido pelos social-democratas europeus —, mas não obstante se enraizou no *éthos* do Partido Democrata. Os democratas conservadores da era de Grover Cleveland dificilmente teriam reconhecido o novo partido. Com efeito, o New Deal foi concebido a princípio como uma medida de emergência excepcional destinada a conter a crise gerada pela Grande Depressão, não como uma correção permanente do rumo ideológico. Mas a coligação democrata de FDR tinha vindo para ficar. Os democratas haviam evoluído a ponto de se tornarem não simples críticos do *laissez-faire* na economia, como também os patronos do Estado de bem-estar. E é claro que tudo isso desencadeou uma feroz oposição do lado contrário.

A linha divisória entre esquerda e direita, tanto na economia quanto no papel do Estado, definira a política do século anterior não apenas na Grã-Bretanha e nos Estados Unidos, como também no mundo todo. Fui criado na Índia entre as décadas de 1960 e 1970, e essa divisão era tão significativa lá quanto no Ocidente. No auge, durante a Guerra Fria, essa disputa tornou-se uma batalha entre extremos. Qual seria o melhor modelo para a sociedade: o capitalismo democrático ou o autoritarismo comunista? Embora o comunismo tenha perdido, não podemos afirmar que o capitalismo *laissez-faire* obteve uma vitória. Seria mais exato dizer, como a cientista política Sheri Berman, que a batalha não se decidiu nem em favor do capitalismo de livre mercado nem do planejamento estatal centralizado, mas em favor de uma mistura de ambos. Hoje, todo país industrializado avançado combina o capitalismo com grande parte das medidas de bem-estar defendidas pelos partidos social-democratas da Europa e dos Estados Unidos no começo do século XX.[46]

Com esse debate ideológico basicamente resolvido em favor da social-democracia, um novo surgiria. A recente ascensão de um novo populismo levou novas questões e novas divisões a se infiltrarem na política em toda parte. No mundo inteiro, ela desestabilizou as velhas coligações de esquerda e direita e redefiniu a maneira como entendemos a própria política. Aqueles que apoiam a intervenção estatal na economia já não se encontram exclusivamente na esquerda. Hoje, na verdade, algumas vozes de direita estão entre os maiores defensores do protecionismo fiscal, e têm uma visão extremamente cética das grandes corporações. Para essas pessoas, a economia "fechada" uniu forças com a política "fechada" — chauvinismo cultural, medo dos imigrantes e desconfiança da própria Modernidade. Temas como aberto *versus* fechado estão se tornando tão importantes quanto esquerda *versus* direita, se não mais. Por que isso está acontecendo? Se esta é uma revolução política, como outras no passado, então, que revoluções estruturais a precederam? Para entender o ordenamento político da nossa era, devemos olhar para as mudanças sociais que o puseram em ação: revoluções na globalização, na tecnologia da informação e na identidade.

PARTE II

REVOLUÇÕES DO PRESENTE

6

GLOBALIZAÇÃO EM EXCESSO

Economia

Imagine por um momento que você é um mineiro que trabalha com extração de carvão na região rural dos Estados Unidos, oriundo de uma família de mineiros com raízes profundas na área. Você se orgulha de ter a habilidade e a perseverança necessárias para realizar essa tarefa árdua. Por diversas gerações, sua família tem encontrado oportunidades de trabalho estável nas minas. Graças aos salários em ascensão e melhores condições de proteção ao trabalhador, seu pai conseguiu entrar para a crescente classe média americana. Você acredita que sua vida será melhor do que a de seus pais e que a de seus filhos será ainda melhor do que a sua.

Uma intensa recessão tem início; começa na região costeira — com pânico financeiro e corridas aos bancos —, mas rapidamente se espalha pela região central do país. Em pouco tempo, você é demitido. A mina em que você trabalhava é fechada. Você procura emprego em outro lugar, mas ninguém no seu ramo parece estar contratando. Quando vence a parcela da sua hipoteca, você não consegue pagá-la. Sem renda e sem perspectivas de emprego futuro na área de atuação em que você passou a vida trabalhando, tudo começa a desmoronar. Você não paga a hipoteca. Quando tenta comprar uma casa menor, o empréstimo é recusado. Você está sem trabalho, sem casa e desligado da terra e da função que lhe traziam estabilidade, senso de comunidade, orgulho e propósito.

Um político em início de carreira chega à cidade na qual você reside. Promete sanar as aflições econômicas que destruíram seu sonho americano. Ele combate os financistas de Wall Street e os empresários ultrarricos das regiões costeiras, ao acusá-los de manipular o sistema à sua custa. O sujeito promete que, se eleito, vai livrar a política americana da classe governante corrupta e devolver seu emprego, sua casa e sua dignidade. Ele lembra às pessoas que os Estados Unidos foram um grande país, mas que foram arruinados pela cobiça e interesses próprios do *establishment*. Ele vai tornar os Estados Unidos grandes novamente.

Esta não é só a história de Donald Trump em 2016, mas também a de William Jennings Bryan em 1896, a quem já fomos apresentados. Durante a Era Dourada, populistas como Bryan alcançaram rápida proeminência. Desafiavam a ortodoxia do *laissez-faire* e agradavam à classe trabalhadora americana, um segmento da sociedade enfraquecido por causa dos choques resultantes da Revolução Industrial e da economia americana em rápido processo de globalização.

Esses choques também produziram um enorme progresso econômico. Para aqueles que aplicavam novas tecnologias ou trabalhavam em indústrias de ponta, as recompensas eram gigantescas. E de fato, de forma geral, a sociedade se beneficiou do crescimento mais rápido, com uma variedade maior de bens mais baratos e a inovação que surge com a competição. No entanto, para muitos, essas novas tecnologias — e o mundo incomum que anunciavam — prometiam nada além de dor e descontentamento. O setor mais prejudicado foi provavelmente o da agricultura, que em 1900 ainda empregava quase metade de toda a força de trabalho americana (e hoje emprega menos de 2%).

Com redes ferroviárias se expandindo, avanços nas técnicas de refrigeração e coordenação internacional possibilitada pelo telégrafo, os bens agrícolas começaram a ser cada vez mais comercializados no mercado global. A Europa abocanhou a carne e os produtos agrícolas do mundo inteiro. Por volta de 1870, a Europa Ocidental importava mais de dois terços[1] de todos os gêneros alimentícios e matérias-primas vendidos no mercado mundial. À medida que a mecanização possibilitava o aumento das safras, bens agrícolas baratos inundaram o mercado, e na década de 1890, os preços globais do trigo e do algodão haviam caído quase 60%[2] em comparação com apenas 20 anos antes. Isso era uma bênção para o consumidor médio, que passara a adquirir o dobro de comida com o mesmo salário, e ao mesmo tempo beneficiava agricultores com celeiros agrícolas de baixo custo, como a Europa Central e a Oriental, juntamente com os comerciantes, empresários da indústria e financistas que faziam o mercado funcionar.

Contudo, para muitos agricultores e trabalhadores em economias mais avançadas, essa nova rede comercial trouxe problemas econômicos. Declínios agudos nos preços levaram a quedas significativas na renda. O declínio na renda, por sua vez, fazia com que os consumidores precisassem controlar os gastos e os donos de indústrias fossem cautelosos quando se tratava de novos investimentos. Em 1873, irrompeu um pânico financeiro completo. Falências se multiplicaram, espalharam-se pelos mais diversos setores e cruzaram fronteiras em questão de semanas. Linhas de produção chegaram a parar,[3] mesmo em negócios aparentemente desconectados e imensamente lucrativos, como ferro, aço e trilhos. Sem nada para produzir, as empresas tiveram que cortar folhas de pagamento, o que levou o desemprego nos Estados Unidos a mais do que dobrar de 1872 a 1878. Durante grande parte do fim do século XIX, a economia global esteve em depressão.

Nos Estados Unidos, na Grã-Bretanha e em outros países industrializados, milhões de trabalhadores urbanos, amontoados em apartamentos alugados sem condições sanitárias, ficaram subitamente — e depois continuamente — sem emprego. Estavam desconectados das comunidades e dos trabalhos rurais tradicionais que, durante gerações, haviam dado propósito a eles e às respectivas famílias. Ainda assim, à medida que a depressão econômica na região central agrícola do país piorava, mais e mais pessoas migravam para os cortiços das grandes cidades industriais à procura de trabalho. A chegada delas, contudo, só exacerbava o turbilhão de doença, fome e miséria que resultava da vida urbana no século XIX.

Progresso tecnológico e comércio global abastecem o crescimento econômico e aumentam a renda das pessoas. Mas essa combinação também leva a fracassos e desestabiliza sociedades, o que frequentemente gera uma reação adversa ao inevitável colapso e/ou profunda recessão. Essa reação adversa, então, abre caminho para políticos que canalizam ansiedade, medo e desconforto em raiva — e, às vezes, em soluções.

GLOBALIZAÇÃO A TODO VAPOR

Por milhares de anos, os seres humanos buscaram novas terras, povos e mercados[4] — fosse para lavoura, peregrinação, conquista, comércio, turismo. No entanto, foi somente após a industrialização do século XIX[5] que o mundo se tornou verdadeiramente interconectado. Embora aventureiros já tivessem desbravado os mares em busca de glória e riqueza, foi só na década de 1880 que as cadeias de abastecimento globais deslocaram, de fato, o comércio local.[6] Como vimos, fábricas britânicas despejavam bens de alta qualidade a custo drasticamente mais baixo e em escala maior do que os artesãos jamais poderiam executar manualmente — bens que passaram a ser enviados de forma rápida e barata para o mundo inteiro. Outros países, tais como os Estados Unidos e a Alemanha, seguiram o modelo capitalista industrial da Grã-Bretanha. Conforme observou o cientista político Jeffry Frieden, mesmo para países que ainda eram oficialmente reinos ou impérios, em meados do século XIX, "mercados, não monarcas, eram a força dominante".[7]

Antes da Revolução Industrial, a conquista era, de forma geral, o meio mais eficiente pelo qual nações podiam ter acesso a bens e recursos estrangeiros — e, às vezes, o único meio possível. Com o início da produção industrial e do transporte mecânico, o comércio tornou-se mais lucrativo do que a guerra. Em 1860, Grã-Bretanha e França estabeleceram um dos primeiros tratados de livre-comércio do mundo. O comércio entre economias avançadas cresceu de duas a três vezes mais depressa do que a produção doméstica. De 1800 a 1899, a parcela do comércio na produção econômica global aumentou oito vezes.[8] A expansão e a interconexão de mercados globais comprovadamente melhoraram as condições de vida materiais[9] de praticamente todas as pessoas no mundo.

A expansão de laços comerciais através do globo levou não só a um maior intercâmbio de bens, como também a um movimento maior de pessoas. Em 1873, *A volta ao mundo em oitenta dias*, de Júlio Verne, cativou leitores com a fictícia circum-navegação rápida de Phileas Fogg por trem e navio a vapor — um feito e recorde que um dia pareceram inimagináveis. Para nós, são normais voos de sete horas de Nova York a Londres e entrega de encomendas no dia seguinte possibilitadas por redes de abastecimento globais. Contudo, muito antes de os aviões terem sido inventados, o mundo já estava ficando menor.

VENCENDO A DISTÂNCIA

Em 15 de fevereiro de 1882, o *Dunedin*, um navio mercante britânico equipado com um congelador a vapor novinho em folha, zarpou da Nova Zelândia carregado com mais de 5 mil carcaças de carneiros e ovelhas recém-congeladas. Essa máquina de refrigeração bombeava ar frio e comprimido no compartimento de carga da embarcação. Noventa e oito dias depois de partir, e após semanas passando pelos trópicos úmidos, o *Dunedin* chegou a Londres com apenas uma carcaça estragada[10] — um novo recorde. Ao longo da história humana, produtos alimentícios embarcados em navios precisavam ser não perecíveis — secos, salgados ou preservados de alguma outra maneira. O *Dunedin* mudou isso. E então vieram outros aperfeiçoamentos em tecnologia de transportes. Progressos no navio e na locomotiva a vapor possibilitaram aos produtores enviar bens produzidos em massa ao redor do mundo, o que aumentou a capacidade global de material despachado em vinte vezes ao longo do século XIX. Entre 1850 e 1900, navios a vapor reduziram o custo do transporte marítimo em mais de dois terços e as ferrovias cortaram o custo do transporte por terra em mais de quatro quintos.[11] Graças à revolução que esses avanços provocaram, hoje podemos comer lagosta do Maine em Londres, salmão norueguês em Tóquio e carne bovina de Kobe em Nova York.

Enquanto o transporte se expandia desenfreadamente, avanços em tecnologias de comunicação também faziam com que a humanidade se tornasse mais próxima. Durante milênios, mensagens só podiam ser enviadas por meio de um portador a pé ou a cavalo, ou em malotes de correio carregados em barcos. Entretanto, nos anos 1840 e 1850, o telégrafo permitiu que notícias se espalhassem pelas capitais do mundo mais depressa do que até então. Em 1858, quando o primeiro cabo telegráfico transatlântico foi instalado, a rainha Vitória mandou ao presidente americano James Buchanan um telegrama de congratulações. A mensagem de 98 palavras da rainha levou 16 horas para ser transmitida através do Atlântico, uma viagem que teria levado mais de uma semana se enviada por um navio a vapor. A resposta de Buchanan chegou a Londres e no dia seguinte louvava o telégrafo como um arauto de paz e harmonia, uma invenção que viria "a difundir religião, civilização, liberdade e lei pelo mundo afora".[12] Em 1880, havia aproximadamente 100 mil milhas de cabos telegráficos submarinos que transmitiam oito palavras por minuto por todo o globo.[13] Não é exagero comparar o telégrafo com a internet quanto ao impacto sísmico na forma de as pessoas se comunicarem.

Essas revoluções tecnológicas não somente remoldaram sociedades individuais, como também criaram um mundo interligado. O comércio internacional explodiu, e o valor dos bens trocados cresceu 260% somente entre 1850 e 1870.[14] Um sistema financeiro global emergiu, com fluxos constantes de informação — preços de ações, títulos financeiros, metais e minerais — que pingavam de um lado a outro do planeta. E o câmbio global já não era privilégio de banqueiros e empresários internacionais, pois era uma realidade diária para centenas de milhões de pessoas, que lhes alterava os empregos, as roupas, os livros e a alimentação. A imigração pelos oceanos pode ser a mais impressionante e duradoura transformação causada pela nova globalização. Brad DeLong faz a assombrosa observação de que, nas poucas décadas entre 1870 e 1914, "1 em cada 14 seres humanos — 100 milhões de pessoas — mudou de continente".[15]

Era uma ruptura brusca nas relações em milênios de existência humana. Conforme explicou Eric Hobsbawm: "A história de agora em diante torna-se a história do mundo."[16]

A INVENÇÃO DO INTERNACIONALISMO

A globalização econômica foi acompanhada por uma nova cultura do internacionalismo. Como argumenta o historiador Mark Mazower, as mudanças vistas em meados do século XIX levaram "à consciência do mundo como um todo interligado".[17] A própria palavra "internacional" tornou-se de uso comum durante esse período. O termo foi cunhado por Jeremy Bentham em 1780, e por volta de 1850 a palavra tinha adquirido um sufixo: *internacionalismo*[18] veio a ser a palavra da moda na boca de toda uma nova classe de trabalhadores e administradores.

A geopolítica também se transformou. O Reino Unido — o poder hegemônico no mundo, graças à força industrial que adquirira — buscou um tipo radicalmente novo de política externa. Em vez de pelejar por glória no campo de batalha, a Grã-Bretanha foi à procura de estabilidade entre as grandes potências na Europa, enquanto trabalhava para garantir os interesses e valores interligados que adotara ao redor do mundo. O poder naval britânico protegia linhas marítimas em todo o planeta, assim como a libra esterlina tornou-se uma espécie de moeda para reservas ao ancorar o novo sistema financeiro internacional. Foi durante o fim da era vitoriana que William Gladstone, o entusiástico defensor do liberalismo, atuou doze anos como primeiro-ministro da Grã-Bretanha. O Reino Unido, nas palavras de Gladstone, estava desenvolvendo uma ordem internacional baseada nos "direitos iguais de todas as nações" e em um fundamental "amor pela liberdade".[19] Sob muitos aspectos, esse sistema nascente foi a primeira ordem internacional liberal do mundo.

Como principal potência econômica, a Grã-Bretanha se beneficiou de uma Europa em paz. Esse era o caso também das nações no continente, que haviam sido dilaceradas por séculos de conflito, o mais recente, na época, as Guerras Napoleônicas. Na esteira da derrota de Napoleão e do acordo selado no Congresso de Viena, a Europa podia se concentrar em fomentar o comércio e a prosperidade. É claro que a Grã-Bretanha e outros Estados europeus não se contentavam em deixar o restante do mundo viver em paz. Até mesmo para os mais liberais da época, a comunidade das nações com o privilégio de direitos iguais era apenas um pequeno subconjunto de países do mundo — os Estados da Europa e da América do Norte em processo de industrialização. Muitos desses países — o Reino Unido o principal deles — subjugaram brutalmente civilizações por toda a Ásia e a África. Até mesmo quando os europeus não colonizavam formalmente um lugar, davam um jeito de exercer o poder de outras maneiras. Forçavam a abertura de mercados em termos vantajosos, como a Grã-Bretanha fez quando travou as Guerras do Ópio contra a China. Apoiavam governantes títeres que protegiam interesses estrangeiros, como no Egito, onde os britânicos queriam assegurar o fluxo de comércio através do importantíssimo canal de Suez. Opressão e exploração foram o lado feio da expansão sem precedentes de mercados globais durante o século XIX.

E não foram somente as grandes potências europeias que agiram desse modo. Os Estados Unidos impuseram à força o comércio com aquele que logo veio a ser a maior potência econômica da Ásia: o Japão. O país era uma escala importante de descanso para navios que cruzavam o Pacífico, com ilhas ricas em depósitos de carvão e águas repletas de peixes e baleias.[20] No entanto, por mais de dois séculos, o Japão havia se fechado para o mundo ao limitar de maneira severa o comércio, banir viagens ao exterior e punir duramente qualquer japonês que tentasse importar ideias estrangeiras perigosas — especialmente a herética religião do cristianismo. Enquanto a Revolução Industrial varria o Ocidente, o Japão se recusava a adotar tecnologias pioneiras. Então, em 1853, uma flotilha a vapor da Marinha Americana comandada pelo comodoro Matthew Perry entrou na baía de Edo e obrigou o Japão a se abrir comercialmente. Esse estilo de globalização não era pacífico nem voluntário, e tampouco igualmente benéfico para todos — uma realidade esquecida no Ocidente, mas lembrada pelo restante do mundo.

GUERRAS COMERCIAIS, GUERRAS DE TIROS

No último quarto do século XIX, a expansão virou explosão e provocou uma onda de reações contrárias. Em 1873, um colapso financeiro duplo, em Viena e em Nova York, deflagrou algo inimaginável nos dias de hoje: uma depressão global de 24 anos, a primeira grande crise econômica da história moderna. Esse colapso, hoje conhecido como Longa Depressão, serviu de estopim para a primeira reação sustentada contra a globalização. Ela galvanizou todo tipo de agentes políticos externos ao poder dominante — populistas, socialistas e nacionalistas, todos por igual.[21] E também gerou uma forma nova e violenta de expressão política. A violência sempre fez parte da história humana, mas foi somente no fim do século XIX que o terrorismo se tornou amplamente usado como declaração política.[22] A partir de 1878, uma epidemia de atentados e assassinatos bem-sucedidos de figuras importantes irrompeu no mundo ocidental. Entre 1892 e 1901, cinco monarcas ou chefes de Estado foram assassinados: a imperatriz da Áustria, o rei da Itália, o primeiro-ministro da Espanha e os presidentes da França e dos Estados Unidos. Historiadores vieram a chamar esse período de Década do Regicídio.[23]

Politicamente, a Longa Depressão ajudou a direita mais do que a esquerda. Algumas pessoas foram atraídas para a esquerda, e de fato havia um maior reconhecimento de que a crítica socialista ao capitalismo tinha mérito, uma vez que a especulação e o pânico financeiro tinham deixado pessoas comuns na miséria. No entanto, à medida que o socialismo foi ganhando seguidores nas classes trabalhadoras da Europa, tal sucesso político provocou uma contrarreação mais duradoura e poderosa por parte dos conservadores. Preocupados com o fato de que os vínculos tradicionais da sociedade estavam se desintegrando e as agitações dos trabalhadores acabariam por minar a *antiga* cultura aristocrática e estabelecida da Europa, os conservadores se tornaram nacionalistas e militaristas. As pressões polarizadoras do socialismo e do nacionalismo conservador esvaziaram o tradicional centro liberal, o que levou Benjamin Disraeli — rival do Partido Conservador de Gladstone e duas vezes primeiro-ministro — a comparar os líderes liberais ingleses a "um bando de vulcões extintos".[24]

Por fim, os vencedores dessa luta tenderam a ser os nacionalistas conservadores,[25] que frequentemente abordavam a inquietação interna com o discurso da unificação ou por meio da distração do povo com nacionalismo e imperialismo, como na Alemanha de Bismarck e na Itália do rei Humberto I. Eles clamavam pelo protecionismo e pelo mercantilismo para promover os interesses nacionais. Atribuíam a culpa do caos e da agitação aos estrangeiros, que servia para diluir o conflito interno de classes que crescia nos bairros das classes trabalhadoras. Os bodes expiatórios foram encontrados. Judeus enfrentaram *pogroms* na Europa Oriental e eram demonizados na França e na Áustria. Nos Estados Unidos, baderneiros atacavam chineses na Califórnia e em outros estados do Oeste, até que, em 1882, o Congresso aprovou a primeira restrição importante à imigração, o Ato de Exclusão dos Chineses. Sim, tudo isso ainda repercute nos dias de hoje.

As potências coloniais europeias — inclusive novatas como a Bélgica e a Alemanha — acirraram a competição pela supremacia na África, no Oriente Médio e no Sudoeste da Ásia. Nas palavras de um vice-rei britânico da Índia, Lord Curzon, o mundo era "um tabuleiro de xadrez em que se jogava pelo domínio do mundo".[26] Com exércitos cada vez mais profissionalizados e tecnologias avançadas, as potências coloniais europeias conseguiram dar coletivamente um xeque-mate: em 1800, os países da Europa controlavam apenas 35% dos territórios do planeta; em 1914, detinham 84%.[27] Até mesmo a Grã-Bretanha, que um dia promovera o "imperialismo do livre-comércio" que buscava *mercados* estrangeiros em vez de *terras* estrangeiras, passara a anexar formalmente vastas regiões da África e da Ásia. Impérios europeus usavam esses territórios para alimentar suas máquinas industriais, ao mesmo tempo que procuravam centrar-se em cultivos agrícolas de trabalho intensivo e indústrias extrativas, como mineração de ouro e diamantes.[28]

A partir do começo da década de 1890, as nações industrializadas se afastaram dos livres mercados e do livre-comércio. O comércio ainda crescia — a economia internacional tinha uma lógica própria inexorável —, mas em muitos lugares os políticos que apoiavam a abertura econômica estavam em desvantagem. Em vez disso, os líderes mais populares eram os que se opunham integralmente a qualquer tipo de concepção de relações internacionais em que todas as partes se beneficiassem. Em 1890, os Estados Unidos aprovaram a Tarifa McKinley, ao mesmo tempo que medidas similares foram tomadas na França em 1892 e na Alemanha em 1897. Joseph Chamberlain, uma das figuras políticas mais influentes da época, instou a Grã-Bretanha a eliminar o compromisso com o livre-comércio em favor de tarifas imperiais — uma versão precoce do que hoje chamamos de *friendshoring** —, com a criação de um comércio preferencial dentro do Império Britânico. Isso provou ser complexo demais e impraticável em um império tão vasto e variado que abrangia um quarto do globo, mas a Grã-Bretanha adotou medidas próprias protecionistas em 1902.

---

* Termo que significa estabelecer laços comerciais com países amistosos, com valores e interesses afins. (N. T.)

Ao observar esse recuo em relação à abertura, o jornalista Norman Angell foi levado a escrever *A grande ilusão*, best-seller de 1909 que prescientemente advertiu políticos a não continuarem seguindo pelo caminho descendente do conflito nacionalista (e que lhe valeu o prêmio Nobel em 1933). Mesmo assim alguns líderes europeus, como Bismarck e o imperador austríaco Francisco José I, seguiram descendo por essa trilha. A Europa Ocidental e os Estados Unidos se valiam cada vez mais da diplomacia das canhoneiras e da coerção violenta no exterior para alimentar as respectivas expansões industriais, em vez da competição por meio do comércio. Esse retorno à lógica do mercantilismo de soma zero, da expansão colonial e dos oscilantes equilíbrios de poder gerou uma crise após outra — e então, no verão de 1914, mergulhou a Europa em uma guerra total.

O FIM DA GLOBALIZAÇÃO

Quatro anos de guerra devastaram a Europa e abalaram a confiança na modernidade, na tecnologia e no progresso incessante existente no século XIX. No entanto, alguns anos após o armistício, até mesmo nos Estados Unidos havia um urgente desejo de voltar aos velhos e bons tempos, "um retorno à normalidade", conforme Warren Harding descreveu na campanha presidencial de 1920, à qual concorrera. Em pouco tempo, o período de aceleração desenfreada estava de volta. As festas regadas a álcool e salões de jazz lotados, tão característicos dos Roaring Twenties — os retumbantes anos 1920 —, eram produto de uma economia ribombante. Só nos Estados Unidos, o PIB cresceu mais de 40%, graças, em parte, à produção em massa de automóveis e à propagação da eletricidade. Calvin Coolidge, que ocupou a Casa Branca durante a maior parte da década, celebrava os grandes negócios e o capitalismo, uma abordagem que parecia sintonizada com a época. O cinema e o rádio ofereciam novas formas de entretenimento de massa, e criaram celebridades que se tornaram nomes conhecidos em todo o planeta, como Charlie Chaplin. As viagens voltaram a ocorrer em grande escala, dessa vez com navios a vapor melhores e maiores e com a incipiente mas deslumbrante tecnologia dos aviões. Por algum tempo, Charles Lindbergh, que pilotou um aeroplano através do Atlântico, talvez tenha sido o homem mais admirado da Terra. E então veio a quebra da Bolsa de Nova York em 1929, que deflagrou a Grande Depressão, a qual não só pôs fim à economia global e mergulhou milhões na pobreza, como também matou qualquer fé nascente na economia de mercado, dentro e fora dos Estados Unidos.

As velhas dúvidas em relação ao livre-comércio rapidamente vieram à tona outra vez, o que resultou em elevadas barreiras tarifárias e em uma mudança para a autarquia, ou autossuficiência econômica. Em alguns países que haviam se orientado para o comércio, tais como a Alemanha, surgiu um novo *éthos* de extrema autossuficiência nacional, de um tipo raro atualmente (pense em Cuba ou na Coreia do Norte). Muitos países investiram pesado em indústrias nacionais, e com isso desenvolveram capacidade e infraestrutura industriais para se tornarem totalmente autodependentes. Em uma Europa cada vez mais dominada por mercados nacionais, em vez de continentais, todo mundo se voltou para dentro. O protecionismo estava em alta até mesmo na Grã-Bretanha e na França, tradicionalmente adeptas do livre-comércio. A Grã-Bretanha instituiu a Preferência Imperial, um sistema que baixava tarifas entre Canadá, Austrália, África do Sul, Índia e outras colônias britânicas, enquanto as aumentava no restante do mundo. Na França, o governo de esquerda aumentou as tarifas por conta própria.[29] Os Estados Unidos, que já tinham tarifas elevadas, aumentaram-nas ainda mais.

Em uma economia mundial aberta, quase sempre é mais barato adquirir um recurso natural ou produto industrial específico pelo comércio do que tomá-lo à força. Entretanto, com os mercados externos trancados por trás de intransponíveis muros tarifários, a conquista voltou a ser uma possibilidade e até mesmo algo lucrativo. Em 1925, Adolf Hitler apresentou uma visão expansionista da Alemanha em *Minha luta* — *Lebensraum* [espaço vital] —, que era em parte um meio de assegurar acesso a produtos agrícolas estrangeiros e minerais estratégicos que as altas tarifas haviam cortado dos países.[30] Os japoneses enfrentavam um embargo de petróleo que teria sufocado a economia até a morte. Não demoraria muito para que as ideologias de imperialismo econômico e superioridade cultural, nacional e racial da Alemanha e do Japão empurrassem o mundo novamente para uma guerra.

RENASCIMENTO DA GLOBALIZAÇÃO

A Segunda Guerra Mundial foi, em seu cerne, um choque entre a democracia liberal e a autocracia fascista, e a vitória dos Aliados representou a derrota do nacionalismo, do protecionismo e do militarismo. No fim da guerra, os países tinham reconhecido os perigos de se fechar para o mundo.

Os Estados Unidos presidiram a criação de uma nova ordem mundial, e Franklin Delano Roosevelt e depois Harry Truman mostraram uma dedicação especial à abertura e à cooperação. O livre-comércio voltou a florescer, no mínimo, por causa dos incansáveis esforços do secretário de Estado de Roosevelt, Cordell Hull, que insistiu no comércio como forma de as nações crescerem e prosperarem pacificamente.

Enquanto a Europa se esforçava para se livrar do entulho físico, social e psicológico da guerra — auxiliada nessa tarefa pelo poder e pelo dinheiro americano —, o pêndulo oscilava firmemente para longe do nacionalismo em direção à unidade, até mesmo à união, continental. Winston Churchill, aquele velho imperialista, propôs os "Estados Unidos da Europa". O primeiro passo seria dado em 1952, com a criação da Comunidade Europeia do Carvão e do Aço, que estabeleceu um mercado único para esses materiais essenciais entre países da Europa Ocidental (inclusive a Alemanha Ocidental e a França, não mais inimigas). A autarquia, que parecera uma rota legítima para a prosperidade nos anos 1930, passou a ser amplamente desdenhada como delirante e perigosa.

Um novo liberalismo — não o velho liberalismo de *laissez-faire* do século XIX, mas uma forma democrática social com alguma intervenção do Estado na economia — estava na ordem do dia. Como as pessoas passaram a ter proteções bem maiores contra as vicissitudes, graças aos expandidos Estados de bem-estar social, o livre-comércio com o exterior voltou a ser possível. Mercados regulados, redes de segurança e sindicatos trabalhistas fortes, tudo isso permitia uma abertura muito maior à competição internacional. E apesar da contestação dessa fórmula por parte da União Soviética durante a Guerra Fria, ela provou ser tão bem-sucedida que permanece o modelo dominante até os dias de hoje.[31]

É claro que, mais de três décadas de crise e conflito, de 1914 até 1945, provocaram danos graves. Grande parte da Europa e da Ásia estava em cinzas, e nações que se livraram do jugo colonial estavam desgraçadamente subdesenvolvidas. Brad DeLong observa que, por volta de 1950, "o ciclo de globalização fora totalmente revertido",[32] uma vez que o comércio internacional havia desabado para menos de 10% de toda a atividade econômica global — um nível similar ao de 1800. Seriam necessários cerca de 60 anos para que o mundo retornasse aos níveis pré-1914 de intercâmbio global.[33]

A notável história de sucesso da globalização renovada mostra como esse quadro foi revertido. Aprendendo com os fracassos do período do entre-guerras, estadistas da geração da Segunda Guerra Mundial colocaram mais ênfase na criação de instituições multilaterais fortes que pudessem administrar mercados globais e prover um fórum para a cooperação. A globalização não só se recuperaria, como também acabaria por atingir novos patamares. E havia uma diferença crucial em relação aos anos do entreguerras, quando o liberalismo esteve à beira da morte: o mundo aberto que tomou forma com o fim da Segunda Guerra Mundial tinha a inquestionável âncora dos Estados Unidos recém-internacionalistas.

O arquiteto desse sistema foi Franklin Roosevelt. Ele visualizou uma ordem fundada na política de grande potência que ainda assim apoiava a abertura de mercados, cooperação e paz. Para Roosevelt, o erro de Woodrow Wilson fora afastar ingenuamente a competição das grandes potências. Esse *éthos* foi cultuado na organização que Wilson projetou, a Liga das Nações, que tratava todos os países da mesma forma (e à qual os Estados Unidos se recusaram a aderir, devido à oposição republicana). Roosevelt, em contraste, acreditava que as principais potências deveriam ter uma cadeira especial à mesa, e daí surgiu a ideia de estabelecer os cinco membros permanentes do Conselho de Segurança da Organização das Nações Unidas (ONU) — os vitoriosos na Segunda Guerra Mundial. Ao dar crédito à ONU e a outras instituições de governança global, estimular o comércio entre as nações e deter novos artefatos de guerra de grande potência, o poder americano subscreveria a nova ordem mundial.

Até mesmo alguns republicanos, que havia muito eram porta-estandartes de um isolacionismo do tipo "Estados Unidos primeiro", começaram a exaltar as virtudes do internacionalismo. Henry Luce, o influente editor das revistas *Time* e *Life*, capturou essa mudança de sentimento num ensaio definidor de uma era, "The American Century" [O século americano].[34] Publicado na *Life* em fevereiro de 1941, antes de os Estados Unidos entrarem na guerra, o ensaio de Luce anunciava uma nova era na qual o país promoveria de forma ativa democracia e capitalismo ao redor do mundo. Os argumentos utilizados reverberaram amplamente e conquistaram eleitores — e também os estadistas que reconstruiriam o mundo após a guerra. Em 1945, quando representantes das potências aliadas se encontraram em São Francisco para traçar o esboço das Nações Unidas, um grande consenso estava se cristalizando em torno das virtudes do internacionalismo liberal e de instituições multilaterais.

Uma nova ordem econômica ganhou vida, respaldada pela primeira vez por um conjunto global de regras e regulamentos sustentado por novas instituições: a ONU, o Fundo Monetário Internacional (FMI) e o Acordo Geral de Tarifas e Comércio (precursor da Organização Mundial do Comércio, OMC). Essas regras e regulamentos começaram a tomar forma em uma conferência em 1944, com mais de 700 representantes dos países aliados. Ao longo de três semanas de negociações em Bretton Woods, New Hampshire, aos pés das montanhas Brancas, projetou-se um sistema de regulação monetária internacional destinado a abordar as fraquezas estruturais dos anos do entreguerras e superalimentar a recuperação econômica. Os representantes concordaram que a estabilidade financeira global seria escorada pelos Estados Unidos, com outras moedas vinculadas ao dólar e o dólar conversível ao ouro.

O Sistema de Bretton Woods, como veio a ser conhecido, possibilitou uma das expansões econômicas mais rápidas e profundas da história. No fim da Segunda Guerra Mundial, todas as economias avançadas jaziam em ruínas (em alguns casos, literalmente), com a única exceção dos Estados Unidos. Ainda assim, em 1964, a produção *per capita* da Europa Ocidental havia dobrado e em 1969 a do Japão tinha crescido por um fator de 8. Até mesmo os Estados Unidos, que não cresceram a partir de uma base baixa, viram a produção *per capita* do país subir 75% até 1973.[35] Nesse ano, quando o Sistema de Bretton Woods ruiu depois que os Estados Unidos puseram fim à conversibilidade em ouro, o Produto Interno Bruto global havia aumentado mais de 200% em relação ao nível anterior à guerra,[36] aproximadamente a mesma porcentagem de aumento que aconteceu durante a segunda Revolução Industrial, de 1820 a 1914, quando nasceu a economia moderna.

A ERA DO JATO

Mais uma vez, essa nova explosão de globalização foi impulsionada por profundos avanços no transporte. Durante a maior parte do século XX, cargas eram despachadas da mesma forma que no século XIX, em sacas e barris descarregados de um navio para outro, com aprimoramentos marginais em eficiência graças a guindastes e outros equipamentos semelhantes. Em 1956, porém, um empreendedor da Carolina do Norte, Malcolm McLean,[37] impulsionou o transporte de carga para o futuro com a invenção do navio-porta-contêineres. Ele carregou o *Ideal X*, um navio-petroleiro desativado, com 58 carretas fechadas de caminhão erguidas diretamente do chão por guindastes. A embarcação transportou os contêineres de carga de Newark para Houston, onde 58 cabines de caminhão estavam à espera para engatar as carretas e levar os bens até o destino final.

Ao economizar mão de obra com a inovação, McLean reduziu o tempo de carga e descarga da mercadoria embarcada em mais de três semanas. Como resultado, o custo do frete subitamente caiu 97%, a um valor minúsculo de 16 centavos de dólar por tonelada. Essa foi uma mudança ainda mais profunda para as redes de comércio global do que a anunciada pela primeira carga de carne refrigerada do *Dunedin*. Daí em diante, tornou-se mais barato despachar bens de e para portos ao redor do mundo do que transportá-los por caminhão do porto ao destino final.[38]

Em 1973, o comércio contribuía duas e até três vezes mais para o PIB das economias avançadas do que em 1950.[39] É claro que a Guerra Fria limitava o caráter realmente mundial dessa nova onda de globalização. Stálin proibiu qualquer país do Bloco Oriental de aceitar auxílio americano via Plano Marshall, e, por décadas, o comércio Ocidente-Oriente permaneceu mínimo.

Revoluções em tecnologia de transportes também desembocaram em uma nova era de mobilidade humana. Na década de 1860, a viagem de Nova York a São Francisco por navio a vapor com um intervalo por trem através do istmo do Panamá, levava cerca de trinta dias. Antes da Segunda Guerra Mundial, algumas linhas aéreas sobrevoavam o Atlântico, mas poucos passageiros preferiam o barulho ensurdecedor, as múltiplas paradas e os custos vultosos em vez do relativo luxo e comodidade dos navios transatlânticos. Praticamente todo transporte transoceânico era feito por barco, com navios de passageiros movidos a carvão que levavam dias ou até semanas para fazer a travessia. Então, em 1958, a Pan Am, principal companhia aérea global durante grande parte do século XX, efetuou o primeiro voo transatlântico de passageiros em um avião a jato, o Boeing 707. A Era do Jato tinha começado.[40]

O turismo internacional decolou à medida que as novas tecnologias tornavam os voos de longa distância cada vez mais baratos, mais rápidos e mais fáceis. Em 1965, um ano depois que um 707 da Pan Am levou os Beatles aos Estados Unidos pela primeira vez, as chegadas de turistas em todo o globo excederam 110 milhões — um número quase cinco vezes maior do que apenas 15 anos antes.[41] No começo dos anos 1970, os jumbos[42] ganharam os céus e pousaram em não menos do que 160 países. As viagens internacionais praticamente dobraram a cada década. Na década de 2010, houve mais de 1 bilhão de chegadas de turistas por ano.[43]

Essa mobilidade sem precedentes de pessoas, bens e capital não foi apenas para o 1% mais abastado da população mundial. A crescente classe média da Europa, da América e (em breve) da Ásia Oriental colheu as recompensas da globalização na forma de bens baratos, viagens acessíveis, paz e prosperidade.

NENHUMA ALTERNATIVA?

Nos anos que se seguiram à Segunda Guerra Mundial, os governos ocidentais investiram pesado em programas de bem-estar social. Eleitores aclamavam políticos por prover tanto crescimento econômico quanto estabilidade nacional. Os gastos em bem-estar social em todas as economias avançadas cresceram em média de 27% do PIB em 1950 para 43% em 1973. Movimentos trabalhistas se mantiveram fortes, com cerca de um a dois terços dos trabalhadores nesses países filiados a sindicatos. Graças às oportunidades econômicas aparentemente sempre em expansão, os índices de desemprego permaneciam, em média, por volta de 3%, significativamente abaixo da média de 8% nos anos do entreguerras.[44] Os franceses chamaram essas três décadas após a Segunda Guerra Mundial de *Les Trente Glorieuses* [os gloriosos trinta], e o que se conquistou foi de fato magnífico: a coexistência de abertura e estabilidade, que alimentou o crescimento econômico pelo mundo. Com barreiras comerciais mais baixas, regulações perspicazes e segurança reforçada, o Ocidente encontrou a fórmula de progresso ideal.

No entanto, com o passar do tempo, a era dourada começou a evanescer. Governos passaram a exagerar nos gastos e nas regulações, e pediram mais empréstimos para fazer frente aos crescentes déficits. Os sindicatos, por sua vez, exigiram salários mais altos para compensar o crescimento da inflação. Na década de 1970, o equilíbrio entre dinamismo econômico e bem-estar social tinha saído do controle. O crescimento havia desacelerado, a inflação havia aumentado e o Estado intervinha cada vez mais na economia, com estritos controles de preços em gêneros de demanda estável, como pão, leite e sabão, impostos pelos governos. Em grande parte do Ocidente, taxas marginais de imposto de renda excediam 70%.[45] Períodos de escassez de petróleo, causados pela geopolítica do Oriente Médio, exacerbaram a situação. O resultado foi uma dolorosa combinação de estagnação e inflação: estagflação. A economia mundial tinha caído em um marasmo.

Assim como ocorre em toda significativa contração de globalização, a ortodoxia econômica e política da época é novamente rejeitada, e a crise da década de 1970 não foi exceção. Eleitores exigiam uma intervenção governamental ativa e gastos com o bem-estar social, e formaram rebanhos de uma nova geração de conservadores *laissez-faire*, como Ronald Reagan e Margaret Thatcher. Inspirados pela obra do economista Milton Friedman, esses políticos enfatizavam a política monetária em detrimento da política fiscal, e defendiam a desregulamentação de mercados privados. Na contramão da solução preferida nos anos 1930, quando os líderes apostavam duplamente em nacionalismo e protecionismo, essa nova geração buscava liberar mercados e comércio. Em outras palavras, *mais* mercados e *mais* globalização. Havia um crescente conservadorismo cultural — contra o movimento feminista, a integração racial e o secularismo —, mas a direita era liderada por conservadores *econômicos*, que tiravam partido das fúrias de seus confederados culturais para alcançar os próprios propósitos.

Thatcher e os conservadores abocanharam o poder na eleição geral da Grã-Bretanha em 1979, com o compromisso de revitalizar a morosa economia britânica e pôr fim ao descontentamento dos trabalhadores. Em 1980, Reagan conquistou feito similar nos Estados Unidos: ganhou a eleição de lavada com a promessa de reestruturar fundamentalmente a economia americana. Nos respectivos mandatos, tanto Thatcher quanto Reagan implantaram uma nova abordagem econômica, que posteriormente seria chamada de "neoliberalismo". Defendiam a privatização e a desregulamentação ao mesmo tempo que prometiam orçamentos equilibrados. Reagan, no entanto, fracassou em cumprir esta última promessa e, em vez disso, triplicou a dívida interna durante o período em que esteve na presidência. Não obstante, como as altas taxas de juros — estabelecidas pelos bancos centrais dos Estados Unidos, da Grã-Bretanha e de outros países da Europa — tornavam os títulos governamentais atraentes para investidores, ele e outros neoliberais podiam ter o melhor dos dois mundos. Cortaram impostos, mas aumentaram os gastos e cobriram a diferença com empréstimos, que iam ficando cada vez menos dolorosos com o declínio das taxas de juros.[46] Governos e investidores estrangeiros entraram no jogo para financiar grande parte dos gastos dos governos ocidentais. Isso, junto com o abraço neoliberal no livre-comércio, tornou ainda mais estreita a trama da economia mundial.

Fluxos econômicos internacionais foram ainda mais estimulados pelo nascimento da indústria financeira moderna. Em todo o Ocidente, o Estado perdeu poder para o setor financeiro, que se tornou maior do que jamais fora antes. Nos Estados Unidos, os poderes do Federal Reserve e da Federal Deposit Insurance Corporation para administrar o crédito e supervisionar bancos foram reduzidos, o que permitiu às instituições financeiras operar de forma amplamente autônoma. A Grã-Bretanha fez um movimento similar. Na década de 1930, houvera um consenso no sentido de que o Banco da Inglaterra[47] devia ser estatizado para controlar o crédito, mas, no fim dos anos 1970, os mercados haviam se apropriado dessa função. Tudo isso possibilitou um sistema que era mais lucrativo e mais eficiente, porém também muito mais arriscado, o que montou, em última análise, o palco para a crise financeira global de 2008.[48]

Reformas neoliberais foram implantadas em praticamente todas as economias ao redor do globo, muitas vezes sob coação. Após uma série de implosões econômicas no mundo em desenvolvimento nos anos 1980, o FMI e o Banco Mundial vieram a galope em salvação, mas os empréstimos vinham acompanhados de condições. Exigia-se que os governos fizessem importantes reformas macroeconômicas e políticas, seguindo as linhas do que veio a ser conhecido como Consenso de Washington — um conjunto de políticas destinadas a liberar as forças do mercado. Para receber empréstimos ultranecessários do FMI, os países em desenvolvimento eram instados a se transformar em democracias neoliberais de livre mercado. Para a maioria dos Estados financeiramente insolventes, não havia — conforme famosa citação de Margaret Thatcher — "nenhuma alternativa".

Em muitos países, as reformas ajudaram a impulsionar o crescimento. Na Argentina, por exemplo, após o colapso econômico dos anos 1980, políticas neoliberais na década de 1990 incentivaram investimento externo que alimentou quase uma década de crescimento constante do PIB.[49] No entanto, o Consenso de Washington também aumentou a desigualdade ao aprofundar o abismo entre os beneficiários da globalização e os que eram deixados para trás.

A GLOBALIZAÇÃO GANHA HIPERVELOCIDADE

O evento sísmico do fim do século XX foi a queda do comunismo. Em 1989, os países da Europa Oriental alinhados com a União Soviética desabaram e, dois anos depois, a própria União Soviética se desintegrou. O socialismo como sistema econômico e político havia sido finalmente desacreditado. Com a queda da Cortina de Ferro, novos Estados no antigo bloco soviético clamaram para se juntar aos mercados internacionais, e na condição de democracias liberais. As reformas neoliberais dos anos 1980 haviam disponibilizado capital global e ligado as economias entre si como jamais se vira. E as economias socialistas foram ficando no passado. Em apenas alguns anos, o mundo entrara em uma nova era de hiperglobalização.

O dinheiro — na forma de empréstimos bancários e investimentos internacionais — percorria o mundo como um foguete. O incremento já começara na década de 1980, quando o setor financeiro decolou. Entre 1985 e 1987, o volume anual de empréstimos bancários internacionais cresceu 62%.[50] Nos anos 1990, entretanto, o setor bancário se expandiu ainda mais. Governos derrubaram barreiras para fluxos de capital, bem como os financistas se aproveitaram da disseminação de computadores e de outras tecnologias de comunicação, como a internet e cabos de fibra óptica, para acompanhar rapidamente flutuações de mercado e achar novas oportunidades de investimento. Como observa o historiador Adam Tooze, o setor financeiro passou por uma reestruturação fundamental: virou as costas para o sistema bancário tradicional, orientado para depósitos, e se centrou, em vez disso, em empréstimos de alta liquidez. De 1990 a 2000, os dez maiores bancos privados do mundo[51] entraram em uma farra de gastos e aumentaram a parcela de ativos globais totais que possuíam de 10% para 50%. Os lucros explodiram. Em 1983, o setor financeiro americano representava somente 10% de todos os lucros corporativos; em meados da década de 2000, esse valor havia aumentado para cerca de 40% e ultrapassara a indústria como o setor mais lucrativo da economia americana.[52]

Ávidas por investir seus novos superávits em áreas de crescimento mais rápido, as economias avançadas injetaram muito capital em mercados emergentes. Nos anos 1990, a União Europeia despejou centenas de bilhões de dólares de fundos de investimentos estruturais nas recentes democracias da Europa Oriental, em uma série de programas que Tooze iguala a um Plano Marshall dos dias atuais. Investidores privados também se agregaram na região: no fim da década de 1990, aproximadamente metade da capacidade industrial da Europa Oriental era de propriedade de corporações europeias ocidentais.[53]

Os efeitos sobre a região foram profundos. Basta olhar a Škoda, a maior fabricante de automóveis da República Tcheca e um dos mais importantes conglomerados industriais da Europa Central. De propriedade estatal desde 1948, a reputação da companhia como principal empresa de manufatura global tinha sofrido durante a Guerra Fria devido à má qualidade e aos designs abaixo do padrão. Depois do colapso do comunismo e da transição da Tchecoslováquia para a democracia, o Grupo Volkswagen, um símbolo da robustez da Alemanha Ocidental, comprou a fabricante de automóveis, que lutava para sobreviver. Em 1991, a Škoda produziu 172 mil carros e vendeu 26% deles em trinta países estrangeiros. Apenas 9 anos depois, produziu 435 mil e mandou 82% para o exterior, para mais de setenta países.[54] Hoje, a Škoda é uma das subsidiárias mais lucrativas do Grupo Volkswagen, e perde apenas para a Porsche.

Houve milhares de histórias de sucesso na década de 1990 semelhantes a essa, uma vez que a entrada repentina de tantos países no sistema capitalista gerava um crescimento aparentemente ilimitado.[55] E isso não ocorreu somente na Europa Oriental. O mundo inteiro estava colhendo os frutos da hiperglobalização.[56] Pela primeira vez na história, a produção de bens de alta qualidade tornou-se um fenômeno verdadeiramente global. Consideremos o caso da Intel. Fundada em 1968 em um pequeno vale ao sul da Bay Area, que viria a ser conhecido como Vale do Silício — graças, em grande parte, ao sucesso da empresa —, a Intel foi por décadas a mais importante fabricante de microchips do mundo. A primeira fábrica foi aberta na Malásia no começo da década de 1970, e, nos anos 1990, ela apoiava-se em uma rede de instalações de manufatura, montagem e desenvolvimento de produtos ao redor do globo, a princípio, a maior parte na Ásia, mas depois também em países fora da região, como a Costa Rica. Um estudo mostrou que o PIB desse país cresceu 8% em 2 anos depois da chegada da Intel no país — a mais alta taxa de crescimento na América Latina e o maior aumento do PIB costa-riquenho em 30 anos.[57]

Para muitos países em desenvolvimento, a hiperglobalização[58] dos anos 1990 não significou apenas alcançar os níveis ocidentais de desempenho econômico, e alguns começaram a superar o Ocidente na competição ao fazer o jogo da globalização de forma melhor e mais barata. Em 2007, as nações em desenvolvimento eram responsáveis por mais produção global do que as economias avançadas, e desde então a participação delas só cresceu.

O mundo como um todo estava produzindo muito mais do que já havia produzido. Em comparação com 1980, o PIB global tinha quase duplicado em 2000 e mais do que triplicado em 2015.[59] De 2000 a 2007, a renda *per capita* cresceu a uma taxa considerada a mais rápida da história. O comércio global aumentou em 133% entre 1990 e 2007,[60] com os mercados emergentes contribuindo com metade desse crescimento. Mercadorias baratas e ainda assim de qualidade produzidas no Japão, na Coreia do Sul, no Vietnã e na China inundaram os mercados americano e europeu, o que impulsionou a economia dos países exportadores e abaixou os preços para os consumidores ocidentais. Esse influxo foi facilitado por grandes atacadistas multinacionais como Walmart e importantes indústrias cuja produção ocorria no exterior. Foi só após a hiperglobalização dos anos 1990 que o trabalhador que recebia um salário baixo e vivia na região rural dos Estados Unidos pôde adquirir os últimos tênis da Nike, desenhados no Oregon e fabricados na China.

E, como sempre, essa nova rodada de globalização teve também consequências no âmbito político, com a liberalização econômica e política andando de mãos dadas. Classes médias em ascensão pelo mundo exigiam democracia, e o fracasso de políticas econômicas estatais desacreditava o autoritarismo. Na década de 1970, apenas 8% dos países eram considerados democracias liberais de livre mercado; no fim dos anos 1990, mais de 30% dos países eram assim considerados. Em 1988, havia poucas democracias liberais maduras, consolidadas, além das que se encontravam na Europa Ocidental e as dos Estados Unidos, do Canadá, da Austrália e do Japão. Já em 2010, a democracia liberal se tornara o padrão nos países em grande parte do mundo, exceto a África Setentrional e a Subsaariana, a Ásia Central e o Oriente Médio.[61] Desde as origens em um pequeno aglomerado de países aninhados ao longo do Atlântico Norte, o mundo livre crescera de modo a incluir quase 112 Estados com algum nível real de democracia.[62]

AS ORIGENS DO NOSSO DESCONTENTAMENTO

A hiperglobalização dos anos 1990 foi a apoteose da democracia liberal e do capitalismo global. Todas as ideologias e todos os sistemas econômicos concorrentes pareceram ter pedido legitimidade e sustentação. Conforme diz o famoso cientista político Francis Fukuyama, foi "o fim da história".[63] A civilização humana atingira o estágio mais elevado.

No entanto, logo começou uma reação adversa, que ainda se manifesta em todo o planeta até hoje. Muitos dos países mais celebrados pela transição para a democracia liberal de livre mercado deram passos para trás — basta olhar a Rússia de Vladimir Putin, a Hungria de Viktor Orbán, a Turquia de Recep Tayyip Erdoğan, a Índia de Narendra Modi, ou, até eleições recentes, a Polônia de Jaroslaw Kaczyński e o Brasil de Jair Bolsonaro. Muito dessa reversão, alimentada por ressentimentos nacionais contra a globalização e os valores que lhe são associados (incluídos liberalismo e cosmopolitismo), podem ser rastreados precisamente até o momento de transição dos anos 1990.

No Ocidente, a evolução da democracia liberal de livre mercado,[64] que, sob muitos aspectos, tem raízes na República Holandesa do século XVI, foi longa, lenta e orgânica — e até mesmo nos dias de hoje, vez ou outra ela ainda cambaleia. Como o mundo em desenvolvimento não teve tempo de desenvolver suas instituições lentamente, a democratização nos anos 1980 e 1990 foi rápida e superficial. Países enfatizaram reformas de mercado em detrimento de transformações políticas e sociais. Eleições foram fáceis de se estabelecer, mas o Estado de direito e a proteção dos direitos individuais nem tanto. Países em desenvolvimento adotaram e adaptaram novos sistemas do Ocidente, de assembleias de representantes livremente eleitos até cortes supremas e corpos regulatórios financeiros, porém muitas vezes com uma compreensão superficial e limitada de como deveriam funcionar na prática. Países fracassaram em implantar a proteção e a liberdade prometidas pelo liberalismo. A população, por sua vez, não sabia o que esperar ou exigir desse novo sistema, e, em muitos casos, foi deixada para resolver os transtornos do liberalismo de mercado sem nenhum tipo de isolamento institucional para protegê-la.

No mundo pós-soviético, a sociedade civil fracassou em criar raízes profundas, e políticos se debateram para aderir a um Estado de direito independente.[65] O rápido e muitas vezes corrupto processo de privatização de indústrias de propriedade estatal criou uma porção de oligarcas extremamente ricos com poder político recém-adquirido, mas fracassou em melhorar as condições de vida das massas.[66] Em muitos casos, na realidade, essas condições pioraram. (Na Rússia, a expectativa de vida caiu[67] e o crime aumentou durante a década de 1990.) Pessoas comuns deixaram de internalizar os valores do liberalismo porque lhes foi dado pouco tempo para compreendê-los. Políticos fracassaram na criação de instituições democráticas resilientes e receberam pouco apoio do Ocidente para fazê-lo de forma eficaz. Boris Yeltsin, que, como primeiro presidente russo, supervisionou as reformas do país no começo dos anos 1990, sintetizou o problema com mestria: as novas instituições liberais democráticas e de livre mercado eram "lindas estruturas e belos títulos, mas sem substância".[68]

No Ocidente em si, os malefícios da globalização amadureceram sob as próprias sombras do sucesso. Ao longo da década de 1980 e de grande parte da de 1990, parecia que a integração nutria uma nova era de crescimento contínuo. Recessões, endêmicas ao capitalismo, seriam breves, contidas e administradas mediante o uso de novas ferramentas: boas políticas monetárias e um compromisso mantido com a abertura do comércio. No entanto, no fim dos anos 1990, uma crise monetária no Oriente e no Sudeste da Ásia ricocheteou pelo mundo, o que levantou as primeiras preocupações sobre a volatilidade de uma globalização irrestrita.

A crise começou em 1997, quando o governo tailandês, por ter esgotado as reservas cambiais necessárias para atrelar a moeda do país ao dólar americano, foi forçado a flutuar a própria moeda. Investidores estrangeiros ficaram ariscos e tiraram os investimentos feitos na Tailândia. Como os mercados de capital internacionais tinham crescido tanto, e operavam 24 horas por dia, o resultado foi uma fuga massiva de capital. Problemas na Tailândia fizeram os investidores com interesses em outras partes do Oriente e do Sudeste Asiático também optarem por tirar o dinheiro desses mercados. O desemprego foi às alturas na Tailândia e na Coreia do Sul e aumentou em toda a região à medida que a crise se agravava. A pobreza na Coreia do Sul duplicou, o que levou o PIB da Indonésia e da Tailândia a cair em dois dígitos ou a uma porcentagem de quase dois dígitos.[69]

O FMI e a maioria dos países credores ofereceram um pacote de medidas para a estabilização financeira semelhante ao que haviam oferecido aos países da América Latina nos anos 1980, porém dessa vez o resultado não foi um crescimento consistente do PIB, mas uma prolongada contração econômica, perdas salariais constantes e redução na competitividade de exportação. À medida que a crise piorava, os credores de economias avançadas temeram que os investimentos feitos em países em desenvolvimento fora da Ásia também ficassem inseguros. Como medida preventiva, retiraram o capital investido e transformaram, assim, uma crise regional em global. Embora a crise financeira asiática tenha durado apenas dois anos e tenha sido amplamente contida para o mundo em desenvolvimento, o fato mostrou que a globalização não era apenas dinâmica, era também disruptiva — e que a dor não era dividida igualmente.

Um dos primeiros protestos antiglobalização importantes em uma economia avançada ocorreu em Seattle em 1999, no encontro anual da OMC. Os manifestantes exigiam uma desaceleração da hiperglobalização dos anos 1990 e o retorno de algum grau de proteção nacional. Lutavam contra a expansão não regulamentada de corporações multinacionais, exigiam mais garantias para trabalhadores e até mesmo defendiam novas regras globais de desenvolvimento sustentável. Na época, muitas pessoas desprezaram essas preocupações, ao julgar que provinham de um grupo afetado marginal e extremista — *hippies* resmungões, que uniram forças com anarquistas assumidos. No entanto, em retrospecto, a Batalha de Seattle, como foi depois apelidada, parece menos uma fagulha isolada de um esquerdismo moribundo e mais um arauto de questões que estão por vir. Nas décadas após esse episódio, o ativismo antiglobalização aumentou exponencialmente.

CHOQUE CHINÊS OU CHOQUE DE GLOBALIZAÇÃO?

Hoje, muitos atribuem a culpa da atual reação antiglobalização ao chamado "choque chinês" — o influxo de produtos manufaturados baratos de uma China recém-orientada para o mercado na década de 1990. Aparentemente da noite para o dia, o "Made in China" tinha substituído o "Made in USA" em praticamente todos os bens de consumo básico. Argumenta-se que essas importações chinesas quebraram os fabricantes americanos, fecharam fábricas e dizimaram comunidades locais.

A entrada da China na economia global foi realmente um choque para o sistema — só que não um choque tão negativo quanto a maioria presume. Em 11 de dezembro de 2001, após quase 15 anos de negociações, a China entrou formalmente na OMC. O acesso veio na rebarba de uma expansão econômica massiva do país. Desde o começo da década de 1980, a economia chinesa vinha crescendo pelo menos 9% todo ano — o índice mais rápido e mais sustentado que qualquer economia importante já tinha vivenciado.[70] Esse período de crescimento inimaginável foi possibilitado pelo líder modernizador da China, Deng Xiaoping, mas foi subsidiado em grande parte por ávidos investidores estrangeiros. Durante toda a década de 1990, a China foi o segundo maior recebedor de investimento estrangeiro total e, no fim da década, contribuía com cerca de um terço de todo o investimento em países em desenvolvimento.[71]

O comércio com a China foi inflado com extrema rapidez. No fim da década de 1970, a participação do país no comércio exterior era de aproximadamente 20 bilhões de dólares; por volta de 2000, esse número tinha subido às alturas, para 475 bilhões de dólares.[72] Em 2001, o ano em que a China entrou na OMC, ela contribuía com 4% das exportações globais; em 2010, era responsável por 10% e se tornara a líder definitiva em exportações globais — uma posição que se consolida cada vez mais.[73] A China tornou-se rapidamente o maior fornecedor mundial de bens de baixo custo.

De fato, o desemprego disparou em cidades americanas de manufatura à medida que os bens chineses venciam a competição com os produtos nacionais. Muitos empregos foram de fato perdidos para a automação, não para o comércio, mas algumas das perdas foram mesmo causadas pela concorrência dos baixos salários chineses. Ainda assim, ao culpar a China pelos males da globalização, o ponto mais fundamental é deixado de lado. A produção industrial japonesa, a sul-coreana e a taiwanesa decolaram na década de 1980, mas não produziu nenhum tipo de reação adversa. Por quê?

A resposta é que a ascensão da China como uma potência produtora coincidiu com o declínio natural da indústria americana. Em 1966, o economista Raymond Vernon delineou os cinco estágios do ciclo de vida de qualquer produto importante: introdução, crescimento, maturidade, saturação e declínio. Durante os primeiros três estágios, a produção é aglutinada perto de onde o produto foi inventado. No período em que o produto entra nos dois últimos estágios,[74] quase sempre é produzido em outro lugar ou suplantado por alguma mudança de tecnologia. Na década de 1990, a produção de vários bens de consumo básicos — de vestuário a brinquedos e bicicletas — havia entrado nos estágios de saturação ou declínio.

Como resultado, muitas comunidades industriais no coração dos Estados Unidos já tinham começado a se esvaziar antes do choque chinês. A renda da classe média estava estagnando e muitos dos empregos confiáveis de qualificação baixa e média já não eram oferecidos nas regiões que tradicionalmente dependiam deles. Produtos de baixo custo passaram a ser "Made in China" — feitos na China — e a indústria com salários elevados de novos bens de alta tecnologia, como semicondutores e computadores, estava se mudando para o Vale do Silício e outros conglomerados de inovação. E mais: o próprio termo "Made in China" é em si uma simplificação. Cinquenta por cento de todos os bens comercializados no mundo são intermediários — isto é, componentes de um produto final, como as mais de duzentas peças que existem dentro de um iPhone. O aparelho em si pode ser classificado como feito na China, mas centenas de peças, dispositivos e chips que o compõem são produzidos na Índia, em Taiwan, na Coreia do Sul, na Malásia, no Vietnã, no Sri Lanka e na Tailândia, e então, quando chegam à China, são utilizadas na confecção do celular.[75] O choque chinês seria mais bem descrito como o "choque da globalização". Se a China não existisse, a maioria dos empregos perdidos teria sido perdida de qualquer maneira para máquinas e uma combinação de outros países de baixos salários.

É claro que, para as dezenas de milhares de pessoas cujos salários diminuíram ou cujos empregos foram perdidos, não fazia diferença quem era o verdadeiro culpado, e teorias econômicas obscuras ofereciam pouco consolo. Não é difícil ver por que as pessoas que viviam em regiões de indústria única, e estavam perdendo a competição para produtores externos ou deslocados pela automação, culpavam a China — que conquistou a maior parte da produção global[76] — por seu senso de deslocamento. O colunista Thomas Friedman, um dos primeiros e mais ardentes defensores da globalização, prescientemente observou que "quando as pessoas ou nações são humilhadas é que elas realmente extravasam". De fato, muito da reação adversa gerada pela globalização viria da humilhação e da estagnação percebidas pelos que foram deixados para trás.

COMPREENDENDO O CHOQUE

No entanto, a reação adversa à globalização não é uma simples questão de economia, de os pobres em revolta contra os ricos.[77] Tampouco surge de alguma aversão natural à abertura a outros países. A maioria das pessoas gosta de estar conectada com outras. Contudo, a psicologia humana também se preocupa com *status*. À medida que o mundo se torna mais interconectado e transparente, as lacunas entre os que têm e os que não têm se tornam mais óbvias. Mesmo que você possa desfrutar uma vida melhor do que a dos seus avós em todos os aspectos, ver outras pessoas que vivem ainda melhor torna mais fácil se ressentir. Conforme comentou Alexis de Tocqueville cerca de 150 anos atrás, é a privação relativa, não a privação absoluta, quem deflagra a revolta.[78]

Em termos de ganhos absolutos, os americanos avançaram significativamente a partir do ponto onde estavam, digamos, nos anos 1960 e 1970. O tamanho da casa média americana[79] aumentou em praticamente 90 metros quadrados, de cerca de 140 em 1973 para 230 em 2015. Enquanto naquela época a maioria dos lares não tinha ar-condicionado, nos dias de hoje quase todos são equipados com esse conforto. Em 1960, 22% das famílias americanas não tinham automóvel; hoje, somente 8% continuam sem acesso a carro[80] e mais de 50% têm dois ou mais veículos em casa. Viagens aéreas se tornaram muito mais acessíveis para as famílias americanas, com voos domésticos que custam cerca da metade do que custavam em 1979.[81] Os alimentos também ficaram bem mais baratos, e representam cerca da metade da parcela da renda familiar que representavam em 1960.[82] O custo do vestuário despencou ainda mais. Em 1960, a família americana média gastava 10% do orçamento em roupas, em comparação com apenas 3% hoje.[83]

Atualmente, a vida das pessoas está melhor em todos os aspectos intangíveis. Informação e entretenimento, que costumavam custar enormes somas, hoje são gratuitos e acessíveis. Até mesmo educação e serviços de saúde, cujos custos chegaram às alturas, são acessíveis a mais pessoas que antes. Em 1960, somente 8% dos americanos se formavam na faculdade. Hoje, esse número chegou a 38%.[84] Vinte e cinco por cento dos americanos careciam de plano de saúde em 1960, *versus* cerca de 10% hoje.[85] E a maioria dos americanos recebe cuidados de saúde com uma qualidade que naquele tempo seria inimaginável. Exames de ultrassom não eram comercialmente acessíveis, ao passo que exames por tomografia computadorizada e ressonância magnética estavam a anos de distância.[86] Medicamentos milagrosos, de estatinas a antidepressivos, chegaram ao mercado e o tratamento de câncer progrediu a ponto de atualmente a doença matar menos de um terço dos pacientes no espaço de 5 anos após o diagnóstico em comparação com a metade nos anos 1970.[87]

Ainda assim, todas essas áreas são secundárias para o sentimento de autovalorização do ser humano, que está ligado ao *status* da pessoa, o lugar que ela ocupa na comunidade, à capacidade que ela tem de encontrar um parceiro e sustentar uma família. Homens brancos da classe trabalhadora — a base de Donald Trump — têm se deparado com a escassez de empregos bem remunerados, que costumavam conferir *status*. Mulheres têm mais autonomia e estão superando os homens em formação acadêmica. Uma onda de imigração tem diversificado o país, a qual devora o poder político dos brancos. A dominação econômica americana dos brancos tem sido erodida. Eles ainda ganham significativamente mais do que os americanos negros e os hispânicos, mas a diferença diminuiu. Nas três últimas décadas, a renda mediana dos brancos cresceu 35%,[88] mas os negros americanos estão ganhando 51% mais e os hispânicos, 46% mais. Essas tendências são dignas de comemoração, mas dificilmente assim parecem se a sensação que se tem é de relativa privação e estagnação.

Nos Estados Unidos e em outros lugares emergiu também uma sensação de impotência, na medida em que as sociedades se tornaram mais complexas e as atividades cotidianas requerem maior *expertise* técnica — o que aumenta ainda mais o distanciamento entre a elite e as massas. De tempos em tempos, movimentos antiglobalização brotam na esteira de uma crise financeira séria, precisamente porque o fracasso do sistema gera desconfiança em relação a quem o administra.[89] Conforme observou o historiador Quinn Slobodian, grande parte da arquitetura da globalização foi desenhada de forma profundamente antidemocrática,[90] cuja maioria das instituições carece intencionalmente de qualquer conexão com as massas eleitoras. Organismos globais de elaboração de leis, tais como o FMI e a União Europeia, com frequência passam totalmente ao largo da política eleitoral, uma abordagem que a cientista política Helen Thompson chamou de um "aristocrata" que reina em um "excesso democrático".[91] Isso pode ter sido bom para o crescimento, mas acumulou raiva e teorias da conspiração em relação às "elites globalistas".

O deslocamento econômico sempre produz ansiedade, e essa ansiedade sempre extravasa para a política, a cultura e a sociedade. Essa foi a ideia que o antropólogo Karl Polanyi quis passar quando escreveu que mercados não são empreendimentos autocontidos, uma vez que existem dentro de um contexto social e político. A economia de mercado nunca pode ser completamente isolada das pressões sociais.[92] E quanto maior o choque, mais a sociedade vai querer se proteger do próximo.

O CRESCIMENTO RÁPIDO DA DÉCADA DE 1990 ENTRA EM DECLÍNIO

Nosso atual momento de descontentamento se consolidou após a crise financeira de 2008. As sementes dessa crise foram plantadas na década de 1990, quando credores e financistas exageradamente otimistas buscavam dinheiro fácil em meio ao crescimento rápido da globalização. O dinheiro estava barato, e todo mundo queria entrar no jogo do financiamento de dívidas. A dívida imobiliária privada nos Estados Unidos inflou e cresceu de 61% do PIB nos anos 1990 para quase 100% em 2007.[93] Isso provou ser insustentável, e era só uma questão de tempo para o crescimento rápido dos anos 1990 entrar em declínio.

Empréstimos de hipotecas superinflacionados contribuíram para grande parte desse crescimento da dívida imobiliária privada, e em 2007 muitos americanos não puderam mais manter suas casas. Quando os calotes em hipotecas deram início a um efeito cascata pelo país, as principais instituições financeiras lutaram para cobrir os vastos riscos que corriam. A maioria dos bancos cambaleou à beira da falência. Muitos fecharam, e os que sobreviveram só o conseguiram porque foram bancados pelo governo. Os Estados Unidos lideraram a resposta ao estender crédito a países estrangeiros e implementar facilidades quantitativas no próprio país, uma política monetária que essencialmente consistiu na compra pelo Federal Reserve de ativos tóxicos de credores em apuros. Esses passos estabilizaram o sistema financeiro, mas pouco fizeram para ajudar os que haviam perdido a casa ou o emprego.

Sabedores do que sabemos agora sobre os ciclos de globalização, não deveríamos ficar surpresos pelo fato de que as pessoas mais prejudicadas pela crise financeira quisessem se livrar da ortodoxia econômica dos anos 1990 que elas consideravam responsável por causar essa situação. Se a economia havia ocupado o lugar da política no período neoliberal — com partidos políticos ao redor do mundo convergindo para a política econômica —, a crise financeira de 2008 abriu as portas para uma nova era na qual a política ocupou o lugar da economia.

Como muita gente tinha perdido a fé nos administradores da globalização, começaram a surgir várias cepas de populismo por meio do espectro político. Inicialmente, grande parte da frustração da crise financeira de 2008 revigorou a esquerda e deflagrou o movimento Occupy Wall Street [Ocupem Wall Street] em 2011, por exemplo, e destacou o apelo de políticos como Bernie Sanders na candidatura presidencial de 2016. Em última instância, porém, foram os populistas de direita que se mostraram mais atraentes.

Essas forças *antiestablishment* existiam desde que a hiperglobalização começou, mas em grande parte se mantiveram como movimentos marginais. A candidatura presidencial independente de Ross Perot em 1992, por exemplo, combinava heterodoxia econômica com nacionalismo. Ao investir contra a globalização e gastos deficitários, o bilionário texano prometia rejeitar o Tratado de Livre-Comércio da América do Norte e equilibrar o orçamento. Preocupações semelhantes, somadas à ansiedade relativa à imigração em sociedades europeias anteriormente hegemônicas, estimularam a fundação do Partido da Independência do Reino Unido na Grã-Bretanha em 1933 e o crescimento da Frente Nacional na França mais ou menos na mesma época. No entanto, antes da crise financeira, nenhum desses movimentos ganhara uma posição nacional abrangente.

Depois da crise, assumiram o protagonismo. Trabalhadores prejudicados queriam reverter a globalização, e gravitaram para partidos populistas de direita. Em 2014, o Partido da Independência do Reino Unido (UKIP) conquistou pela primeira vez uma cadeira no Parlamento. E viria a se tornar o terceiro partido mais popular em 2015, quando obteve 13% da votação nacional. Um ano depois, o UKIP contribuiria significativamente para a bem-sucedida campanha "Vote Leave" ao apoiar-se em difundidos impulsos protecionistas, ceticismo geral em relação à União Europeia e em sentimentos ascendentes contra a imigração em todo o país. O resultado foi o infame Brexit, a saída do Reino Unido da União Europeia.

A Frente Nacional francesa teve uma cadeia de sucessos semelhante na década de 2010, quando obteve 15% dos votos nas eleições distritais de 2011 sob uma nova e carismática líder, Marine Le Pen. No ano seguinte, Le Pen conseguiu se posicionar em terceiro lugar na eleição presidencial francesa. Em 2014, o partido dela obteve quase 25% dos votos em eleições para o Parlamento Europeu, o que chocou especialistas em todo o continente. No ano seguinte, com o propósito de dar uma nova imagem à Frente Nacional, Le Pen expulsou o próprio pai — Jean-Marie Le Pen, fundador do partido e seu líder por muito tempo —, cujos comentários racistas e que minimizavam o Holocausto causavam constrangimento fazia tempos. Ela se tornou uma candidata ainda mais séria na eleição presidencial francesa de 2017 ao canalizar o espírito da islamofobia e do nacionalismo protecionista francês. Alcançou o segundo lugar no primeiro turno, e, embora Emmanuel Macron tenha ganhado de lavada na rodada decisiva, Marine Le Pen tivera êxito em injetar ceticismo em relação à imigração e ao islã no discurso político francês, o que levou o governo do presidente eleito a adotar uma linha notavelmente dura nessas questões.

Nos Estados Unidos, não surgiu nenhum partido novo viável, mas uma facção insurgente no Partido Republicano assolou a política americana como um furacão. O Tea Party entrou em cena em 2009, e exigia impostos mais baixos e criticava o tamanho da dívida interna. A energia que animava o Tea Party contribuiu para a "lavada" que os democratas sofreram em 2010 nas eleições de meio de mandato (na forma como Barack Obama expõe), e o movimento conseguiu com sucesso puxar o Partido Republicano para a direita. Candidatos insurgentes como Marco Rubio e Rand Paul surfaram a onda e foram eleitos, e muitos conservadores tradicionais também adotaram a retórica populista que propulsionara o Tea Party. Em última análise, grande parte do GOP* absorveu as ideias e o *éthos* do Tea Party,[94] o que abriu caminho para Donald Trump emergir como força política na eleição de 2016. O próprio Trump nunca se identificou como membro desse movimento, mas a retórica antielite, antiglobalista e etnonacionalista adotada repercutiu profundamente em americanos que se sentiam deixados para trás pela globalização.

* GOP — Good Old Party: o Bom e Velho Partido. (N.T.)

Ao redor do mundo, cada partido populista que surgiu na esteira da Grande Recessão tem um apelo especial baseado na dinâmica tradicional exclusiva do próprio país, o que torna praticamente impossível falar de uma "internacional populista". Todavia, esses partidos de fato compartilham algumas semelhanças básicas que os distinguem dos oponentes liberais. Como muitos partidos populistas de direita que conhecemos por meio da história, os movimentos *antiestablishment* de hoje esposam uma visão excludente do "povo" e deixam de fora muitos grupos que consideram estrangeiros ou corruptos. E a plataforma que apresentam tem enfatizado a coesão social, um senso de pertencimento e dever em relação ao grupo interno, muitas vezes a ser conquistado a uma escancarada custa de minorias.

Esses movimentos criticam a abertura ao lamentarem a ruptura das estruturas econômicas e normas sociais tradicionais nas sociedades contemporâneas em que estão inseridos. Todos eles tentam vender a ideia de uma nostalgia que mira o futuro, bem como estabelecer um contraste entre um presente sombrio e aquilo que consideram os velhos e bons tempos. Jogam a culpa do deslocamento econômico da classe trabalhadora nos padrões de migração aberta e de concorrência industrial internacional. Não faz diferença que essas narrativas sejam na maioria das vezes inverdades ou simplistas. O que importa é que esses partidos antiglobalização conseguiram tocar a ansiedade econômica e social de milhões que, como muitos antes deles, se sentem desiludidos com as promessas da globalização e se dispõem a desacreditar os que as defendem.

O PÊNDULO OSCILA LONGE DEMAIS

Se, por um lado, o Consenso de Washington do livre mercado reinou supremo por grande parte das últimas décadas, hoje está se formando um novo consenso econômico, dessa vez em torno da intervenção estatal. Com o aumento da desigualdade e a intersecção de crises que deixa à mostra as vulnerabilidades da interconexão, pessoas de diferentes inclinações políticas começaram a questionar a lógica não só dos livres mercados sem empecilhos, como também a do próprio globalismo. Enquanto as receitas políticas da esquerda e da direita diferem de formas significativas, muitos de ambos os lados compartilham um desejo de colocar freios na globalização e voltar a priorizar interesses nacionais. Governos têm começado a restringir o comércio e o investimento internacional e a assumir um papel mais ativo na economia. O sentimento nacionalista está supurando sob a superfície, enquanto os países priorizam a resiliência econômica acima do crescimento. Enquanto o velho consenso no Ocidente se centrava em um sistema aberto global e celebrava a prosperidade compartilhada, o novo consenso vê que o crescimento da China ocorre à custa do crescimento americano e tenta remediar os males da ordem globalizada.

Donald Trump trouxe essa visão para a corrente dominante e virou o barco da política americana nessa direção; porém, uma versão mais sofisticada desse novo consenso foi apresentada pelo assessor de segurança nacional de Joe Biden, Jake Sullivan. Em abril de 2023, ele argumentou que, embora o livre-comércio e livres mercados fomentassem crescimento, esse não era o único objetivo que os Estados Unidos deveriam perseguir. Na era da hiperglobalização, declarou ele, os responsáveis pela elaboração de políticas tinham ignorado a necessidade de manter viva a indústria nacional, reduzir a desigualdade, criar uma economia mais resiliente, e haviam fracassado em reconhecer que a China não era apenas mais um competidor econômico, era também um competidor geopolítico. Em outras palavras, os Estados Unidos abriram a economia do país para o mundo, mas o resultado foi o sofrimento dos trabalhadores americanos,[95] bem como o enfraquecimento da segurança nacional. Enquanto alguns interpretaram esse discurso como o anúncio de uma mudança de rumo, Sullivan estava somente aplicando um verniz estratégico em políticas que os Estados Unidos haviam levado adiante sob a administração anterior. Trump jogou tarifas na cara da China, bem como na dos aliados dos Estados Unidos. Baniu a empresa de telecomunicações chinesa Huawei do país e tentou bloquear o TikTok. Restringiu certas exportações americanas para a China e podou investimentos em ambas as direções. Rejeitou a Parceria Transpacífica, um acordo comercial que o presidente Obama havia estabelecido com os países do eixo Ásia-Pacífico. O presidente Biden manteve de forma geral as políticas praticadas por Trump, e chegou a expandir algumas.

Na verdade, mesmo antes de Trump ser eleito, os Estados Unidos já vinham se afastando do livre-comércio. O economista Adam Posen escreve que, desde 2000, os Estados Unidos "vêm isolando cada vez mais a economia da competição externa, enquanto o restante do mundo tem continuado a se abrir e a se integrar". E acrescenta: "O país sofre de maior desigualdade econômica e extremismo político[96] do que a maioria das outras democracias de alta renda — países que, de forma geral, aumentaram a exposição econômica global." A globalização é um bicho-papão fácil de culpar pela desigualdade crescente e a perda de empregos nos Estados Unidos, mas o momento não sustenta essa acusação, uma vez que essas tendências antecedem a recente aceleração da globalização. Devemos, portanto, ser céticos em relação ao novo consenso de que somente a globalização deve ser culpada pelas aflições econômicas da população e que a solução é desfazê-la.

De fato, afastar-se demais em direção ao *laissez-faire* econômico causa problemas graves. No entanto, afastar-se demais na direção oposta gera questões pertinentes. Navegar essas correntes está se tornando cada vez mais difícil em um mundo interconectado. E se torna ainda mais difícil por causa da outra revolução estrutural que tem acompanhado a globalização, talvez a mais dramática pela qual estejamos passando.

7

INFORMAÇÃO ILIMITADA

Tecnologia

Nada estraga tanto uma democracia tecnológica quanto uma morte acidental. O ano era 1830 e a ocasião, a inauguração da primeira ferrovia intermunicipal do mundo, que ligava Liverpool a Manchester. Com os dignitários se aglomerando, William Huskisson, membro local do Parlamento e um dos mais ardorosos políticos pró-ferrovias da Grã-Bretanha, caminhou sobre os trilhos para apertar a mão do primeiro-ministro Arthur Wellesley. Huskisson não percebeu a rapidez com que um dos novos trens — o *Rocket*, capaz de viajar a quase 50 quilômetros por hora, impensavelmente veloz para a época — estava se movendo na direção dele. Tomado de pânico ao ver o trem, ficou preso nos trilhos. Foi o fim da linha para William Huskisson. A festa da estrada de ferro havia sido arruinada por uma das primeiras fatalidades ferroviárias.

A ideia de que um transporte tão rápido pudesse, em breve, ser acessível a todo mundo era revolucionária, mas na época as manchetes se concentraram na tragédia resultante dessa aterradora nova tecnologia. Hoje, com a revolução digital que se desenvolve desde a década de 1970 (a Terceira Revolução Industrial) e a ascensão da inteligência artificial e da biotecnologia nos anos 2020 (que alguns estão chamando de Quarta Revolução Industrial), o mundo está novamente em mutação mais veloz do que nunca — e muitos se sentem como se estivessem presos nos trilhos.

O século XXI tem pouquíssimos luditas que clamam para que a tecnologia seja revertida. No entanto, sob a superfície das maravilhas digitais jaz um mundo de rupturas, cataclismos e dissensões. Muitas das tensões da nossa época — entre prosperidade e instabilidade, interconexão e atomização, progresso e retrocesso — resultam, pelo menos em parte, dessas transformações tecnológicas. Não é coincidência que o apelo do populismo tenha crescido em um mundo rapidamente remodelado e desestabilizado pela inovação. Os ganhos de produtividade e desenvolvimento humano decorrentes da revolução da tecnologia da informação têm sido imensos, mas dificilmente devemos nos surpreender com o fato de que a viagem até aqui tenha sido acidentada, talvez até mais acidentada do que as anteriores, porque esta revolução passa por cima não só dos limites físicos, como também dos limites mentais e biológicos. Ela modifica quem somos.

Ironicamente, as raízes dessa mudança — uma transformação que parece rápida demais, confusa demais, caótica demais — emergiram do que parecia ser um período de desaceleração e estase. A década de 1970 costuma ser lembrada como um período de prostração. Nos âmbitos político e cultural, o fogo das cruzadas idealistas dos anos 1960 havia se extinguido em frustração. Economicamente, a estagflação parecia ser o novo normal. O abrangente *The Rise and Fall of American Growth*, de Robert Gordon, narra o assombroso século de 1870 a 1970, desde a Era Dourada até a Era do Computador, quando novas tecnologias modernizaram a rotina dos americanos e introduziram o estilo de vida que agora associamos com a classe média ao redor do mundo. Como vimos, foi a Grã-Bretanha quem colheu de forma esmagadora os frutos da Primeira Revolução Industrial — vapor, ferrovia e produção de têxteis em massa —, que começou no fim do século XVIII. E foram os Estados Unidos os principais inovadores e beneficiários da Segunda Revolução Industrial, a qual teve início no fim do século XIX, ao promover avanços em energia, matérias-primas, produtos químicos e automóveis.

Os Estados Unidos continuaram a se desenvolver com base nesse progresso até a metade do século XX, remodelando-se para o benefício de quase todos no país. Os americanos passaram a desfrutar uma expectativa de vida mais longa graças a novos medicamentos, a uma oferta mais abundante e variada de alimentos produzidos pela agricultura industrializada, a morar em novos subúrbios e cidades interligados por ferrovias, estradas e linhas aéreas. Essas transformações foram em grande parte físicas. Era possível ver os incontáveis carros nas ruas, os televisores e as lavadoras de louça nas casas, as cidades iluminadas pela eletrificação, a expansão de áreas urbanas, as gigantescas colheitadeiras percorrendo os campos de trigo e milho. Em 1969, os tripulantes da Apolo 11 pousaram na Lua, e estabeleceram novos patamares da engenhosidade tecnológica americana e realizaram o que indiscutivelmente foi o maior feito de engenharia da história humana.

Apesar disso, nos anos seguintes, os Estados Unidos tiveram que voltar à Terra. O explosivo crescimento dos anos pós-guerra se esgotou. Chegar à Lua foi uma conquista empolgante, mas o espaço não era uma nova fronteira que pudesse ser de fato colonizada e desenvolvida. Em terra firme, o ritmo da mudança desacelerou e os americanos se estabilizaram na monotonia da vida moderna. A forma de as pessoas se locomoverem para o trabalho, a maneira como a comida chegava aos pratos, a forma como os lares recebiam energia — tudo isso mudou pouco nas décadas subsequentes. Nas palavras do economista Tyler Cowen, parecia que os Estados Unidos já tinham comido "todas as frutas que pendiam mais baixo na árvore da história moderna".[1] O país havia vivido uma explosão única guiada pelo controle dos combustíveis fósseis e do desenvolvimento da terra, junto com uma dose saudável de engenhosidade humana. Foi uma explosão que não podia ser replicada facilmente.

Com toda a prostração dos anos 1970, porém, esse tempo acabaria se revelando um período de progresso oculto. Uma tempestade de mudanças tecnológicas se formava silenciosamente em uma parte da Califórnia que logo viria a ser conhecida como Vale do Silício.[2] Essa revolução não transformaria a paisagem física, como as passadas haviam feito, pois seria uma revolução digital, com base em *bits* e *bytes* invisíveis. No entanto, ela mudaria o mundo como nenhuma outra antes. A tecnologia em revoluções anteriores mudou o mundo físico; a revolução digital podia mudar o mundo mental, ao expandir informação, conhecimento, capacidade analítica e, junto com isso, nossa definição do que significa ser humano. Qualquer que tenha sido o impacto quantitativo da revolução de informação pela qual estamos passando, esse impacto *qualitativo* sobre a psique humana é vasto e contínuo.

OS JETSONS ESTAVAM ERRADOS

A ascensão da internet e do computador pessoal é chamada por alguns de Terceira Revolução Industrial. Essa revolução foi ao mesmo tempo mais rápida e mais disseminada do que as anteriores e, ainda assim, mais sutil, pois ocorreu largamente no campo da informação. Os primeiros computadores foram desenvolvidos na Segunda Guerra Mundial e usados como ferramentas de quebra de códigos para as inteligências militares americana e britânica. Eram mastodontes de válvulas e circuitos que ocupavam salas inteiras. Com a invenção dos *chips* de computadores vieram os primeiros computadores pessoais, máquinas compactas construídas por empresas como a HP e a Xerox. O que agora chamamos de internet começou não com empresas privadas, mas com um projeto do Pentágono, ARPANET, uma rede projetada para ligar pesquisadores das universidades da Costa Oeste aos colegas por todo o país. Desde o momento em que entrou *on-line*, em 1969, a ARPANET se ramificou consistentemente para mais universidades e laboratórios nas décadas de 1970 e 1980. Então, em 1989, o cientista da computação inglês Tim Berners-Lee, que trabalhava no laboratório de física de partículas do CERN em Genebra, concebeu a combinação de sistemas que guia a internet moderna: *links* de hipertexto que permitem aos usuários mudar de um texto para outro, protocolos de controle de transmissão que conectam computadores de todos os tipos à mesma informação, nomes de domínios exclusivos para cada *website*. Ele chamou esse mecanismo de "World Wide Web", embora no início fosse acessível apenas para cientistas no CERN. Dois anos depois, enquanto todos os olhos estavam voltados para a queda da União Soviética, uma mudança potencialmente ainda mais importante ocorria discretamente em Genebra: a Web foi aberta para o mundo todo, com a inauguração da internet como a conhecemos hoje.

Em 1990, nenhum país da Terra tinha sequer 1% da população usando a internet. Hoje, 93% dos americanos estão *on-line*,[3] da mesma forma que 70% dos asiáticos e dos habitantes do Oriente Médio. Até mesmo nas regiões menos desenvolvidas, a África Subsaariana e a Ásia Meridional, aproximadamente um terço das pessoas usa a internet.[4] Todo dia, são enviados mais de 300 bilhões de e-mails de mais de 4 bilhões de usuários em todo o mundo.[5] Pensemos em quantas décadas foram necessárias para as ferrovias se difundirem pelo mundo no século XIX, ou para os automóveis se tornarem onipresentes no século XX. Na virada do século XXI, os computadores pessoais e *smartphones* (minicomputadores nos nossos bolsos) se tornaram de uso corrente em apenas vinte anos. A adoção tecnológica na internet ocorre ainda mais depressa. Levou quase quatro anos para fazer com que 100 milhões de pessoas no mundo usassem o Facebook, mais de dois anos para o mesmo número de usuários no Instagram e apenas dois meses para que 100 milhões de pessoas usassem o ChatGPT.[6]

Primeiro computador eletrônico.

Por mais impressionante que tenha sido a mudança do físico para o digital, muitos céticos na indústria consideram isso uma decepção. Nas palavras comumente citadas de Peter Thiel, fundador do PayPal e da Palantir: "Queríamos carros voadores. Em vez disso, ganhamos 140 caracteres." Em um nível superficial, Thiel está certo. Estamos a léguas de distância da visão do século XXI que aparece em *Os Jetsons*, série animada de televisão de 1962. Fãs com olhos de lince observaram que George Jetson, o patriarca dessa arquetípica família futurista, nasceu em 2022. O mundo de hoje, contudo, não se parece em nada com o mundo dos Jetson: nem carros voadores, nem empregadas robóticas sencientes e nada de férias interplanetárias (nem mesmo para Elon Musk).

Ainda assim, o que nós temos que os Jetson *não* tinham? Enquanto algumas predições estavam corretas — videochamadas, por exemplo —, as implicações mais profundas da transição digital não foram previstas. A tecnologia que serve de alicerce para a nossa era é radicalmente diferente da que a precedeu. Ela fomentou uma revolução da mente. Expandiu de maneira drástica o acesso à informação ao conectar quase todo mundo no planeta e tornar mais fácil a divulgação de ideias de todos os tipos, boas e más.

Em vez de transformar o nosso físico, a revolução infotecnológica criou um mundo novo — digital, cheio de conhecimento universalmente acessível, a digitalização de quase toda a indústria, infinitos meios de entretenimento e novos tipos de conexão social. Assim, embora os meios de transporte não tenham avançado como alguns previram, basta pensar no que se pode fazer agora num voo ou numa viagem de trem que seria pura ficção científica nos anos 1960: acessar instantaneamente qualquer filme, programa de TV ou livro; conversar com um amigo ou ente querido; administrar os negócios (se você for um empresário) com quase a mesma eficiência que teria no escritório.

A qualidade de vida melhorou de forma substancial para todos, mesmo que os muitos bens e serviços gratuitos possibilitados pela revolução digital não sejam plenamente capturados em critérios convencionais como o PIB.[7] Tomemos a indústria musical. De 2004 a 2008, a renda total de vendas de música caiu de 12 bilhões para 7 bilhões de dólares.[8] Isso, porém, não significava que as pessoas estivessem ouvindo menos música, e sim que elas simplesmente faziam isso de um modo novo. No mesmo período, os *downloads* de faixas musicais aumentaram aproximadamente dez vezes, de cerca de 143 milhões para 1,4 bilhão, com canções que passaram a ser acessíveis por meio de uma variedade de plataformas digitais.[9]

Da mesma maneira, qualquer um com acesso à internet pode se perder nas profundezas da Wikipédia, que em 2023 tinha aproximadamente cem vezes mais informação do que a *Encyclopædia Britannica* impressa, anteriormente a principal fonte de conhecimento generalizado na língua inglesa desde a primeira publicação, em 1768, até o fim do século XX.[10] No entanto, ao contrário da *Britannica*, a Wikipédia é gratuita. A diferença no uso é impressionante. Em 1990, onze anos antes de a Wikipédia ser criada, foram vendidas no mundo todo 117 mil cópias da *Britannica*.[11] Hoje, a Wikipédia recebe mais de 1,5 bilhão de visitantes todo mês.[12] Na verdade, uma das características mais impressionantes dessa revolução é o fato de ela ter transformado o tempo de lazer. Só no ano de 2013, usuários do Facebook passaram coletivamente cerca de 200 milhões de horas por dia na plataforma. Conforme ressaltaram os estudiosos Erik Brynjolfsson e Andrew McAfee, isto é dez vezes mais pessoas-hora do que foram necessárias para construir o canal do Panamá.[13] Nessa comparação, vemos um microcosmo da mudança da Revolução Industrial para a revolução da informação — do reino físico para a vida da mente.

TODO HOMEM É REI

Depois da Primeira Guerra Mundial, um jovem economista brilhante chamado John Maynard Keynes descreveu o mundo do progresso econômico e tecnológico que a guerra tinha destruído. "O morador de Londres podia pedir por telefone, enquanto tomava o chá matinal na cama, vários produtos do mundo inteiro, nas quantidades que julgasse apropriadas, e tranquilamente aguardar o envio rápido da encomenda." Ao apontar para a disponibilidade fácil de transporte, comunicação e notícias, ele comentou que aquele era um período em que as classes média e alta tinham "confortos, conveniências e amenidades além do alcance dos mais ricos e mais poderosos monarcas de outras eras".[14]

Se Keynes tivesse vivido para ver a revolução da informação, ele teria olhado com estupefação e reverência. O americano médio pode agora encomendar praticamente qualquer coisa imaginável — uma caneta, uma romã, uma fantasia de Peter Pan — e receber o produto em casa no espaço de poucos dias e até mesmo de algumas horas. Informação e dinheiro podem circular pelo planeta em questão de segundos. Basta apertar um botão ou dar um comando verbal para uma assistente virtual como a Alexa. Não é de admirar que mais de 70% das vendas de livros, mais de 40% das vendas de roupas e 15% das vendas no varejo nos Estados Unidos sejam feitos *on-line*.[15] A ausência de esforço para escutar qualquer canção entre milhões delas no Spotify ou assistir por *streaming* a qualquer filme já produzido são avanços tão grandes que desafiam a comparação. Nenhum monarca jamais teve esse tipo de entretenimento na ponta dos dedos.

Apesar de tudo o que se escreve sobre a era digital, a verdade é que, para a pessoa média, o bem cotidiano supera de longe o que pode haver de ruim. As formas de trabalho se tornaram mais flexíveis, libertaram-se da tirania de horas fixas e escritórios físicos. Com o FaceTime, avós podem acompanhar os netos que moram longe. Qualquer um pode aprender uma habilidade nova enquanto assiste a um vídeo. Estudantes podem fazer a lição de casa sem ter que ir à biblioteca e consultar um livro. Podemos trabalhar, nos conectar, jogar, ler e observar em todo e qualquer lugar. Não costumamos pensar sobre o prazer real que a nossa tecnologia nos traz, mas nossas ações revelam quanto somos ligados a ela. Continuamos a usá-la diariamente em nossa vida.

No entanto, a natureza fácil e instantânea da nossa existência *on-line* também aumenta a angústia e a impaciência com as complexidades da vida cívica. Em virtude da facilidade de se poder fazer um pedido na Amazon com um simples apertar de uma tecla, sistemas confusos como democracia liberal, com frequentes impasses e burocracia ineficiente, parecem toscos e desajeitados. Consideremos a garantia de Donald Trump de cortar o nó górdio do entrave político: "Só eu posso consertar isso."[16] O estilo de comunicação dele foi feito para a época. Tão logo tinha algum pensamento, simplesmente soltava-o nas mídias sociais. As postagens feitas no Twitter eram um fluxo constante de declarações chocantes, frequentemente desarticuladas, mas raramente tediosas. Trump começou a se tornar uma figura pública por meio dos tabloides e *reality shows* na TV, mas foi a internet quem o alçou à Casa Branca. Ele era capaz de falar diretamente com os seguidores e dominar o ciclo cada vez mais curto das notícias. E as receitas simplistas de política divulgadas — solucionar a imigração ilegal com a simples construção de um muro (e fazer o México pagar por ele), restaurar a indústria americana ao impor tarifas (pelas quais outros países supostamente pagariam) — prometiam um tipo de gratificação instantânea sem custo algum, algo que as pessoas tinham passado a esperar na era da internet.

Ao escrever na década de 1960, o estudioso de mídia Marshall McLuhan — conhecido pelo adágio "o meio é a mensagem" — predisse que os desafios apresentados pelas novas mídias eletrônicas seriam quase impossíveis de reconhecer. Ele declarou: "Estou na posição de Louis Pasteur quando disse aos médicos que o maior inimigo era praticamente invisível e praticamente impossível de ser reconhecido por eles."[17] Reconhecer a realidade da teoria dos germes de Pasteur era a chave para fazer avanços na medicina. Hoje, demos esse primeiro passo: reconhecer as potenciais desvantagens da internet em reprogramar nosso cérebro, reduzir nossa capacidade de concentração e alimentar partes ressentidas de nós mesmos. Entretanto, ainda não desenvolvemos tratamentos eficazes para o que nos prejudica, ainda não há nada disponível que equivalha a uma vacina. Então, por enquanto, temos enormes ganhos da tecnologia da informação, mas, reconhecidamente, a um alto preço.

JOGANDO BOLICHE SOZINHO

Quando a internet começou a ganhar popularidade, na década de 1990, houve um renascimento de sonhos utópicos: o mundo nunca estivera tão interconectado, as possibilidades para novos vínculos sociais nunca foram tão ilimitadas. Hoje, um jovem gay em uma comunidade rural nos Estados Unidos, sem amigos ou modelos de referência nos quais confiar, pode escapar de julgamentos na realidade e encontrar apoio e orientação no Facebook e no Instagram; uma minoria religiosa em uma região tribal do Paquistão pode experimentar um senso de comunidade por meio de conversas com parentes distantes no WhatsApp. De fato, é inegável que novas redes *on-line* têm sido uma imensa dádiva para aqueles que estão isolados ou são estigmatizados na própria comunidade.

No entanto, ao mesmo tempo que a revolução digital criou outras formas de envolvimento comunitário, também acelerou uma decomposição na sociedade. A digitalização tem dizimado comunidades locais, assim como afiliações tradicionais têm enfraquecido na medida em que as gerações mais jovens passaram a conduzir a vida delas próprias *on-line*. Seria este um pacto com o diabo, como fez Fausto? Adquirimos conveniência e eficiência ao custo de perder envolvimento cívico, intimidade e autenticidade. Aqui ouvimos mais uma vez o eco do poeta Oliver Goldsmith: "Riqueza se acumula e homens declinam." Em meio a tal deslocamento, as pessoas são atraídas para ocupar apenas as margens de comunidades on-line — ou chegam mesmo a rejeitar a própria modernidade, virando as costas para a democracia liberal, o crescimento econômico e o progresso tecnológico.

Isso não aconteceu da noite para o dia. Em um livro escrito em 2000, *Bowling Alone*, o cientista político Robert Putnam descreve o declínio da comunidade compartilhada nos subúrbios americanos após a década de 1950. Associações voluntárias têm sido a espinha dorsal da sociedade americana desde o tempo de Tocqueville.[18] Putnam, contudo, descobriu que o Rotary Club e similares, grupos de igreja e ligas esportivas de adultos haviam se atrofiado. Hoje, a maioria dos americanos não é capaz de nomear uma única "pessoa local de influência", o que sinaliza uma deterioração dos laços com a comunidade.[19] As mídias sociais facilitaram mais e mais conexões virtuais, mas os americanos vêm se tornando cada vez mais solitários. O número de homens que dizem ter mais de dez amigos próximos caiu de 40% em 1990 para 15% em 2021. De forma alarmante, o número dos que disseram *não ter* amigos próximos subiu de 3% para 15%.[20] Em 2023, Vivek Murthy, cirurgião-geral dos Estados Unidos, emitiu um relatório sobre a crescente crise de saúde pública de solidão, o qual afirmava que os efeitos nocivos dessa constatação são comparáveis a fumar quinze cigarros por dia.[21]

O psicólogo Jonathan Haidt argumenta persuasivamente que as mídias sociais têm parte da culpa nessa questão. No vazio deixado pelas comunidades erodidas, a internet promoveu comportamentos e conexões não saudáveis. Desde 2012, indicadores de saúde mental adolescente — tentativas de suicídio, internações por ferimentos autoinfligidos, relatos de ansiedade e depressão dos próprios jovens — têm piorado de forma significativa.[22] Esse é mais ou menos o mesmo período em que jovens fizeram a transição de celulares comuns para *smartphones* e quando as mídias sociais assumiram a viciante forma que reconhecemos hoje. Em 2009, o Facebook instituiu o emblemático botão de "like" e o Twitter lançou a função de "retuitar". Com esses gatilhos de dopamina de popularidade virtual, a vida *on-line* passou a subsumir as relações ao vivo. Esses laços de associação *on-line* são fracos e, às vezes, podem até ser prejudiciais.

No fim de 2017, o Reddit fechou um grupo de apoio de 40 mil membros composto por "celibatários involuntários", ou "incel" (*involuntary celibate*),[23] para "pessoas carentes de relações românticas e sexo". O que começou como um fórum para pessoas solitárias rapidamente se tornou rançoso, com homens despejando fúria contra mulheres que não queriam dormir com eles e até mesmo defendendo o estupro. Os danos causados por essas comunidades também se manifestam *off-line*. Elliot Rodger, um incel autoproclamado de 22 anos, baleou três mulheres em uma república estudantil feminina perto da Universidade da Califórnia, em Santa Bárbara, no ano de 2014. Em um vídeo no YouTube postado antes do ataque, ele prometeu "retribuição" pela rejeição feminina.

Para cada uso inócuo da internet — "Observadores de Pássaros da Grande Tuscaloosa, uni-vos!" — existem outros fóruns que servem como incubadoras de radicalismo. Muitos adultos que levam vidas mais isoladas têm encontrado em fóruns e comunidades na internet um senso de propósito comum na política cada vez mais virulenta de hoje. Por mais perturbadoras e fantásticas que algumas teorias da conspiração possam ser — visões sombrias de cabalas globalistas e círculos de exploração sexual infantil escondidos em pizzarias —, tais visões de mundo podem fornecer um tipo perverso de conforto, uma narrativa coerente para substituir a aleatoriedade. Em vez de átomos impotentes à mercê de forças anônimas, esses verdadeiros crentes se colocam como heróis trágicos da história deles próprios, vítimas de inimigos que podem ser identificados e derrotados. Na versão que idealizam dos acontecimentos, o esvaziamento das cidades em que vivem e o declínio das sólidas carreiras que seguem não foram resultado de mudanças ao longo de gerações em estruturas econômicas e tecnológicas, mas o resultado de uma decisão reversível por parte das sinistras elites globais.

Essa reação psicológica não é um fenômeno novo. No século XX, a filósofa política Hannah Arendt argumentou que as ideologias totalitárias ganhavam tanta tração assim somente porque as sociedades eram atomizadas. Imperialismo e capitalismo trouxeram riqueza para as nações europeias sem afiliações sociais. Como resultado, as pessoas foram atraídas para ideias que ofereciam um senso claro de identidade e explicações simples para um mundo cada vez mais complicado. Nas páginas finais de *Origens do totalitarismo*, Arendt escreveu: "O que prepara os homens para a dominação totalitária no mundo não totalitário é o fato de que a solidão, antigamente uma experiência limítrofe geralmente sofrida em certas condições sociais marginais, como a velhice, tornou-se uma experiência cotidiana para as crescentes massas no nosso século."[24] Infelizmente, a revolução digital não só exacerbou as forças da solidão e da atomização, como também empoderou aqueles que buscam explorá-la.

ALGUM LUGAR, QUALQUER LUGAR

Então, o que é verdadeiro? A cintilante fachada de "todo homem é rei" ou o declínio social de "jogar boliche sozinho"? A resposta: ambos, com os dois efeitos distribuídos de forma altamente desigual. A economia digital, com todas as promessas que faz, tem feito a desigualdade atingir níveis não vistos desde a Era Dourada.

À medida que o mundo balançava sob os pés de muitos políticos americanos, eles passaram a agir como se ainda vivêssemos no mundo dominado pela indústria dos anos 1960. Barack Obama em 2012 e Hillary Clinton em 2016 fizeram os habituais apelos democráticos para os trabalhadores sindicalizados. No entanto, depois das eleições de 2008, o número de votos de membros de sindicatos nos republicanos só aumentou. Embora jamais dissessem explicitamente, a mensagem implícita da maioria dos políticos democratas para um trabalhador demitido tornado redundante pela globalização e tecnologia soa mais ou menos assim: "Seu antigo emprego não vai voltar, então a grande esperança que você tem na economia digital é migrar para uma carreira totalmente diferente em uma nova cidade ou em um estado. Seus filhos devem tentar obter uma educação melhor do que a que você recebeu e procurar novos centros de crescimento, bem longe de você." É uma estratégia de economia eficiente, mas péssima política. Diz às pessoas que, para conseguir vencer em um mundo novo, precisam alterar fundamentalmente quem são. (Biden adotou uma abordagem diferente, com uma série de políticas destinadas a reviver a indústria. Trata-se de uma economia ineficiente, mas de uma boa política.)

A revolução digital acelerou a mudança do emprego na indústria e na agricultura para o setor de serviços. No processo, desmanchou muitas comunidades. Ao longo das últimas décadas, a renda para a maior parte da classe trabalhadora e da população rural não diminuiu de fato, mesmo estagnada em comparação com os pares urbanos e de educação formal. Contudo, a reconfiguração da geografia dos Estados Unidos tem minado as estruturas comunitárias que um dia sustentaram a vida social e a cultura da pequena cidade americana. A lojinha do casal conhecido? Sumiu, incapaz de competir com a Amazon. O fliperama da esquina? Perdeu espaço para os jogos *on-line*. O cinema do bairro? Expulso da cidade pela Netflix. São todos exemplos do que o investidor de risco Marc Andreessen quis dizer quando declarou: "O *software* está devorando o mundo." Lojas físicas tradicionais descobriram que a tecnologia tem um impacto muito concreto no mundo real.

Uma cidade pequena, com comércio de rua, tem um significado único para os moradores — é "Algum Lugar", nas palavras do escritor britânico David Goodhart. Ela molda a vida de muitos dos habitantes, que se definem de uma maneira que tem sido familiar por séculos, como pessoas do lugar — seja o Alabama, seja Shropshire, seja Toulouse. Entretanto, cada vez mais, homens e mulheres jovens estão deixando as cidades em que viviam em busca de educação e de um trabalho em um escritório, e aglomeram-se com seus pares em regiões metropolitanas interligadas globalmente e juntam-se à desenraizada classe dos habitantes de "Qualquer Lugar".[25] Os habitantes de "Qualquer Lugar", escreve Goodhart, se definem não pelo local de nascimento, mas pela educação ou profissão. Essas características adquiridas é o que lhes molda a vida. À medida que os jovens habitantes de "Algum Lugar" se tornam habitantes de "Qualquer Lugar", esvaziam ainda mais as cidades que deixaram para trás e ampliam uma concentração de talento em que o vencedor leva tudo. Os beneficiários da economia globalizada de alta tecnologia derivam a identidade da vida de cada pessoa de aspectos que são maleáveis — educação, profissão, paixões. Entretanto, nem todo mundo quer ser de "Qualquer Lugar", flutuando livremente. Muita gente extrai seu senso de identidade e satisfação de vida das próprias raízes, de estar alicerçado em uma geografia específica — "Algum Lugar".

Uma nova geração de republicanos populistas se agarrou à ideia de que os que moram em "Qualquer Lugar" são desleais, até mesmo "antiamericanos". Esses republicanos se ressentem de urbanitas presunçosos que desrespeitam as cidades nas quais nasceram ao mudarem-se para a Costa Leste ou Oeste. Em 2018, quando Josh Hawley lançou a campanha para o Senado no Missouri para concorrer com Claire McCaskill, ele investiu contra as "elites costeiras" que olham o coração do país com desdém e consideram a região um território para simplesmente "sobrevoar".[26] Fazendo campanha para o Senado em Ohio, em 2022, J. D. Vance, autor de *Era uma vez um sonho*, critica a mensagem "tóxica" que orienta jovens rapazes e moças a se mudarem das cidades onde nasceram.[27] Não importa que muitos desses supostos defensores de pequenas cidades tenham, eles mesmos, buscado oportunidades ao se formar em universidades importantes ou se mudar para cidades grandes (Hawley e Vance são ambos formados em direito pela Yale). A verdade é que o desejo de crescer é forte, o que frequentemente significa mudar-se para longe de "Algum Lugar".

COMO VIVE A OUTRA METADE, 2.0

As rendas domésticas tiveram um crescimento robusto desde a revolução digital. As médias, porém, escondem um bocado de riqueza fantástica e sofrimento econômico. E para muitos os números não transmitem a instabilidade gerada por toda essa rápida mudança. Eles lamentam a dissolução dos laços comunitários e o desaparecimento dos pequenos negócios. Faixas crescentes do país enfrentam nos dias de hoje desolação econômica, a um mundo de distância das cintilantes (e inacessíveis) supercidades estreladas.[28]

Essas disparidades são constantemente exibidas nas mídias sociais. À medida que mais e mais pessoas compartilham a vida pessoal nas redes, a hiperconsciência dos estilos de vida da elite global cresce. Vamos chamar isso de "Como a outra metade vive, 2.0". A apresentação original de Jacob Riis, de 1890, usou a nova tecnologia da fotografia para mostrar, em detalhes minuciosos, as precárias condições de vida dos moradores dos cortiços de Manhattan. Confrontadas com essas imagens, as elites se sentiram responsáveis por ajudar as massas. Então, instituíram regulamentos para reduzir as superpopulações e assegurar saneamento adequado.

Hoje, os *smartphones* e as mídias sociais criaram uma consciência similar de desigualdade, mas na situação inversa. Em vez de elites culpadas que descobrem o sofrimento das massas, dessa vez é a população comum que se torna extremamente consciente do estilo de vida dos ricos e famosos. De dentro de *trailers* e minúsculos apartamentos nos Estados Unidos — ou em remotas aldeias no Sul Global —, qualquer um com um celular de 100 dólares pode observar com inveja, anseio e ressentimento a maneira como as elites gastam o dinheiro. Refúgios em *villas* italianas, festas luxuosas em bares panorâmicos e jardins zen imaculados alcançados em um estalar de dedos.

Essa dinâmica é, na verdade, extremamente pertinente no mundo em desenvolvimento, no qual o abismo entre elites e população média é muito profundo. O ressentimento resultante pode ter ajudado a deflagrar e sustentar levantes como a Primavera Árabe. Por exemplo, em novembro de 2010, o WikiLeaks começou a liberar telegramas diplomáticos da embaixada dos Estados Unidos em Tunes que expunham a corrupção do então presidente tunisiano, Zine el-Abidine Ben Ali. A Primavera Árabe decolou na Tunísia um mês depois.[29] Um ano antes e de maneira semelhante, veículos da mídia escreviam sobre como a esposa do ditador sírio Bashar al-Assad "vinha ostentando no Facebook um guarda-roupa de grifes",[30] enquanto o país sofria com a pobreza e uma dura repressão. (Um jornal britânico a rotulou de "Primeira-Dama do Inferno", uma expressão rapidamente adotada pelas mídias sociais.)[31] Esse sentimento abasteceu o descontentamento público na Síria, que veio a culminar na guerra civil em 2011.

Nossa fixação em estilos de vida glamorosos sempre existiu — os jornais escreviam sobre pródigos bailes e opulentas mansões durante a Era Dourada —, mas hoje muitas celebridades têm a vida completamente exposta. Comparar a vida da pessoa comum com a dos ricos é mais fácil do que nunca, e causa compreensíveis inveja e ressentimento. E talvez o mais irritante seja o fato de que as elites que desempenham trabalhos cotidianos — não celebridades, mas engenheiros de *software* ou profissionais do mercado financeiro — já correm na frente. McAfee e Brynjolfsson explicam bem o problema: "nunca houve uma época tão boa para ser trabalhador com determinadas especializações ou a educação certa, porque essas pessoas podem usar a tecnologia para criar e capturar valor. No entanto, nunca houve um tempo pior para ser trabalhador com aptidões e habilidades 'ordinárias' para oferecer, porque computadores, robôs e outras tecnologias digitais estão adquirindo essas aptidões e habilidades com uma rapidez extraordinária".[32] A desigualdade de renda nos Estados Unidos tem aumentado consistentemente desde o começo da revolução digital. Ao longo dos últimos 50 anos, a renda doméstica cresceu três vezes mais depressa para os 20% do topo da tabela do que para o quintil do meio.[33]

Essa desigualdade tem ajudado a alimentar o populismo de direita e de esquerda — não só a raiva contra bilionários e corporações, mas também contra toda uma classe de elites globais que são vistas como corruptas e voltadas para si mesmas.

A NOVA MÁQUINA DE IMPRESSÃO

Mesmo que a riqueza tenha sido distribuída de forma mais desigual, uma das grandes fontes de poder e riqueza ao longo dos tempos ficou mais democratizada: a informação. Estamos a um clique de distância de saber praticamente qualquer coisa. O consumo de informação, assim como a produção, foi democratizado. As mídias sociais e a descentralização das fontes que as abastecem trouxeram novas vozes para o primeiro plano, o que permite a qualquer um, independentemente de educação ou *status*, participar da conversa global.

E essa não é a primeira vez que a tecnologia nivela a produção e o consumo de conteúdo. Conforme comentou a historiadora Ada Palmer a respeito de Gutenberg: "Muitos momentos na revolução da imprensa que ele desencadeou foram tão aterradores quanto bons." Todavia, acrescenta ela, os numerosos novos meios de comunicação que apareceram desde os anos 1400 "nos mostram que democratizar a expressão sempre contribui para a democratização do poder, auxilia na organização da comunidade, nos movimentos pelos direitos civis, justiça, dignidade e desenvolvimento humanos"[34] — pelo menos, podemos complementar, de modo global e no longo prazo. No curto prazo, porém, as transformações podem causar grande caos. Lembremo-nos do que se seguiu à invenção da prensa móvel na Europa: um século e meio de guerras religiosas.

A democratização da informação na internet já transformou a política. O Twitter ajudou a facilitar protestos durante a "Revolução Verde" de 2009 no Irã, um tremor precoce que pressagiava o verdadeiro terremoto: a Primavera Árabe de 2011. Ao permitir às pessoas contornar os canais de comunicação tradicionais e controles governamentais opressivos, a internet proporcionou um nível de transparência sem precedentes, possibilitou a rápida difusão de dissensões e mobilizou indivíduos de diferentes países em prol de ações coletivas. Milhões de pessoas no mundo árabe se manifestaram contra a corrupção, gestões econômicas ruins e abusos ditatoriais — a maior onda multinacional de sublevações democráticas desde o revolucionário ano de 1848 na Europa.

Contudo, a relação de apoio mútuo entre política democrática e tecnologia da informação se revelou tênue, e logo apareceram rachaduras. As mídias sociais podem ser úteis para gerar rapidamente energia e atenção, mas quando se trata de formar movimentos que se sustentam, a natureza fragmentada, sem líderes, que os caracteriza dificulta uma mudança política real de longo prazo.

Cada um dos movimentos democráticos que emergiram da Primavera Árabe foi desde então suprimido. Nos Estados Unidos, o inflamado movimento de esquerda Occupy Wall Street se extinguiu sem qualquer vitória política importante em Washington. Uma falha igualmente importante dos movimentos auxiliados pela internet é que, enquanto são democráticos em algum sentido, a natureza anônima, de multidão, que lhes é inerente também pode torná-los suscetíveis a tendências iliberais. Na França, os protestos dos Coletes Amarelos contra o proposto aumento do imposto sobre combustíveis se aglutinaram rapidamente em 2018, mas logo se fragmentaram em explosões espalhadas e sem liderança, muitas das quais se tornaram violentas e xenofóbicas.

Estados autoritários têm se arrepiado com a capacidade da internet de alimentar movimentos de base e tentado reprimi-la por meio de aparelhos repressivos de censura. O maior exemplo é a Grande Firewall da China, um regime bastante abrangente de censura à internet que mantém uma tampa sobre a maior parte das dissidências. A China não só bloqueia automaticamente conteúdo subversivo — buscas por "independência de Hong Kong", "Dalai-lama" e "massacre da Praça da Paz Celestial" não apresentam nenhum resultado —, como também recruta internautas ultranacionalistas para uma milícia *on-line* chamada "Exército de 50 Centavos", que tem esse nome por causa do baixo retorno financeiro que recebem por cada comentário de denúncia a valores ocidentais e de elogios a Xi Jinping. Em todas as plataformas de mídias sociais chinesas, postagens públicas com um posicionamento contrário ao regime são frequentemente inundadas com uma enxurrada de comentários de apoio ao Partido Comunista e de condenação dos que discordam como traidores.

Nos idos de 2000, o presidente Bill Clinton desdenhou das tentativas chinesas de censurar a internet, e disse que estavam condenadas ao fracasso. "Boa sorte!", disse ele. "Isso é mais ou menos como tentar grudar gelatina na parede."[35] A Grande Firewall da China testou a arrogância de Clinton, e provou ser mais eficaz do que muitos julgavam ser possível. Ainda assim, sob essas condições extremamente repressivas, nem a Grande Firewall nem os lacaios *on-line* do partido podem impedir a dissensão de vazar denúncias para o exterior. Consideremos os protestos contra o confinamento que surgiram por todas as principais cidades chinesas no outono de 2022. Já regimes autoritários como o do Vietnã tiveram mais dificuldade para censurar as mídias sociais. Governos até mesmo democráticos estão ficando mais hábeis na censura. Índia e Turquia fecham rotineiramente a internet durante crises para impedir que as dissensões se espalhem. A Rússia, desde que deu início a uma invasão em larga escala na Ucrânia, tem tentado replicar o Estado de vigilância *on-line* chinês, e vem obtendo limitado sucesso. As mídias sociais são uma força poderosa para a livre expressão, mas governos também têm descoberto novas maneiras de domá-las.

É difícil sentir-se otimista em relação à promessa democrática das mídias sociais nos dias de hoje. Novas tecnologias de informação têm manifestado a tendência de empoderar vozes marginalizadas, mas também vozes extremistas. E tem sido difícil traduzir dissensão em poder real. Gostar de algo no Facebook é apenas um sinal das virtudes da alta tecnologia. E outra tendência perturbadora tem emergido nas democracias ocidentais: com a intenção de dar voz aos que não a têm, muitos acabam silenciados.

VELHO TRIBALISMO, NOVAS REDES

Em 2021, o comentarista Noah Smith observou: "O ostracismo social é tão velho quanto as montanhas. A mídia social, não."[36] Em outras palavras, ser estigmatizado por crenças impopulares não é novidade. Basta pensar em Sócrates sendo humilhado e, em última análise, executado por expressar opiniões subversivas. O termo "ostracismo" na realidade vem da antiga Atenas, que tinha um processo formal de voto para banir pessoas da cidade. Ao longo da história, dissidentes e iconoclastas se viram expurgados e punidos por heresia, pensamentos impróprios e outros tipos de inconformismo. Pela maior parte da existência humana sobre a Terra, a norma tem sido impor rigidamente os limites da crença aceitável. Aqueles que esticam ou ultrapassam esses limites — os Galileus e Gandhis — são recebidos com duras consequências.

As punições atuais podem ser bem menos severas, mas a tecnologia tem alterado radicalmente o escopo e o contexto do discurso impopular. Consideremos uma reunião de prefeitura, democracia direta no tradicional estilo da Nova Inglaterra, em algum momento na década de 1940 — digamos, o homem que se levanta e discursa no icônico quadro de Norman Rockwell, *The Freedom of Speech* [A liberdade de expressão]. O orador certamente compartilhava as mesmas origens sociais e culturais que a plateia que o escutava. Todos na sala eram brancos e da mesma cidade. Provavelmente cresceram juntos e eram cristãos fervorosos, muitos deles frequentadores da mesma igreja. Mesmo que discordassem dele, o orador podia ouvir e responder — se a plateia começasse a se agitar e murmurar em suas cadeiras, o orador saberia que a mensagem não estava sendo bem recebida.

Liberdade de expressão.

Nas caixas de ressonância *on-line* de hoje, como o Twitter, não há esse fator comum. Quando se usa a expressão "sentir o ambiente" ao discutir algum tópico controverso, isso implica que os interlocutores — por mais que estejam separados por distância, fronteiras, culturas — são, ainda assim, parte de um espaço virtual comum, com normas compartilhadas. Não é de admirar que as tentativas dos primeiros sonhadores da internet de construir uma cultura digital universal tenham sido atrapalhadas por obstáculos.

Marshall McLuhan cunhou o termo "aldeia global" nos anos 1960 para descrever a crescente interconexão mundial. Nos anos 1990, com o fim da Guerra Fria e a globalização a toda a velocidade, esse termo conjurava um mundo onírico, um arco-íris de mãos que se uniam em círculo em um cântico fervoroso, com a internet tecendo o mundo em um todo uniforme. McLuhan, porém, não era tão otimista. Ele temia uma comunidade tecnologicamente conectada em que desconhecidos agissem como aldeões intrometidos: uns fuçando a vida dos outros, espiando pelas janelas do vizinho e forçando um conjunto cada vez mais restrito de condutas sociais. Não é exatamente assim o mundo virtual de hoje? Em certas comunidades *on-line* de esquerda, escrever uma história a partir de uma perspectiva alheia ao seu grupo identitário pode fazer com que você seja denunciado por se apropriar de experiências vividas pelos outros.[37] Em contrapartida, postar uma imagem de alguém com máscara em uma pandemia pode inscrever você em uma lista proibida de grupos de internet conservadores. É a tirania de uma minoria apaixonada — pequenos grupos de fanáticos *on-line* que buscam controlar o discurso.

A revolução da informação empoderou os membros mais irresponsáveis e inflamatórios das nossas sociedades, e as opiniões que emitem são frequentemente malucas e, às vezes, perigosas. A esquerda tem representantes que defendem fronteiras abertas, justificam o ecoterrorismo e até exigem a abolição da polícia. No entanto, a direita parece mais suscetível a teorias da conspiração na internet: basta pensar nos seguidores do QAnon, nas pessoas que são contra vacinas, nos negacionistas de problemas climáticos, nos supremacistas brancos. É verdade que movimentos limítrofes sempre existiram — no século XVI, alguns fanáticos protestantes estavam tão convencidos de que o fim estava próximo que tomaram uma cidade alemã inteira e assassinaram os que se lhes opuseram. As pessoas têm acreditado em todo tipo de teorias da conspiração acerca de bruxas, judeus, maçons, OVNIs, JFK e os Beatles. A internet, entretanto, concentra os teóricos da conspiração, e assim aumenta muito o poder que já tem. Alex Jones criou um negócio de muitos milhões de dólares baseado em delírios sobre tiroteios encenados, cabalas globalistas satânicas e sapos gays — com o apoio de Donald Trump.

Com assistência da Rússia e de outros atores repugnantes, esses canais *on-line* aceleraram a difusão da informação, o que minou amplamente a confiança do público no processo democrático. Pesquisas descobrem consistentemente que cerca de dois terços dos republicanos acreditam que a eleição presidencial de 2020 foi fraudulenta e ilegítima.[38] O ceticismo eleitoral se espalhou em parte pelos meios tradicionais, é claro, mas as mídias sociais com certeza ajudaram a embutir a "grande mentira" no público americano.

O problema da desinformação apenas será exacerbado pelo progresso da inteligência artificial (IA). Usos mais benignos de IA generativa podem criar, em segundos, obras de arte que nunca foram pintadas (digamos, um retrato pintado por Rembrandt de Dwayne Johnson, ou "the Rock") ou canções que nunca foram cantadas (Sinatra fazendo um cover de Taylor

Swift). Acontece que essa tecnologia pode facilmente ser posta a serviço de fins muito mais maldosos. As chamadas "*deepfakes*" se multiplicaram durante a guerra na Ucrânia, e exemplo disso é um vídeo com o propósito de mostrar Putin anunciando que forças ucranianas tinham invadido a Rússia.[39] Esse vídeo foi rapidamente desmentido, mas, à medida que as *deepfakes* melhorem em qualidade e frequência, o problema vai aumentar.

A incapacidade de discernir entre verdade e falsidade já se imiscuiu na maior democracia do mundo, a Índia. No estado meridional de Tamil Nadu, onde o partido nacionalmente dominante, Bharatiya Janata [Partido do Povo Indiano], tem lutado para conseguir ganhar terreno, foi liberado um arquivo de áudio de um político rival que discutia a corrupção no partido que ele representava.[40] O político acusado desdenhou do áudio, considerando-o *deepfake*, mas analistas peritos foram incapazes de afirmar com certeza se o áudio era real. Podemos imaginar facilmente como as *deepfakes* poderiam de igual maneira desestabilizar políticos americanos. Às vésperas de uma eleição presidencial, viraliza um vídeo que supostamente mostra um candidato aceitando suborno de um funcionário do Partido Comunista Chinês. A mídia dominante e verificadores de fatos afirmam que o vídeo é *fake*, mas metade do país, atiçada pelo líder do partido, acredita que é verdadeiro.

Nós deveríamos ficar alerta contra tais intromissões perigosas — mas sem perder a cabeça e agir como se a culpa fosse toda da tecnologia. Infelizmente, a natureza humana já provou ser suscetível demais a paranoia, conspiração e delírio com métodos muito mais antiquados. Consideremos *Os protocolos dos sábios de Sião*. Esse panfleto antissemita grosseiramente redigido surgiu em 1903, circulou por décadas e alimentou *pogroms* por toda a Europa, além de ter se tornado parte da ideologia do nazismo. Ou o Massacre de Jonestown de 1978, que matou quase mil pessoas. O envenenamento em massa foi organizado sem internet, mediante apenas o velhíssimo proselitismo de culto. Mídias sociais e IA podem muito bem ter acelerado a difusão de ódio e loucura, mas ideias terríveis podem viralizar por qualquer meio, de alta ou baixa tecnologia.

ROBÔS NÃO ESTÃO ROUBANDO SEU EMPREGO (AINDA)

Para muitos, a maior ameaça da tecnologia não é a proliferação de grupos de ódio virtuais, nem ser "cancelado" ou censurado, mas o medo de perder o emprego para a automação. E não são apenas operários de macacão que ficam nervosos com a automação: quando atores e roteiristas de Hollywood entraram em greve em 2023, uma das principais exigências referia-se à possibilidade de que os estúdios usassem atores ou diálogos gerados por IA.

Não há dúvida de que algumas profissões já foram afetadas pela era das máquinas. Consideremos os caixas, que viram o número de vagas encolher com a ascensão do autoatendimento em mercados.[41] Entretanto, com a exceção de algumas poucas lojas experimentais da Amazon, os caixas estão longe de serem inteiramente eliminados. Alguns fregueses sempre vão preferir um toque humano, e as lojas sempre precisarão de pessoas para supervisionar as máquinas. Em 2018, a Câmara dos Comuns da Grã-Bretanha publicou um relatório sobre automação e emprego em outro ambiente de trabalho prosaico, o humilde lava-jato. Seria esse mais um grupo de profissionais que perderiam empregos para robôs e lamentariam a redução de oportunidades para a classe trabalhadora? Não. Na verdade, o relatório não tratava de automação, e sim de *des*-automação. De 2006 a 2016, a Grã-Bretanha perdeu mais de 1.100 lava-jatos automáticos, ao mesmo tempo que brotaram de 10 a 20 mil lava-jatos manuais.[42] Os consumidores preferiam lavagem manual porque, na realidade, era mais barata e mais conveniente, apesar de ser executada por humanos. (O relatório salientava a preocupação de que a lavagem manual pudesse violar leis ambientais e trabalhistas.)

Os lava-jatos não são uma fonte básica de emprego, mas o ponto mais amplo é o de que os humanos ainda estão longe de serem substituídos por robôs. Mesmo após o choque da pandemia de covid-19, não houve uma retirada de vastos números de trabalhadores braçais pouco qualificados da força de trabalho, e sim o contrário. Quando a sociedade voltou a se abrir, a economia sofria de uma escassez de mão de obra em meio a uma demanda por trabalhadores sem precedentes na história moderna.[43] Empregadores entraram em uma competição feroz por empregados, até mesmo por iniciantes e trabalhadores não qualificados. Alguns restaurantes chegaram a ponto de oferecer dinheiro em espécie como incentivo para atrair novos funcionários; outros estavam com as equipes tão reduzidas que funcionários bêbados eram simplesmente mandados para casa, em vez de serem despedidos.[44] O tão temido futuro, com máquinas tirando milhões de empregos e provocando "o fim do trabalho", simplesmente não ocorreu — pelo menos até agora.[45]

Algumas profissões foram de fato extintas, mas em compensação muitas outras foram criadas. E no caso de alguns trabalhadores, a tecnologia não os substituiu, mas os auxiliou com um tipo de prótese física ou mental. E ainda estamos somente nos estágios iniciais desses robôs colaborativos (chamados *cobots* em jargão industrial). Imagine as possibilidades: uma fazendeira dá uma olhada em um *tablet* que exibe uma imagem de satélite das plantações que ela possui, suplementada por gravações de *drones* — e assim pode controlar diversas colheitadeiras, tudo numa única plataforma. Um médico é auxiliado na realização de uma cirurgia diferente por uma ferramenta capaz de aprender e que fez uma varredura em milhões de casos anteriores em busca de padrões. Um supervisor de fábrica supervisiona uma linha de montagem composta metade por robôs, metade por técnicos, codificadores e engenheiros que dirigem, consertam e dão assistência às máquinas. Esses setores já foram aperfeiçoados com processos de digitalização, alinhamento de fluxos e treinamento de funcionários mais eficazes. Programas de computador também deram origem a campos totalmente novos, desde videogames a mídias sociais e desenvolvimento de aplicativos, e com isso surgiram novos e diferentes tipos de emprego.[46]

No entanto, a preocupação continua, e, no longo prazo, é possível que o desemprego induzido pela IA ocorra. Andreessen pode ter dito em 2011 que o *software* estava "devorando o mundo",[47] mas, com o advento do ChatGPT, investidores de risco como Paul Kedrosky e Eric Norlin argumentam que o *software* pode "parar de devorar". O ChatGPT é, em si, um *software* barato, poderoso e capaz de perturbar uma grande gama de indústrias. Consegue responder a todo tipo de perguntas e escrever sobre tudo, desde comércio de materiais até artigos noticiosos e documentos legais.[48] E pode também potencializar um *software* existente. Por exemplo, a Salesforce* integrou a tecnologia em suas ferramentas, de modo que quando um representante comercial começa a trabalhar com um cliente novo, o ChatGPT pode fornecer uma visão geral da companhia, achar informação de contato para as pessoas certas e compor um e-mail personalizado — e depois tornar o e-mail menos formal, caso necessário.[49] A Instacart** lançou um dispositivo do ChatGPT que sugere uma receita, transforma-a em uma lista de mercado e acrescenta os itens ao carrinho de compras *on-line*.[50] O *software* de *chatbots* pode até mesmo ser usado para criar *outro software*. Afinal, *chatbots* geram escrita, e códigos de computador são um tipo de escrita.

---

* Empresa americana que cria programas e *software* por encomenda voltados para as necessidades específicas de cada cliente. (N. T.)

** Empresa *on-line* especializada em serviço de coleta e entrega de alimentos. (N. T.)

Então, hoje qualquer um pode criar um *software* próprio simplesmente por meio do fornecimento de instruções ao ChatGPT.[51] Andrej Karpathy, cofundador da Open AI (a empresa por trás do ChatGPT), declarou: "A mais incrível linguagem de programação é o inglês."[52] Tudo isso sugere que haverá muito mais *software* no mundo, o que significa que muito mais empregos podem ser afetados ou automatizados.

E não são apenas empregos de escritório em marketing, direito ou programação. Imagine a IA que está conectada a robôs. Muitos empregos manuais ou braçais têm se mostrado complexos demais para a automação, mas um robô "pensante" seria capaz de lidar com eles. O exemplo mais atual são provavelmente os carros autônomos, que não só transformariam o transporte pessoal, como também tornariam obsoletos os caminhoneiros, motoristas de ônibus e de Uber. A tecnologia ainda é muito recente, mas em algum momento poderia eliminar empregos de quase 4 milhões de americanos — a maioria homens sem curso superior. O apresentador de TV conservador Tucker Carlson afirmou que baniria tais caminhões sem motorista para proteger esses empregos.[53]

Esse tipo de neoludismo não se restringe à direita. Em 2017, Bill Gates propôs um "imposto de robô", que obrigaria as empresas a pagar à Receita sempre que substituíssem um trabalhador humano por uma máquina (o que, entre outros problemas, é bastante impraticável.) Em 2022, o governo Biden contribuiu com 684 milhões de dólares para modernizar todos os portos dos Estados Unidos, depois que acúmulos em embarques de carga haviam atrasado cadeias de abastecimento globais, mas com a condição de que nenhuma tecnologia a ser instalada resultasse em perda líquida de empregos.[54] Essa abordagem é literalmente contraproducente, pois opta pela ineficiência em lugar da produtividade. Faz lembrar uma história contada pelo economista Milton Friedman sobre uma visita que fez a um país asiático na década de 1960. Ele visitou um local em que estava sendo construído um canal, e ficou intrigado ao ver que os trabalhadores usavam pás em vez de escavadeiras e tratores mecanizados. Perguntou a um funcionário do governo, que respondeu: "O senhor não entende. Este é um programa de empregos." Friedman disse: "Ah, pensei que vocês estavam tentando construir um canal. Se são empregos que vocês querem, então deveriam dar aos operários colheres, não pás."[55]

Receios relativos à automação são compreensíveis, ainda mais agora, com os enormes progressos da IA. Contudo, no decorrer da história, a tecnologia tem, no longo prazo, criado mais empregos e tornado nossa vida melhor.

Recusar-se a usá-la seria tolice. Se ela de fato provocar "o fim do trabalho", então precisaremos fundamentalmente repensar a sociedade.[56] Em 1930, John Maynard Keynes previu que a produtividade aumentaria tanto que os netos dele teriam que trabalhar apenas quinze horas por semana.[57] Soa como um tipo de utopia imaginada por Marx, em que a pessoa poderia "pescar de manhã, caçar à tarde, criar gado ao anoitecer e criticar depois do jantar [...] sem sequer se tornar caçador, pescador, pecuarista ou crítico".

No entanto, não nos deixemos levar pela imaginação ou por temores. No longo prazo, a tecnologia nunca causou desemprego em massa antes, e até agora Keynes e Marx erraram o alvo nesse assunto. É claro que políticos podem achar difícil resistir às exigências dos eleitores, que pedem ao governo que proteja os empregos. Líderes, contudo, não deveriam atrapalhar o progresso tecnológico. Deveriam tentar estimular a criação de empregos e indústrias, em vez de insistir que os trabalhadores cavem com colheres em vez de pás.

Conforme a IA se desenvolve, porém, ela mudará nosso entendimento básico da capacidade humana. Eric Schmidt, Daniel Huttenlocher e Henry Kissinger ressaltam, no documentário *The Age of AI*, que, desde o Iluminismo, os seres humanos têm visto a mente humana desvendando os mistérios do universo. A racionalidade humana explicou fenômenos que em épocas anteriores eram vistos como produto de forças divinas. O Sol nascia, por exemplo, porque o deus Sol guiava uma carruagem pelos céus. Todavia, a IA é tão complexa, os conjuntos de dados que ela possui são tão vastos e os cálculos que ela pode fazer são tão numerosos, que nenhum ser humano pode sequer entender como ela chega às conclusões. À medida que as habilidades da IA se aprimoram, teremos que confiar que os computadores sabem mais e depositar nossa fé na IA exatamente como os humanos pré-iluministas depositavam fé em Deus.[58] Ken Goldberg, da UCLA, argumenta de maneira similar que quando a revolução copernicana tirou a Terra do centro do universo, ela essencialmente pôs a razão e a inteligência humana no lugar. Uma nova revolução está no horizonte — quando a inteligência artificial ultrapassar a inteligência humana e nos forçar a reavaliar nosso lugar.[59]

A BIOLOGIA FICA INTELIGENTE

Junto com a IA, estamos testemunhando outro aspecto da Quarta Revolução Industrial que pode ser igualmente transformador: a revolução da bioengenharia. Sob muitos aspectos, as duas estão interligadas. Tomemos o "problema do enovelamento de proteínas" — prever a estrutura tridimensional de sequências de aminoácidos que formam as proteínas de que os organismos necessitam para funcionar. Esse era considerado um dos desafios mais difíceis na biologia desde a década de 1960. Em 2020, pesquisadores munidos de uma ferramenta de IA chamada AlphaFold basicamente solucionaram o enovelamento de proteínas, o que propiciou um número incontável de rápidos progressos em biotecnologia.[60]

De maneira geral, a revolução da biotecnologia pode ser vista como outra faceta da revolução da informação, uma faceta que lida não com *bits* e *bytes*, mas com os nucleotídeos de DNA e RNA que codificam as estruturas das formas de vida. Por mais de 3 bilhões de anos, a evolução foi guiada apenas pelas forças da seleção natural, que levou algumas mutações a sobreviver e outras a perecer. No entanto, os humanos hoje estão assumindo o controle da natureza. A ascensão da biotecnologia moderna permite que cientistas interfiram diretamente no DNA dentro das células vivas, o que permite a manipulação de organismos e até mesmo de seres humanos. Conforme escreveram Jennifer Doudna, pioneira da revolucionária tecnologia de edição de genes CRISPR, e o bioquímico Samuel Sternberg, "pela primeira vez na história, temos a capacidade de editar não só o DNA de todo humano vivo, como também o DNA de gerações futuras — em essência, direcionar a evolução da nossa espécie".[61]

Em 2000, quando o Projeto Genoma Humano terminou o primeiro esboço de todo o código genético encontrado no DNA humano, o presidente Bill Clinton anunciou: "Hoje estamos aprendendo a linguagem com a qual Deus criou a vida."[62] Nas duas décadas que se seguiram, o custo de sequenciar um genoma humano caiu de 100 milhões de dólares para menos de mil.[63] Um processo que costumava levar anos passou a levar dias. Ao meio-dia da sexta-feira, 3 de janeiro de 2020, uma equipe de pesquisa chinesa recebeu um tubo de ensaio com o DNA do novo coronavírus. "Às 2 horas da manhã de domingo haviam mapeado totalmente o genoma do vírus."[64]

A milhares de quilômetros de distância, duas empresas de biotecnologia pouco conhecidas que lutavam para sobreviver estavam prestes a chegar ao ápice. A Moderna, sediada em Massachusetts, tinha enfrentado crescente ceticismo de investidores acerca do fantasioso esquema de criar vacinas baseadas no RNA mensageiro, ou RNAm.[65] Em 2019, uma companhia alemã centrada no RNAm, a BioNTech, levantara pouco mais do que a metade do dinheiro que esperava arrecadar.[66] De repente, a pandemia de covid-19 permitiu que as duas empresas provassem a visão que compartilhavam. O DNA é um arquivo-mestre gigantesco que é estacionário no núcleo da célula; o RNAm basicamente pega pequenas fotos de DNA para transmitir as instruções e, assim, produzir proteínas. Os cientistas logo descobriram que esse vírus específico tem certas proteínas de pico na superfície que, se interrompidas, inibiriam a habilidade que ele tem de se multiplicar. Armadas com o genoma do vírus, as empresas puderam criar um "retrato" dessa proteína de pico, e usaram RNAm para grudar esse retrato por todo o nosso corpo. Quando o vírus real chega com a proteína de pico, nosso sistema imune o reconhece e já está preparado para combatê-lo. Pelo menos, era essa a teoria.

E que se provou ser um sucesso arrebatador, pois salvou dezenas de milhões de vidas. E a rapidez com que a vacina foi desenvolvida foi de tirar o fôlego. Em abril de 2020, o *New York Times* projetou que, no ritmo típico de desenvolvimento de uma nova vacina, as doses seriam aplicadas no braço no fim de 2033. Alcançar a meta de criar uma vacina para a covid-19 em meados de 2021, disse o *Times*, seria "conseguir o impossível".[67] As vacinas da Moderna e da Pfizer-BioNTech começaram a ser administradas antes do fim de 2020.

No entanto, o que a ciência dá, a política tira.[68] Embora a maioria dos americanos finalmente acabasse por tomar a vacina, uma minoria ruidosa e irada recusou-se a tomá-la. Denunciaram a obrigatoriedade como uma forma tirânica de intromissão governamental. Surgiram proeminentes ativistas antivacina dos dois lados do corredor político, mas os conservadores em particular usavam o tópico para atiçar a base republicana. J. D. Vance, por exemplo, chamou a obrigatoriedade da vacina imposta por Biden de "autoritarismo".[69] Nenhuma tentativa de persuasão e explicação por parte de especialistas foi capaz de convencer algumas pessoas, que, ao mesmo tempo que recusavam a vacina e outras drogas de ponta, tomavam hidroxicloroquina ou ivermectina, medicamentos que charlatães apregoavam como curas milagrosas para a covid-19. Desinformações desse tipo se espalharam pelo mundo, como ocorreu com outras teorias da conspiração, por exemplo, a crença de que Bill Gates, que ajudou a financiar a vacina, estava usando-a para implantar microchips nas pessoas.

A resistência à vacina reflete níveis perigosos de polarização, além de uma desconfiança mais ampla das elites. Especialistas erraram nas avaliações perante o público na Guerra do Iraque, na crise financeira e até mesmo na primeira fase da pandemia, ao dizer às pessoas que não usassem máscara. A tecnologia, porém, exacerbou a desconfiança. Tom Nichols, autor de

The Death of Expertise, argumenta que o mundo se tornou tão complexo que um cidadão médio não entende como as coisas funcionam, sente-se impotente e passa a se ressentir dos especialistas. E com acesso irrestrito à informação a apenas um clique de distância, as pessoas pensam que podem descobrir a verdade sozinhas e dispensar aqueles que entendem do assunto. Não importa que seja necessário um especialista de verdade para ter sucesso em "navegar pelo nevoeiro de lixo inútil e enganoso"[70] que prolifera na internet. Então, quando chegou a vez das vacinas, embora a maioria das pessoas tenha se alegrado com essa maravilha da engenhosidade humana, uma parte significativa da população rejeitou o conselho dos especialistas. Sentiam-se incomodados com uma vacina produzida tão rapidamente e com uma técnica tão nova.

Um ceticismo semelhante pode ser visto nas atitudes das pessoas em relação a organismos geneticamente modificados, ou transgênicos. Com as tecnologias e métodos de cultivo de hoje, atender às necessidades de alimento do mundo esperadas em 2050 exigiria uma área de cultivo do tamanho da África e da América do Sul combinadas.[71] Os transgênicos podem ajudar os agricultores a cultivar mais alimento com menos recursos, permitir que as colheitas suportem um clima em mudança e até mesmo tornar as safras mais nutritivas. Nos anos 1950, o vírus da mancha anelar do mamoeiro quase eliminou a produção inteira de mamão na ilha havaiana de Oahu. Um cientista em Cornell que havia crescido na região salvou a indústria ao criar um mamão transgênico que era imune ao vírus. Essa inovação foi largamente adotada pelos produtores de mamão. Hoje, 80% do mamão havaiano provém da engenharia genética.[72]

Há um final menos feliz para uma história sobre o arroz, um tipo de cereal que é a única fonte de alimento para grande parte da população menos favorecida nos países asiáticos. Todo ano, a deficiência de vitamina A mata 1 milhão de pessoas em todo o mundo, principalmente crianças, e deixa meio milhão de pessoas cegas.[73] Em 2000, cientistas produziram uma nova cepa de arroz rica em vitamina A, e esperavam que o resultado disso, o Golden Rice, fosse um grande avanço para a resolução do problema. Entretanto, os transgênicos causaram ansiedade ao redor do mundo, e muitos governos proibiram o uso dessa variedade geneticamente modificada. Um incidente nas Filipinas captura apropriadamente essa reação: em 2013, ativistas antitransgênicos destruíram plantações de Golden Rice, o que arruinou alimentos que seriam capazes de salvar vidas, enquanto agricultores desanimados observavam. Os reacionários protestavam contra uma tecnologia que viam como parte de uma conspiração para subordinar a agricultura local a corporações multinacionais.[74] Enquanto escrevo este livro, o Golden Rice ainda não conseguiu nada semelhante à adoção disseminada necessária para salvar milhões de vidas. Muitos ainda temem as consequências de se mexer com genes de plantas e animais, embora os humanos há muito pratiquem hibridação seletiva, uma versão mais antiga da engenharia genética.

Quando se trata de mexer com os genes da nossa espécie, temos que ser, sim, muito cuidadosos por causa das implicações na sociedade. Contudo, do ponto de vista da saúde, a edição de genes poderia ser uma dádiva divina. O CRISPR pode ser usado para substituir mutações específicas que causam doenças. Além disso, já mostrou ser uma grande promessa para a cura de pacientes com anemia falciforme. Os pesquisadores esperam que o CRISPR algum dia seja empregado para reparar mutações que causam distúrbios genéticos mais complexos ou aumentam a probabilidade de câncer. Isso poderia ser feito até mesmo antes de o bebê nascer. Em 2018, o cientista chinês He Jiankui chocou o mundo ao anunciar que tinha usado o CRISPR para modificar o código genético de dois embriões gêmeos para torná-los resistentes ao HIV — e os bebês já tinham nascido.[75] A comunidade científica condenou essa imprudente intromissão no genoma sem supervisão adequada ou consideração dos riscos, e por isso o professor He foi preso e caiu em desgraça. No entanto, essa técnica pode ganhar ampla aceitação no futuro, devido ao incrível potencial que ela tem de prevenir doenças.

Essa tecnologia revolucionária vai precisar ser cuidadosamente regulamentada. Estamos mais perto do que nunca de chegar ao *Admirável mundo novo* de Aldous Huxley, no qual bebês são programados para ter determinadas características físicas e mentais. Se você acha que as pessoas se ressentem das elites agora, imagine só se os ricos puderem pagar para ter filhos perfeitos. Um mundo desses desafiaria uma das premissas básicas do liberalismo clássico: que todos os homens e mulheres são criados iguais.

Assim, ao mesmo tempo que o CRISPR e outros desenvolvimentos biotecnológicos guardam inacreditáveis promessas, forçarão, como a IA, uma poderosa reavaliação do que significa ser humano. O estudioso Yuval Noah Harari argumenta que, apesar de todas as mudanças sociais, políticas e econômicas ao longo dos milênios, o *Homo sapiens* não mudou muito física ou mentalmente — até agora. A combinação das revoluções gêmeas em biologia e computação permitirá aos seres humanos expandir suas capacidades física e mental. O resultado, diz ele, será a criação de um super-homem com traços divinos: o *Homo deus*.[76]

ALÉM DA DISTOPIA

O futuro está começando a aparecer no horizonte. A tecnologia poderia transformar a sociedade de maneiras que atualmente não conseguimos sequer imaginar. Neal Stephenson é um autor de ficção científica presciente que cunhou os termos "metaverso" para um mundo virtual e "avatar" para um eu pessoal digital. E também imaginou como a IA poderia transformar a experiência humana. No romance *The Diamond Age*, escrito por Neal em 1995, um livro de contos "inteligente" alimentado por IA ajuda uma menina a escapar da pobreza, e atua como tutor pessoal com infinita paciência, que a estimula sempre que ela perde a esperança. Quando as pessoas pensam em IA e mundos digitais atualmente, a mente delas pode se voltar para utopias sombrias como *Matrix*, ou os temores mais mundanos do vício em videogames e a realidade virtual como substituta da vida real. Não obstante, a história de Stephenson — e empresas iniciantes na vida real criando situações alimentadas por IA — mostra algumas das possibilidades mais otimistas de inteligência artificial.[77] No passado, somente aristocratas podiam se dar ao luxo de ter um tutor particular — se a IA possibilita a qualquer um receber individualmente educação sob medida, este é mais um exemplo de que "todo homem é rei".

Entretanto, a mudança revolucionária é, por definição, altamente perturbadora. A revolução da informação remodelou o mundo de maneira radical, e um progresso adicional, em uma escala potencialmente maior, será assustador. Muitos empregos sumirão, ainda que a produtividade geral cresça, o que gerará maior riqueza, que poderia ajudar a todos. Normas serão quebradas, mas podemos ter esperança de que a qualidade de vida das pessoas no mundo melhore. Há preocupações reais em relação à privacidade e questões reais sobre como o governo deve regular empresas e a si mesmo quando se trata de tecnologias mais avançadas. Esses problemas, porém, não são insolúveis,[78] pois podemos ter os benefícios da vida digital e também proteger nossa privacidade e nossa democracia. E se pudermos desenvolver regras conscienciosas em torno das revoluções de IA e bioengenharia, tampouco perderemos a humanidade. De fato, talvez possamos vir a apreciá-la ainda mais. No entanto, tudo isso levará a mudanças ainda maiores na concepção que temos de nós mesmos e no nosso senso do que é distintivamente humano em nós.

Com todas as afirmações fatídicas sobre a tecnologia, frequentemente perdemos de vista o vasto potencial que ela tem. Os antigos ansiavam por equipamentos que os livrassem da labuta penosa e da dependência. Na *Política*, Aristóteles imaginou um tipo de utopia em que escravidão e servidão pudessem desaparecer: "Se cada ferramenta pudesse executar sua tarefa sob comando ou antecipando instruções, e se, como as estátuas de Dédalo ou do trípode de Hefesto — que [...] 'entraram na assembleia dos deuses por vontade própria' —, as lançadeiras tecessem pano sozinhas, os plectros tocassem a lira, um mestre artesão não precisaria de assistentes e senhores não precisariam de escravos."[79] Hoje, estamos cada vez mais perto da visão de Aristóteles, um mundo em que teremos que nos perguntar para que servem os seres humanos senão para o trabalho e a produtividade. Se computadores com IA podem ser máquinas analíticas melhores do que o cérebro humano, então o que nos resta? Provavelmente começaremos a definir nossas características distintivas como aquelas que giram em torno de emoções, moralidade e, acima de tudo, sociabilidade — ou capacidade de trabalhar, brincar e viver com outros humanos. "O homem é, por natureza, um animal social", disse Aristóteles nesse mesmo livro 2 mil anos atrás. Talvez estejamos regressando a essa sabedoria antiga.

Nenhum país está sequer perto da abundância universal proporcionada pela automação. No entanto, revoluções tecnológicas já criaram mais produtividade e riqueza, que lentamente desviaram as lutas políticas da economia como campo de batalha definidor. A velha divisão esquerda-direita, centrada em governo grande *versus* pequeno, deu lugar a considerações de dignidade, *status* e respeito. Estamos pensando de maneira diferente sobre o que nos define na nossa essência — e como essa definição se traduz em um campo social e político mais amplo.

8

VINGANÇA DAS TRIBOS

Identidade

Quando os franceses festejavam o início de 1968 com champanhe e fogos de artifício, o presidente do país adotou um tom de celebração. "É impossível ver como a França de hoje poderia ser paralisada por uma crise como aconteceu no passado", declarou Charles de Gaulle, um homem que liderara a França Livre durante a Segunda Guerra Mundial, criara a Quinta República e na ocasião presidia o país durante o longo crescimento econômico do pós-guerra.[1] Contudo, apenas cinco meses depois da declaração de ano-novo, Paris parecia ter voltado aos tempos da Revolução. As largas avenidas da capital francesa estavam bloqueadas por barricadas improvisadas feitas com árvores arrancadas e placas de sinalização vandalizadas. A vida econômica caiu na imobilidade. Estudantes ativistas ocuparam prédios universitários para desafiar as tradicionais hierarquias de poder na academia e além dela. Somente no dia 30 de maio, quase 1 milhão de parisienses — incluídos tanto manifestantes estudantis quanto apoiadores do presidente — tomaram as ruas. Em confronto com o conformismo de gerações mais velhas, os jovens cobriram Paris de pichações tais como "É proibido proibir!".[2] Na véspera, o presidente De Gaulle fugira abruptamente para uma base militar na Alemanha Ocidental, talvez temendo pela própria segurança. Um país que já passara por um período de violência e caos estava mais uma vez à beira do abismo.

No verão de 1968, a revolução tinha chegado ao coração dos Estados Unidos. Enquanto o Partido Democrata se preparava para a convenção nacional em Chicago em agosto, a cidade fervia com a antecipação da violência. No mês anterior, os dois maiores ícones da esquerda americana — Robert F. Kennedy e Martin Luther King Jr. — tinham sido assassinados. Por muitos anos, uma cultura de dissensão vinha emergindo, a qual se opunha a tudo, desde racismo até a guerra e leis antidrogas. Uma geração estava se levantando contra as normas, hierarquias e autoridades tradicionais. Em Chicago, enquanto os políticos democratas se amontoavam em torno do candidato do *establishment*, o vice-presidente Hubert Humphrey, os ânimos fora do salão da convenção azedaram. A algumas centenas de metros, a polícia perseguia jovens manifestantes que atravessavam as janelas quebradas do Conrad Hilton Hotel e descia os cassetetes em qualquer um que conseguissem alcançar. O gás lacrimogêneo chegou a penetrar na suíte de Humphrey.[3] "O mundo inteiro está assistindo!", entoavam os manifestantes enquanto câmeras de TV transmitiam o tumulto para o restante do mundo.[4]

E o mundo assistia enquanto a revolução se espalhava ainda mais. No decorrer de 1968, um movimento de protesto global gerou ondas por países tão diversificados quanto Alemanha Ocidental, México e Japão. O movimento varreu igualmente democracias e ditaduras, países capitalistas e comunistas. No Ocidente, os estudantes protestavam contra os excessos do consumismo e do livre mercado; no leste da Europa, investiam contra o comunismo. Em Roma, diante da principal universidade da cidade, a polícia combatia milhares de estudantes que protestavam atirando pedras e virando carros.[5] Em Praga, os tanques russos penetraram pelas ruas de paralelepípedos e esmagaram sob suas lagartas o *slogan* reformista de "socialismo com rosto humano".

Mais de meio século depois, o espectro de 1968 ainda evoca emoções distintas de qualquer outro ano comum. Como escreveu o comentarista político David Frum, há duas narrativas contrastantes sobre aquela época: "No mito infantil, os americanos se amontoavam, miseráveis e congelados... até que os bravos e jubilosos manifestantes dos anos 1960 os libertaram. No relato dos pais, uma era dourada de patriotismo e dever foi arrasada por recusas de recrutamento militar, fumo de maconha e marginais *hippies* que viraram *yuppies*."[6] Essa divergência de perspectivas ainda molda as ideologias políticas dos Estados Unidos nos dias de hoje.

De diversas maneiras, o ano de 1968 prefigurou as duas grandes tendências que acabariam por reordenar a política ocidental — a ascensão da política identitária e a crescente polarização que a acompanha. O Partido Democrata aprovou uma legislação abrangente de direitos civis na esteira do assassinato de King e indicou Humphrey, que era, apesar dos protestos, o candidato mais socialmente liberal na história do partido. Quando a "Nova Esquerda", mais consciente culturalmente, alcançou a proeminência no mundo ocidental, os trabalhadores braçais e manuais lentamente começaram a se afastar dos partidos de esquerda tradicionais. Tumultos causados por questões raciais tornaram-se lugar-comum, problemas sociais passaram para o primeiro plano e um consenso intermediário foi destruído em favor de um fervor dogmático em ambas as extremidades do espectro. Em questão de poucos anos, a revolução da década de 1960 mudou radicalmente a cultura e rompeu com costumes de séculos em torno de hierarquias de gênero, raça e autoridade. Da legalização do aborto a proteções habitacionais, de direitos de voto a leis de emprego igualitárias, os anos 1960 estimularam um abrangente conjunto de reformas. Quase todo movimento social contemporâneo, do #MeToo e Vidas Negras Importam até a batalha conservadora contra uma teoria racial crítica, está lutando com ideias que foram articuladas pela primeira vez naquela década. Se um dia a política foi esmagadoramente moldada pela economia, hoje ela está sendo transformada pela identidade.

Os anos 1960 não concretizaram a revolução política almejada por seus proponentes mais ardorosos. Na França, a tomada de poder pelos comunistas, tão temida por De Gaulle, fracassou. Se a primavera de 1968 fez recordar o fervor jacobino do início da década de 1790, o verão trouxe de volta vagas memórias da contrarrevolução napoleônica que seguiu no rastro. Em julho de 1968, o partido de De Gaulle ganhou 74% de todas as cadeiras, o que significou o eleitorado francês ter rejeitado firmemente o radicalismo da esquerda ativista. No fim do ano, trabalhadores haviam retornado às fábricas e estudantes, às salas de aula. Os conservadores continuaram a ocupar o Palácio Élysée até 1981. Nos Estados Unidos, o representante da lei e da ordem Richard Nixon derrotou Humphrey em 1968, e 2 anos depois, na Grã-Bretanha, o Partido Conservador abocanhou o poder. Os anos 1960 fracassaram em forjar um consenso duradouro em torno de uma agenda comum de reformas sociais. Em vez disso, expuseram novas rachaduras culturais que se tornaram as novas linhas de batalha da política.

A HIERARQUIA DAS NECESSIDADES

Revoluções podem irromper a partir de desesperança e desespero, como na França de 1789. Contudo, um tipo diferente de revolução pode surgir de um estado de abundância — e esse é o caso da revolução identitária. Nas palavras do cientista político Ronald Inglehart, as necessidades da sociedade, assim como as individuais, seguem a "hierarquia de necessidades" de Abraham Maslow. Na base da pirâmide estão comida, segurança e moradia. Durante a maior parte da história humana, estes têm sido os fins para os quais toda atividade social é dirigida. Entretanto, uma vez que essas necessidades materiais tenham sido satisfeitas, as pessoas passam a se concentrar em demandas de ordem superior: valores abstratos de liberdade individual e autoexpressão.[7] Em outras palavras, quando revoluções no âmbito da economia e da tecnologia geram melhora nos padrões de vida — juntamente com deslocalização e desorientação —, tendem a produzir também revoluções identitárias. Uma vez desligadas dos papéis tradicionais que costumam desempenhar na economia e na sociedade, as pessoas reagem ou com esperança ou com medo. Grupos anteriormente marginalizados percebem a mudança como libertadora e buscam alcançar uma nova dignidade; os que estão no topo temem perder o *status* que já têm.

As décadas de 1960 e 1970 viram as mais rápidas e radicais revoluções do século XX.[8] Em 1968, o mundo ocidental tinha chegado a um ponto de inflexão, graças ao rápido crescimento econômico do pós-guerra provocado pela globalização e pelo progresso tecnológico. Pessoas jovens, que amadureceram livres dos horrores da guerra e da fome, estavam insatisfeitas com uma sociedade dirigida por elites descompassadas. Ansiavam por mais direitos individuais e uma visão mais inclusiva de cidadania, uma visão que se estendesse aos que foram deixados historicamente para trás. Na Europa, conforme observa Mark Lilla,[9] os manifestantes ainda se viam em grande parte travando uma guerra de classes, não uma guerra cultural. E, ironicamente, com as questões culturais ainda de fora do centro da disputa política, a mudança social foi muito mais rápida e permanente no Velho Mundo. O aborto, por exemplo, raramente foi politizado.[10]

Com um novo consenso formado nas décadas de 1980 e 1990 em torno da economia, a cultura começou a substituí-la como principal linha de batalha política. Nos Estados Unidos, as pessoas começaram a se concentrar mais nas identidades pessoais — raça, religião, gênero — do que na de classe, o que lançou as sementes de uma "guerra cultural" que continua até hoje.[11] O processo levou mais tempo na Europa, mas o continente também sucumbiu à polarização e à política identitária, basicamente conduzida pela imigração. Nos anos 1990, um novo tipo de revolução identitária havia se instalado. Foi uma revolução lenta, um movimento tectônico em vez de um terremoto. Mais uma vez, a mudança estrutural precedeu a revolução política: depois da queda do Muro de Berlim, um ritmo ainda mais rápido de globalização e mudança tecnológica introduziu uma nova era dourada do livre mercado. Uma vez que a esquerda saltou a bordo do movimento neoliberal, a direita enfrentou uma crise aguda de como se diferenciar. Os conservadores perceberam que precisariam se dobrar à política identitária se quisessem se distinguir de uma centro-esquerda cada vez mais moderada.

Alguns líderes de direita perceberam logo cedo para onde o vento estava soprando. Em 1992, o fervoroso candidato presidencial republicano Pat Buchanan rugiu: "Há uma guerra religiosa sendo travada neste país. É uma guerra cultural, tão crítica para o tipo de nação que havemos de ser quanto foi a própria Guerra Fria, pois esta guerra é pela alma dos Estados Unidos." As décadas seguintes provariam que ele estava correto.

PROLETÁRIOS UNIDOS

A divisão política atual entre *yuppies* esquerdistas e trabalhadores braçais conservadores surpreenderia qualquer observador de política ocidental do século XIX como algo muito estranho. Em 1848, Karl Marx e Friedrich Engels escreveram no *Manifesto comunista* que "a história de toda a sociedade existente até aqui é a história da luta de classes".[12] Ainda que carecesse de nuances históricas, a avaliação de Marx da política europeia contemporânea estava, de forma geral, correta. Desde a aurora da Revolução Industrial, ela fora de fato definida pelo constante conflito entre a esquerda da classe trabalhadora e a direita burguesa. Essa divisão continuou por um século após a publicação do *Manifesto*. Como já vimos, operários de fábricas se uniam para lutar por melhores salários, carga horária justa e condições de trabalho mais seguras. Nesse período, os Estados Unidos também foram palco de movimentos trabalhistas fortes e ferozes debates econômicos sobre políticas como as tarifas, ainda com a complicação adicional da dimensão racial.

Foi só depois da Segunda Guerra Mundial que se alcançou um consenso, pelo menos no Ocidente. A fórmula para o sucesso era a soma da democracia com os mercados e o Estado de bem-estar social. Na Europa, conservadores e social-democratas haviam aprendido a evitar a polarização extrema esquerda-direita do período do entreguerras, e em vez disso abraçaram um estilo de governança mais cooperativo. Nos Estados Unidos, a Grande Depressão e o esforço de guerra fomentaram um acordo amplo sobre a necessidade de envolvimento do governo na economia. Até mesmo o presidente Dwight Eisenhower, um republicano, apoiou quase todos os programas "socialistas" de Franklin Roosevelt, desde Previdência Social até índices tributários marginais acima de 90%.[13] Em poucas palavras, a direita, que um dia se opusera amargamente ao Estado de bem-estar social, passara a se acomodar a ele.

É claro que a suposta utopia da metade do século — com baixa desigualdade e pouca polarização política — se fundava na exclusão racial. Não é por acaso que muito desse "auge da democracia social americana",[14] termo utilizado pela historiadora Dorothy Sue Cobble, coincidiu com Jim Crow. Durante toda a primeira metade do século XX, ambos os partidos haviam concordado tacitamente em não questionar as fundações da supremacia branca. Na década de 1930, apenas 4% dos americanos negros podiam votar.[15] Ao mesmo tempo, o Ato de Imigração de 1924 apaziguou nativistas ao banir, efetivamente, todos os imigrantes que não fossem brancos e norte-europeus. Sulistas brancos condicionaram dar apoio às políticas de redistribuição do programa do New Deal à continuada subjugação dos americanos negros.[16] Não é de admirar que a legislação do New Deal tenha proibido empregados domésticos e trabalhadores agrícolas — a maior parte negros[17] — de se sindicalizar e receber os benefícios da Previdência Social. Em troca, o Sul retribuiu prodigamente a Roosevelt. Na eleição presidencial de 1936, ele recebeu 97% dos votos do Mississippi e 99% dos da Carolina do Sul.[18]

Na década de 1950, políticas racistas de retenção de recursos financeiros no Norte e segregação legal no Sul significavam que americanos brancos e negros viviam vidas separadas. Com o crescimento econômico exponencial, os americanos brancos puderam buscar o sonho americano na segurança dos organizados subúrbios. Os Estados Unidos pareciam ter atingido um equilíbrio estável. Em 1950, a Associação de Ciência Política Americana publicou um relatório intitulado "Toward a More Responsible Two-Party System". Qual a conclusão? O que a democracia americana precisava era de menos transigência, mais coesão partidária, plataformas partidárias mais distintas — em suma, *mais* polarização.[19]

Em pouco tempo, o desejo se tornaria realidade. O consenso em relação à política econômica abriu a porta para que questões sociais viessem para o primeiro plano. O domínio do homem branco seria desfeito. Essas mudanças levariam o país para muito mais perto de realizar os ideais fundadores, mas também trariam caos para as ruas.

O AMADURECIMENTO DOS ESTADOS UNIDOS

Nos anos 1950, muitas famílias americanas se reuniam em torno da TV toda segunda-feira à noite para a transmissão semanal de *I Love Lucy*, o programa mais popular da época. No entanto, na década seguinte, a imagem da vida familiar harmoniosa retratada em *I Love Lucy* parecia totalmente obsoleta. "*Your sons and your daughters/ are beyond your command*" [Seus filhos e suas filhas/ escapam do seu comando],[20] cantava Bob Dylan em 1964. Rapazes jovens passaram a usar cabeleiras inspiradas nos Beatles e trocaram as calças sociais por jeans.

O ano de 1964 também marcou o início do envolvimento em larga escala dos Estados Unidos na guerra no Vietnã, um conflito que devastou geograficamente o país asiático e dilacerou os Estados Unidos no âmbito cultural. Jovens americanos, muitos dos quais foram recrutados para o serviço militar, opuseram-se fervorosamente ao envolvimento do país na guerra. Alguns fugiram para o Canadá. Outros expressaram a ira que sentiam marchando, queimando os cartões de recrutamento, fazendo greve de fome ou ocupando prédios de universidades. Alguns veteranos do Vietnã jogaram fora publicamente as medalhas que tinham ganhado pelo serviço prestado à nação. O Weather Underground, um grupo terrorista nacional de extrema esquerda, foi ainda mais longe e cometeu atentados a bomba, inclusive no Capitólio, no Pentágono e no Departamento de Estado.

À medida que os jovens americanos protestavam contra a guerra, passaram a se rebelar contra toda uma velha cultura que consideravam conservadora demais. Em 1967, 100 mil deles se juntaram no bairro de Haight-Ashbury em São Francisco para o "Verão do Amor", abastecido por rock-and-roll e drogas psicodélicas. Dois anos depois, quase meio milhão se reuniu para o festival de música de Woodstock, em que a versão elétrica do hino nacional tocada por Jimi Hendrix parecia corporificar as mudanças em andamento: a flexibilização das regras, uma recém-descoberta liberdade de autoexpressão, uma disposição para desafiar as estruturas da política americana.

Não demorou muito para que as pioneiras mudanças lideradas pelo movimento da contracultura deixassem uma marca no país. Já em 1971, 35% dos americanos achavam que o conceito de casamento era obsoleto.[21] Uma visão mais permissiva das drogas também se instalou em um tempo impressionantemente curto. Em 1967, apenas 5% dos americanos já tinham fumado maconha.[22] Em 1979, 51% dos alunos do último ano do ensino médio admitiam ter feito isso no ano anterior.[23]

Ao mesmo tempo, os americanos perderam rápido a confiança em instituições tradicionalmente reverenciadas — da Igreja ao governo. A porcentagem de católicos americanos que frequentavam a missa semanalmente diminuiu de 75% em 1957 para 54% em 1975.[24] Em 1958, 71% dos americanos confiavam em que o governo fazia a coisa certa a maior parte do tempo.[25] Vinte anos depois, apenas 29% tinham a mesma opinião.[26] Depois das mentiras do governo sobre o Vietnã e do escândalo de Watergate, a opinião pública americana não dava mais a seus líderes o benefício da dúvida. No começo do movimento de protesto dos anos 1960, o líder estudantil Jack Weinberg dissera ao país: "Não se pode confiar em ninguém com mais de 30 anos." Já nos anos 1970, parecia que pouca gente ainda confiava em alguém. O colapso da fé na autoridade e nas instituições criou um solo fértil para o populismo, teorias da conspiração e um mundo "pós-verdade".

A REVOLUÇÃO SILENCIOSA DA EUROPA

Na Europa, assim como nos Estados Unidos, a mudança teve como ponta de lança uma nova geração que priorizava a participação política e a liberdade de expressão acima da autoridade tradicional. Foi o que Ronald Inglehart chamou de "geração pós-materialista", preocupada com realização pessoal em vez de posses materiais ou segurança. Em 1970, Inglehart fez um levantamento sobre a população em seis países ocidentais. Entre os que tinham crescido durante a Segunda Guerra Mundial, os valores materialistas superavam os pós-materialistas em uma proporção de três para um. Todavia, o "pós-materialismo"[27] dominava o grupo de pessoas entre as idades de 15 e 24 anos, que haviam nascido após a guerra. A categoria à qual alguém pertencia revelava com precisão como a pessoa se sentia em relação ao movimento estudantil. Entre os que eram favoráveis a valores "materialistas" como ordem e estabilidade de preços, apenas 16% apoiavam os protestos dos estudantes. Entre os que priorizavam valores "pós-materialistas",[28] tais como participação política e liberdade de expressão, a porcentagem de apoio era de 71%.

Na Europa, até mesmo com o fascismo desacreditado pela Segunda Guerra Mundial, as estruturas subjacentes de autoridade — nos negócios, no âmbito acadêmico e no governo — tinham permanecido, em grande parte, intactos em países do Eixo como a Alemanha e a Itália. Combater comunistas tornou-se uma prioridade à medida que a Guerra Fria se aprofundava, o que significava colocar a luta contra os fascistas em segundo plano. Na Alemanha Ocidental e na Áustria, nazistas reabilitados retornaram a posições de poder no governo e na sociedade. De uma forma ainda maior do que nos Estados Unidos, a emergente divisão entre estudantes revolucionários e seus detratores foi uma luta titânica entre gerações.

Talvez em nenhum outro lugar essa diferença fosse tão acentuada quanto na Alemanha Ocidental, onde os jovens se revoltaram contra uma geração de líderes que haviam sido cúmplices das atrocidades do Holocausto. Em breve sucessão, revelou-se que ambos os líderes do governo da Alemanha Ocidental em 1968 — o presidente Heinrich Lübke e o chanceler Kurt Georg Kiesinger — tinham sido filiados ao regime nazista.[29] Na convenção partidária da União Democrática Cristã, uma ativista chamada Beate Klarsfeld subiu ao pódio, esbofeteou Kiesinger e gritou "nazista!". A militante de esquerda Gudrun Ensslin fez uma declaração que se tornou emblemática em relação à ruptura que assolava o país: "Essa é a geração de Auschwitz, e não há o que discutir com eles!"[30]

À medida que a geração dos anos 1960 foi envelhecendo e ganhando posições de autoridade, a mudança cultural se seguiu rapidamente. Durante os anos 1960 e 1970, a Europa experimentou uma onda sem precedentes de secularização. Entre 1963 e 1976, o número anual de divórcios na Alemanha Ocidental mais do que dobrou.[31] Nos Países Baixos, a porcentagem de católicos que frequentava a missa semanalmente caiu pela metade entre 1965 e 1975.[32] Na verdade, a secularização foi muito mais longe na Europa do que nos Estados Unidos. Entre cristãos da Europa Ocidental, hoje menos de um quarto acredita com absoluta certeza em Deus (em comparação com 76% dos cristãos americanos[33]). Isso fez com que as leis de aborto mudassem. Antes da década de 1970, a Islândia era o único país europeu não comunista a ter legalizado o aborto. Entretanto, em abril de 1971, a revista francesa *Le Nouvel Observateur* imprimiu uma petição assinada por 343 mulheres[34] — entre elas, a filósofa feminista Simone de Beauvoir e a atriz Catherine Deneuve — que admitiam publicamente já terem feito aborto ilegal e exigiam mudanças no Código Penal. Conforme as normas culturais mudavam, os países europeus liberalizaram as leis de aborto em rápida sucessão. Em 1975, a França extinguiu penas por aborto;[35] a Alemanha Ocidental veio logo em seguida, em 1976, e a Itália, em 1978.

Em questão de anos, a nova esquerda — nova no sentido de que priorizava mais questões sociais do que o conflito de classes — transformou a esfera cultural europeia, e conquistou corações e mentes com muito mais sucesso do que sua contraparte americana. Essa mudança de maré na opinião pública forçou a direita a buscar meios-termos em uma variedade de questões sociais. Com as guerras culturais preventivamente resolvidas em favor da esquerda, e com a política ainda em grande parte sendo uma luta de classes relativa a assuntos econômicos, os conservadores culturais da Europa foram rapidamente perdendo terreno. Como resultado, a Europa não acompanhou tanto as reações culturais adversas que convulsionavam os Estados Unidos. Além disso, os sistemas multipartidários europeus provaram ser mais aptos para acomodar identidades e interesses divergentes, ao remover algumas das tensões partidárias que acossavam os Estados Unidos. Na década de 1980, por exemplo, eleitores alemães de tendência de esquerda podiam escolher entre social-democratas, centristas e verdes. Essa gama de opções impediu parte do atrito e da polarização que assolavam o sistema bipartidário americano.

A MAIORIA SILENCIOSA

Em contraste, a polarização dividiu os Estados Unidos. Esse processo teve início quando os laços entre a classe trabalhadora americana e a esquerda política começaram a se desfazer. Em 1948, eleitores brancos da classe operária tinham 12% a mais de probabilidade de votar nos democratas do que a população geral. Em 1968, o terreno se moveu sob os pés dos democratas: naquele ano, os americanos brancos da classe trabalhadora votaram nos democratas por uma margem de apenas três pontos percentuais superior ao de todos os eleitores. E em 1972 eles eram quatro pontos percentuais a mais de republicanos do que o eleitorado geral.[36] O ano de 1968 modificara as regras básicas da política americana. O país experimentara uma reação adversa em relação aos anos 1960 que foi maior e mais duradoura do que qualquer acontecimento na Europa. Por quê? Porque tocou a área mais sensível da política americana e das relações sociais: raça.

"Eu sou invisível", havia escrito o romancista negro Ralph Ellison em 1952, "simplesmente porque as pessoas se recusam a me ver".[37] Já na década de 1960, os negros americanos exigiam ser vistos. O movimento dos direitos civis é amplamente conhecido — do boicote aos ônibus inspirado por Rosa Parks até o discurso de "Eu tenho um sonho", de Martin Luther King Jr., e o movimento cadastro de eleitores do "Verão da Liberdade". Em 1954, a Suprema Corte declarou inconstitucional a segregação escolar; uma década depois, a Lei dos Direitos Civis tornou ilegal a discriminação racial. O presidente Lyndon Johnson foi merecedor do duradouro ódio de colegas democratas sulistas ao forçar a aceitação da Lei de Direitos de Voto de 1965, que finalmente garantiu aos negros americanos o direito de ir às urnas. No mesmo ano, a administração Johnson aboliu as quotas de imigração de "origem nacional" que favoreciam pessoas do noroeste protestante da Europa, o que abriu uma nova era de imigração da Ásia e da América Latina.

Contudo, a cada passo dado, o progresso era seguido de um retrocesso. A história do movimento dos direitos civis também é a história do linchamento de Emmett Till, do assédio violento aos Little Rock Nine, do assassinato de Martin Luther King Jr. Extremistas pró-segregação fizeram de tudo para barrar a maré de igualdade racial. Enquanto Martin Luther King Jr. é hoje venerado em quase todo o mundo, muitos brancos da época desconfiavam do carismático líder dos direitos civis. Na véspera do assassinato, quase 75% dos americanos tinham uma opinião desfavorável em relação a ele.[38] Depois da morte do ativista político, quase um terço achava que ele era culpado do próprio assassinato.[39] Imagine, então, como os brancos se sentiam em relação a grupos militantes como os Panteras Negras.

Assim, a revolução identitária dos anos 1960 foi quase imediatamente seguida por uma grande reação, que criou um ciclo vicioso de polarização política. Nos Estados Unidos, grupos que estavam no topo havia tempos — homens, brancos, cristãos — subitamente sentiram que o domínio que até então exerciam lhes escorregava pelas mãos. Quanto mais mulheres ou minorias raciais exigiam igualdade, mais os homens brancos se sentiam ameaçados. Uma política identitária que girava em torno de branquitude e masculinidade começou a ganhar força no país.

Mesmo que a mudança social parecesse universal, muitas das reformas propagadas pela geração dos estudantes ainda pareciam radicais para a maioria dos americanos. A imagem que temos dos anos 1960 e 1970 — *hippies* de cabelos longos em camisetas tingidas a mão, enrolando baseados — tinha pouco a ver com a realidade vivida pela maioria dos americanos da época. Para muitos, o êxtase de Woodstock parecia tão distante quanto o pouso na Lua um mês antes. E embora hoje recordemos o movimento contra a guerra no Vietnã como um sucesso esmagador, a guerra permaneceu por muito tempo popular entre grandes segmentos da população.[40]

Esses americanos receavam que o país que conheciam estivesse desaparecendo. Na eleição presidencial de 1968, Richard Nixon capitalizou esse incômodo generalizado declarando-se um defensor "da grande maioria dos americanos, os americanos esquecidos, os que não berravam, que não participavam de manifestações" — o que ele chamaria posteriormente de "a grande maioria silenciosa".[41] Em 1970, guardas nacionais armados dispararam contra uma multidão de estudantes pacifistas na Universidade Estadual de Kent e mataram quatro deles. Hoje, a imagem emblemática de uma moça de 14 anos, aflita, ajoelhando-se sobre um corpo morto é lembrada como símbolo de pura brutalidade. Na época, porém, a maioria dos americanos achava que os estudantes tinham provocado a carnificina.[42] A Maioria Silenciosa era real.

E essa era, infelizmente, a queixa essencial: o crime. Uma variedade de fatores nesse período elevou os índices de criminalidade às alturas: um excesso de homens jovens nascidos durante o *baby boom*, a suburbanização e a "fuga branca"[43] que alterou a ocupação das cidades, a disseminação de drogas, o esvaziamento de instituições psiquiátricas. O crime em ascensão fortaleceu o apoio para políticas estritas de "lei e ordem". No filme *Taxi Driver*, de Martin Scorsese, de 1976, o jovem veterano do Vietnã Travis Bickle dirige pelas ruas imundas da cidade de Nova York, infestadas de prostitutas e criminosos. Depois de Travis matar dois homens em um bordel para resgatar uma criança, a imprensa o trata como herói. O filme capta o espírito da época, um período em que a empolgação inicial em relação a liberdades recém-conquistadas dera lugar a um anseio por ordem e normalidade.

A introdução da ação afirmativa e do "transporte forçado" — que integrava distritos escolares ao transportar estudantes para longe dos respectivos bairros de residência — fez a integração racial parecer perturbadora até mesmo para brancos moderados. Em 1975, um jovem senador democrata chamou o transporte forçado de "conceito imbecil".[44] (O nome dele é Joe Biden.) No fim dos anos 1970, até 91% dos americanos brancos se opunham ao transporte escolar forçado.[45] (Esforços para integrar a habitação também fracassaram, e as cidades americanas permanecem segregadas até hoje.)[46] Como relata o romancista e ativista liberal Norman Mailer, falando de si mesmo na terceira pessoa com surpreendente franqueza: "Era um sentimento simples e muito desagradável para ele — estava ficando cansado dos negros e dos direitos deles."[47] Se *Taxi Driver* captava a obsessão da época com lei e ordem, outro filme de 1976 dava pistas sobre a reação branca. *Rocky* mostra o herói ítalo-americano da classe trabalhadora Rocky Balboa, que desafia e derrota o ostensivamente rico campeão peso-pesado negro Apollo Creed. Foi o maior sucesso de bilheteria daquele ano.

A mácula de Velha Glória.

A luta em torno de raça se revelou tão intensa que levou a um realinhamento fundamental do sistema partidário do país. Os negros americanos vinham sendo um eleitorado-chave do GOP desde a era da Reconstrução. Como comentou certa vez Frederick Douglass, "o Partido Republicano é o navio e todo o resto é o mar".[48] Em 1932, os negros americanos preferiram Herbert Hoover em vez de Franklin Delano Roosevelt (FDR), na proporção de dois para um.[49] No entanto, com lentidão, mas firmeza, essa lealdade foi mudando. FDR viria a conquistar muitos votos negros e John Fitzgerald Kennedy e Lyndon Baines Johnson cimentariam esse apoio ao respaldar a legislação dos direitos civis. Na eleição presidencial de 1964, o candidato republicano, Barry Goldwater, conseguiu apenas 6% do voto de eleitores negros.[50]

Mesmo que Goldwater tenha levado uma surra eleitoral, a eleição de 1964 apontou o caminho rumo a uma nova estratégia viável para os conservadores. Os republicanos se centraram em conquistar apoio entre os sulistas brancos, em grande parte ao manipular arraigados temores de integração racial — a "estratégia sulista", como era conhecida. Apenas quatro anos depois de Goldwater ter sido pioneiro nessa nova abordagem, Richard Nixon a aperfeiçoou. Em 1968, praticamente o Sul inteiro desertou dos democratas e optou por Nixon ou pelo candidato segregacionista "dixiecrata"* George Wallace. No dia em que assinou a Lei dos Direitos Civis, Johnson comentou: "Bem, acho que podemos ter perdido o Sul por toda a sua vida — e a minha."[51] Sulistas democratas brancos como Carter e Clinton acabariam por conquistar muitos estados na região, mas Johnson estava em grande parte certo. Ao deixar de ser a fundação inabalável do Partido Democrata, o Sul evoluiu para se tornar a região mais republicana do país.

Atrair brancos sulistas significava abandonar o manto do Partido Republicano como partido da igualdade racial. Enquanto Nixon acumulara 40% do voto negro quando da candidatura de 1968, a parcela de apoio que tivera entre os eleitores não brancos caiu para 13% quando concorreu em 1972.[52] O movimento dos direitos civis pôs um fim aos partidos abrangentes do período pré-guerra, em que a economia determinava a política. Os segregacionistas do Sul haviam se sentado junto com os liberais do Norte no lado democrata, ligados pela política econômica. Não mais. Os conservadores entraram para o Partido Republicano e os liberais, para o Partido Democrata.

Após uma longa história de escravidão e segregação, o movimento dos direitos civis tinha finalmente integrado americanos negros na vida política do país. No entanto, em vez de inaugurar uma era pós-racial de reconciliação, esses avanços provocaram uma reação tão poderosa que reorganizou fundamentalmente a política do país. Pela primeira vez desde o fim da Reconstrução, os partidos americanos estavam divididos segundo as linhas de raça em vez de economia. E as acaloradas brigas sobre integração, que começaram nos anos 1960, foram o presságio das guerras culturais que ainda estavam por vir.

O PROBLEMA QUE NÃO TEM NOME

O movimento dos direitos civis serviu como um poderoso catalisador para outras revoluções sociais. De *sit-ins* a boicotes e marchas, os líderes dos direitos civis dos negros foram pioneiros de um modelo para outros grupos marginalizados manifestarem reclamações e demandas próprias. O principal entre esses grupos foi o movimento feminista. Vale a pena enfatizar a natureza da mudança nas relações de gênero que ganhou força nas décadas

* *Dixie* é a forma afetuosa como os sulistas se referem ao sul dos Estados Unidos. (N.T.)

de 1960 e 1970. Por milhares de anos, a dominação das mulheres pelos homens fora uma característica fundamental da sociedade humana. Outros grupos tinham ascendido e caído em diversas épocas, com um dominando o outro, mas quando chegava a hora das relações de gênero, praticamente em todo lugar da Terra a história era a mesma: os homens controlavam as mulheres. Como diz a filósofa feminista Simone de Beauvoir em *O segundo sexo*, as mulheres "sempre foram subordinadas aos homens, portanto, essa dependência não é resultado de um fato histórico ou de uma mudança social — não foi algo que simplesmente *aconteceu*".

As ativistas dos direitos das mulheres haviam celebrado um êxito inicial com a aprovação da Décima Nona Emenda em 1920, que garantia às mulheres o direito de voto. No entanto, o sufrágio pouco fizera para mudar a realidade vivida por elas. Como tantas vezes acontece, o progresso tecnológico ajudou a pavimentar o caminho para a mudança social. Em 1957, a Agência Reguladora de Alimentos e Medicamentos (FDA, da sigla em inglês) aprovou o uso do que mais tarde se tornaria a primeira pílula anticoncepcional, e em 1965 a Suprema Corte derrubou as proibições estaduais para venda de contraceptivos para casais legalmente unidos na decisão tomada em *Griswold* v. *Connecticut*. Àquela altura, 63% das mulheres casadas com menos de 45 anos faziam uso de contracepção, sendo um quarto delas por meio da pílula.[53]

Foi contra esse cenário que, em 1963, a jornalista Betty Friedan publicou o tratado revolucionário *A mística feminina*. Para a reunião de 15 anos do Smith College, Friedan recebera a tarefa de entrevistar as colegas de classe a respeito da vida de cada uma delas. Por trás da alegre fachada da vida em família da classe média, muitas delas, formadas em uma faculdade feminina de elite, estavam profundamente insatisfeitas. Em *A mística feminina*, Friedan chamou esse fenômeno de "o problema que não tem nome".

O livro dela caiu como uma bomba, e vendeu aproximadamente 3 milhões de exemplares nos três primeiros anos de publicação.[54] Seguindo a linha que *A cabana do Pai Tomás*, de Harriet Beecher Stowe, fizera quanto à escravidão nos anos 1850, *A mística feminina* serviu como palavra de ordem que despertou uma geração para a deplorável situação das mulheres nos Estados Unidos. Friedan juntou cerca de trinta mulheres de todo o país para fundar a Organização Nacional para Mulheres — um grupo ativista explicitamente modelado segundo o exemplo bem-sucedido da Associação Nacional para o Progresso das Pessoas de Cor.[55]

Grupos como a Organização Nacional para Mulheres serviram como ponta de lança para uma "segunda onda" de ativismo feminista que não se contentava mais apenas com a igualdade de voto. O feminismo então lutava por leis de oportunidades iguais, direito de aborto e creches subsidiadas pelo governo. Elas se propuseram a refazer a imagem daquilo que a vida de uma mulher podia — ou devia — ser. A "liberação feminina" avançou a passos largos. Depois que o caso *Griswold* garantiu o uso da contracepção no casamento, a Suprema Corte logo estendeu esse direito a casais não casados, e então, em 1973, reconheceu o direito de aborto em *Roe* vs. *Wade*. Àquela altura, a "revolução sexual" estava em pleno vapor. Em 1964, a maioria das mulheres americanas ainda relatava ser virgem ao se casar, e somente um casamento em vinte terminava em divórcio.[56] Já em 1975, 88% das mulheres universitárias[57] relatavam ter experiência sexual e o número de divórcios anuais havia mais do que duplicado.[58]

Muitos críticos denunciaram que essas mudanças representavam nada menos do que a morte da família nuclear. Entretanto, não esqueçamos que, em meio a todas essas mudanças, a situação material das mulheres progrediu de modo significativo. Na geração de Friedan, ter ensino superior era uma raridade, e aquelas que o obtiveram frequentemente cursavam faculdade com o propósito de conseguir um diploma de "sra." — achar um marido adequado.[59] Depois de 1967 isso mudou: a porcentagem de mulheres americanas com ensino superior subiu de 8% para 23% ao se aproximar o fim do milênio. No mesmo período, a porcentagem de mulheres "do lar" caiu para menos da metade.[60] Dos anos 1960 em diante, leis e atitudes mudaram e continuam mudando, o que demonstra que até mesmo relações de poder profundamente arraigadas não são imutáveis. Mesmo que as mulheres continuem sendo tremendamente sub-representadas em muitos níveis de poder, o progresso continua. As mulheres compunham 2% do Senado dos Estados Unidos em 1990, e esse número aumentou para 25% em 2023.[61] No começo dos anos 2000, as mulheres nos Estados Unidos tinham desempenho superior ao dos homens em termos de conquistas educacionais, desde o ensino médio até a formação profissional.

Apesar de o movimento feminista dos anos 1960 e 1970 estar, em grande parte, centrado na situação de mulheres brancas de classe média, inspirou outros grupos que havia muito viviam às margens da sociedade. Outros grupos de base identitária seguiram os passos do movimento feminista. Na década de 1960, ativistas "homófilos" começaram a expressar mais abertamente sua identidade sexual. Por muito tempo, os americanos homossexuais haviam sido perseguidos. A caça às bruxas do senador Joseph McCarthy contra supostos comunistas nos anos 1950 andara de mãos dadas com o "*lavender scare*"[62] — um pânico moral sobre a suposta ameaça representada por homens gays em posições de poder.

Contudo, perto do fim dos anos 1960, a maré lentamente começou a virar contra o fanatismo da era McCarthy. Nas primeiras horas de 28 de junho de 1969, a polícia fez uma operação no Stonewall Inn, na Christopher Street, em Nova York. Os bares gays havia muito eram alvo das autoridades, mas daquela vez clientes gays e lésbicas, bem como drag queens e pessoas trans, revidaram. Jogaram moedas, pedras e tijolos nos invasores fardados. A inquietação prosseguiu durante vários dias, e nesse período os ativistas fundaram a Frente de Libertação Gay. O movimento se declarou parte de uma luta de libertação maior, que se alinhava a várias causas anticapitalistas, anti-imperialistas e antirracistas.

A sociedade levou um tempo extremamente longo para mudar a atitude em relação à homossexualidade. Em 1987, 75% dos americanos ainda consideravam que o comportamento homossexual era "sempre errado", cinco pontos a mais do que em 1973.[63] Apesar disso, como ocorreu com os defensores dos direitos civis e dos direitos das mulheres, os ativistas de direitos gays começaram a virar o jogo — o que deixou os americanos tradicionais profundamente incomodados.

UM NOVO GRANDE DESPERTAR

Se a década de 1960 foi a era da reação dos brancos ao movimento dos direitos civis, então a década de 1970 foi uma época de reação cristã à liberação feminina e dos direitos dos homossexuais. No começo dos anos 1960, a religião ainda desempenhava um papel unificador na vida americana, com uma coalizão de pregadores batistas negros, igrejas protestantes das correntes principais, dioceses católicas e congregações judaicas se unindo em apoio aos direitos civis (ainda que muitas igrejas sulistas sustentassem a segregação). Nos anos 1970, entretanto, grupos religiosos haviam se fragmentado pelo país inteiro nas mesmas linhas de guerra cultural que dividiam o país como um todo: aborto, contracepção, feminismo e direitos dos gays. Em uma tendência que viria a se intensificar com o tempo, passou-se a associar a religiosidade com a direita e o secularismo com a esquerda. À medida que a presença dos fiéis nas igrejas caía, os conservadores religiosos investiram para defender o que percebiam como os valores cristãos tradicionais dos Estados Unidos.

Os anos 1970 viram, portanto, uma crescente divergência entre americanos religiosos e seculares. De um lado, a porcentagem de americanos para quem a religião desempenhava um papel "muito importante" na vida deles próprios caiu drasticamente, de 70% em 1965 para 52% em 1978.[64] No entanto, por outro lado, entre alguns protestantes — as pessoas que talvez se sentissem mais ameaçadas pelo declínio dos valores tradicionais americanos — houve uma renovação da fé. Uma marca mais fervorosa e politicamente ativa de cristianismo emergiu com surpreendente força e rapidez. Quando Jimmy Carter concorreu à presidência em 1976 como "cristão renascido", o termo era desconhecido pela maioria dos americanos. Quatro anos depois, os três candidatos à presidência — Carter, Ronald Reagan e John Anderson — identificavam-se como cristãos renascidos ou evangélicos.

Enquanto alguns americanos abandonavam a fé dos pais e se abriam para relações sociais que cruzavam as fronteiras da religião, alguns grupos protestantes foram se fechando cada vez mais. Preocupações relativas à integração racial e currículos progressistas levaram a um êxodo em massa de cristãos brancos das escolas públicas para instituições privadas religiosas. Em 1954, havia somente 123 escolas paroquiais não católicas nos Estados Unidos; por volta de 1970, eram cerca de 20 mil.[65] Os cristãos conservadores estavam construindo uma sociedade deles próprios dentro da sociedade.

Houve também mudanças na política partidária. Antes de 1973, não havia diferença nos índices de comparecimento semanal à igreja entre democratas e republicanos. Em torno de 1992, a divisão partidária entre frequentadores da igreja havia aumentado para 11%.[66] Antes de 1973, o aborto não era uma questão essencial, com eleitores de ambos os partidos igualmente divididos quanto ao tema.[67] Já na eleição de 1976, ambos os candidatos presidenciais — Gerald Ford e Jimmy Carter — identificavam-se como pró-vida. Contudo, ao galvanizar eleitores conservadores, o caso *Roe* vs. *Wade* desencadeou um processo de longo prazo que tornou o aborto um ponto-chave de discórdia entre os partidos. Na eleição de 1980, Reagan havia garantido o apoio do Comitê Nacional do Direito à Vida, bem como comprometera-se a apoiar uma proibição constitucional do aborto e a se opor a verbas governamentais para abortos.[68]

O ativismo antiaborto foi acompanhado por uma reação mais ampla contra o movimento dos direitos das mulheres. Durante a "primeira onda" de ativismo feminista no começo do século XX, apoiadoras do sufrágio feminino podiam ser encontradas em ambos os partidos. Na verdade, até 1971, os republicanos tinham maior propensão a copatrocinar uma legislação de direitos femininos do que os oponentes democratas.[69] A primeira-dama Betty Ford, republicana, era uma aberta defensora da proposta da Emenda de Direitos Iguais, que introduziria tais direitos das mulheres na Constituição. Entretanto, em meados da década de 1970, ativistas conservadores lançaram uma campanha em larga escala que virou a opinião pública contra a emenda. Ativistas como Phyllis Schlafly advertiam que a Emenda de Direitos Iguais discriminaria donas de casa e forçaria as mulheres ao alistamento militar. De certo modo, Schlafly foi pioneira na tática de "trolagem" dos atuais ativistas de direita, diabolicamente determinados a irritar a esquerda com declarações deliberadamente inflamatórias. "Eu gostaria de agradecer ao meu marido, Fred, por me deixar estar aqui hoje", era assim que Schlafly costumava começar muitos discursos. "Gosto de dizer isto porque irrita as feministas mais do que qualquer outra coisa."[70] Desde meados da década de 1970, o GOP adotou uma linha conservadora para questões femininas.

Ronald Reagan mobilizou a energia da direita religiosa e fez dela o núcleo da coalizão que montara. Em 1979, Jerry Falwell Sr., o televangelista fundador da Universidade da Liberdade, lançou a Maioria Moral, um grupo de *lobby* que em pouco tempo se tornou sinônimo da aliança entre cristãos conservadores e o GOP. A organização apoiou inteiramente Reagan, e ajudou a moldar a plataforma do candidato republicano. A Voz Cristã, um grupo de defesa conservador fundado em 1978, implorou aos apoiadores no sentido de "Trazer Deus de Volta para a liderança americana e eleger Ronald Reagan presidente dos Estados Unidos".[71]

Reagan, o astro de Hollywood que se tornaria o primeiro divorciado a ocupar o Salão Oval, podia parecer um queridinho improvável da direita cristã (assim como um mais recente apresentador que virou presidente também divorciado). Reagan, porém, conseguiu ir ao encontro das ansiedades dos cristãos americanos como nenhum outro. Durante a campanha, Reagan sentou-se para uma entrevista com o proeminente televangelista Jim Bakker, que criticou Carter por não governar como um evangélico. Reagan replicou: "Você, em algum momento, sente que se não fizermos nada agora, que se deixarmos isto virar outra Sodoma e Gomorra, poderemos ser a geração a ver o Armagedom?"[72] Mais do que nunca, os evangélicos se sentiam em um cerco cultural, e estavam determinados a revidar. E se empenharam com todas as forças para eleger Reagan.[73]

Desde então, o domínio da direita religiosa sobre o Partido Republicano se tornou cada vez mais forte. Na década de 1990, os católicos, historicamente um bloco eleitoral de essência democrata, estavam então mais propensos a apoiar o GOP.[74] Em 2020, 71% dos frequentadores brancos de igreja votaram em Donald Trump.[75] A política passara a estar centrada nas guerras culturais e a religião, por sua vez, se tornara uma das maiores linhas divisórias da vida americana.

ASCENSÃO DA TERCEIRA VIA

A "Revolução Reagan" foi mais do que o casamento entre cristãos conservadores e a direita política. Reagan também trouxe a ideologia do livre mercado de volta para a Casa Branca. No início da carreira, ele gostava de ler o economista austríaco Friedrich Hayek enquanto fazia longas viagens de trem. Inicialmente um ferrenho democrata e presidente do sindicato dos atores, Reagan foi convertido ao republicanismo[76] em grande parte pela leitura de Hayek, cujo tratado de 1944, *O caminho da servidão*, apresentava uma crítica mordaz das políticas socialistas de comando e controle. (Embora a previsão central do livro — de que a interferência governamental na economia leva inevitavelmente a uma ditadura — tenha se provado errada. Países do norte da Europa, como a Dinamarca e a Suécia, são grandes Estados de bem-estar social e, ainda assim, estão entre os mais livres do mundo.)

Nas primeiras décadas do pós-guerra, Hayek parecia estar travando uma batalha perdida. A democracia social estava na ordem do dia em ambos os lados do Atlântico. Contudo, em 1980, quando Reagan se candidatou à presidência, Hayek e outros intelectuais neoliberais estavam em voga. Políticas de tributos e gastos pareciam inúteis em face da perigosa mistura de inflação e estagnação que assolava os Estados Unidos nos anos 1970. Os neoliberais tinham uma resposta fácil para a gama aparentemente sem solução de problemas: menos governo. E pelo menos no curto prazo, essa resposta parecia funcionar de forma brilhante. Quer fosse graças às políticas de livre mercado da "reaganomia", quer graças à redução do suprimento de dinheiro liberado pelo Federal Reserve, a inflação foi domada e o crescimento econômico, restaurado. Os eleitores recompensaram os Republicanos com três mandatos integrais na Casa Branca.

Quando um democrata foi finalmente eleito em 1992, chegou ao cargo com ambiciosas metas progressistas. Bill Clinton fizera uma campanha com a promessa de serviços de saúde universais. No entanto, o "Hillarycare" (batizado pela feroz defesa da primeira-dama em prol desse projeto de lei) foi execrado e queimado no Congresso. Em 1994, os democratas levaram um duro golpe nas eleições de meio de mandato: pela primeira vez em quarenta anos os republicanos capturaram ambas as casas do Congresso.[77] Clinton, um pragmático de primeira linha, sabia que precisava mudar de tática. O moderado democrata de Arkansas recorreu a um consultor de confiança, Dick Morris, uma mente magistral que mais adiante se tornaria um estrategista republicano. Morris ajudou a conceber a estratégia da administração de "triangulação", que significava achar um meio-termo popular e centrista entre as raivosas políticas republicanas de cortar o mal pela raiz e as impopulares políticas democráticas de interferência do governo.

Clinton virou-se para o centro com estarrecedor sucesso. Assinou cerca de trezentos acordos de comércio (sendo o Tratado Norte-Americano de Livre-Comércio o mais notável deles), desregulou o setor de telecomunicações e repeliu medidas-chave da Lei Glass-Steagall,[78] que restringira o setor bancário. Alan Greenspan, que serviu como presidente do Federal Reserve durante a administração Clinton, saudou o presidente como "o melhor presidente republicano que tivemos nos últimos tempos".[79] Isso foi injusto. Na verdade, Clinton foi o membro mais proeminente de uma nova geração pró-crescimento, os "Novos Democratas", que rompeu com os velhos compromissos do partido de tributar e gastar. Ele, de fato, enrijeceu as exigências para usufruto do bem-estar social (gabando-se de maneira infame de ter "acabado com o bem-estar social da forma como o conhecemos"), mas também acreditava fundamentalmente que uma intervenção governamental inteligente e limitada podia ajudar os mercados a funcionar de forma mais suave. Tudo isso foi feito a serviço de uma rede de segurança social melhor e mais eficaz e de uma expansão de oportunidades para os menos afortunados no país. Os americanos mais pobres viram a vida melhorar consideravelmente durante os anos Clinton.

Na Europa, o que se chamava de neoliberalismo estava em ascensão. Margaret Thatcher — a alma-gêmea política de Reagan na Grã-Bretanha — defendia a desregulação e a privatização.[80] Do outro lado do canal da Mancha, o movimento para privatizar indústrias nacionais ganhou seguidores entre líderes improváveis como François Mitterrand, o presidente socialista da França. A esquerda europeia não tinha receita para responder à popularidade da economia de livre mercado. Em vez disso, seguiu o caminho iluminado pelos Novos Democratas de Clinton — e foi regiamente recompensada. Em 1994, o Partido Trabalhista do Reino Unido havia perdido quatro eleições seguidas. Quando Tony Blair foi eleito líder naquele ano, rebatizou o velho partido dos trabalhadores como "Novo Trabalhismo". Sob a administração de Blair, o Novo Trabalhismo buscou uma "terceira via" centrista entre o capitalismo e o socialismo que essencialmente abraçava o consenso em torno da desregulação e da privatização. Quando indagada sobre qual fora a maior realização dela na política, conta-se que Thatcher teria respondido: "Tony Blair."[81] Blair e Clinton, ambos carismáticos e excelentes oradores, obtiveram vitórias eleitorais esmagadoras em grande parte por cooptar as políticas econômicas dos oponentes conservadores. Com os principais partidos convergindo em termos de economia, o campo de batalha mais importante teria que estar em outra área.

O CENTRO NÃO SE SUSTENTA

Na Europa, os populistas responderam aproveitando-se de um sentimento generalizado de perda de autonomia sentido em todo o continente. No âmbito econômico, o Consenso de Washington em torno de reformas neoliberais isolou o capitalismo global das demandas democráticas e criou a impressão de uma elite globalista insensível. Politicamente, a transferência do poder estatal para uma burocracia da União Europeia sem face levou os europeus a achar que tinham perdido o poder de ação. Já no aspecto cultural, a migração em massa fez com que os europeus brancos se sentissem estrangeiros na terra deles, uma tendência que apenas se intensificaria nas décadas seguintes. Esses desenvolvimentos reforçaram-se mutuamente, alimentaram o deslocamento e prepararam os indivíduos para as chamas da guerra cultural que os populistas de direita assiduamente abasteciam.

A reação avessa à imigração não era novidade na Europa — uma corrente oculta de ressentimento havia muito fervilhava sob a superfície da política polida. Após a Segunda Guerra Mundial, por exemplo, a Alemanha Ocidental recrutou ativamente "trabalhadores convidados" do sul e do sudeste da Europa, principalmente da Turquia. Por volta de 1973, cerca de 10% da força de trabalho ativa na Alemanha tinha nascido em outros países,[82] e os alemães nativos estavam começando a resmungar. O Reino Unido também viu números crescentes de imigrantes chegando das ex-colônias. O descontentamento britânico rapidamente se tornou tóxico. "É como assistir a uma nação ocupada em empilhar a pira funerária dela própria", lamentou o político conservador Enoch Powell no infame discurso "Rivers of Blood", pronunciado em 1968.[83] Enquanto Powell era expulso da posição que ocupava no gabinete por conta dos comentários que fizera, uma pesquisa feita na época sugeria que 61% dos britânicos acreditavam que a imigração prejudicava o país, enquanto apenas 16% viam benefícios na imigração.[84]

Contudo, foi só depois de 1990 que a reação contra a imigração realmente passou para o primeiro plano. Em 1989, a queda do Muro de Berlim abriu as portas para imigrantes de todo o continente. Refugiados dos Bálcãs fugiram para outros países da Europa ao longo dos anos 1990, durante as Guerras Iugoslavas. Em 1995, o Acordo de Schengen aboliu efetivamente as fronteiras entre a maioria dos Estados-membros da União Europeia. Os cidadãos perceberam o aumento na imigração: na década após 1989, a porcentagem de alemães que encaravam asilo e imigração como a preocupação número um cresceu de 10% para 70%.[85]

O iminente senso de desgraça em relação a uma identidade perdida compunha-se pela disposição dos governos nacionais de abrir mão do poder para a União Europeia. Em muitos aspectos, a União Europeia foi um enorme sucesso, pois trouxe crescimento sem precedentes e estabilidade econômica para grande parte do continente. No âmbito emocional, entretanto, a União Europeia sempre lutou para dar um fim à separação entre a estéril burocracia de Bruxelas e as paixões dos públicos europeus. Desde o início, os europeus estavam pouco entusiasmados com a ideia de abdicar da soberania nacional. Em 2003, um estudo descobriu que 89% das elites nacionais — políticos eleitos, servidores públicos em cargos altos, líderes de mídia e outros — achavam que seu país se beneficiava por ser membro da União Europeia, em comparação com apenas 52% do público geral.[86]

Muitos cidadãos sentiam a perda do controle das questões que diziam respeito a eles próprios — um sentimento que se tornou ainda mais imediato pela ascensão do comércio global, novas estruturas de autoridade política e imigração disseminada. Partidos populistas em toda a Europa prontamente capitalizaram esse senso de incômodo. Silvio Berlusconi tornou-se primeiro-ministro italiano em 1994 e novamente em 2001, apoiado pelo partido anti-imigração Liga Norte, cujo líder se tornou ministro do governo e incentivou a Marinha a usar canhões para afundar barcos que carregavam imigrantes ilegais.[87] Na eleição presidencial francesa de 2002, a Frente Nacional, de extrema direita, estarreceu o mundo ao chegar em segundo lugar.

Por décadas depois da Segunda Guerra Mundial, o centro europeu tinha se mantido unido. As facções de centro-direita e centro-esquerda se juntaram no apoio à integração europeia e ao aumento da imigração, ainda que divergissem em termos de políticas econômicas. No entanto, à medida que a integração e a imigração aceleraram, esse consenso se desmanchou. A divisão histórica esquerda-direita estava sendo substituída por uma nova cisão entre política aberta e fechada em questões como comércio e imigração. Assim como a estrela do protecionismo surgiu na era da globalização e o neoludismo emergiu em uma época de profunda mudança tecnológica, o nacionalismo populista extraiu forças da revolução identitária ao capitalizar um novo senso de desconforto. À medida que o populismo foi tomando conta mais rapidamente da corrente política principal, os tradicionais alinhamentos de classe se romperam. Em 1999, por exemplo, o Partido da Liberdade, da extrema direita austríaca, havia conquistado a maioria dos trabalhadores braçais do país.[88] Em toda a Europa Ocidental, a parcela média de votos recebidos pelos partidos políticos principais diminuiu: caiu de quase 80% na década de 1970 para menos de 60% em 2010.[89]

O PONTO DE INFLEXÃO DA EUROPA

Em meados da década de 2010, a Europa, assim como os Estados Unidos, chegara ao ponto de inflexão. Em 2015, a Europa registrou mais de 1 milhão de migrantes irregulares[90] — migrantes que entraram por meios ilegais. Era o dobro de todos os cinco anos precedentes combinados. O grosso vinha do Grande Oriente Médio, com muitos fugindo do Estado Islâmico na Síria e no Iraque, países destruídos pela guerra. Um menino sírio chamado Alan Kurdi simbolizou as dificuldades desses refugiados desesperados depois que a família dele tentou fazer a traiçoeira travessia do Mediterrâneo, e o corpo morto do garoto chegou à costa da Turquia. A Europa parecia se erguer para o desafio de aceitar tantos migrantes. “Podemos fazer isso!”, disse a chanceler alemã Angela Merkel, refletindo o espírito da época. A Alemanha recebeu o impressionante número de 2,14 milhões de migrantes em 2015, um recorde.[91]

No entanto, à medida que o número de pessoas que buscavam asilo continuava aumentando, uma imensa quantidade de apoio foi rapidamente abafada por vozes da oposição. Em pouco tempo, populistas de direita estavam vencendo com facilidade em todo o continente. A Alemanha não tinha um partido de extrema direita no Parlamento desde 1945; porém, muitos alemães rejeitaram a abordagem de boas-vindas de Merkel. Em 2017, o Alternativa para a Alemanha (AfD, na sigla em alemão) subitamente se tornou o terceiro maior partido no Bundestag. Mais ao norte, o Democratas da Suécia,[92] de extrema direita — uma ramificação do movimento neofascista do país —, também cresceu em popularidade. Jimmie Åkesson, que chamava o islã de "nossa maior ameaça estrangeira desde a Segunda Guerra Mundial", levou o Democratas Suecos, um partido populista de direita, ao alcançar o melhor resultado desde que foi criado já nas eleições de 2018, ao obter mais de 17% dos votos.[93] Na Grã-Bretanha, o Partido Independente do Reino Unido também mobilizava os temores da migração descontrolada. Nas eleições parlamentares britânicas de 2015, obteve o terceiro lugar em votos. No ano seguinte, a razão de ele existir tornou-se realidade quando o país passou um referendo para deixar a União Europeia.

Os populistas de direita tinham a imigração como tema-chave. Na verdade, populistas, desde Marine Le Pen da França até Geert Wilders dos Países Baixos, adotaram posições de esquerda em algumas questões sociais, e enquadraram crenças próprias como parte de uma oposição mais ampla à imigração muçulmana. "A liberdade que pessoas gays deveriam ter — de se beijar, de se casar, de ter filhos — é exatamente aquilo contra a qual o islã luta", disse Wilders aos eleitores holandeses em 2016.[94] Em vez de atacar o casamento gay e os direitos ao aborto, e arriscar-se a alienar a principal corrente socialmente liberal, os populistas europeus recorreram a uma fonte ainda mais profunda de ansiedade cultural.

A direita advertiu que bairros com grandes populações muçulmanas, dos subúrbios de Paris até o subúrbio Molenbeek de Bruxelas, haviam se tornado solo fértil para o fundamentalismo islâmico. Em 2015, o escritor e incendiário francês Michel Houellebecq publicou um romance, *Submissão*, que descrevia uma França distópica inundada por imigrantes e se subjugando à lei islâmica da *sharia*. Tais temores vinham se alastrando pela Europa mesmo antes de a crise de migração irromper. Os suíços votaram para tornar ilegal a construção de minaretes em 2009 e pelo menos sete países europeus baniram a burca em lugares públicos.[95]

CAINDO POR TERRA

Donald Trump se sentiria em casa, bem à vontade, em meio aos populistas europeus. Nos Estados Unidos, entretanto, que apresenta um entranhado sistema bipartidário, é quase impossível lançar um terceiro partido que tenha sucesso. Então, Trump fez melhor do que os colegas do continente europeu: capturou um dos dois partidos principais e o conduziu ao principal cargo no país.

A virada populista do GOP surgiu a partir de um dilema que o partido enfrentou nos anos 1990. No começo da presidência de Bill Clinton, quando ele buscou algumas típicas políticas democráticas — aumento de impostos e imposição de um sistema universal de saúde —, a estratégia era clara. Newt Gingrich se centrou em questões econômicas no "Contract with America", uma agenda legislativa pela qual os republicanos fariam campanha nas eleições de meio de mandato de 1994. Defendia um orçamento equilibrado, cortes de impostos e reforma no bem-estar social, ao mesmo tempo que denunciava os "Novos Democratas" de Clinton como os mesmos velhos democratas, grandes gastadores dos anos anteriores. O resultado foi um dos maiores triunfos republicanos já conquistados, e Gingrich se tornou presidente da Câmara.

Entretanto, quando um humilhado Clinton respondeu voltando-se para o centro econômico, Gingrich também foi obrigado a mudar de rota. Como a direita haveria de se distinguir agora? Para se contrapor à fórmula vencedora de pragmatismo centrista de Clinton, os republicanos lançaram uma nova fase da guerra cultural. Em 1996, Gingrich apoiou a Lei de Defesa do Casamento, definido estritamente como a união de um homem e uma mulher. Quanto mais perto do centro a esquerda atuava em economia, mais para a direita os conservadores se moviam em termos de cultura, ocasião em que aproveitaram para denunciar homossexuais, feministas e liberais como os inimigos dos "Estados Unidos de verdade". Em um memorando de 1994 para membros do partido, Gingrich forneceu uma lista de palavras a serem usadas para descrever o outro partido: "traição, bizarro, decadente, destruir, devorar, ganância, mentira, patético, radical, egoísta, vergonha, doentio, roubo e traidores".[96] Gingrich passara então a se apoiar nessa estratégia de terra arrasada e a usar táticas que pressagiavam o caminho republicano rumo ao extremismo: para combater os traiçoeiros liberais, nenhuma arma podia estar fora de cogitação. Teriam que ser usados meios radicais para fins conservadores, cujo propósito seria explorar e exacerbar a desconfiança que os americanos tinham das elites.

Na narrativa de Gingrich, Clinton não era um democrata moderado, mas um liberal extremo, um elitista, com moral frouxa, sem ligação alguma com os americanos comuns. Gingrich passou grande parte do tempo no Plenário criticando Clinton por ter cometido transgressões extraconjugais, mesmo que ele próprio estivesse tendo um caso na época. A era da hiperpolarização havia começado. Gingrich levou uma geração de conservadores radicais para o Congresso e deflagrou duas crises de imobilização governamental.[97]

Todavia, ele exagerou na dose, e o estilo incendiário que o caracterizava acabou por alienar muitos americanos. O *impeachment* do presidente Clinton foi impopular. Os eleitores puniram os republicanos nas eleições de meio de mandato de 1998, o que levou Gingrich a renunciar. Clinton terminou o mandato como o presidente com o maior índice de aprovação já visto desde o início das pesquisas.[98] Quando George W. Bush chegou à presidência, o "conservadorismo compassivo" que o definia foi um afastamento consciente do radicalismo e do jogo sujo da era Gingrich.[99] A realização nacional característica de Bush foi uma política econômica típica republicana: cortes de impostos. Bush, que obtivera cerca de 44% do voto latino em 2004, defendeu até mesmo uma lei de imigração tão moderada que não conseguiu mobilizar apoio republicano suficiente para aprová-la.[100]

Foi necessário um colapso econômico e a eleição de um presidente negro com Hussein como sobrenome do meio para que os republicanos populistas ressurgissem. A crise financeira de 2008 fez mais do que manchar a dinastia Bush. Como vimos, ela erodiu completamente a fé remanescente do povo nas elites americanas. Apenas um mês depois da posse de Barack Obama, Rick Santelli, do canal CNBC, apresentou um discurso retórico apaixonado contra o plano de emergência à inadimplência do presidente, do pódio da Bolsa Mercantil de Chicago. "Estamos nos Estados Unidos!", disse Santelli, fumegando. Quando Santelli propôs espontaneamente a formação de "uma Tea Party em Chicago em julho",[101] mal poderia ter esperado a recepção entusiástica dos conservadores por todo o país.

Embora o Tea Party fosse originalmente formado em oposição aos resgates "socialistas" de Obama, essa frouxa coalizão de base não seguia um conservadorismo fiscal estrito. Em uma pesquisa de 2012, 89% dos apoiadores do Tea Party diziam que Obama ampliara demais o papel do governo, mas 62%, na realidade, exprimiam aprovação para a Previdência Social e o Medicare. Em uma prefeitura na Carolina do Sul, um senhor de idade furioso disse a um representante do governo para "manter as mãos do seu governo fora do meu Medicare".[102]

Ao longo de toda a presidência de Obama, o ressentimento racial foi um fator inescapável, que lançava sombras sobre a opinião política. Teorias da conspiração racistas eram abundantes. Donald Trump alimentou publicamente a suspeita de que Obama tinha nascido no Quênia, e antes de Obama finalmente mostrar a certidão de nascimento, mais de 40% dos republicanos acreditavam que ele não havia nascido nos Estados Unidos (e muitos continuaram a acreditar).[103] Quase no fim do mandato, 43% dos republicanos ainda estavam convencidos de que Obama era secretamente muçulmano.[104] Trump, como candidato e como presidente, estimulou a animosidade quanto à questão racial e à xenofobia, e levou o partido junto. O conservadorismo fiscal e as reformas de livre mercado estavam fora. Tarifas, proibições muçulmanas e muros de fronteira estavam dentro.

A evolução de Trump, de certa forma, personifica a jornada ideológica republicana para longe do reaganismo. Em 1987, o magnata imobiliário clamava pela redução do déficit, pela promoção da paz na América Central e pelo apoio às negociações de desarmamento nuclear com a União Soviética.[105] (Na época, chegou a ter uma obsessão incomum por fazer países como o Japão e a Arábia Saudita pagarem aos Estados Unidos por proteção.)[106] Diferentemente de outros republicanos, Trump disse em 1999 que apoiava um sistema de saúde universal e a taxação da riqueza.[107] Contudo, o que o empurrou para a ribalta política foram as alegações infundadas que fizera sobre a certidão de nascimento de Obama. E o que lhe abriu as portas da Casa Branca foi uma sombria advertência sobre as ameaças gêmeas da imigração e da globalização. Sempre um mestre marqueteiro, tentou e testou todos os tipos de postura política, e, por fim, descartou o que não funcionava e manteve o que dava certo. Sob muitos aspectos, a ascensão dele ao poder, em vez de uma tomada hostil, foi produto das décadas de exercício de busca de identidade do Partido Republicano. A fórmula Reagan — livres mercados e expansão da democracia — estava morta. O caminho incendiado por populistas, de Pat Buchanan a Newt Gingrich, conduzira o partido a Donald Trump.

A principal posição do GOP referente à imigração e ao comércio havia muito estava fora de compasso com o eleitorado do partido. Em 2013, a base republicana se revoltou contra um projeto de lei de reforma na imigração proposto pela "Gangue dos Oito", uma coalizão bipartidária de senadores que incluía Marco Rubio e Lindsey Graham, dois políticos que mais adiante se converteriam ao trumpismo. Em 2016, o eleitorado republicano estava pronto para algo diferente. Quando Trump desceu pela escada rolante dourada da Trump Tower para anunciar a candidatura à presidência, muitos conservadores do *establishment* ficaram atordoados — mas um número bem maior de conservadores da classe trabalhadora ficou em êxtase por alguém finalmente estar se erguendo contra as mudanças sociais que vinham deixando-os furiosos por décadas. Fronteiras fortes, lei e ordem e uma guerra contra o "politicamente correto" — tudo isso era popular com o eleitorado republicano. Trump foi a culminação, não a causa, da revolução política identitária que varrera as democracias ocidentais.

TRIBALISMO NOS ESTADOS UNIDOS

No âmbito cultural, os Estados Unidos hoje estão mais divididos do que outros países ocidentais importantes. Se fôssemos separar os Estados Unidos em dois países — um azul, outro vermelho —, a parte azul se pareceria muito com os redutos de secularismo e democracia social do norte da Europa, enquanto a vermelha teria mais em comum com as sociedades conservadoras religiosas como a Polônia e a Turquia. Em 2020, em uma pesquisa do Centro de Pesquisa Pew, 65% dos americanos de direita achavam que os Estados Unidos estariam "em melhor situação no futuro caso se ativessem às tradições e ao modo de vida que lhes são próprios", enquanto apenas 6% da esquerda estava de acordo. Essa diferença de 59 pontos percentuais contrasta com a diferença de 19 pontos na França, onde a esquerda ainda mantém a tradição em alta estima. Em uma pesquisa de 2018, 71% dos conservadores americanos achavam que a religião deveria desempenhar um papel maior na sociedade, em comparação com apenas 29% dos liberais. Essa divisão é 17 pontos mais ampla do que na Polônia, outro país profundamente polarizado, que tem travado suas batalhas sobre o aborto e direitos LGBTQIA+.[108]

A polarização cultural quase invariavelmente traz consigo polarização política. Quando Trump conquistou a indicação republicana em 2016, realizou um feito genuinamente chocante. O que se seguiu em novembro foi, de certa forma, menos surpreendente. As pessoas que tinham votado no Partido Republicano no passado optaram esmagadoramente por Trump em 2016 (e de novo em 2020), mesmo que ele fosse um candidato muito diferente do típico porta-estandarte do GOP.[109] Afiliações partidárias têm se tornado tão profundamente arraigadas, tão rigidamente entrelaçadas a profundas identidades pessoais, que trocar de partido passou a equivaler a abandonar a própria tribo. Os partidários podem vociferar que o partido adversário sempre se mostrará imune à razão, não importa a altura da pilha de escândalos ou a profundidade do poço em que o líder cai. Contudo, não será de admirar que as pessoas prefiram não encarar a realidade a repudiar o próprio senso de identidade coletivo que elas possuem?

Portanto, não é nenhuma surpresa que tanto as elites quanto os eleitores republicanos que num primeiro momento se opuseram a Trump tenham rapidamente entrado na linha assim que a indicação foi assegurada. Entre os republicanos, os índices de aprovação dele durante a presidência nunca ficaram abaixo de 77%.[110] Uma sólida maioria de republicanos acredita,[111] intensamente ou pelo menos em parte, na mentira do ex-presidente de que a eleição de 2020 foi roubada. Durante séculos, foram travadas guerras por causa de divisões religiosas, mas hoje os partidários de ambos os lados dizem aos pesquisadores que ficariam mais decepcionados se um filho se casasse com alguém que não fosse do partido político em que votam do que com alguém que não fosse da religião que seguem.[112] Atualmente, a política é sinônimo de apoiar o seu time e afirmar a identidade tribal, aconteça o que acontecer.

AS GUERRAS DE IMIGRAÇÃO

Na eleição presidencial de 2016, o caldeirão borbulhante da mudança social e demográfica que se seguiu a sucessivas ondas de imigração finalmente emborcou. Cidadãos brancos mais velhos da classe trabalhadora perceberam uma ameaça existencial ao *status* que procuravam preservar.[113] A porcentagem da população americana nascida em outro país, que atingira um mínimo de 4,7% em 1970, tinha quase triplicado para 13%.[114] Nas eleições de meio de mandato de 1970, uma avassaladora maioria de 92% dos eleitores era branca. Quando Trump lançou-se candidato, os brancos perfaziam apenas 74% dos eleitores.[115] Nesse ínterim, muitos dos fãs mais entusiastas de Trump relataram sentir-se como estranhos no próprio país.[116] Desse modo, à medida que o país se tornou mais diversificado, os conservadores americanos passaram a buscar a volta de um mundo que já tinha ficado para trás.

Assim como em 1968, a idade foi um importante divisor entre esquerda e direita em 2016. Americanos mais velhos tinham dificuldade para se acostumar com tendências como o casamento entre pessoas do mesmo gênero e a diversidade étnica. A vitória de Barack Obama em 2008 resumiu essa lacuna geracional: para os jovens, a eleição de Obama parecia o resultado natural de uma luta em andamento por igualdade racial, enquanto que para os mais velhos a eleição de um presidente negro com nome pouco familiar era um afastamento radical do mundo que viveram na juventude.[117] Se compararmos os eleitores que apoiaram tanto Obama quanto Hillary Clinton com os eleitores que apoiaram Obama e depois bandearam-se para os lados de Trump, havia um assunto sobre o qual os dois grupos divergiam mais: imigração.[118] Assim como na Europa, nos Estados Unidos abraçar um populista de direita era parte de uma reação contra as mudanças demográficas que literalmente alteravam a face de toda a nação. A revolta populista que abalou o mundo ocidental nos últimos anos diz respeito a mais do que deslocamento econômico.

A imigração pode ser um símbolo para todo tipo de mudanças associadas mais genericamente à globalização e à modernização. É difícil enxergar a globalização de bens e serviços. Já uma imigração em larga escala é acompanhada de uma mudança visível e visceral — de repente, as pessoas em volta começam a ter uma aparência diferente, falam idiomas diferentes, têm religiões diferentes. O sentimento anti-imigrantes pode ter alguma base no próprio interesse econômico. Contudo, os que se opõem com fervor à imigração raramente estão competindo por empregos de forma direta com imigrantes. Em vez disso, acreditam piamente que o país em que vivem e a respectiva cultura estão sob ameaça e desejam proteger um modo de vida que estimam. Esses temores tornam-se, então, base para paranoia e teorias da conspiração sobre a "Grande Substituição", ideias vendidas por gente como Tucker Carlson e outros demagogos. Manter os imigrantes fora torna-se um símbolo para brecar todo tipo de mudanças enervantes.

A MORTE DE DEUS

Outra tendência inquietante para os conservadores americanos, além da transformação demográfica, é a secularização. A Europa Setentrional e Ocidental rapidamente se secularizou após a Segunda Guerra Mundial. Os Estados Unidos também ficaram menos religiosos, mas em menor medida. Nas últimas décadas, porém, as coisas mudaram rapidamente. Enquanto o número de pessoas sem afiliação religiosa permaneceu uniforme entre 1972 e 1991, houve um crescimento de 6% em 1991 para 23% em 2018.[119] Entre 2007 e 2020, os Estados Unidos registraram a maior queda de religiosidade entre 49 países pesquisados.[120] Em 1982, 52% dos americanos diziam que Deus desempenhava papel muito importante na vida deles, enquanto apenas 23% tinham essa opinião quando Trump assumiu o cargo.[121] Até mesmo nos Estados Unidos a declaração de Nietzsche parece ter se concretizado, só que um pouco mais tardiamente do que no restante do Ocidente: "Deus está morto, e nós o matamos."

A recente secularização americana tem sido alimentada por uma polarização política e vice-versa. Nos anos 1980, como vimos, a direita cristã tornou-se firmemente enredada no Partido Republicano. As ondas subsequentes de polarização política nas décadas de 1990 e 2010 derrubaram categorias de identidade anteriormente distintas. A filiação partidária passara a estar alinhada intimamente com ideologia, raça e religião. Polarização e secularização reforçavam-se mutuamente. A politização da cristandade para a direita levou os americanos seculares não só a votar na esquerda, mas também a abandonar a religião. O comparecimento à igreja entre os democratas caiu significativamente quando o casamento gay e o aborto estavam no topo da agenda política. Enquanto isso, cristãos como um todo tornaram-se mais republicanos na medida em que procuravam proteger o país de uma esquerda cada vez mais ateia.[122]

Como resultado, a secularização dividiu ainda mais os americanos. Quando perguntados se ser cristão é um aspecto importante no exercício da cidadania, há uma diferença de 23 pontos percentuais entre os da esquerda e os da direita, em comparação com apenas 7 pontos percentuais no Reino Unido, onde a religião tem papel muito menor na vida pública.[123] Em 2009, evangélicos brancos nos Estados Unidos tinham o dobro da probabilidade de serem republicanos do que democratas; 10 anos depois, tinham quase o quádruplo dessa probabilidade.[124] A secularização rápida adicionou combustível ao fogo das furiosas guerras de cultura. E não galvanizou somente a direita cristã, uma vez que a esquerda secular tem se debatido para substituir a religião por uma fonte alternativa de significado, e tem redirecionado o fervor para a política. A grande força do liberalismo ao longo da história tem sido libertar as pessoas de restrições arbitrárias. Já a grande fraqueza tem sido a incapacidade de preencher o vazio quando as velhas estruturas caem por terra.

UM GRANDE DESPERTAR DA ESQUERDA?

Todas essas mudanças, tomadas em conjunto, fazem com que os conservadores se sintam estranhos na própria terra em que vivem. Essa alienação é exacerbada pelas metas em constante mudança das guerras culturais. Enquanto especialistas são rápidos ao apontar que a direita americana radicalizou em retórica e estratégia, os dados sugerem que são os democratas que mais mudaram de *mentalidade*. Em 1994, apenas 32% dos democratas e 30% dos republicanos acreditavam que os imigrantes fortaleciam o país. Em 2017, a porcentagem de republicanos com a mesma opinião, na verdade, aumentara ligeiramente — enquanto a parcela de democratas pró-imigração tinha subido às alturas e chegado a 84%.[125]

Essa tendência se estende a muitos dos temas mais espinhosos nas guerras culturais americanas. De modo geral, o país se tornou muito mais tolerante nos últimos 25 anos: a aprovação para o casamento inter-racial,[126] por exemplo, aumentou de 64% para 94%. Acontece que em algumas questões sociais, segmentos da esquerda andaram mais rápido do que o restante do país. Democratas brancos tendem a ter opiniões sobre raça e racismo que são consistentemente mais à esquerda até mesmo dos eleitores negros, em um fenômeno que o jornalista Matt Yglesias denominou "Great Awokening", traduzido livremente como "Grande Despertar da Esquerda".[127]

Jovens democratas são progressistas ao extremo. Desde 2010, as pesquisas Gallup têm visto consistentemente cerca da metade dos jovens americanos expressar uma opinião favorável ao socialismo.[128] Em uma pesquisa de 2020, 64% dos estudantes universitários apoiavam o movimento de tirar verbas da polícia, posição esta sustentada por apenas 34% dos americanos.[129] Universidades em todos os Estados Unidos têm assistido a um retorno do ativismo no *campus* que remete à parte do radicalismo da década de 1960, com estudantes berrando para calar oradores, ocupando prédios e ensaiando protestos contra o que entendem como racismo e discriminação.

Receando o evidente extremismo cultural da esquerda moderna, os republicanos se voltaram para o radicalismo político em uma última trincheira de esforços para ganhar eleições, não importa como, e então deter o que enxergam como mais declínio cultural. A assimetria trágica da vida americana contemporânea é esta: a direita frequentemente golpeia com força acima do peso que tem na política, mas anseia por poder cultural. A esquerda possui a cultura, mas constantemente se consome em buscar poder político. Ela se irrita com o que percebe ser vantagens embutidas para os republicanos: a inclinação rural no Senado e no Colégio Eleitoral, a manipulação de seções eleitorais na Câmara, uma Suprema Corte dominada por conservadores e outras características antimajoritárias do sistema constitucional americano. Ela procura usar o poder cultural para moldar a política — uma luta perigosa e, muitas vezes, não liberal. A direita, entretanto, olha para as vantagens embutidas que a esquerda tem na mídia, nas universidades, em Hollywood e até mesmo nas grandes corporações e enxerga tudo isso como fonte de uma ideologia progressista nova e radical.

Com poder político desproporcional, apesar de apresentar números cada vez mais reduzidos, brancos e cristãos frequentadores de igreja sentem que a guerra cultural — "*wokeness*", cultura de cancelamento, secularização, declínio do patriotismo tradicional, crescente aceitação de sexualidades alternativas — constitui uma crise existencial. A penetração de Trump entre eleitores negros, latinos e asiáticos em 2020 sinalizou que a base conservadora talvez não esteja encolhendo, já que conservadorismo social, impostos baixos, hostilidade ao "socialismo" e *antiwokeness* têm grande apelo. Se os conservadores estão ou não realmente encolhendo em número não é, porém, a questão. A dominação cultural da esquerda faz com que os republicanos *sintam* que estão sob ataque e precisam revidar.

A GUERRA CULTURAL CRIA ALIANÇAS INSÓLITAS

Cada vez mais, a identidade pessoal é o campo de batalha no qual se trava a luta da polarização política do século XXI, não só no Ocidente, mas também ao redor do mundo. No momento, esse campo de batalha cultural fundiu-se com campos de batalha reais. Esses mesmos vendavais de modernização produziram, no mundo árabe, uma violenta reação islâmica. Muitas localidades no Oriente Médio estavam politicamente estagnadas — com pouco progresso nas esferas política, civil ou social —, e à medida que a economia, a globalização e a tecnologia penetraram nesses países essa modernização bastarda provocou uma virulenta resposta na forma de religião politizada. Se o problema era uma modernização fracassada, no estilo ocidental, os fundamentalistas muçulmanos tinham a solução: o islã. Assim como o retrocesso social em grande parte do mundo, no universo islâmico ele assumiu um caráter surpreendentemente antifeminista, até mesmo antifeminino.

Para os conservadores russos, Moscou sempre foi a "terceira Roma". Após a queda das capitais da cristandade no Ocidente (Roma) e no Oriente (Bizâncio), a Igreja Ortodoxa Russa era, para eles, a guardiã do cristianismo. O sonho reacionário de Vladimir Putin de um novo império russo está ligado com a imagem que ele tem de si mesmo como último defensor da moralidade cristã em face de um Ocidente decadente, secular e amistoso em relação aos homossexuais. Duas semanas depois da invasão da Ucrânia pela Rússia,[130] o patriarca Cirilo I, líder da Igreja Ortodoxa Russa, bizarramente apontou as paradas de Orgulho Gay como parte da razão para a ação do governo. Algumas semanas depois, Putin declarou que o Ocidente estava tentando "cancelar" a cultura russa da mesma maneira que a autora de *Harry Potter*, J. K. Rowling,[131] fora cancelada pelas opiniões que emitira sobre pessoas transgênero.

Na China, da mesma forma, a ideologia de Xi Jinping, embora oficialmente comunista, é cada vez mais sinônimo de reclamações culturais de direita. O governo chinês se posicionou contra o feminismo, a cultura

LGBTQIA+ e as queixas de minorias étnicas e raciais em favor de provedores homens e de uma maioria chinesa Han. Os âncoras televisivos masculinos foram advertidos a não se vestir, soar ou agir de modo "feminino". Alguns observadores da China têm comentado que o país está vivenciando novamente os anos 1950 dos Estados Unidos: construção rápida de vias expressas, fumo generalizado, sexismo no local de trabalho e arrogância geopolítica.

Tanto Moscou quanto Beijing sentem que precisam defender as respectivas culturas por meio da eliminação do liberalismo nacional e o fortalecimento do aparato militar de ambos os países para projetar poder no exterior, o que ajudará a enfraquecer as forças do liberalismo global liderado pelos Estados Unidos. Esse equilíbrio cultural contra o Ocidente é apenas parte da revolução na geopolítica, aquela que tem produzido o ambiente internacional mais perigoso e imprevisível desde a Guerra Fria.

9

AS REVOLUÇÕES DUAIS

Geopolítica

Mais de 2.400 anos atrás, em *A história da Guerra do Peloponeso*, um dos primeiros e maiores historiadores, Tucídides, descreveu a razão fundamental para a guerra entre as duas principais cidades-Estados da época. "Foi a ascensão de Atenas[1] e o medo que isso instilou em Esparta que tornaram a guerra inevitável", escreveu ele. Ao se fortalecer, Atenas foi estimulada a expandir ambições militares e diplomáticas, levantando-se contra a então dominante Esparta, que, por sua vez, tornou-se cada vez mais ansiosa e sentiu uma feroz necessidade de defender o *status* da cidade. Resultado: a Guerra do Peloponeso, que devastou ambas as potências, encerrou a era de ouro da Grécia e abriu as portas para que os romanos conquistassem o mundo grego. Mudanças estruturais não conduzem apenas a trocas de poder dentro de nações, elas levam também a trocas de poder *entre* nações. Essas trocas produzem novas ambições e ansiedades, que frequentemente terminam em guerra.

Esse fenômeno — de uma potência ascendente ameaçar deslocar uma potência estabelecida, que leva, em última instância, a uma guerra entre elas — é familiar. O historiador Paul Kennedy descreve o padrão no decorrer de quinhentos anos no magistral *Ascensão e queda das grandes potências*. Mais recentemente, o trabalho do cientista político Graham Allison deflagrou um feroz debate sobre "A Armadilha de Tucídides".[2] Allison documenta dezesseis diferentes casos nos quais uma potência em ascensão desafiou uma potência reinante durante os últimos cinco séculos, a começar pelo ascendente Império Habsburgo que contestava o poder francês no começo do século XVI até um Japão expansionista que ameaçava o domínio americano no século XX. Desses casos, doze terminaram em guerra.[3] A grande pergunta nos dias de hoje, obviamente, é a seguinte: Estados Unidos e China estão destinados a percorrer o mesmo caminho? Se assim o fizerem, o confronto geraria um turbulento e sangrento século XXI.

As mudanças que hoje testemunhamos no palco mundial poderiam ser descritas como uma revolução geopolítica. Revoluções geopolíticas são raras, e estamos passando pela terceira importante na história moderna. A primeira foi a ascensão das nações europeias acima de todas as outras, com início no século XV. Ela produziu o mundo como o conhecemos agora: mercantilismo e capitalismo, comércio global e diplomacia entre as grandes potências, as revoluções científica e industrial. E também levou ao prolongado domínio dos países do mundo ocidental e à colonização e dominação da maioria dos países não ocidentais por todo o globo. A segunda grande troca de poder, que teve início nos anos finais do século XIX, foi a ascensão dos Estados Unidos. Uma vez industrializado, o país logo se tornou o mais poderoso do mundo.[4] Crucialmente, tornou-se mais forte do que qualquer combinação provável de outros países, o que fez dele o principal ator geopolítico no século XX. Derrotou três tentativas por parte de uma potência ascendente de estabelecer hegemonia. Na Primeira e Segunda Guerras Mundiais, a intervenção americana provou ser decisiva na derrota da Alemanha. Durante a Guerra Fria, os Estados Unidos organizaram e lideraram a coalizão bem-sucedida que conteve a União Soviética, até o colapso desse país.

Durante os últimos trinta anos, essa segunda troca de poder entrou em ritmo acelerado, e foi possível observar algo sem precedentes na história moderna: uma só potência dominando o globo sem nenhum desafiante sério. Após a Guerra Fria, a Rússia estava fraca, a China ainda era subdesenvolvida demais e as outras grandes potências (Grã-Bretanha, França, Alemanha, Japão) continuaram sendo aliadas próximas dos Estados Unidos. Durante a Pax Americana, globalização e liberalização trouxeram benefícios para toda a economia global, que cresceu drasticamente. Essas forças, contudo, acabaram levando à terceira grande mudança geopolítica da era moderna — o esvaecer da Pax Americana.

Essa mudança não é tanto o declínio do Ocidente quanto a ascensão do restante, a expansão econômica e a crescente autoconfiança de muitos países não ocidentais. Explorei pela primeira vez esse fenômeno em *The Post-American World*, e as tendências apenas se intensificaram desde que o livro foi publicado, em 2008. O protagonista da revolução geopolítica tem sido a China, que em uma só geração passou da irrelevância econômica e tecnológica para se tornar uma potência de ponta. Também temos presenciado uma Rússia ressurgente, que não só lucrou com a insaciável demanda por recursos naturais em uma economia global crescente, como também se sentiu ameaçada pela ampliação do poder e das ideias ocidentais. Ironicamente, então, a Pax Americana criou condições que produziram os dois maiores desafios para a hegemonia dos Estados Unidos: a ascensão da China como colega-competidora e o retorno da Rússia para estragar a brincadeira. A atual revolução geopolítica poderia ser vista como uma história familiar de potências ascendentes e estabelecidas que inevitavelmente termina em guerra.

A mudança de hoje, porém, ocorre em um mundo transformado por outra revolução — que começou no campo das ideias. Trata-se da revolução liberal, superalimentada pela hegemonia dos Estados Unidos, que modificou a maneira como os países interagem entre si. Quando intelectuais falam de liberalismo como uma ideologia em relações internacionais, não se referem a políticas de esquerda, mas a um respeito por liberdade, democracia, cooperação e direitos humanos. Essa visão muitas vezes se opõe ao realismo, ou *Realpolitik*, que privilegia o poder bruto e o interesse próprio. Poderia parecer exageradamente otimista alegar que as coisas mudaram muito em relação ao padrão familiar da política de poder da forma como se manifestava no tempo de Tucídides — mas de fato mudaram. Desde 1945, o mundo tem se organizado de novas maneiras que enfatizam regras, normas e valores. Existem hoje milhares de acordos internacionais com regras que governam o comportamento de países e organizações internacionais que criam fóruns de discussão, debate e ação.

Como vimos anteriormente, tem havido também um crescimento acelerado de comércio, investimentos, viagens e comunicação entre as nações. Os níveis de interdependência não têm precedentes. Antes da Primeira Guerra Mundial, os países estabeleciam relações comerciais entre si, mas bem menos e mediante arranjos bilaterais simples. O "grau de abertura comercial", a soma global de exportações e importações dividida pelo PIB mundial, estava em cerca de 30% em 1913.[5] Hoje, está apenas um pouco abaixo de 60% e permanece estável desde meados da década de 2000. (A pandemia, de fato, reorientou fluxos de comércio, mas não parece ter prejudicado o comércio geral no longo prazo.) Atualmente, dinheiro, bens e serviços se cruzam pelo mundo de formas complexas — muitas vezes indo e voltando diversas vezes antes que um produto final seja liberado. Países que um dia foram inimigos ferrenhos, como Coreia do Sul e Japão — e até mesmo países que hoje são rivais, como os Estados Unidos e a China — estão profundamente entrelaçados economicamente. Entretanto, as viagens deslancharam e se tornaram um importante setor global. Em 2019, antes da pandemia, houve 1,5 bilhão de viagens internacionais,[6] e dados preliminares para 2023 sugerem que esse número foi quase alcançado novamente. Essa impressionante interconexão pode permitir novos tipos de relação entre os países, tipos de relação que, de alguma forma, restrinjam a política de poder habitual que vem se desenrolando há milênios.

Não sou ingênuo, pois sei que, *in extremis*, o poder supera tudo, a política supera a economia, que muitas regras e normas globais são rotineiramente quebradas, que as organizações internacionais com frequência se tornam impotentes. A Assembleia Geral das Nações Unidas, por exemplo, é basicamente apenas um pódio para discursos. O poder real reside nas nações. Todavia, consideremos o que era o mundo antes de 1945 — uma verdadeira selva de *Realpolitik* —, e o impacto dessa revolução liberal se torna inconfundível. Depois de séculos de conflitos incessantes, passamos para o que o historiador John Lewis Gaddis chamou de Longa Paz,[7] o mais longo período na história moderna sem uma guerra entre grandes potências — quase oitenta anos. Desde 1945, a anexação de territórios pela força, antigamente uma ocorrência comum, tem se tornado cada vez mais rara, e quase desapareceu — e é este o motivo de a invasão da Ucrânia pela Rússia se destacar como uma anomalia aguda. França e Alemanha foram à guerra três vezes em oito décadas, e então, depois da Segunda Guerra Mundial, foram unidas em uma ordem europeia na qual uma guerra entre ambas se tornou impensável. No começo da década de 1990, ao observar o acelerado crescimento econômico dos países do Leste Asiático, perguntei a Lee Kuan Yew, o brilhante e pragmático fundador de Singapura, se à medida que os países do Sudeste Asiático ascendessem ao poder repetiriam a história europeia de conflitos armados. *Não,* retrucou ele, *nós na Ásia vimos o que a guerra fez*[8] *em países como o Vietnã. E vimos o que o comércio e a cooperação fizeram no Sudeste Asiático.* O que ele estava dizendo é que podemos aprender com o passado e optar por um futuro mutuamente benéfico. E de fato, apesar do arrebatado crescimento econômico, fronteiras contestadas e discórdias históricas, o Leste Asiático tem permanecido em paz.

Países estão entrelaçados por meio de comércio e investimento. Ideias, valores e práticas liberais têm se espalhado. Regras pertinentes a questões específicas, muitas vezes soluções práticas que ajudam todos os Estados, têm se tornado mais e mais comuns, e criou-se uma teia de tratados, leis e normas que governam todos os tipos de canto e recanto da vida internacional. E a democracia e o Estado de direito, antigamente privilégio de poucos países aninhados no Atlântico Norte, têm proliferado pelo mundo. É verdade que ainda há muitos países que não são livres e nos quais a interdependência fracassou em domar todas as tensões geopolíticas, como demonstra a relação Estados Unidos-China. (Embora valha a pena notar que não houve guerra entre os dois países, apesar de todo o atrito.) A democracia, depois de avançar por décadas, está agora em uma recessão real, com muitos países em pleno retrocesso. O fenômeno da "democracia iliberal"[9] que identifiquei nos anos 1990 tornou-se uma indústria de crescimento. A despeito disso, ao olhar a ampla abrangência da história, pode se constatar: ainda é inegável que, no último século, houve uma revolução liberal em assuntos internacionais que rompeu com séculos de *Realpolitik*.

Essas revoluções duais — o retorno da política da grande potência e a ascensão da ordem internacional liberal — estão ocorrendo simultaneamente, e a forma como se desenrolarem determinará o futuro do mundo.

Países que são democracias e autocracias, Mundo

Regimes políticos baseados nos critérios da classificação de Lührmann et al. (2018) e na avaliação dos especialistas da V-Dem.

Our World in Data

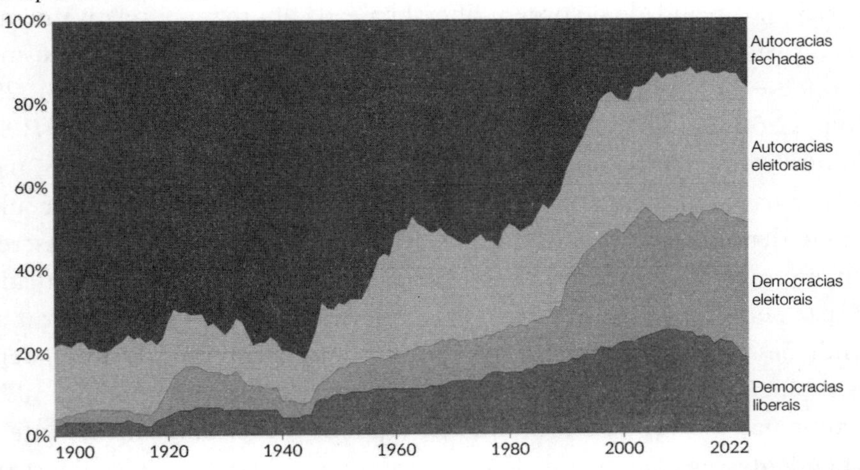

Fonte de dados: OWID baseado em Lührmann et al. (2018): V-Dem (v13).
Nota: A parcela de autocracias fechadas aumenta muito em 1900 porque a V-Dem cobre muito mais países desde então, muitas vezes colônias.

1. V-Dem: O projeto Variedades de Democracia (V-Dem) publica dados e pesquisa sobre democracia e direitos humanos; baseia-se em avaliações de cerca de 3.500 especialistas de países e em trabalho suplementar de seus próprios pesquisadores para avaliar instituições políticas e proteção de direitos. O projeto é administrado pelo Instituto V-Dem, com sede na Universidade de Gotemburgo, na Suécia. Saiba mais: Dados de democracia: Como os pesquisadores medem a democracia? Os dados de "Variedades de Democracia": como os pesquisadores medem democracia? Os dados de "Variedades de Democracia": como os pesquisadores medem direitos humanos?

Democratização no mundo, de 1900 a 2022.

Um caminho plausível seria uma reversão para a *Realpolitik*, mas isso significaria o colapso da globalização e o regresso do nacionalismo e dos blocos de concorrência. Já vimos esse tipo de retrocesso acontecer. Ou poderíamos observar as forças da interdependência levar as nações a buscar a paz, construir laços econômicos mais fortes e cooperar mais intimamente em questões de preocupação mútua, como, por exemplo, a da mudança climática. Isso exigiria que líderes extraordinários nos países mais importantes atuassem em conjunto para criar uma visão compartilhada para o futuro. Mais provavelmente, o mundo em que viveremos estará em um equilíbrio instável entre os dois cenários, com tensões geopolíticas existindo lado a lado com cooperação e laços econômicos. A interdependência, algumas vezes, servirá para restringir aventuras geopolíticas, mas em outras servirá como armamento para um país obter vantagem sobre os outros. O manejo dessas revoluções gêmeas será complexo e perigoso, com o risco constante de colapsar em uma guerra.

RAÍZES DA PAX AMERICANA

O mundo da rivalidade e da *Realpolitik* está conosco desde tempos imemoriais. Já a realidade de ordem liberal baseada em regras é relativamente nova. Assim como tantas ideias liberais, surgiu a partir do Iluminismo europeu — e, indiscutivelmente, primeiro nos Países Baixos. Em 1625, Hugo Grotius, diplomata e jurista holandês, escreveu *De Iure Belli ac Pacis*, em que apresentava a noção de lei internacional baseada em direitos naturais e na razão,[10] em vez de religião compartilhada. Mais de um século e meio depois, o paradigmático filósofo iluminista Immanuel Kant escreveu, em meio à carnificina da Revolução Francesa, um ensaio intitulado "À paz perpétua".[11] Kant descreveu o que era necessário para alcançar as condições de paz permanente, não só uma ausência temporária de guerras. As ideias do filósofo soam surpreendentemente contemporâneas. Ele argumenta em prol de um mundo de repúblicas economicamente interdependentes, em que os cidadãos preferem comerciar em vez de guerrear e têm o poder de determinar políticas. Kant buscava uma federação de nações livres governadas pela lei em vez do poder, uma precursora da ideia de organização internacional como a ONU. Kant imaginou um futuro baseado nos direitos dos seres humanos, em oposição aos interesses próprios dos Estados.

Por algum tempo, essas ideias continuaram sendo apenas isto: ideias. E então surgiu a superpotência do século XIX, o Reino Unido, que era infundido de um senso protestante de missão. E passou-se a entender que o que se estava buscando não eram apenas os flagrantes interesses próprios, mas também valores e ideais. Para ser justo, frequentemente se buscavam, de fato, flagrantes interesses próprios e agia-se com crueldade, mas havia rastros de benevolência na abordagem. O poder britânico forneceu ao mundo bens como "liberdade dos mares", um conceito que a princípio foi desenvolvido por Grotius. Na prática, isso significava a supressão da pirataria pela Marinha Real, que protegia, assim, navios pacíficos que transportavam mercadorias, não importava sob qual bandeira navegassem. A Grã-Bretanha também usou o poder marítimo para proteger a liberdade de forma mais literal. Uma vez abolido o tráfico de escravizados, ela impôs agressivamente essa proibição aos próprios súditos e até mesmo a outros países. Já em 1860, a Esquadra da África Ocidental da Marinha Real detivera cerca de 1.600 navios negreiros[12] e libertara 150 mil pessoas nesse processo. A Grã-Bretanha foi a primeira grande potência a levantar ativamente questões morais com outros países, e a colocar peso na ideia de um direito internacional e de uma ordem internacional baseada em regras. Na verdade, uma das principais motivações da Grã-Bretanha para entrar na Primeira Guerra Mundial foi que ela sentia ser uma questão de honra sustentar o compromisso com a aliada Bélgica, que enfrentava a agressão alemã. Um realista teria se unido à Alemanha,[13] como o historiador Niall Ferguson argumenta que a Grã-Bretanha deveria ter feito.

William Gladstone, o político liberal que ocupou o cargo de primeiro-ministro britânico por quatro mandatos no fim do século XIX, fez uma série de discursos famosos durante a disputa das eleições de 1880. Defendia uma política externa inspirada pelo "amor à liberdade" e por "direitos iguais de todas as nações". Denunciava a opressão de minorias étnicas sob o domínio otomano. E chegou a de fato denunciar as difíceis condições de vida nas aldeias do longínquo Afeganistão, onde a Grã-Bretanha e a Rússia faziam um Grande Jogo geopolítico, a rivalidade do século XIX relativa à influência na Ásia Central:

Lembrai-vos dos direitos do selvagem,[14] *como nós o chamamos. Lembrai-vos de que a felicidade da sua humilde casa, lembrai-vos de que a santidade da vida nas aldeias montanhosas do Afeganistão entre as neves do inverno é tão inviolável aos olhos de Deus todo-poderoso quanto pode ser a vossa própria. Lembrai-vos de que Ele, que vos uniu em conjunto como seres humanos na mesma carne e no mesmo sangue, prendeu-vos pela lei do amor mútuo; de que o amor mútuo não é limitado pelas costas desta ilha, não é limitado pelas fronteiras da civilização cristã; de que ele passa sobre toda a superfície da Terra e abraça os menores junto com os maiores em seu imensurável escopo.*

Na prática, Gladstone foi bem menos idealista nas políticas implementadas. Contudo, ideias e a retórica do político britânico viriam a lançar uma longa sombra. Foi uma breve viagem intelectual de Gladstone a um homem que o admirava muito: Woodrow Wilson.

Wilson via os Estados Unidos como a força do bem no mundo, da mesma forma que Gladstone via a Grã-Bretanha, e também foi profundamente influenciado por ideias kantianas. Após a Primeira Guerra Mundial, tentou costurar uma paz duradoura ao estabelecer a primeira importante organização global, a Liga das Nações. Entretanto, Wilson — um idealista às vezes frio, sem nenhum sentimento real por política prática e relações humanas — arruinou terrivelmente a diplomacia no exterior e no próprio país. Acabou presidindo uma paz vingativa que deixou a Alemanha amargurada e excluída da ordem internacional. No âmbito nacional, o Senado vetou a entrada dos Estados Unidos na Liga, o que deixou o novo órgão internacional sem o apoio do país mais poderoso do mundo. A ordem global se embrenhou por um caminho sombrio. Crises de dívidas, hiperinflação, a Grande Depressão e a ascensão do fascismo, tudo isso se seguiu, e as esperanças de Wilson foram devoradas no inferno da Segunda Guerra Mundial.

Das cinzas dessa guerra, porém, surgiu outro esforço para costurar uma ordem internacional liberal. Dessa vez, o arquiteto foi um político muito mais habilidoso do que Wilson: Franklin Delano Roosevelt. Roosevelt fora secretário-assistente da Marinha no governo de Wilson, e fez uma breve visita a Paris durante as negociações de paz de 1919. Ele compartilhava os ideais do presidente, mas acreditava que Wilson havia sido idealista demais nos métodos que empregara. Então, FDR buscou um caminho para alicerçar esses ideais na realidade da política de poder. A visão dele para as Nações Unidas consagrava o *status* e a influência das grandes potências e lhes dava uma participação em um mundo estável, uma participação em que tinham posição privilegiada. E muito dessa visão se realizou, embora o início da Guerra Fria tenha rapidamente frustrado os planos.

A expressão "Século Americano" veio a definir a ordem mundial que os Estados Unidos moldaram após a Segunda Guerra. Conforme observamos antes, o influente editor de revistas Henry Luce cunhou o termo em fevereiro de 1941, com o objetivo de instar os Estados Unidos, muito relutantes, a vestir o manto da liderança global. Depois de Pearl Harbor, o país foi ficando mais à vontade com a visão de Luce, mas vale a pena recordar o aspecto da era pós-Segunda Guerra Mundial. Os Estados Unidos não detinham a hegemonia inquestionável do planeta. Mesmo após 1945, França e Reino Unido ainda tinham impérios formais e, portanto, influência em extensas áreas do globo.[15] A superpotência soviética contestava a influência de Washington em cada canto do mundo. Lembremo-nos que a expressão "Terceiro Mundo" deriva da divisão tripartite do globo: o Primeiro Mundo eram os Estados Unidos, os respectivos aliados ocidentais e o Japão; o Segundo Mundo eram os países comunistas. O Terceiro Mundo eram os demais países do globo, forçados a escolher entre se alinhar com os Estados Unidos ou com a União Soviética. Os Estados Unidos eram, é claro, dominantes do ponto de vista econômico e cultural, mas para grande parte da população do mundo, da Polônia à China, o século dificilmente transmitia a sensação de ser americano. A "ordem internacional liberal" na época em que foi fundada cobria uma zona limitada à América do Norte, à Europa Ocidental e a alguns poucos países asiáticos do Pacífico.

Depois da Guerra Fria, a ordem liberal se expandiu depressa, com dezenas de países se afastando do comunismo, do socialismo e das economias planejadas. Mesmo assim, a supremacia americana foi inicialmente difícil de detectar, e a maioria dos observadores não a identificaram. Em 1990, a primeira-ministra britânica Margaret Thatcher argumentou que o mundo estava se dividindo em três esferas políticas dominadas pelo dólar, pelo iene e pelo marco alemão.[16] O livro de Henry Kissinger lançado em 1994, *Diplomacia*, previa o nascimento de uma era multipolar. De fato, nos Estados Unidos houve pouco triunfalismo. A campanha presidencial de 1992 foi marcada por uma sensação de fraqueza e exaustão. "A Guerra Fria acabou e o Japão e a Alemanha venceram",[17] repetia mais e mais vezes o esperançoso democrata Paul Tsongas. Observadores da ascensão econômica da Ásia começaram a falar de um "Século do Pacífico". Até mesmo os que viam o mundo se mover em direção a livres mercados, livre-comércio e democracia não viam necessariamente os Estados Unidos ganharem força a partir disso.

Houve uma notável exceção a essa análise, um ensaio presciente na *Foreign Affairs* escrito pelo comentarista conservador Charles Krauthammer: "The Unipolar Moment",[18] publicado em 1990. Entretanto, até mesmo esse enfoque triunfalista era limitado quanto à expansividade, como sugere o título. Em uma coluna seguinte no *Washington Post*, Krauthammer disse: "O momento unipolar será breve."[19] Argumentava que a Alemanha e o Japão, as duas "superpotências regionais" emergentes, já estavam começando a buscar uma política externa independente dos Estados Unidos. Responsáveis pela elaboração de políticas fora dos Estados Unidos receberam bem o esvaecimento da unipolaridade, que assumiam ser iminente. Em 1991, quando os Bálcãs começaram a se dilacerar, Jacques Poos, ministro do Exterior de Luxemburgo, declarou: "Esta é a hora da Europa." E explicou: "Se existe um problema que pode ser resolvido pelos europeus, é o da Iugoslávia.[20] Trata-se de um país europeu, e não cabe aos americanos resolvê-lo." No entanto, o que ocorreu foi que apenas os Estados Unidos, no comando da Otan, tiveram o poder e a influência combinados para intervir de modo eficaz e pôr um fim às guerras na Bósnia e no Kosovo.

Da mesma maneira, a partir de 1997, quando uma sucessão de pânicos fez com que as economias asiáticas entrassem em parafuso, só os Estados Unidos puderam estabilizar o sistema financeiro global. Os americanos organizaram um socorro financeiro internacional de 120 bilhões de dólares para os países mais atingidos, o que resolveu a crise. A revista *Time* pôs na capa três tecnocratas americanos — o secretário do Tesouro, Robert Rubin, o presidente do Federal Reserve, Alan Greenspan, e o vice-secretário do Tesouro, Lawrence Summers — com a chamada da matéria: "O Comitê para Salvar o Mundo".[21]

Para contrariar a maioria das expectativas, as três décadas após a Guerra Fria foram um período de Pax Americana. Os Estados Unidos lideraram não só do ponto de vista político, econômico e militar, como também do ideológico. A democracia tornou-se o sistema político dominante no mundo. Ter eleições e abrir a economia eram consideradas as melhores práticas para as nações.[22] Foi isso o que Francis Fukuyama quis dizer quando descreveu "o fim da história" em 1992 — o fim de um longo debate sobre a evolução da política. (Ele *não disse* que os principais fatos históricos como guerras ou terrorismo tinham acabado, como frequentemente presumem as pessoas que só leem o título.) Para os que cresceram nessas décadas, pode ter parecido que a Pax Americana fosse natural e permanente. O Consenso de Washington, que apoiava o livre-comércio e livres mercados, não era somente algo forçado pelos elaboradores de políticas americanos a estrangeiros relutantes. Era, na verdade, uma visão de consenso entre acadêmicos, intelectuais e jornalistas — e quando países adotavam algumas dessas ideias, de fato obtinham crescimento e dinamismo, o que foi mais nitidamente visto na China e na Índia nas décadas de 1990 e 2000.

Todavia, estávamos passando por um período raro, caracterizado pela ausência de políticas de grandes potências e do incontestado poder dos Estados Unidos. A parcela americana no PIB global e nos gastos militares globais ficava acima de qualquer outro país. Até mesmo o Japão e a Alemanha, aliados próximos que poderiam ter se tornado concorrentes econômicos, passaram grande parte do período após 1989 consumidos com problemas internos — o Japão, que sofria com uma longa queda econômica, e a Alemanha, que estava ocupada com a absorção da metade Oriental. Hoje estamos vendo o retorno a um mundo de múltiplas grandes potências, e essa revolução geopolítica está transformando as relações internacionais em todas as dimensões. E esse processo não teve início com a ascensão da China e o retorno da Rússia, mas com algo mais amplo e mais benigno: a ascensão do restante.

A ASCENSÃO DO RESTANTE

Quando historiadores registrarem a narrativa da nossa era, daqui a décadas, a tendência dominante no mundo de hoje certamente será "a ascensão do restante". Depois de séculos correndo atrás do Ocidente, sendo colonizados por ele, e por conseguinte marginalizados na política de poder global, muitos países que um dia foram pobres ascenderam à riqueza e ao poder. Nas duas últimas décadas, países não pertencentes ao Ocidente industrializado têm visto taxas de crescimento que antes eram impensáveis. Ainda que tenha havido crescimentos acelerados e quedas, a tendência geral tem sido inconfundivelmente de ascensão.[23] Os mercados chamados "emergentes" formavam apenas um terço da economia mundial em 1990. Hoje perfazem quase a metade.[24] E essa ascensão criou uma outra dinâmica internacional, que resiste a uma caracterização fácil. Estudiosos debatem se o mundo está unipolar, bipolar ou multipolar. A realidade, contudo, é que, independentemente de esses recém-chegados serem ou não considerados potências, muitos deles estão sendo obrigados a agir conforme os próprios interesses e resistindo a ser encurralados pelas potências maiores. No mundo de hoje, mais e mais países buscam ser agentes livres. Nem todos conseguem isso, mas muitos têm êxito e produzem um sistema internacional capaz de funcionar mais livremente.

Vivemos em um mundo pós-americano. Isso não quer dizer que tenhamos visto um declínio dramático do poder dos Estados Unidos. A economia americana continua sendo, de longe, a maior do mundo, e compreende cerca de um quarto de toda a produção global — mais do que a soma da

China e do Japão, os dois países que ocupam, respectivamente, a segunda e a terceira posições no ranking.[25] Desde a década de 1980, a parcela americana tem permanecido surpreendentemente estável, mesmo após 2008, na medida em que os Estados Unidos se recuperaram da crise financeira global mais depressa e mais fortes do que muitos de seus pares.[26] O poder militar americano é absolutamente sem paralelos, e os Estados Unidos gastam mais em defesa do que os dez países que vêm em seguida juntos.[27]

Se por um lado o poder americano não declinou, por outro, a influência caiu. Influência é, em última instância, a capacidade de levar os outros a fazer o que você quer que façam. A influência global é determinada apenas parcialmente pelo poder propriamente dito, como dimensão militar e PIB, e também é medida pela posição relativa no mundo. Então, embora os Estados Unidos ainda possam ser considerados fortes, a predominância relativa que tinha diminuiu. De 2000 (na véspera da entrada da China na OMC) a 2022, a economia americana passou de ser 750% maior do que a chinesa para somente 40%.[28] Países como a Índia, a Arábia Saudita, a Turquia e o Brasil também viram as próprias economias crescerem mais depressa do que a economia americana nesse período.[29] Em todos esses países, é possível perceber sociedades que são economicamente mais fortes, culturalmente mais orgulhosas e geopoliticamente mais audaciosas. Essas nações se tornaram mais confiantes, buscam maior influência e recusam-se a ser ameaçadas por Washington (ou Pequim, diga-se de passagem). Essa nova realidade pode não produzir um mundo verdadeiramente multipolar — os Estados Unidos e a China estão muito acima dos demais países —, mas as superpotências do século XXI são menos capazes de dominar outros Estados da maneira que Washington e Moscou um dia o fizeram.

Essa mudança pode ser vista até mesmo em poderes suaves: o equilíbrio de um país em relação a ideias e compromissos, a capacidade de servir como modelo. Durante os anos 1980, quando eu visitava a Índia — onde fui criado —, a maioria dos indianos era fascinada pelos Estados Unidos. As elites indianas eram obcecadas com a política, as ideias, a arte e a cultura americanas. Para elas, os Estados Unidos definiam a modernidade. No entanto, muitos interesses indianos nos Estados Unidos não operavam em um nível mais elevado. Lembro-me de que algumas pessoas me perguntavam sobre Donald Trump, que na época não passava de uma celebridade e um magnata imobiliário. Ele era o símbolo da riqueza americana: rico, espalhafatoso, crasso, exuberante. Naquele tempo, se você quisesse achar o que era maior e mais reluzente em qualquer quesito, bastava olhar para os Estados Unidos. Pessoas de outros países até começaram a acompanhar o basquete e o futebol americano. No entanto, atualmente a modernidade é definida de modo diferente. Quando você viaja para Singapura, Pequim ou Dubai, por exemplo, sente-se como se estivesse, em alguns aspectos cruciais, visitando o futuro: as cidades não só têm uma infraestrutura exuberante, de alta tecnologia, como os cidadãos também têm um senso de orgulho pelo crescimento passado e as conquistas que ainda virão. Quanto a Trump, é claro que agora pessoas em todo lugar me perguntam sobre ele — não porque ele seja um símbolo da riqueza americana, e sim porque é um símbolo da disfunção do país.

A cultura segue o poder. Na medida em que países emergentes florescem, começam a valorizar a cultura deles próprios. Criam versões da cultura de celebridade dos tabloides, que um dia já foi fornecida pelo Ocidente. Leia jornais da Índia ou assista à TV indiana — você verá a cobertura de dezenas de empresários indianos que agora são mais ricos do que o Donald Trump dos anos 1980. Na verdade, mais ricos do que muitos bilionários atuais nos Estados Unidos. A família Ambani em Mumbai está entre as dez famílias mais ricas do mundo, mas há dezenas de outros não americanos que também figuram nessas listas.[30] Os cinco arranha-céus mais altos do mundo estão atualmente nos Estados do Golfo, Malásia e China.[31] A cultura pop coreana na música, na televisão e no cinema hoje domina grande parte do Leste Asiático e é ainda maior no Ocidente. Na Índia, Bollywood e uma versão energizada de críquete para ser assistido com facilidade pela televisão deixam pouco espaço para Hollywood e quase nenhum para qualquer um dos esportes americanos. Os Estados Unidos não são mais o único lugar onde o futuro está acontecendo.

E isso não se deu apenas pelo fato de outros países terem ascendido — houve também uma perda de fé nos Estados Unidos. Como foi que o país perdeu o brilho? Como disse na introdução, o primeiro golpe foi a Guerra do Iraque, que rachou a imagem do poderio militar americano aparentemente invencível. A única superpotência do mundo, com um orçamento de defesa monstruoso, não conseguiu ter êxito contra um maltrapilho grupo de insurgentes. Revelações de baixas civis e tortura nos porões escuros da CIA minaram a reputação americana como defensora dos direitos humanos. Aí veio a erosão da legitimidade econômica dos Estados Unidos com a crise financeira de 2008, um desastre desencadeado pelo comentadíssimo setor financeiro americano. O Consenso de Washington passara a ser repentinamente questionado no mundo inteiro. O golpe de misericórdia foi a crise na legitimidade política e moral dos Estados Unidos provocada pela presidência de Donald Trump. Os americanos estão muito mais divididos na opinião a respeito de Trump do que o restante do planeta — a maioria das pessoas no exterior considera o ex-presidente um demagogo perigoso. (Existem algumas exceções notáveis, tais como as populações do Quênia, de Israel e das Filipinas.) Mesmo antes do mandato de Trump, muita gente no mundo tinha deixado de encarar o sistema político americano como digno de admiração e imitação. A realidade atual dos Estados Unidos combina forças avassaladoras — inovação tecnológica, universidades entre as melhores do mundo, intensa demografia — com visíveis fraquezas, desde a violência com armas até overdoses de drogas e persistente desigualdade.

ASCENSÃO E RESSURGÊNCIA

A ascensão do restante já estava entrando no plano de visão quando escrevi *O mundo pós-americano*. Os anos seguintes, entretanto, trouxeram uma verdadeira revolução em geopolítica, com a contestação da influência americana feita pela Rússia e pela China e a consequente criação de uma outra paisagem global.

A ascensão da China foi a maior história econômica do nosso tempo, e hoje a economia está transformando a geopolítica. O futuro do sistema internacional gira em torno de uma questão básica: a de se saber se a China quer destruir o sistema ou simplesmente ficar rica e poderosa dentro dele. Quando o país estava sob o comando de Mao, claramente queria a primeira alternativa, ao financiar movimentos revolucionários em todo o mundo e boicotar a maioria das organizações internacionais. Contudo, depois que Deng Xiaoping assumiu as rédeas, no fim dos anos 1970, a China decidiu que queria ser rica e respeitada, não marginalizada e revolucionária. E se tornou poderosa dentro da ordem existente. Hoje, é a segunda maior financiadora da ONU e paga pontualmente a totalidade do compromisso com o órgão, ao contrário dos Estados Unidos.[32] Ela almeja posições de liderança na ONU.[33] Contribui mais com as tropas mantenedoras da paz da ONU do que os outros membros permanentes do Conselho de Segurança combinados.[34] Durante a crise financeira de 2008, a China atuou em conjunto com os Estados Unidos e outros países líderes para estabilizar a economia internacional.

A geração anterior de líderes chineses acreditava em buscar uma "ascensão pacífica" discreta, na qual o país se acomodasse à ordem internacional predominante comandada pelos Estados Unidos. O presidente Xi

Jinping parece ter uma visão diferente. Com os americanos enfraquecidos pela guerra ao terror empreendida por eles próprios, pela crise financeira global e pelo caos populista, Xi percebeu uma oportunidade de derrubar o *status* sem rivalidade dos Estados Unidos. E começou a falar do Oriente em ascensão e do Ocidente em declínio. Em outubro de 2017, fez um discurso no 19º Congresso do Partido Comunista que refletia a interpretação do que ele via como novas realidades estruturais. "A posição internacional da China subiu como nunca antes",[35] proclamou, e acrescentou que a nação estava "abrindo uma nova trilha para outros países em desenvolvimento conquistarem a modernização". Xi pressagiou "uma nova era [...] que vê a China se aproximando do centro do palco e fazendo grandes contribuições para a humanidade". Em outros discursos, pareceu estar dizendo que a China se tornaria uma nova avalista do sistema de comércio global[36] à medida que os Estados Unidos se voltavam para dentro, rumo ao protecionismo. Essas declarações sugeriram um tipo benevolente de liderança chinesa. No entanto, parte do comportamento recente da China indica que não seria uma hegemonia tão benigna assim. Ela executou ações militares contra a Índia em relação a territórios em disputa, exigiu que a Austrália se dobrasse a ela em uma série de questões, desde a Huawei até Hong Kong, e afirmou que águas há muito reconhecidas como internacionais pertencem à China. Em um país após outro, a China tem feito enormes investimentos em infraestrutura, mas muitas vezes com onerosas condições de retribuição. E também tem inundado governos autocráticos favorecidos com equipamento de vigilância de alta tecnologia, ao mesmo tempo que acena com promessas de auxílio para induzir países menores a não reconhecer a soberania de Taiwan. Em 2010, quando as nações do Sudeste Asiático protestaram contra as ações de Beijing, Yang Jiechi, que viria a se tornar o principal encarregado de política externa de Xi, respondeu sem rodeios: "A China é um país grande e outros países são países pequenos, e isso é simplesmente um fato."[37]

É claro que a atitude da China em relação ao sistema internacional não é gravada em pedra. Beijing observará os ventos e avaliará como outros países estão se movendo: se estão seguindo na direção de uma integração maior ou se afastando dela. As políticas do país serão moldadas pelas ações de outros Estados, especialmente do Sul Global, que a China vê como uma audiência natural. Mao tinha uma estratégia de "cercar as cidades a partir do campo", o que na Guerra Civil Chinesa significou virar a pobre maioria rural contra a minoria urbana. Na Guerra Fria, significava investir no Terceiro Mundo subdesenvolvido[38] opondo-se à pequena claque de sociedades capitalistas ricas. Hoje, Xi está tentando fazer a mesma coisa com tais ações ao buscar alcançar o mundo em desenvolvimento.

Para esses países, a geopolítica é importante, mas o desenvolvimento também é. Eles querem um equilíbrio entre os dois, e encontram modos de cooperar economicamente com a China e ao mesmo tempo manter algum tipo de relação geopolítica com os Estados Unidos — investem no futuro econômico, mas compram um seguro, por assim dizer, contra a dominação chinesa. E enquanto a rivalidade entre a China e os Estados Unidos está se tornando cada vez maior sob muitos aspectos, os dois países também fazem parte de uma economia global profundamente entrelaçada que tem uma dinâmica própria. Assim, nos últimos anos, as tensões se exacerbaram, mas o comércio não caiu tanto assim. Na última década, corrigido pela inflação, o comércio de bens Estados Unidos-China se manteve em um patamar, não despencou.[39] Muitas das maiores empresas dos Estados Unidos, da General Motors à Apple e à Nike, necessitam do mercado chinês, assim como a China necessita dos consumidores americanos[40] para o crescimento econômico. E esses consumidores também são beneficiados. O chamado "Efeito Walmart" — a disponibilidade para os americanos de todo tipo de bens a preços baixos — é, em grande parte, resultado das importações da China. Até mesmo a crescente economia verde americana deve algo aos chineses. Os painéis solares vistos em toda parte tornaram-se tão acessíveis porque a maior parte é feita na China. (Isso talvez mude um pouco com a Lei de Redução da Inflação do governo Biden, que subsidia a fabricação nacional de painéis solares.) Além do mais, há aproximadamente 1 trilhão de dólares correspondentes à dívida americana detidos pela China. Ao mesmo tempo que a relação profundamente entrelaçada pode continuar a sofrer choques, não é provável que se desfaça tão cedo.

O ESTADO ESTRAGA-PRAZER

Se a China é a desafiante, a Rússia vem para estragar o jogo, como a grande potência mais determinada a quebrar as regras e normas do sistema internacional existente. Sob o comando de Vladimir Putin, o país se tornou uma nação ressentida, convencida de que durante a Pax Americana foi lograda de modo a perder o império e a glória. Felizmente para Putin, os primeiros anos do governo dele assistiram a um aumento constante dos preços do petróleo, o que levou o PIB da Rússia a quase dobrar[41] de 2000 a 2007 e ao envio de grandes quantidades de dinheiro líquido para os cofres do Kremlin. Uma Rússia recém-enriquecida observou a região na qual está inserida com um olhar muito mais oportunista. Putin já consolidara o controle em casa. Sentado no alto do "poder vertical" que havia criado, começou um esforço sério tanto para restaurar a influência russa na esfera de influência histórica quanto para se contrapor aos interesses e ideais ocidentais. O que se seguiu — intervenções militares na Geórgia e na Síria, financiamento de grupos políticos populistas e pró-Rússia na Europa, interferência eleitoral nos Estados Unidos e outras democracias, ciberataques — estava tudo a serviço desses objetivos. Fomentar a instabilidade também beneficia a Rússia, porque as tensões internacionais aumentam os preços do petróleo e outros artigos essenciais que são a fonte vital da economia e do orçamento do país.

A guerra de Putin na Ucrânia, que começou em 2014 e entrou em marcha acelerada em 2022, é a ação mais descarada que ele realizou. Após a queda da União Soviética, a Rússia nunca aceitou plenamente a independência da Ucrânia, que representava o lembrete mais doloroso do império que ela havia perdido. Em 2022, Putin estava convencido de que o Ocidente estava em retração e de que a Otan era ineficaz. A invasão naquele ano foi a primeira guerra terrestre em escala total na Europa desde a Segunda Guerra Mundial. Para punir a agressão russa, Washington e seus aliados viraram a própria interdependência do sistema de comércio aberto contra Moscou. Com uma rapidez que seria inimaginável apenas algumas semanas antes, a Rússia foi cirurgicamente cortada das redes financeiras globais. Bancos russos de importância fundamental tiveram o acesso ao SWIFT bloqueado, o sistema que calça a maioria dos fluxos interfronteiriços entre os bancos internacionais. Centenas de bilhões de dólares em ativos russos no exterior foram congelados.[42]

Por mais punitivas que tenham sido essas sanções, as consequências da guerra foram muito mais terríveis para o cotidiano dos ucranianos. Um mundo desacostumado a guerras interestatais assistiu com horror à Rússia bombardear cidades ucranianas, a milhões de refugiados que, na fuga, abandonavam as casas nas quais moravam, às safras agrícolas ucranianas apodrecer nos portos e a ambos os lados cavar trincheiras como na Primeira Guerra Mundial. Pessoas pobres em todo o mundo também sofreram o impacto, uma vez que um celeiro crucial se transformou em uma zona de guerra, o que fez com que os preços globais dos alimentos fossem às alturas.[43]

Apesar da brutalidade perpetrada, a Rússia se mostrou incapaz de derrotar uma nação que tem uma fração do tamanho dela e possui um exército muito menor. A Ucrânia tem o benefício do considerável apoio ocidental, mas também superou a Rússia em estratégia de alto nível e na determinação das tropas. As forças da Rússia sofreram porque Putin valorizou a lealdade acima da competência entre os subordinados e permitiu que a corrupção infectasse o aparato militar do país e lançasse as tropas em um moedor de carne para travar uma guerra injusta. Isso não significa que a Rússia não tenha um exército formidável, mas foi superestimado, como grande parte do poder russo. Apesar de o país ainda poder infligir tremendos estragos (especificamente se chegasse a usar o enorme arsenal nuclear que possui, o maior do mundo), é fraco em muitos outros aspectos. Várias medidas econômicas e sociais sugerem um país em inexorável declínio. Uma estatística impressionante fornece um argumento pertinente: um rapaz russo de 15 anos hoje tem a mesma expectativa de vida que um rapaz de 15 anos no Haiti.[44] Lembremo-nos de que a Rússia é uma sociedade urbanizada, industrializada, com níveis de educação e alfabetização comparáveis, e talvez superiores, aos de outros países europeus.[45] Apesar disso, o alcoolismo, a redução da população, a pobreza, o desemprego e uma elite política cleptocrática criaram uma sociedade mal equipada para competir como nação moderna. Em todo caso, apesar do declínio, a Rússia é poderosa e motivada o suficiente para continuar semeando caos, e é grande o bastante para executá-lo. A Guerra Rússia-Ucrânia é a ilustração mais trágica do retorno da *Realpolitik* ao cenário mundial.

FORTE DEMAIS, FRACO DEMAIS?

O que levou a esse colapso da estabilidade geopolítica? A ascensão da China e o retorno da Rússia foram resultados inevitáveis da economia, ou seria culpa dos erros ocidentais?

No que diz respeito à agressão russa, alguns realistas têm argumentado que foi provocada pelo crescimento uniforme do número de membros da Otan após a Guerra Fria. Durante o debate sobre a expansão dessa aliança política e militar na década de 1990, fui uma voz um tanto cética sobre o assunto. Era a favor da admissão dos países da Europa Oriental mais importantes — Polônia, Hungria e República Tcheca —, mas também de fazer uma pausa precisamente para considerar os interesses e as sensibilidades da Rússia. Eu acreditava na época, e continuo acreditando, que a decisão de George W. Bush na Conferência de Cúpula de Bucareste em 2008 de abrir uma possibilidade à Ucrânia de se juntar à Otan, mas não fazer uma oferta formal, era o pior dos dois mundos — enfurecia a Rússia sem dar à Ucrânia qualquer caminho para a segurança.[46] No entanto, vale a pena lembrar que nos anos 1990 os países da Europa Central e da Oriental estavam todos traumatizados, ainda se recuperando de meio século de dominação de Moscou. Estavam buscando desesperadamente uma âncora, e deixá-los totalmente à deriva teria criado uma zona de instabilidade no coração da Europa.

Mesmo sem a expansão da Otan, a Rússia poderia ter invadido a Ucrânia (muitos na região pensam que isso poderia ter acontecido bem antes). A Ucrânia havia muito pairava ameaçadora na consciência russa. A Rússia remonta na história ao Estado medieval conhecido como Rus Kievana, cuja capital era Kiev, e grande parte da Ucrânia esteve sob domínio de Moscou por mais de trezentos anos. Quando Putin deu a famosa declaração em que chamou o colapso da União Soviética de "a maior catástrofe geopolítica do século",[47] foi adiante para explicar por quê. E a resposta foi que milhões de russos não faziam mais parte da Mãe Rússia — um ponto de vista que enxerga ucranianos como russos (apesar de serem de segunda classe) e a Ucrânia como parte subordinada da Rússia. Após um período de fraqueza na década de 1990, quando a Rússia ainda travou duas guerras sangrentas para manter o território da Chechênia, Putin se propôs a meta de restaurar o poder russo, o que inevitavelmente significava devolver a Ucrânia à pátria-mãe.[48]

A União Soviética foi o último império multinacional do mundo, e uma olhada rápida na história nos ensina o que geralmente acontece quando tais impérios desabam: o poder imperial realiza sangrentos esforços para se apegar aos antigos territórios. Os franceses travaram uma guerra brutal para manter a Argélia, que viam como parte do cerne da França. Tentaram se apegar à colônia no Vietnã, da mesma maneira que os holandeses fizeram na Indonésia. Os britânicos mataram mais de 10 mil pessoas no Quênia durante a revolta Mau-Mau. A incursão de Putin na Ucrânia pode ser vista como uma guerra de restauração imperial. Antes e depois da invasão, ele discorreu longamente sobre a crença defendida por ele de que a Ucrânia não é um país "real", porém mais apropriadamente considerado parte da Grande Rússia. Ainda assim, muitos jogam a culpa dessa guerra nos Estados Unidos, por terem sido fortes e assertivos demais na política com a Rússia.

Quando se trata da China, o consenso vai para o outro lado — que Washington foi fraca e submissa demais. Argumenta-se que os Estados Unidos receberam bem a China no sistema internacional e abriram as comportas do comércio e dos investimentos sem considerar as práticas econômicas chinesas de exploração e as tendências autoritárias. Isso foi feito na crença de que a China viria a se moderar e se tornaria uma democracia responsável. Os combatentes da Nova Guerra Fria que desejam um confronto total com a China alegam que essa política de "envolvimento", que já dura décadas, foi ingênua e fracassou. Afinal, a China não se transformou em uma democracia liberal.

Na verdade, a política de Washington em relação à China nunca foi puramente de envolvimento, e o principal objetivo não era transformar o país asiático em uma Dinamarca. A política sempre foi uma combinação de envolvimento e dissuasão, às vezes descrita como "limitação de riscos". Desde a década de 1970, autoridades americanas concluíram que trazer a China para a economia e o sistema político globais era melhor do que tê-la do lado de fora, ressentida e invasiva. Washington, porém, acoplou esses esforços para integrar a China com consistente apoio a outras potências asiáticas como mecanismo de equilíbrio. E manteve tropas no Japão e na Coreia do Sul, aprofundou laços com a Índia, expandiu a cooperação militar com a Austrália e as Filipinas e vendeu armas para Taiwan.[49]

Em grande medida, essa ação de equilíbrio deu certo. Antes das aberturas de Nixon para Beijing, a China era o maior Estado marginalizado do mundo que financiava e dava apoio a insurgências e movimentos de guerrilha em todo o globo, da América Latina ao Sudeste Asiático. Mao Tse-tung era obcecado pela ideia de que estava na vanguarda de um movimento revolucionário que destruiria o capitalismo ocidental. Não havia medida extrema demais para a causa — nem mesmo um apocalipse nuclear. "Se o pior chegasse a acontecer e metade da humanidade morresse", explicou Mao em um discurso em Moscou em 1957, "a outra metade sobreviveria, enquanto o imperialismo seria podado até a raiz e o mundo inteiro se tornaria socialista". Como comparação, a China desde Deng Xiaoping tem sido uma nação notavelmente restrita no palco internacional, sem participar de guerras nem financiar insurgências armadas em qualquer parte do mundo desde os anos 1980. Sob essa luz, a política dual dos Estados Unidos em relação à China funcionou notavelmente bem.

Contudo, Xi Jinping deu início a uma política externa muito mais assertiva. Inverteu grande parte do consenso chinês que alimentou o sucesso do país, riscando o ditado de Deng, "esconda sua força e aguarde seu tempo", e a promessa de Hu Jintao de uma "ascensão pacífica". Há pouca coisa escondida ou pacífica nos choques da China com tropas indianas no Himalaia, na pressão sobre a Coreia do Sul para abandonar um sistema americano de mísseis de defesa e nos exercícios navais que ameaçam Taiwan.

Talvez fosse inevitável que esse dia chegasse, após a China ter aguardado tempo suficiente e estar pronta para exercitar os músculos. A China sente que merece ser tratada como a grande potência que é.

Não é possível saber ao certo qual rumo o mundo teria tomado se Washington tivesse perseguido políticas muito diferentes tanto em relação à China quanto em relação à Rússia. Os cenários alternativos são tentadores. Poderia uma Rússia humilde, democratizada, ser integrada na ordem liberal, como a Alemanha do pós-guerra? Teria feito alguma diferença se os responsáveis pelas políticas dos Estados Unidos tivessem reconhecido e respondido logo às ambições chinesas, antes que Beijing se tornasse tão poderosa? Teria isso resultado em uma China mais parecida com o Japão ascendente dos anos 1980, economicamente ameaçadora, mas um perigo geopolítico muito menor? No entanto, é irônico que alguns dos sumos sacerdotes da *Realpolitik*, que geralmente argumentariam que choques entre grandes potências são resultado inevitável de ambições nacionais concorrentes, ainda culpem as ações americanas — em um caso por terem sido duras demais e no outro por terem sido excessivamente fracas. No fim das contas, mudanças no comando nacional e o equilíbrio global de poder foram indiscutivelmente muito mais cruciais para estimular Moscou e Beijing à ação. Após se recuperar da era de fraqueza dos anos 1990, uma Rússia ressuscitada provavelmente buscaria vingança por ter perdido a Guerra Fria. Já a China nunca aceitaria mansamente um *status* modesto depois de irromper para se tornar a segunda maior economia do mundo. Ao contrário do Japão, ela não dependia da proteção de Washington e tampouco era constrangida pela história do país. O anúncio "Made in China"[50] de Xi, que estabeleceu a meta para a China dominar setores de primeira importância da economia e ser largamente autossuficiente nessas áreas, veio em 2015, bem antes das tarifas de Trump e das proibições tecnológicas de Biden. O momento unipolar não podia durar para sempre. A história tinha que retornar.

DITADURAS EM PERIGO

É fácil ver um mundo de comércio aberto, mercados livres e tecnologia aberta como benigno, até mesmo virtuoso, se você é americano ou polonês ou singapurense. Entretanto, não parece ser assim para alguém como Xi Jinping. Afinal, todas essas forças estimulam a modernização econômica, o que produz uma classe média que tem cada vez mais liberdade de trabalhar, de se deslocar, de ganhar dinheiro e de consumir informação e entretenimento. E se sente estimulada e pede ainda mais. Regimes autocráticos temem não manter o poder e acabam ruindo. Quando duas outras autocracias do Leste Asiático, a Coreia do Sul e Taiwan, passaram por rápida industrialização,[51] isso gerou uma classe média crescente e exigências de maior liberdade política — o que levou os regimes a desabar, muitas vezes de forma violenta. Embora os regimes conseguissem se manter vivos por mais alguns anos, logo tiveram que se abrir para eleições reais. A China então mostrou que, se o regime se mantém duro, não há nada de inevitável em termos de democratização seguindo o crescimento econômico. Entretanto, a tarefa a que Xi se propôs é imensa: colocar uma tampa sobre qualquer reforma adicional, mesmo vendo em volta a sociedade se transformar.

Em meio ao impulso de Xi por controle político, talvez venha ocorrendo uma mudança estrutural ainda mais importante: o fim da era dourada do crescimento chinês. Desde o começo das reformas de Deng em 1978, passando pela ascensão de Xi em 2013, o crescimento do PIB da China se manteve na impressionante média de 9,9% ao ano. Sob o comando de Xi, ele caiu para 6,2%.[52] Parte disso se deve à pandemia de covid-19 e a decisões tomadas há muito tempo, como a política do filho único, que causou os desafios demográficos que a China enfrenta hoje. E uma desaceleração eventualmente teria que acontecer em algum momento. O país pode ter alcançado o fim do crescimento para "se pôr em dia", pois o épico movimento de centenas de milhões de camponeses das aldeias para as cidades só pode acontecer uma vez. A China hoje corre o risco de cair na mesma armadilha de renda média que assolou economias em desenvolvimento similar, com o aumento dos salários e o desaparecimento da competitividade.

O estatismo de Xi, no entanto, não ajudou, e o crescimento foi reduzido ainda mais nos últimos anos. Mesmo depois de suspender as restrições de "Covid Zero", a economia chinesa não voltou a rugir como muitos antecipavam. O economista Richard Koo avisou que a China pode estar em risco de "japanização",[53] uma derrocada provocada por dívidas imobiliárias e competição reduzida, enquanto Zongyuan Zoe Liu aponta para os "Quatro Ds"[54] que prejudicam o crescimento chinês: demanda, dívida, demografia e desacoplamento. Em outras palavras, demanda insuficiente por parte dos consumidores, dependência exagerada de empréstimos do governo, uma força de trabalho que é pequena demais para sustentar uma população que envelhece e diminui e o desacoplamento em relação às economias ocidentais — juntas, essas tendências respondem por um quadro econômico substancialmente mais sombrio do que parecia provável alguns anos atrás, quando a China estava na crista da onda. (O clima de medo em torno da "ameaça chinesa" frequentemente não leva em consideração essas tendências. Washington pode e deve competir com Beijing — mas não precisa imaginar que a China tenha dez metros de altura.)

Mais uma vez, nem todos os problemas da China podem ser colocados diretamente na conta de Xi. Ainda assim, por que ele se afastou tão abruptamente das políticas que haviam dado à China prosperidade e prestígio em todo o planeta? Há sinais de que foi precisamente porque ele viu que a liberalização econômica estava transformando de maneira profunda o país — de uma forma que o deixava gravemente preocupado. Ele acreditava que o Partido Comunista estava à beira da irrelevância em uma sociedade dominada pelo capitalismo e também pelo consumismo.[55] Parece temer que a China siga o caminho da União Soviética: o partido perde a fé em si mesmo, começa um processo de reforma e, em última instância, é posto de lado pelas forças da sociedade que liberta.

Então, Xi tomou uma série de medidas para enfraquecer o setor privado: policiou empresas de tecnologia, humilhou milionários, estimulou empreendimentos de propriedade do Estado. Ele se tornou um líder mais maoista, criou um culto de personalidade, reviveu elementos da ideologia comunista, expurgou muitos funcionários do partido com base em acusações de corrupção e estimulou um virulento nacionalismo. E tem enrijecido o controle e a repressão do Partido Comunista ao colocar uigures em campos de reeducação, esmagar a autonomia de Hong Kong e até mesmo rastrear dissidentes[56] no exterior para intimidá-los ou prendê-los. Eliminou os limites para a duração do mandato,[57] que haviam sido definidos por Deng para evitar outro déspota no estilo de Mao. O governo realizado por um comitê desapareceu e foi substituído pelo governo de um homem só. A intelectual Elizabeth Economy argumenta que as reformas de Xi redundam em uma transformação da sociedade chinesa equivalente em escala à coletivização de Mao e à moderação de Deng — a "terceira revolução"[58] da China. Enquanto muito dessa revolução é uma reação ao que acontece internamente na China, parte dela é deflagrada pelos temores de influências externas, por um mundo feito pelos Estados Unidos e pelo Ocidente.

EQUILIBRANDO A CULTURA

Tanto a China quanto a Rússia sentem que a ordem internacional liberal não serve aos interesses de ambas — na verdade, sentem que sob alguns aspectos essa ordem as ameaça. Os esforços dos Estados Unidos para expandir a esfera das democracias, seja no Oriente Médio, seja na Ásia, parecem justificar tais temores. Mais recentemente, porém, os valores americanos dentro de casa também parecem ter se tornado ameaçadores. Não é só ao sistema político democrático liberal que Putin e Xi estão tentando resistir; também tentam resistir ao liberalismo social.

A Rússia sempre quis a destreza tecnológica e econômica ocidental, mas tem sido muito mais ambivalente em relação aos valores ocidentais. Quando Pedro, o Grande, viajou incógnito à República Holandesa em 1697, ele o fez com o objetivo primeiro e mais importante de aprender os caminhos da moderna construção de navios com os pioneiros da época — não para estudar a política liberal ou tolerância de minorias da República. Três séculos depois, quando os líderes russos assinaram um Acordo de Parceria e Cooperação[59] com a União Europeia em 1994, fizeram-no mais por interesse econômico do que por sentimentos de afinidade cultural. Do século XIX em diante, havia uma forte crença de que a vida comunitária, arraigada, do camponês russo era superior ao desenraizamento cosmopolita[60] da elite de Moscou e São Petersburgo (como se vê nas mordazes descrições de Tolstói dos aristocratas em *Guerra e paz* e *Anna Kariênina*). Um russo "de verdade" quase por definição desconfiava de tudo que fosse estrangeiro.

Apesar de tudo o que mudou desde o tempo dos czares, sob muitos aspectos a ideologia governante de Putin ecoa os princípios tradicionais de "ortodoxia, autocracia e nacionalidade"[61] — em outras palavras, lealdade à religião, ao governo e à cultura distintos da Rússia. O renascer desses valores na Rússia moderna foi, em certo sentido, uma reação aos ideais ocidentais de diversidade, democracia e globalismo que reinaram supremos nos anos 1990. Consideremos um exemplo desses valores russos antigos, vindo de um nicho inesperado: o movimento de motoqueiros na Rússia. Ele se originou no fim dos anos 1980 como uma gangue quase libertária inspirada pelo individualismo ocidental, que abraçou a contracultura e opôs-se à ditadura soviética. Décadas depois, os motoqueiros se metamorfosearam em valentões conservadores nacionalistas e religiosos que usam ícones (como o da Virgem Maria e o de Stálin) e realizam os desejos de Putin ao agredir dissidentes e manifestantes que protestam. Um grupo chamado Lobos da Noite[62] tem como propósito a defesa da "Sagrada Rússia", que é "o último bastião da verdadeira religião", contra a diabólica influência ocidental.

Putin também incentivou as velhas normas de patriarcado e masculinidade. Observadores ocidentais podem zombar das exibições de masculinidade, como montar a cavalo de peito nu e mergulhar em águas gélidas, mas ele com certeza se deleita com certo tipo de machismo, e chega a exibi-lo em política externa. Quando Angela Merkel visitou a dacha de Putin em 2007, ele deliberadamente intimidou a chanceler, que tem fobia de cães, com um labrador preto gigante.[63] Mais recentemente, Putin chegou a retratar a ação militar da Rússia na Ucrânia como parte de um esforço para impedir o decadente Ocidente de impor desvios sexuais próprios dessa parte do mundo à sociedade russa, em que "mãe e pai"[64] seriam substituídos por "pai ou mãe número 1, pai ou mãe número 2, pai ou mãe número 3". Para ele, a fuga de empresas ocidentais e russos pró-Ocidente depois da invasão da Ucrânia foi, sob muitas formas, uma consequência bem recebida, pois purgou o país daquilo que ele considera valores alheios. Ao dobrar a aposta na guerra cultural, em dezembro de 2022, Putin promulgou uma medida que proibia a representação de relações LGBTQIA+[65] em qualquer mídia. Em julho de 2023, assinou outra lei que criminalizava todos os tratamentos hormonais e cirurgias usados para transições de gênero.[66]

Na mente de pessoas como Putin e Xi, o liberalismo é uma forma de hegemonia ideológica, um excesso da hegemonia política americana pós-Guerra Fria. A China de Xi está ainda mais determinada do que a Rússia a bloquear a contaminação ocidental. Não seria exagerado dizer que, em reação a essa ameaça, Xi lançou uma versão mais suave e contida da Revolução Cultural de Mao.

A Revolução Cultural original chinesa durou de 1966 a 1976, com expurgos e inquietação que mataram centenas de milhares, aprisionaram e deslocaram outros milhões e atormentaram muitos intelectuais a ponto de levá-los ao suicídio. Mao recorria a suas legiões de "Guardas Vermelhos", jovens apaixonados ávidos por tornar a China uma utopia, por esmagar os "Quatro Velhos": velhos costumes, cultura, hábitos e ideias. Entre esses "velhos" estavam os dogmas confucionistas de patriarcado, hierarquia e harmonia que haviam moldado a cultura chinesa durante milênios. Agora reinava o caos. Trabalhadores insultavam líderes do partido; filhos denunciavam os pais; estudantes desafiavam, espancavam e até matavam professores.[67] Foi o que mais se aproximou de uma revolução social pura em toda a história humana — uma inversão total da ordem tradicional chinesa.

A loucura liberada por Mao traumatizou o jovem Xi Jinping. O pai dele, um alto funcionário do partido, foi desgraçado, preso e humilhado. Até mesmo a esposa do pai de Xi foi forçada a denunciá-lo publicamente. Xi, então com 15 anos, foi mandado para uma aldeia remota, morou por um período em uma caverna e trabalhou como cavador de diques, um exílio que durou sete anos. Hoje, a versão do próprio Xi da Revolução Cultural é, na verdade, uma *contrarrevolução* cultural: conservadora, nostálgica e tradicional.

O Sonho Chinês de Xi — "o grande rejuvenescimento de toda a nação chinesa", nas palavras dele — abraça o nacionalismo, a primazia do grupo étnico majoritário Han e a ordem social tradicional. Sob a liderança de Xi, a China tem perseguido minorias étnicas, reprimido grupos religiosos e se afastado da instrução e do uso do inglês.[68] O país também retornou à promoção do patriarcado. Mao, com toda a tirania e má governança quase genocidas, ainda é lembrado em parte pelo provérbio feminista "Mulheres sustentam metade do céu", criado por ele, e por receber mais mulheres nas universidades e nas ciências.

Sob o comando de Xi, políticas governamentais priorizam a unidade familiar acima da escolha feminina. Uma chamada "lei de resfriamento",[69] aprovada em 2021, tem bloqueado tentativas de divórcio (as separações caíram em mais de dois terços nos meses que se seguiram à implantação dessa lei), com juízes que aconselham os casais infelizes a tentar resolver a situação e voltar depois para falar com o juiz. Mesmo que a China esteja desesperada para aumentar a taxa de natalidade e reverter os efeitos desastrosos da política de filho único, mulheres solteiras são proibidas de congelar os óvulos,[70] embora homens possam preservar o esperma. Nesse meio-tempo, organizações pró-LGBTQIA+ foram fechadas e reguladores têm reprimido celebridades chinesas vistas como "homens maricas",[71] efeminados, que seguem os modos de gênero dúbio do K-pop e de astros ocidentais. Por meio de todas as mudanças conservadoras, Xi está tentando controlar não só a economia, mas também o tecido da sociedade chinesa. Ele quer preservar uma cultura chinesa distinta e homogênea, com um senso de coesão civilizada para resistir à liberalização ocidental.

O principal assessor político de Xi, um ideólogo chamado Wang Huning, vê o liberalismo em si como nêmese do Partido Comunista. Em um relato do observador da China conhecido pelo pseudônimo de N. S. Lyons, Wang aparece como grão-vizir que aconselha gerações inteiras de líderes, de Jiang Zemin a Hu Jintao — mas foi somente Xi quem o elevou a uma das maiores instâncias de poder da China, ao lhe dar uma cadeira no Comitê Permanente do Politburo,[72] composto por sete homens. Como uma das consequências da reformista década de 1980, que deu origem aos protestos pró-democracia na praça da Paz Celestial, Wang ganhou uma bolsa para passar seis meses viajando pelos Estados Unidos, "como uma espécie de Alexis de Tocqueville chinês moderno",[73] nas palavras de Lyons. O que Wang encontrou na América lhe provocou repugnância. Revoltado com o uso de drogas, população vulnerável, crime e arrogância corporativa, ele reagiu contra a modernidade liberal em si. O relatório autobiográfico sobre essas viagens, *America against America*, tem guiado a política chinesa por três décadas. Quando Wang regressou à China, tornou-se o mais incisivo oponente de reforma política e controles partidários flexíveis. Não mais um idealista, via a modernidade na forma americana como um perigoso solvente que diluiria todas as estimadas fontes de significado da sociedade.

Essa justificativa explica por que as celebridades chinesas que supostamente abraçaram a cultura "niilista" ocidental têm servido de alvo. Explica por que Xi retrocedeu na decisão de permitir que a China se tornasse uma sociedade de consumo plenamente aberta, autônoma, como no modelo ocidental. Em outras palavras, Xi reconhece que a globalização e o ritmo acelerado de crescimento podem fomentar a força de seu país, mas ao preço de perturbar normas estabelecidas e de dar aos indivíduos poder de expressar as próprias identidades. Ele quer manter os frutos do crescimento, mas regular o ritmo dessas mudanças na sociedade — ou impedi-las inteiramente. A história sugere que, no longo prazo, esta não é uma estratégia vencedora.

O fechamento cultural na China — e na Rússia — deveria ser visto como uma reação conservadora à revolução liberal que está transformando nosso mundo. China e Rússia estão se revelando contra a ordem internacional porque querem contestar não só a hegemonia de poder do Ocidente, como também a hegemonia de ideias, uma vez que ambas as hegemonias as ameaçam.

NEM LIBERAL, NEM INTERNACIONAL, NEM ORDEIRA

Será que o desafio sino-russo significa que a ordem internacional liberal está condenada? Ainda não. Voltaire disse do Sacro Império Romano-Germânico que ele não era nem sacro, nem império, nem romano. O historiador Niall Ferguson diz a mesma coisa da ordem internacional liberal — que não tem sido nem liberal, nem internacional, nem ordeira.[74] E é verdade que muitas vezes nós exageramos quando falamos desse sistema internacional. Ele tem sido apenas um pouco liberal e aberto, e é abraçado pela maioria, mas não por todas as grandes potências do mundo, além do quê, não impediu muitas guerras e conflitos menores, mesmo que tenha impedido que irrompessem guerras de grandes proporções. E ainda assim, o arranjo pós-1945, com uma sopa de letrinhas de organizações — ONU, FMI, Unesco, Unicef, OMC —, cresceu a partir de um início modesto para abranger uma parte cada vez maior do mundo, especialmente após o fim da Guerra Fria. A flexibilidade é uma das forças que ostenta. Ele se acomodou a uma variedade de regimes — da Nigéria à Arábia Saudita e ao Vietnã. Sobreviveu a todo tipo de crises, guerras e colapsos estatais porque oferece um amplo arcabouço que estimula (mas não garante) paz, estabilidade e conduta civilizada entre nações. Enfrentou o comunismo e o terror islâmico. E provou ser muito resistente, porque, no fim das contas, a maioria dos países e a maioria dos povos lutam por paz e estabilidade, por um mundo aberto no qual possam comerciar e prosperar.

Hoje, o desafio fundamental que essa ordem mundial enfrenta é que o país que a idealizou, desenvolveu e sustentou — os Estados Unidos da América — não tem mais a capacidade ou o desejo de desempenhar esse papel hegemônico. O público americano está mais ambivalente do que nunca sobre a manutenção do papel global do país em que vivem. Mais importante: embora os Estados Unidos ainda sejam um agente fundamental, não são mais supremos. "A ascensão do restante" criou um mundo com muito mais agentes ativos, nenhum deles disposto a apenas seguir os ditames de Washington, cada um perseguindo vigorosamente os próprios interesses. Assim, uma nova era pós-americana está se formando. Entretanto, que aparência ela terá? Será possível sustentar uma ordem internacional liberal sem uma superpotência liberal? O sistema internacional atual evoluiu ao longo de dois séculos, durante os quais duas nações dominantes, a Grã-Bretanha e os Estados Unidos, abraçaram os ideais iluministas de liberdade, democracia, Estado de direito e direitos humanos (reconhecidamente, às vezes mais em aspiração do que na prática).

A grande tarefa dessa ordem, é óbvio, será administrar o revanchismo da Rússia e a ascensão da China. Há, no entanto, outros problemas com os quais ela também terá que lidar. Mudança climática, pandemia, terrorismo e a proliferação de imprevisíveis novas tecnologias — tudo isso requer cooperação ao redor do planeta. Precisaremos de uma mescla de estratégias para enfrentar esses desafios — um pouco de contenção, um pouco de intervenção, um pouco de coordenação —, caso contrário testemunharemos a erosão obstinada e constante da ordem existente, qualquer que seja ela. Uma concorrência nacionalista crescente nos levaria de volta ao que o estudioso neoconservador Robert Kagan chamou de "a selva"[75] da vida internacional, em que há poucas regras, normas ou valores e uma grande dose de violência e instabilidade.

Preservar o sistema internacional significa, em primeiro lugar e primordialmente, derrubar a agressão da Rússia. Essa é a ameaça mais imediata para tal ordem, e não deve prevalecer. Em risco está a regra mais fundamental que serve de base para a estabilidade internacional, que tem sido mantida quase universalmente desde 1945 — fronteiras não são mudadas pela força. Infelizmente, a Rússia não está isolada do mundo na esteira da invasão da Ucrânia, pois ela ainda mantém boas relações com significativa parte do planeta. No entanto, tem estado isolada da maioria dos países mais ricos e produtivos. Ela confronta um futuro de decadência tecnológica, estagnação econômica e fraqueza diplomática na medida em que se torna cada vez mais um Estado vassalo da China. Esses fatos não asseguram que a Ucrânia, mesmo respaldada pelos países mais ricos do mundo, prevaleça na luta. O Vietnã do Norte não era nenhum dínamo econômico e desfrutava muito menos apoio externo do que o rival não comunista do sul, e mesmo assim ganhou a guerra. A Ucrânia terá que vencer no campo de batalha, ou pelo menos conseguir ali o suficiente para negociar uma paz duradoura. De um modo ou de outro, a Rússia parece ter selado o destino dela própria, e não é um futuro no qual ela se tornará uma nação avançada, vibrante, capaz de se apresentar como modelo para outros países.

A China apresenta uma ameaça diferente e muito mais ampla. É provável que ela se mantenha, durante as próximas décadas, como a segunda economia do mundo, tecnologicamente avançada, com poderosa capacidade militar, enorme população e uma cultura de conquistas e inovação. Em termos de puro poder, estamos entrando em um mundo bipolar. Os Estados Unidos e a China são gigantes perto de todas as outras nações pelos tradicionais critérios econômicos, tecnológicos e militares. A China, porém, continua sendo mais fraca em muitos aspectos, sobretudo quando se trata de traduzir poder em influência. Ela praticamente não desfruta alianças, tem pouca capacidade de determinar agendas e é vista com desconfiança pela maioria dos vizinhos e por um segmento cada vez maior do globo. O modelo econômico adotado por ela está crepitando e as tendências demográficas são sombrias. Ainda assim, dispõe de recursos substanciais, muito mais do que qualquer outro país, com exceção dos Estados Unidos.

Isso não quer dizer que o conflito seja inevitável. Se a China e os Estados Unidos se movimentarem para uma relação de confronto, de soma zero, isso resultará, com toda a probabilidade, em um esgarçamento da globalização, na divisão do globo em esferas de economia e segurança e na fratura da ordem internacional aberta. Há alguns sinais de que estamos entrando em um mundo desses. Tecnologia de ponta como modelos de IA e *chips* já estão ficando desacoplados, com plataformas de tecnologia do "mundo livre" e chinesas. No entanto, podemos achar uma forma de competir pacificamente, ainda que de maneira enérgica, com a China, um resultado que a maior parte do mundo desejaria com fervor.

Crucialmente, é preciso pensar no restante do mundo. Os Estados Unidos confrontarão a realidade de que o crescimento econômico da Europa depende de boas relações comerciais com a China. Na Ásia, quase todos os países têm a China como o maior parceiro comercial. A China é o maior parceiro comercial externo[76] da América do Sul e da África. Todos esses países gostariam de manter fortes relações comerciais com a China, usar a tecnologia chinesa mais acessível financeiramente e receber todo o auxílio, empréstimos e *know-how* técnico que o país oferece. Ao mesmo tempo, muitos encaram a China com cautela e também desejam fortes laços geopolíticos com os Estados Unidos. De fato, querem fazer pedidos *à la carte* do cardápio internacional e escolher alguns itens americanos e alguns chineses. Se Washington ou Pequim insistirem em um cardápio a preço fixo — só se pode ficar perto dos Estados Unidos se rejeitar a China, e vice-versa —, os países se verão perante uma escolha impossível. O fracasso de sanções econômicas em deter e alijar a Rússia deve nos lembrar que a economia mundial é um espaço vasto e que muitos países ficarão contentes em negociar com qualquer um, não importa o que os Estados Unidos queiram ou façam.

Washington necessita de uma estratégia em relação a Pequim que espelhe a complexidade do relacionamento, uma estratégia em que a China é em parte concorrente, em parte é cliente, em parte é adversária e em parte é colaboradora. Tomemos a tecnologia. Nos últimos anos, os Estados Unidos vêm tentando restringir o acesso da China ao nível mais alto de tecnologia que poderia ser usado pelo poder militar (por exemplo, os *chips* de computadores mais sofisticados), ao mesmo tempo que deixam a China livre para comprar a maioria dos itens (tais como *chips* de computadores comuns). Citando preocupações de segurança nacional, os Estados Unidos também limitaram a capacidade da China de vender certas tecnologias e comprar certas empresas. A administração Biden descreve essa política como a colocação de uma "cerca alta" em volta de um "quintal pequeno"[77] das tecnologias mais importantes. É uma ideia sensata, porém é mais fácil fazer a afirmação em teoria do que mantê-la na prática. Políticos competirão entre eles para banir cada vez mais produtos chineses e empresas americanas usarão de influência para impedir a competição. Espere só para ouvir os argumentos de por que os carros chineses são uma ameaça à segurança nacional dos Estados Unidos.

Existe algum equilíbrio estável no qual os países possam coexistir como concorrentes? Sob a administração de Xi, os objetivos da China não estão claros. A China não age como a Rússia — um Estado velhaco desafiador que tenta pôr fogo na casa —, mas com frequência age de maneiras que erodem os alicerces da ordem. Xi quer um sistema político mais provinciano, uma economia mais autossuficiente e uma sociedade que seja menos influenciada por sensibilidades e cultura ocidentais. A dinâmica que opera agora já está levando a tensões mais elevadas, que poderiam então levar a ações e reações, percepções e comunicações errôneas. No processo, os Estados Unidos e a China se moveriam rumo a uma hostilidade cada vez maior, e talvez até mesmo, pela primeira vez em quase oitenta anos, a uma guerra entre grandes potências.

Entre os países em desenvolvimento, nenhuma nação terá tanto impacto na rivalidade Estados Unidos-China quanto a Índia, o país mais populoso do mundo e a quinta maior economia[78] (e subindo). A Índia está ganhando força e se tornando um contrapeso indispensável para a China, mas outros poderes medianos também podem desempenhar um papel crítico na reação contra Pequim — da Arábia Saudita, no Oriente Médio, à Indonésia e ao Vietnã, no Sudeste Asiático, à África do Sul, à Nigéria e ao Quênia, na África.

Por enquanto, porém, é importante reconhecer que o Ocidente continua forte. A coalizão que apoia a Ucrânia — Estados Unidos, Canadá, Europa, democracias do Leste Asiático, Austrália, Singapura e alguns outros países, o que poderia ser chamado de "Ocidente Maior" — compreende quase 60% do PIB global. Com a crise ucraniana e a ameaça russa, a Europa se tornou mais unificada e o Ocidente Maior está mais intimamente aliado do que nunca. Será um desafio manter essa aliança, mas não um desafio maior do que a Guerra Fria, quando muitos países buscavam encontrar uma terceira via entre os Estados Unidos e a União

Soviética. Contudo, se bem-sucedido, o Ocidente Maior poderia reforçar a zona de paz e liberdade.

Os diplomatas que fundaram a União Europeia tinham perfeito conhecimento da história e estavam determinados a garantir que uma guerra não voltaria a eclodir na Europa. Os líderes europeus de hoje estão começando a infundir as decisões tomadas no cotidiano[79] com um senso similar de responsabilidade histórica. Desde que foi fundada, a União Europeia tem grandes aspirações, mas nunca conseguiu superar as divisões e atuar como uma unidade coerente. Se a Europa finalmente se tornar um ator estratégico no palco do mundo, isso poderá mudar — o que seria a maior consequência geopolítica da invasão russa.

Os Estados Unidos, por sua vez, também precisam atuar com uma mentalidade mais histórica e se lembrar da principal lição do século passado: um sistema internacional no qual o ator mais poderoso se retrai para o isolamento e o protecionismo será marcado somente por agressão e ausência de liberalismo, enquanto um sistema com uma superpotência engajada pode salvaguardar a paz e o liberalismo. Então, quem preencherá o vácuo de liderança deixado pelo desaparecimento da hegemonia americana? Os Estados Unidos poderiam construir uma causa comum com uma Europa mais unida, junto com o Japão, a Coreia do Sul, a Austrália e Singapura — talvez ocasionalmente acompanhados pela Índia, pela Turquia e por alguns outros países. Em vez de haver um sustentáculo hegemônico para a ordem internacional, esta seria posta em prática por uma coalizão de potências unidas em torno de interesses e valores comuns.

DEMOCRACIA ILIBERAL, NO EXTERIOR E EM CASA

Além do desafio de escorar internacionalmente uma ordem liberal, existe o desafio possivelmente maior de defender o projeto liberal *nas sociedades* — e os dois estão interligados. Pensemos na Índia. O deslanchar da economia desse país tem sido acompanhado pelo surgimento de uma versão doméstica de nacionalismo populista chamada Hindutva, uma forma de supremacia hindu. A Índia de Narendra Modi encapsula um problema global maior que os Estados Unidos terão que confrontar: como abordarão potenciais aliados cuja própria política nacionalista tem tons iliberais?

Em 1997, antes de Viktor Orbán e Vladimir Putin assumirem os respectivos cargos, enquanto o Ocidente aplaudia o fato de países em todo o mundo estarem tendo eleições, identifiquei o fenômeno da "democracia iliberal":[80] um sistema praticado em países como a Rússia, a Eslováquia, o Peru e as Filipinas, nos quais líderes eleitos abusavam do poder e privavam a população dos direitos que a ela cabiam e esvaziavam a essência de um governo constitucional e liberal clássico. Desde então, infelizmente, essa lista de apóstatas da democracia só ficou muito mais extensa. Aliados do Ocidente como a Turquia e a Hungria retrocederam significativamente; outras democracias, como Israel e a Índia, ainda são vibrantes, mas têm evoluções preocupantes. Alguns lugares que identifiquei anteriormente, como a Rússia e Belarus, se metamorfosearam em ditaduras[81] que organizam eleições fraudulentas. De acordo com os dados da Freedom House, democracias liberais vêm declinando em quantidade e qualidade durante os últimos dezesseis anos — uma mudança negativa que o sociólogo Larry Diamond chamou de "recessão democrática".[82]

Homens fortes populistas ao redor do mundo muitas vezes alegam que os valores de uma sociedade aberta — pluralismo, tolerância, secularismo — são uma importação do Ocidente. Dizem que estão desenvolvendo uma cultura política autenticamente nacional, distinta do liberalismo ocidental. E é possível que a erosão das ideias cosmopolitas e liberais nessas sociedades revele que elas estavam assentadas em uma elite que foi educada e inspirada pelo Ocidente e está à espreita. O primeiro-ministro inicial da Índia, Jawaharlal Nehru — formado em Harrow e Cambridge — disse certa vez ao embaixador americano: "Eu sou o último inglês a governar a Índia."[83] O país que Nehru e seus companheiros líderes pós-independência criaram assentava-se sobre valores extraídos de profundas associações com a Grã-Bretanha e o Ocidente. Aquela Índia era um Estado secular, pluralista, democrático e socialista. Eu fui o primeiro a celebrar quando a Índia abandonou grande parte da herança socialista, que causara inenarrável disfunção e corrupção. Todavia, o socialismo não é a única ideia ocidental importada que os países hoje estão revendo. Todo tipo de ideias iluministas — liberdade de imprensa, tribunais independentes, tolerância religiosa — vêm desaparecendo em países como a Índia, a Turquia e o Brasil. É verdade que a Rússia e a China provocaram descontentamento antiocidental em outros países, mas estão explorando um retrocesso que já existe. Em muitos lugares, o projeto do Iluminismo — do qual a ordem internacional liberal é parte crucial — é visto como um legado da dominação ocidental.

É claro que no Ocidente há pessoas que rejeitam o projeto do Iluminismo. Muitos eleitores estão optando por populistas que dizem estar em total oposição à ordem estabelecida e aos valores nela embutidos. Com toda a mudança e transformação que ocorreu, as pessoas estão oprimidas, ansiosas e temerosas de um futuro que poderia significar mais perturbação, deslocamento e a perda do mundo no qual foram criadas. Algumas já estão prontas para o radicalismo, mesmo que isso signifique acabar com tudo. Essa cepa de iliberalismo pode muito bem ser a grande ameaça ao progresso que enfrentamos.

CONCLUSÃO

O ABISMO INFINITO

Em 1929, no auge dos "Roaring Twenties" [Os Retumbantes Anos Vinte], e depois de décadas de inebriante aceleração econômica e tecnológica que rivalizam com a que recentemente passamos, o influente jornalista americano Walter Lippmann escreveu um livro que se tornou best-seller: *A Preface to Morals* [Um prefácio para a moral]. O livro abordava o que ele via como o problema central da época. Para Lippmann, as revoluções que produziram a vida moderna em meados do século XX também tiveram imenso impacto psicológico. As pessoas foram deixadas sem a fé, a tradição e a comunidade que durante muito tempo lhes serviram de âncora. Conforme ele escreveu: "Pela dissolução de seus modos ancestrais,[1] os homens foram privados do senso de certeza quanto a por que nasceram, por que precisam trabalhar, quem devem amar, o que devem honrar, para onde se voltar na tristeza e na derrota." Lippmann começa o livro com uma epígrafe de Aristófanes: "O Turbilhão é Rei,[2] ele destronou Zeus." Em outras palavras, ordem e costume foram substituídos por caos. Não podia haver nenhum novo cânone de crenças, nenhuma nova autoridade que substituísse a que fora deslocada porque, argumenta Lippmann, "os ácidos da modernidade[3] são tão poderosos que não toleram uma cristalização de ideias que sirvam como nova ortodoxia na qual os homens possam se recolher". Ou, como escrevem Marx e Engels na citação que serve de epígrafe para este livro, "Tudo o que é sólido desmancha no ar, tudo o que é sagrado é profanado."

O tema deste livro foi incessante ação e reação, progresso e retrocesso. Até mesmo as revoluções mais bem-sucedidas que produziram prosperidade duradoura, como os exemplos holandês, britânico e americano neste livro, geraram profunda resistência. A fracassada Revolução Francesa levou a um medo de mudança radical e lançou uma sombra que persiste até hoje e vem a ser a história da origem do atual conservadorismo. Nos dias de hoje, vemos a dinâmica do puxa-empurra até mesmo na arena da política internacional. Depois de anos de globalização e integração, Xi e Putin, por temer que os países que governavam estivessem fugindo do controle, pois eram cada vez mais influenciados por um conjunto de valores globais, mexeram-se de modo a reafirmar interesses nacionais e culturais em detrimento dos interesses cosmopolitas. Impulsos semelhantes motivam Donald Trump, os adeptos do Brexit, Viktor Orbán, Jair Bolsonaro e os simpatizantes populistas pelo globo. Eles atacam as ideias e instituições do liberalismo em casa — os partidos estabelecidos, os tribunais e a imprensa — porque se preocupam com que os ácidos da modernidade estejam corroendo o velho modo de vida. Até mesmo os holandeses, progenitores do liberalismo clássico, mostram variedades desse populismo iliberal com a recente vitória de Geert Wilders.

A crise do liberalismo global não surgiu em um vácuo. É resultado de sociedades em rápida transformação e líderes que capitalizam os temores de toda essa mudança. Na verdade, para a maioria das pessoas, a globalização e a revolução digital modificaram o mundo em uma miríade de maneiras positivas. Essas forças democratizaram a tecnologia, liberaram a inovação, aumentaram as expectativas de vida, distribuíram riqueza e conectaram os longínquos rincões do planeta. Pouca gente hoje na Terra — talvez ninguém — estaria em situação melhor se vivesse cem anos atrás. (Entre outras coisas, a expectativa média de vida seria a metade do que é hoje.[4]) Contudo, as forças que modernizam tanto as sociedades e com tanta rapidez também são, por definição, profundamente disruptivas. Aprimoramentos muitas vezes transformam modos de vida tradicionais, e fazem com que muita gente se sinta desancorada. O progresso material pode melhorar padrões de vida em média, mas também pode abalar comunidades e populações. Revoluções identitárias que se fazem sentir como liberação para alguns são profundamente enervantes para muitos. Na medida em que corporações privadas ganham eficiência e escala e transcendem fronteiras nacionais, as pessoas aceitam os preços baixos, mas se sentem impotentes.

O arcebispo Desmond Tutu, que desempenhou papel fundamental em guiar a África do Sul do *apartheid* para a democracia, certa vez escreveu: "Ser humano é ser livre."[5] Todos nós queremos ser livres. Queremos escolha, autonomia, controle de nossa vida. Há montanhas de evidências para essa afirmativa ao longo dos séculos — que remontam ao tempo em que os israelitas fugiam do faraó. Mais recentemente, vimos a alemães-orientais atravessarem sorrateiramente o Muro de Berlim, árabes exigindo democracia, norte-coreanos se insinuando para o Sul através da fronteira, migrantes correndo para os Estados Unidos e a Europa e ucranianos sacrificando a vida para viver em um mundo livre. E mesmo assim sabemos também que quando os seres humanos abraçam a liberdade, podem acabar se sentindo profundamente pouco à vontade. O próprio movimento evolutivo que celebramos faz com que nos sintamos sem chão. Liberdade e autonomia muitas vezes vêm à custa de autoridade e tradição. À medida que as forças unificadoras da religião e do costume vão sumindo, os indivíduos saem ganhando, mas as comunidades com frequência perdem. O resultado é que podemos ser mais ricos e mais livres, mas também mais solitários. Procuramos alguma coisa, algum lugar, que preencha esse senso de perda, o vazio que o filósofo francês Blaise Pascal chamou de "o abismo infinito".[6]

Ao longo da história, governos muitas vezes definiram o que torna significativa uma vida, e direcionaram as pessoas a trabalhar nesse sentido. Durante a Idade Média, o chamado mais elevado era servir para a glória de Deus e o defensor escolhido, o monarca. Tempos depois, para muitos tornou-se o serviço da pátria ou da causa comunista. Apenas alguns poucos países — Irã, Coreia do Norte — ainda estão organizados dessa maneira, em torno de uma ideologia dirigida ao Estado, porque os resultados dessa abordagem têm sido quase universalmente desastrosos. O Estado liberal, entretanto, não diz aos cidadãos em que consiste uma boa vida, descoberta que fica a cargo de cada indivíduo. Em troca, coloca em ação um conjunto de procedimentos — eleições, liberdade de expressão, tribunais — para ajudar a garantir liberdade, *fair play* e igualdade de oportunidade. Sociedades modernas protegem a vida e a liberdade do cidadão, de modo que ele possa buscar individualmente felicidade e realização, definindo-a como bem lhe aprouver, contanto que não prejudique a capacidade de ninguém de fazer a mesma coisa. Entretanto, essa liberdade pode ser aflitiva. O filósofo dinamarquês Søren Kierkegaard disse: "Ansiedade é a vertigem da liberdade."[7] Desenvolver um sentido de vida para si mesmo não é fácil — é muito mais simples consultar a Bíblia ou o Corão. O projeto racional do liberalismo é visto por muitos como um pobre substituto para a formidável fé em Deus que um dia já moveu os seres humanos a construir catedrais e escrever sinfonias. E tampouco consegue convocar os homens às armas com a mesma facilidade do que os toques de clarim do nacionalismo.

Ao descrever o triunfo da democracia liberal em uma versão em forma de livro do famoso ensaio que escrevera, "The End of History?" [O fim da história?], Francis Fukuyama adicionou quatro palavras à frase que se tornou uma marca registrada, de modo que o título acabou sendo: "The End of History and the Last Man" [O fim da história e o último homem]. A preocupação de Fukuyama era a de que, embora uma vitória sobre o comunismo deixasse as sociedades ricas e tranquilas, todo mundo se tornasse passivo — um "último homem".[8] A frase provém do filósofo alemão Friedrich Nietzsche, para quem o último homem é sossegado e complacente, e deseja apenas paz e ordem para poder buscar os próprios confortos. Nietzsche o contrasta com o poderoso e criativo *Übermensch* — super-homem —, que molda o mundo à própria vontade. O medo de Fukuyama era o de que o projeto liberal despisse os seres humanos de um senso de empenho, ambição e desejo de reconhecimento, que são motivações essenciais do comportamento humano. A imagem de Fukuyama conjurada após a vitória sobre o comunismo era a de pessoas sem grande causa ideológica para defender, que passariam os dias em busca da satisfação das necessidades e dos desejos materiais — ao mesmo tempo que se sentiriam vazias, sozinhas e deprimidas.

Nesse vazio entraram o populismo, o nacionalismo e o autoritarismo. Eles oferecem às pessoas o que o intelectual teuto-americano Erich Fromm chamou de uma "fuga da liberdade". Distinto psicólogo que estudou a ascensão do fascismo, Fromm argumenta que uma vez que os seres humanos tenham atravessado o caos da liberdade, eles se apavoram. "O indivíduo assustado[9] busca alguém — ou algo — a quem atar o próprio eu; não consegue mais suportar ser seu próprio eu individual e tenta freneticamente se livrar dele e sentir novamente segurança com a diminuição desse fardo: o eu." Ao explicar o que entende por ideologia iliberal, o primeiro-ministro húngaro Viktor Orbán tem argumentado que o liberalismo é centrado demais no indivíduo e no ego. "Há certas coisas que são mais importantes do que 'eu', do que o meu ego — família, nação, Deus",[10] disse ele a Tucker Carlson em 2023. As políticas de Orbán objetivam (propositadamente) colocar essas coisas em um pedestal e, nas palavras de Fromm, "eliminar o fardo do eu". Ao pegar uma página do mesmo livro de regras, Vladimir Putin implora aos russos que não sigam o canto da sereia do Ocidente da autoexpressão individual, mas em vez disso tornem a Rússia grande novamente. Xi fala em um tom semelhante sobre o grande projeto da China de rejuvenescimento nacional, que celebra a cultura chinesa como distinta do individualismo ocidental. Até mesmo no Ocidente, populistas falam da primordial importância de Deus, pátria e tradição. Essas ideias reverberam intensamente. Conforme argumentou o psicólogo social Jonathan Haidt, a moralidade da esquerda aborda apenas dois dos cinco princípios fundamentais (e provavelmente desenvolvidos de modo evolutivo) da moralidade: cuidado e justiça. A moralidade da direita inclui também outros valores: lealdade, autoridade e santidade.[11] Esses três valores são os que levam os eleitores republicanos, por exemplo, a se irritar com jogadores da NFL [National Football League] que se ajoelham durante a execução do hino nacional, ou pessoas que dizem que o racismo foi central para a fundação dos Estados Unidos. Tais pessoas querem líderes que se levantem pelos valores da devoção, ordem e pureza. Esses impulsos ancestrais têm gerado muita energia ao longo da história, embora também, não esqueçamos, muita crueldade e opressão.[12]

Conseguirá a ideologia populista preencher o vazio no coração criado pela modernidade? Duvido. No fim, tanto quanto os seres humanos ficam inquietos pelas consequências da liberdade para todos, eles ainda a querem para si mesmos. Demonstram isso diariamente de todas as formas possíveis. Todas as forças que estão mudando a sociedade — os "ácidos da modernidade" de Lippmann — são consequência de os seres humanos fazerem escolhas livremente. Afinal, as igrejas não estariam vazias se as pessoas aparecessem para rezar. Cidades e comunidades pequenas não seriam esvaziadas se os jovens parassem de ir embora em busca de melhores empregos com salários mais altos. A revolução digital não teria tirado dos negócios as lojas físicas se os consumidores abdicassem da conveniência de comprar com um simples clique e, em vez disso, fossem até as lojas locais. Os laços familiares não estariam se afrouxando se as pessoas não se afastassem dos parentes e sempre se casassem de acordo com a fé que temos. *Nós* somos os ácidos da modernidade, e escolhemos agir de formas que, somadas, criam um mundo que deixa muitos se sentindo inquietos.

Um dos relatos mais perceptivos dessa dinâmica vem do jornalista Alan Ehrenhalt, que cresceu nos anos 1950 na zona sul de Chicago. O autor conta no livro *The Lost City*, uma estreita rede de comunidades[13] sustinha e enriquecia a vida quando ele era garoto, o que o faz recuar no tempo para entender por que desapareceram. E chegou a uma resposta simples: escolha. Nos velhos tempos, as pessoas ficavam trancadas nos bairros em que viviam porque os bancos locais eram o único lugar onde se podia conseguir empréstimos; fábricas locais eram o único lugar para se obter emprego; e líderes locais eram as únicas pessoas que podiam ajudá-las a conseguir ambas as coisas.

Frequentar a igreja era um dever religioso, mas também uma vantagem cívica e econômica, porque o padre podia dar uma boa referência ao banqueiro. Quando a economia se tornou menos amarrada a contatos e conexões locais e as pessoas encontraram perspectivas melhores, mudaram-se do bairro.

Até mesmo entre os que permaneceram, a tecnologia mudou as coisas, às vezes de forma surpreendente. Ehrenhalt lembrava-se da rica vida comunitária das varandas,[14] em que todo mundo se recostava no verão, ou dos passeios em grupo para ir ao cinema. Quando o ar-condicionado surgiu, as pessoas passaram a sentar menos do lado de fora, e quando os aparelhos de televisão tornaram-se onipresentes, os programas comunitários para ir ao cinema também sumiram.

A comunidade é formada e mantida por hierarquia e restrições. Nós ganhamos muito quando nos desfazemos da autoridade e escapamos da coerção, mas inevitavelmente perdemos a comunidade. E quando a perdemos, sentimos a falta que ela faz e a recordamos com grande nostalgia. Lippmann descreve como uma pessoa aceitava os modos do mundo nos velhos tempos: "Quando ela acreditava que o desenrolar dos acontecimentos era uma manifestação da vontade de Deus, podia dizer 'Assim será feito'." Isso muda quando a pessoa vive sem fé: "Quando ela acredita que os acontecimentos são determinados pelos votos da maioria, pelas ordens dos patrões, pelas opiniões dos vizinhos, pelas leis da oferta e demanda e pelas decisões de homens muito egoístas, ela se curva porque tem que se curvar. É conquistada, mas não convencida."[15] Em outras palavras, uma pessoa pode submeter-se às realidades da vida moderna, e ainda assim rejeitar qualquer justificativa para essas realidades — digamos, o fechamento de uma fábrica ou a influência de uma cultura estrangeira. E sem estar convencida, essa pessoa pode ser seduzida por alguma ideologia que ataque os patrões dela, os vizinhos, as elites, todos aqueles que são parte de uma grande conspiração para obrigá-la a se curvar, tornar-se vítima de desígnios malévolos. A pessoa é livre e ainda assim se sente coagida — e busca alguma maneira de revidar.

O QUE PODE SER FEITO?

Em quase todo lugar do mundo, podemos ver os efeitos dessa perda da fé em Deus, na religião, em políticos, especialistas, instituições e normas. Com frequência, isso pode assumir uma forma desagradável, que joga a culpa pelo colapso dos velhos modos nos que têm aparência diferente, falam com sotaque estrangeiro ou cultuam deuses não familiares. Alguns estudiosos descobriram que, por baixo da superfície da ira popular no Ocidente, jazem, em meio a uma população mais velha e mais branca, temores de uma iminente transformação demográfica do país, uma "grande substituição". Muitos dos nossos recentes demagogos têm se utilizado de retórica e defendido políticas que exploram esses medos e ansiedades. No entanto, seria um equívoco explicar essas reações meramente como racismo. Existe um incômodo mais amplo em relação a um mundo em mudança, a uma perda de certeza e ao colapso da comunidade. Esse mal-estar requer séria reflexão e resposta.

Parte dessa resposta envolve políticas e programas específicos que fortaleçam as comunidades e ajudem as pessoas a se sentir menos inseguras e à deriva. Programas como pré-escola gratuita, cuidados infantis subsidiados e licença parental remunerada podem estimular a vida familiar. Construir infraestrutura local, investir em instalações de educação e promover participação cívica podem tornar os indivíduos mais conectados com as cidades e localidades em que vivem. As faculdades e universidades de hoje deveriam tentar criar comunidades centradas em torno da aprendizagem e do livre intercâmbio de ideias, em vez de buscar relevância ligando-se a causas políticas que pouco têm a ver com a essência da missão que lhes foi confiada. Uma regulação razoável dos mercados combinada com redistribuição de riqueza pode reduzir a precariedade sentida pela classe trabalhadora. Joe Biden é um raro político de Washington que de fato se preocupa com os americanos que não receberam educação universitária, dadas as raízes fincadas nesse mundo. Muitas das políticas e dos programas de gastos auxiliam os segmentos nos Estados Unidos que se sentem deixadas para trás. Uma porção significativa dos investimentos iniciados pela Lei de Redução da Inflação é destinada a condados com salários e índices de formação universitária abaixo da média,[16] a maioria deles sólidos distritos republicanos.

Consideremos, porém, as tendências de longo prazo. Na década que se seguiu a 2010, por uma estimativa, as 53 maiores áreas metropolitanas dos Estados Unidos[17] viram um aumento de 71% de toda a população, dois terços de todo o crescimento de empregos e três quartos de todo o crescimento econômico. As vinte maiores cidades contabilizaram 50% de todo o aumento de empregos. Mudanças nos padrões de trabalho após a pandemia podem desacelerar esse ritmo, mas é improvável que o revertam totalmente. Precisaremos de maneiras para criar comunidades que unam cada vez mais segmentos discrepantes do país. Há muito venho defendendo algum tipo de serviço nacional universal nos Estados Unidos como forma de fazer exatamente isso. As décadas após a Segunda Guerra Mundial são lembradas como aquelas em que o país trabalhou melhor e com um senso mais forte de unidade porque a experiência compartilhada de serviço em tempo de guerra uniu toda uma geração de americanos. Como escreve Mickey Kaus no livro *The End of Equality*, John F. Kennedy, um dos mais ricos herdeiros dos Estados Unidos e formado em Choate e Harvard, capitaneou um barco torpedeiro no teatro de guerra do Pacífico[18] cujos colegas de tripulação eram mecânicos, operários de fábrica, motoristas de caminhão e pescadores. Hoje, se os filhos e filhas de financistas e engenheiros da computação lecionassem em escolas públicas, trabalhassem em parques nacionais e servissem nas Forças Armadas juntamente com filhos de operários da construção, professores primários e lavradores, ao longo dos anos isso poderia solucionar alguns abismos de diferença em compreensão e remediar a intensa polarização americana.[19]

Medidas econômicas não resolverão inteiramente um problema que é, em grande parte, cultural. Precisamos criar um regime de imigração que seja visto por todos como justo e baseado em regras. Mudança climática, pobreza e instabilidade política estão produzindo novas ondas de migração para o Ocidente, ondas que não são administráveis. Em 2022, 2,4 milhões de pessoas não autorizadas cruzaram a fronteira dos Estados Unidos.[20] Muitos migrantes pagam aos cartéis para levá-los até a fronteira americana, e então, após chegarem, reivindicam o reconhecimento da condição de refugiados, o que lhes permite permanecer no país durante um longo período de tempo e apresentar os respectivos casos às autoridades. Alguns acabam escorregando para as sombras da economia americana. Uma dinâmica similar está em operação na Europa. As políticas de asilo — nascidas como consequência do Holocausto — foram planejadas para um número pequeno de pessoas que enfrentavam pessoalmente dura perseguição por causa da identidade, da religião ou das opiniões políticas. No momento, o sistema está se curvando sob a tensão de uma avalanche de pessoas que fogem de todo tipo de crises. E nenhum tópico isolado anima tanto o populismo moderno quanto essas ondas de migração descontrolada e a sensação de que estão causando anarquia. Não é exagero dizer que a crise de refugiados da Síria acelerou a ascensão da direita populista na Europa. Nas palavras do escritor David Frum: "Se os liberais insistirem em dizer que apenas os fascistas serão rigorosos nas fronteiras, então os eleitores contratarão fascistas para fazer o serviço que os liberais se recusam a fazer."[21]

Pode se pensar em outras iniciativas de políticas e ajustes para tempos como estes. Todavia, parecerão ínfimas quando se pensa no profundo caráter psicológico das mudanças que estão ocorrendo. Um estadista que previu algumas dessas mudanças foi o pai fundador de Singapura, Lee Kuan Yew. Tive oportunidade de conversar com ele em diversas ocasiões durante as duas décadas finais de vida do político, e fiquei impressionado com um tema ao qual ele sempre voltava. As pessoas muitas vezes o elogiavam por levar Singapura da pobreza para a prosperidade em uma só geração ou por praticar uma política externa surda. Ele, porém, sentia que a maior realização de Lee fora a de ter criado uma nação a partir de uma população poliglota de chineses, malaios, indianos e outros em um banco de areia que é Singapura. Esse experimento de construção de uma nação requereu um determinado foco da visão que ele tinha do multiculturalismo, o que significou forçar habitação e escolaridade misturadas, para que as pessoas não vivessem em enclaves étnicos, mas criassem os filhos juntos em espaços compartilhados. *Nós precisamos construir uma cultura cívica comum*, disse ele.

No entanto, Lee também incentivou essas comunidades a reter os respectivos idiomas, rituais, festividades e religião. Preocupava-se com o fato de que, em um Leste Asiático em rápido desenvolvimento, muitos tivessem esquecido as próprias origens. "Nós deixamos o passado para trás",[22] dizia ele, "e há um incômodo subjacente de que não reste nada de nós que seja parte do passado". E descrevia a experiência dos malaios que se mudaram para a Austrália e o Canadá nas décadas de 1960 e 1970 porque queriam que os filhos tivessem a melhor educação possível numa época em que a Malásia estava passando de uma educação em língua inglesa para a instrução em malaio como primeira língua. "As crianças cresceram, chegaram ao final da adolescência e saíram de casa. E de repente os pais descobriram o vazio de toda essa prática. Tinham dado aos filhos uma educação moderna em inglês, e o processo fez com que perdessem totalmente os filhos." Até hoje, os líderes de Singapura tentam arduamente fazer com que seus cidadãos permaneçam enraizados em suas comunidades e culturas, de modo que não se transformem em *yuppies* sem raízes. Estão tentando manter uma economia avançada e meritocracia altamente funcionais, mas repleta de pessoas que pensem em si mesmas como estando em "Algum Lugar" e não em "Qualquer Lugar". Ainda assim, há um delicado equilíbrio entre dar às pessoas acesso a novas oportunidades e preservar as identidades tradicionais.

A história de Lee sobre pais malaios poderá soar assustadoramente familiar para imigrantes em qualquer lugar do mundo. Não importa quanto se insista para que os filhos aprendam e conservem a língua e as tradições do velho país, eles estão vivendo e crescendo em um mundo novo, e inevitavelmente são moldados muito mais pela nova cultura do que pelas poucas e diversificadas coisinhas antigas que os pais lhes empurram. Na verdade, a história da mudança e do progresso — e da perda e do retrocesso — durante centenas de anos, que venho contando ao longo deste livro, pode ser contada metaforicamente por meio da vida dos imigrantes que chegam a um lugar novo porque querem abraçar todos os melhoramentos econômicos e tecnológicos que esse lugar oferece. Eles se adaptam, obtêm sucesso e criam os filhos, que desfrutam oportunidades que eram inimagináveis na terra ancestral. No entanto, quando envelhecem e se aposentam, sentem falta da cultura e da comunidade que deixaram para trás. Alguns escutam música antiga e assistem a velhos filmes, outros se reúnem em pequenos grupos de imigrantes com mentalidade e experiências parecidas e outros ainda encontram meios de voltar e passar mais e mais tempo no velho país. Anseiam pelo lugar que um dia ansiosamente deixaram.

É possível construir o tipo de proteção contra a modernização da maneira que Lee Kuan Yew imaginou? Por algum tempo, parecia que o Japão oferecia uma solução para esses problemas. O país manteve conscientemente o capitalismo a distância, o que reduziu a inevitável tendência rumo à desigualdade. E reteve muitos elementos essenciais da cultura tradicional. Apesar da escassez de mão de obra, admitiu poucos imigrantes. Na realidade, o Japão é um raro país industrializado com pouco populismo de direita. O Partido Democrático Liberal continua a reinar, agora na sua sétima década. O Japão, porém, pagou um preço: a economia se tornou menos dinâmica e inovadora. A sociedade permanece hierárquica e patriarcal, assim como a escassez de mão de obra começou a incomodar. O país começou a fazer mudanças em todas as frentes, mas ainda tem um longo caminho a percorrer.

A verdade é que estamos todos, cada vez mais, abandonando parte da nossa cultura. Até mesmo entre os americanos brancos da classe trabalhadora, há uma sensação de alienação. Em uma pesquisa de 2016, quase metade deles concordava com a afirmação "As coisas mudaram tanto que muitas vezes me sinto um estranho no meu próprio país".[23] Tudo parece estar em fluxo. Em tudo que é lugar, veem-se pessoas de mudança, deixando as respectivas casas, chegando a lugares novos, criando vidas novas e conhecendo novas pessoas. Casamento intercultural significa mistura. Os filhos de casamentos mistos precisam escolher partes de diferentes tradições culturais, e pelo simples ato de escolher já estão rompendo com a autoridade e a hierarquia da velha ordem cultural. Isso tudo é parte de uma emocionante aventura humana de quebrar barreiras e preconceitos e abraçar nossa humanidade comum — em um nível mais profundo e pessoal. Então, é improvável que dê certo a admoestação para simplesmente "apegar-se ao passado" enquanto se penetra rapidamente no futuro. Na verdade, muitos países estão construindo "nações universais", que abarcam pessoas de todas as raças, castas e credos e permitem aos que um dia se esconderam nas sombras caminhar com orgulho sob a brilhante luz do dia.

FÉ NA LIBERDADE

O problema do liberalismo é, sob muitos aspectos, o de ele vir tendo muito sucesso. Tem sido e continua sendo a principal força para a modernização política ao redor do mundo. Vamos voltar nossos olhos para como era a vida séculos atrás — monarquias, aristocracias, hierarquias eclesiásticas, censura, discriminação oficial pelas leis, monopólios dirigidos pelo Estado. Com o tempo, todas essas práticas e tradições desmoronaram e sucumbiram devido ao poderoso apelo das ideias liberais — que celebram liberdades e direitos individuais, se opõem à tirania e ao controle estatal e empoderam pessoas comuns. As ideias liberais em economia — respeito à propriedade privada e uso de mercados abertos, comércio e livre intercâmbio — fixaram raízes em quase todo o planeta, embora frequentemente com importantes ajustes para assegurar maior equidade econômica e justiça nas interações. O liberalismo, contudo, não é um sistema perfeito, e as deficiências e excessos que ele apresenta fornecem ampla munição para os ataques de inimigos. Trata-se de uma luta com profundas raízes históricas.

O puxa-empurra da política funcionou melhor em lugares como os Países Baixos, a Grã-Bretanha e os Estados Unidos, onde os liberais argumentaram a favor de mais liberdade, abertura e direitos individuais. Eles enfrentaram oposição, que muitas vezes tomou a forma de forças conservadoras que queriam preservar a velha ordem. Com o tempo, porém, à medida que a asserção da política partidária foi fazendo sua mágica, tanto liberais quanto conservadores amadureceram, e os países acharam um meio de seguir em frente — talvez com mais lentidão do que os liberais desejavam e mais depressa do que os conservadores esperavam. A mudança ocorreu em conjunto com o núcleo da sociedade, e não contra ele. Essa revolução orgânica, de baixo para cima, obteve êxito em quesitos nos quais a Revolução Francesa fracassou. A abordagem francesa era a de impor ideias radicais de cima para baixo, com pouca reflexão para onde ia o país no processo de desenvolvimento. E resultou em grande perturbação, caos social, violência disseminada e, em última instância, ditadura.

Como mostra a Revolução Francesa, um lado da contenda não tem o monopólio da virtude. Essa seria uma leitura profundamente errada da história. Tenho usado o termo "liberal" para denotar alguém que quer expandir a liberdade e defender o governo da lei. O conservadorismo não está inerentemente em oposição a esse tipo de liberalismo. Os conservadores têm tido um longo e honroso lugar na história, ao assumir a perspectiva de continuidade e cautela. Com frequência eles aceitam a necessidade de mudança, mas temem que se ela for longe demais, depressa demais, acabará por romper o tecido da sociedade. A figura conservadora totêmica, muitas vezes invocada pelos conservadores modernos, é Edmund Burke, um membro do Parlamento britânico que, como vimos antes, ganhou fama por se opor eloquentemente à Revolução Francesa. Acontece que Burke era, na realidade, um liberal no sentido clássico. Argumentava apaixonadamente em favor da Revolução Americana e criou fama ao atacar o corrupto governo britânico na Índia. Acreditava que a Revolução Francesa era radical demais, um movimento baseado em uma teoria abstrata que não advinha da sociedade. A revolução alegava ser liberal, mas na verdade era profundamente iliberal. Burke advertiu que ela podia terminar em violência e anarquia, e nisso estava correto.

O proeminente conservador moderno George Will também é um liberal clássico. No livro *Conservative Sensibility*, ele argumenta que o conservadorismo é uma ideologia que tenta conservar o liberalismo. Para ele, a concepção original de governo apresentada pelos fundadores dos Estados Unidos era um conjunto de ideias e princípios classicamente liberais, que ele acreditava que os verdadeiros conservadores deveriam proteger. De fato, republicanos e democratas têm sido tradicionais proponentes desse tipo de liberalismo clássico, embora um dos lados tenha tendência a pensar que um governo menos invasivo fomenta liberdade e prosperidade, enquanto o outro pensa que um governo mais ativo é necessário para proteger os direitos das pessoas e promover igualdade de oportunidades. Cada lado pode ir longe demais, mas os dois possuem valor. Ambos rejeitam a ideologia iliberal de aspecto retrógrado de um Orbán ou de um Trump, que conjuram a velha ideia europeia que Will chama de conservadorismo de "trono e altar",[24] uma visão de mundo verdadeiramente reacionária que beira o autoritarismo e a qual Will corretamente diz não ter lugar no mundo moderno. Não há prova maior de sucesso do que o fato de o liberalismo ter se tornado algo que até mesmo os conservadores valorizam.

Hoje, a tarefa para os que abraçam o projeto do Iluminismo, comemoram o progresso que fizemos até aqui e querem continuar movendo a sociedade adiante é aprender com as lutas do passado. Não sucumbir à arrogância e acreditar que todo avanço teórico em termos de direitos é pura virtude e deve ser implantado imediatamente. Não tratar a nação como uma cobaia para o esquema mais recente. Não impor mudanças de cima para baixo. Em vez disso, trabalhar dentro do tecido da sociedade, com pessoas e comunidades reais, para educá-las, persuadi-las e convencê-las da causa que você defende. Não abdicar da liberdade de expressão só porque, em dado momento, você despreza uma mensagem que está se espalhando por toda parte. Não se deixar seduzir por política identitária — que é fundamentalmente iliberal, e enxerga as pessoas como categorias em vez de indivíduos. Mover-se depressa demais e de maneira forçada muitas vezes causará muito mais uma reação adversa do que progresso. Aceitar que o meio-termo é um aspecto inevitável da democracia é de fato uma virtude porque leva em conta as paixões e aspirações dos outros.

Consideremos os anos 1960 e 1970 no Ocidente, particularmente nos Estados Unidos. Houve muitos grandes avanços na liberdade, como o fim das leis formais Jim Crow. Como argumentei antes neste livro, talvez a mudança mais importante e duradoura tenha sido a emancipação das mulheres, que em quase todas as sociedades na história viveram como cidadãs de segunda classe. (A reação adversa a esse dramático avanço infunde todos os movimentos reacionários, do fundamentalismo islâmico ao conservadorismo cristão.) Contudo, junto com essas ondas de progresso houve também excesso, radicalismo e violência. Em apenas dezoito meses durante 1971 e 1972, houve cerca de 2.500 atentados a bomba em solo americano,[25] perpetrados por radicais que haviam perdido a fé nas possibilidades de reforma do sistema. Os Weathermen e os Panteras Negras nos Estados Unidos e as Brigadas Vermelhas na Europa não contribuíram para o avanço das causas progressistas — em vez disso, produziram um retrocesso que durou décadas. Nos nossos tempos isolados e atomizados, o desejo de revolução (ou, como é frequentemente o caso, contrarrevolução) é igualmente palpável. O desdém da direita por aspectos essenciais do projeto liberal é assustador e representa o maior perigo. Entretanto, muitos na esquerda também querem dispensar algumas das regras e alguns dos procedimentos do liberalismo — mais notadamente a liberdade de expressão — e simplesmente chegar ao resultado "correto". Querem proibir de falar os que têm ideias "erradas". Querem alcançar igualdade racial por quotas ou decretos. Querem usar a educação ou a arte para atingir metas políticas, em vez de metas educacionais ou artísticas. Convencidos das virtudes de suas ideias em teoria — digamos, os direitos dos que buscam asilo —, sentem-se à vontade para impor a noção abstrata de virtude a uma sociedade relutante. Todavia, ações revolucionárias de cima para baixo, da esquerda que não aceita meio-termo ou da direita reacionária, muitas vezes causam mais turbilhão do que progresso.

No fim do século XX, o filósofo Isaiah Berlin refletiu sobre o perigo dos que acreditam fervorosamente que têm a resposta e estão impacientes com a concentração do liberalismo em regras, procedimentos e compromisso. E serve como nota de cautela para os que apresentam tendências iliberais na direita e na esquerda:

> Se você está verdadeiramente convencido de que existe alguma solução para todos os problemas humanos, que é possível conceber uma sociedade ideal que os homens podem alcançar, bastando que façam o que é necessário para obtê-la, então você e seus seguidores devem acreditar que nenhum preço é alto demais a se pagar para abrir os portões desse paraíso. Apenas o estúpido e o malévolo resistirão, uma vez que certas verdades simples lhes forem apresentadas. Aqueles que resistem devem ser persuadidos; se não puderem ser persuadidos, leis devem ser aprovadas para restringi-los; e se isso não funcionar, então, coerção e, se necessário, violência terão inevitavelmente que ser usadas — se necessário, terror, matança [...] Nós precisamos pesar e medir, barganhar, ceder e impedir que uma forma de vida seja esmagada pelos rivais. Eu sei bem demais que esta não é uma bandeira que jovens homens e mulheres entusiásticos possam querer levantar — parece algo manso demais, razoável demais, burguês demais, não envolve as emoções generosas. Você, no entanto, deve acreditar em mim: não se pode ter tudo o que se deseja — não só na prática, mas até mesmo na teoria. A negação disso, a busca por um só e abrangente ideal porque ele é a única verdade para a humanidade, invariavelmente conduz à coação. E em seguida à destruição, sangue — ovos são quebrados, mas não se vê a omelete, apenas um número infinito de ovos, vidas humanas, prontos para ser quebrados. Por fim, o idealista passional esquece a omelete e simplesmente segue quebrando ovos.[26]

O extremismo pode dar uma sensação de satisfação, mas a reforma gradual frequentemente produz mudança duradoura. Se os liberais puderem entender que o tempo está do lado deles e que os oponentes nem sempre são maus ou estúpidos, poderiam descobrir que são capazes de obter aceitação mais ampla, e se terá feito progresso — firme e constante, embora lento. Aqueles que buscam restringir essas perturbações, por sua vez, deveriam se lembrar de que resistir a qualquer mudança pode simplesmente acumular frustração até que ela irrompa na forma de uma revolução. Em vez de preservar todos os aspectos do *status quo*, melhor é seguir o caminho dos conservadores britânicos, que, depois de 1832, fizeram as pazes com a gradual democratização da Lei da Grande Reforma, segundo o credo "Reforma, que assim poderás preservar".[27] O líder conservador britânico do fim do século XIX, Benjamin Disraeli, abraçou os novos eleitores da classe trabalhadora — e buscou o apoio político deles, o que na maioria das vezes conseguiu. A maior parte dos conservadores de hoje aceita e defende a maioria dos avanços em oportunidades e benefícios — para trabalhadores, idosos, mulheres e minorias —, aos quais os predecessores haviam se oposto amargamente na época que foram propostos pela primeira vez. Da sua parte, o presidente Biden parece também entender a lógica da solução de meio-termo. Com receio de outra explosão populista-nacionalista como a de 2016, aceitou a necessidade de virar o consenso neoliberal na direção de algumas versões reformistas modestas de certas políticas populistas, quando rejeitou novos acordos comerciais, subsidiou a manufatura americana e até mesmo construiu um pequeno trecho do muro de separação na fronteira mexicano-americana. O argumento utilizado, suponho eu, foi o de que é melhor ceder um pouco em nome da preservação do projeto liberal do que se aferrar demais e arriscar um colapso. É longa a jornada rumo a uma união mais aprimorada.

O maior desafio continua sendo infundir essa jornada de um sentido moral, imbuí-la do senso de orgulho e propósito — que a religião um dia teve — para preencher o vazio no coração. Uma das razões pelas quais mudanças aceleradas nunca produziram revoluções comunistas ou fascistas em lugares como a Grã-Bretanha e os Estados Unidos é que alguns dos velhos elementos da sociedade — religião, tradição, comunidade — foram lastros na tempestade da mudança. A historiadora Gertrude Himmelfarb chamou isso de "capital moral dos vitorianos",[28] o reservatório de tradição que estabilizou uma sociedade em rápida transformação. Lee Kuan Yew entenderia e endossaria essa ideia. No entanto, crescimento, tecnologia, urbanização, secularização e casamentos mistos, tudo isso está corroendo as velhas âncoras. Os novos modos de viver precisam ter um propósito para ajudar as pessoas a não se sentirem à deriva. A comunidade precisa se constituir em torno das ideias e práticas do liberalismo. Por exemplo, a União Europeia hoje é vista como uma burocracia sem alma em Bruxelas, mas na verdade é a corporificação de uma ideia grandiosa, de que as nações que guerrearam entre elas durante séculos agora vivem como uma comunidade política com laços estreitos. "Essa ideia de Europa merece que canções sejam escritas a seu respeito e grandes bandeiras azuis tremulem pelos ventos",[29] escreveu o cantor e compositor Bono. E certamente todas essas ideias liberais — liberdade, direitos individuais para todos, liberdade religiosa, democracia — deveriam ser capazes de encher nosso peito de orgulho, dar significado a nossas vidas e fazer com que todos percebamos que não somos os "últimos" homens e mulheres, que desperdiçam ociosamente nosso tempo na Terra.

No magistral programa de televisão *Civilisation*, o grande historiador Kenneth Clark indaga por que civilizações como Roma — que um dia foi dominante, tecnologicamente avançada, culta e próspera — desabaram na barbárie da Idade das Trevas. E conclui que, além das causas materiais, houve uma causa mental: "É a falta de confiança, mais do que qualquer outra coisa, que mata uma civilização. Podemos nos destruir por meio do cinismo e da desilusão com a mesma eficiência que o uso de bombas teria." A civilização moderna deu aos seres humanos maior liberdade, riqueza e dignidade do que em qualquer outra época. Empoderou bilhões de pessoas de todo tipo de maneiras. Se cair por terra, e uma nova Idade das Trevas surgir, será porque na nossa miopia, nos nossos confrontos destruidores, nas nossas mesquinhas rivalidades, perdemos de vista o fato de que somos os herdeiros da maior tradição da história, uma tradição que liberou a mente e o espírito humanos, que criou o mundo moderno e cujas maiores conquistas ainda estão por vir.

AGRADECIMENTOS

Quando olhei o contrato original para este livro, fiquei perplexo ao perceber que o havia assinado dez anos atrás. Ele demorou algum tempo, em parte porque nesse ínterim decidi escrever dois livros curtos, um sobre educação liberal e o outro sobre o mundo pós-pandemia. Entretanto, foi principalmente porque precisei de tempo para ler, pesquisar e pensar sobre algo que se tornou um tema cada vez mais amplo. Mesmo antes do Brexit e da eleição de Donald Trump, já estava ficando claro para mim que os debates políticos estavam traçando um novo rumo, e eu queria descobrir as forças mais profundas subjacentes a essa mudança. (O título original do livro era *Beyond Left and Right* [Além de esquerda e direita].) Sempre me interessei em como e por que os países se desenvolveram de forma diferente ao longo do tempo. Meu livro de 2003, *The Future of Freedom: Illiberal Democracy at Home and Abroad*, analisava o populismo emergente, as ameaças à democracia e a estrada frequentemente acidentada da modernização — embora a tendência tenha ficado mais sombria e mais complexa nas duas décadas que se seguiram.

Durante essa extensa jornada, contei com um brilhante grupo de colegas para me ajudar. Desde 2019, Jonathan Esty tem sido meu principal pesquisador no projeto, além de ter dirigido a pesquisa histórica e editado o manuscrito à medida que ele evoluía. Ele é hoje um estudante de doutorado na Escola de Estudos Internacionais Avançados Johns Hopkins. Andrew Sorota, recém-saído de Yale, pegou o bastão em 2022, refinou a direção filosófica do projeto e se esforçou incansavelmente para garantir que o livro cruzasse a linha de chegada. Jonathan e Andrew têm sido verdadeiros parceiros intelectuais, que criticam versões iniciais e oferecem sugestões que sempre serviram para melhorar o livro. Também trabalharam comigo em outros projetos na Schmidt Futures, o inovador empreendimento filantrópico montado por Eric e Wendy Schmidt, no qual atuo como conselheiro sênior.

Nas etapas finais de acabamento do livro, pedi a duas pessoas, cujo julgamento e inteligência valorizo muito, para conferir o livro — Jonah Bader, um produtor do meu programa na CNN, e Stuart Reid, editor-executivo da *Foreign Affairs* e hoje um aclamado autor. Ambos separaram tempo nas respectivas agendas cheias para rever os originais e fazer as perguntas certas de modo a fortalecer o ímpeto do livro.

Pela exaustiva pesquisa e edição nos capítulos de Globalização e Política Identitária, agradeço a Nick Cohen e Johannes Lang. Nathalie Bussemaker conferiu de forma cuidadosa e meticulosa os fatos de todo o manuscrito, e Andrew Moore foi um excelente orientador das ideias. Os quatro também trabalham na Schmidt Futures.

Várias outras pessoas deram assistência com verificação suplementar de fatos e copidesque, inclusive Victoria Hsieh, Anna Miller, Selina Xu, Claire Zalla e Katia Zoritch. Também sou grato aos que me ajudaram na década que levei pensando, lendo e pesquisando para o livro. John Cookson fez um excelente trabalho em política britânica e políticas de comércio. Gavan Gideon mergulhou nas histórias holandesa e inglesa. Scott Remer pesquisou teorias de nacionalismo. Adham Azab traduziu fontes de arquivos franceses que fundamentaram minha discussão sobre as origens da direita e da esquerda.

Desnecessário dizer, nenhuma dessas pessoas tem responsabilidade por qualquer um dos meus erros, nem tampouco quero insinuar que elas concordem com tudo que escrevi.

Drake McFeely tem sido meu editor por mais de vinte anos, ao longo de cinco livros, e é meu indispensável e paciente amigo, filósofo e guia nesses esforços. Infelizmente este será nosso último livro juntos, porque Drake está pendurando as chuteiras após uma impressionante carreira na Norton, onde foi, por muitos anos, chefe e presidente. Stuart Proffitt, o lendário editor da Penguin Press, mais uma vez concordou em publicar o livro na Grã-Bretanha e na Comunidade das Nações. Seus comentários sempre são um tesouro, mesmo quando críticos. De modo sensato, ele me instou a criar um subtítulo para o livro, que esclarece o escopo para o leitor. Meu agente, Andrew Wylie, continua a me surpreender pela perseverança.

(Ele ganha o prêmio do tempo de resposta mais rápido para um e-mail.) Agradecimentos à editora-assistente de Drake, Caroline Adams, que nos manteve nos trilhos durante todo o processo, e a Charlotte Kelchner, que copidescou o manuscrito com rapidez e correção.

Gostaria de agradecer à minha equipe na CNN. Melanie Galvin cuida da minha vida profissional com perícia, e mantém várias bolas no ar sem nunca deixar sequer uma cair. Jennifer Dargan ajuda a organizar minhas aparições na mídia e Chris Good manuseia minha *newsletter* e contas nas mídias sociais. Tom Goldstone é um confiável parceiro e amigo, que dirige meu programa semanal, com o auxílio de Jessica Gutteridge, e Dan Logan comanda com aptidão minha unidade de documentário. Eles supervisionam equipes de produtores, assistentes de produção e estagiários de primeira linha, que colaboram comigo diariamente para criar uma programação do mais alto calibre. O programa não seria possível sem os muitos editores, membros da equipe de filmagem, pessoal técnico, maquiadores e outros da CNN. A lista de indivíduos é longa demais para mencionar, mas saibam que aprecio profundamente o trabalho que vocês fazem diariamente. Meus sinceros agradecimentos também à minha assistente de pesquisa Claire Zalla e a David Shipley, Mike Larabee, Christian Caryl e aos demais membros da equipe de opinião do *Washington Post*, que tornaram realidade a minha coluna semanal.

Trabalhar em um projeto intensivo como este exige muito dos familiares e amigos do autor. Gostaria de fazer um agradecimento especial a Eric Schmidt, que não só financiou a pesquisa de apoio para o livro por meio da Schmidt Futures, como também tem sido um grande amigo e interlocutor consciencioso ao longo dos anos. E agradeço à minha família: meus filhos, Omar, Lila e Sofia, minha ex-esposa Paula, meus irmãos Arshad e Mansoor, minha irmã Tasneem e os respectivos cônjuges, Ann, Rachel e Vikram.

Dediquei este livro a todas as pessoas que foram minhas mentoras enquanto fui avançando na vida, na Índia e nos Estados Unidos, desde a escola até a faculdade e a graduação, e depois, no mundo profissional. Acredito firmemente que a sorte desempenha um grande papel no sucesso de cada um, e ter sorte envolve ter pessoas que dedicam tempo e esforço para nos ensinar, guiar e dar oportunidades para crescer. Eu não estaria onde estou hoje sem elas.

NOTAS

INTRODUÇÃO: UMA INFINIDADE DE REVOLUÇÕES

1. Emily Herbert, "Twenty Great Robin Williams' Jokes", em *Robin Williams: When the Laughter Stops 1951-2014*. Londres: Blake, 2014.
2. Bob Dole, indicado em 1996 pelo Partido Republicano para concorrer à presidência, foi a única exceção, e apoiou a candidatura de Trump em 2016, aos 92 anos de idade.
3. "Full Text of Tony Blair's Speech to the TUC", *The Guardian*, 12 set. 2006.
4. *Merriam Webster Online*, verbete "Revolution".
5. Howard W. French, "The History of Tough Talk on China", *The Wall Street Journal*, 10 dez. 2016.
6. Ver Laura Paisley, "Political Polarization at Its Worst since the Civil War", *USC Today*, 8 nov. 2016; e Rachel Kleinfeld, "Polarization, Democracy, and Political Violence in the United States: What the Research Says", Carnegie Endowment for International Peace, 5 set. 2023.
7. George F. Will, "The End of Our Holiday from History", *The Washington Post*, 12 set. 2001.
8. Lord Alfred Tennyson, "Morte d'Arthur", Poetry Foundation.
9. Louis-Henry-Charles de Gauville, *Journal du Baron de Gauville, député de l'ordre de la noblesse, aux Etats-généraux depuis le 4 mars 1789 jusqu'au 1er juillet 1790*. Paris: Gay, 1864, p. 20.
10. Timothy Tackett, *Becoming a Revolutionary: The Deputies of the French National Assembly and the Emergence of a Revolutionary Culture (1789-1790)*. University Park: Pennsylvania State University Press, 2006, p. 201, citado em John Richard Cook-

son, "How French Racehorses Are to Blame for U.S. Partisan Politics", *The National Interest*, 7 jul. 2016.

CAPÍTULO UM: A PRIMEIRA REVOLUÇÃO LIBERAL

1. Ver os livros de Thomas Cahill sobre gregos, judeus e irlandeses; e Arthur Herman, *How the Scots Invented the Modern Wolrd: The True Story of How Western Europe's Poorest Nation Created Our World & Everything in It*. Nova York: Three Rivers, 2001.
2. Ver Jonathan I. Israel, *The Dutch Republic: Its Rise, Greatness, and Fall; 1477-1806*. Oxford: Clarendon, 1998; e Simon Schama, *The Embarrassment of Riches: An Interpretation of Dutch Culture in the Golden Age*. Nova York: Knopf, 1987 [ed. bras.: *O desconforto da riqueza*. Trad. de Hildegard Feist. São Paulo: Companhia das Letras, 1992].
3. Angus Maddison, *Dynamic Forces in Capitalist Development*. Oxford: Oxford University Press, 1991, p. 30.
4. Wantje Fritschy, *Public Finance of the Dutch Republic in Comparative Perspective*. Leiden: Brill Academic, 2017.
5. Ver "Murano Glass", *Scholarly Community Encyclopedia*, citando David J. Shotwell, *Glass A to Z*. Iola, WI: Krause, 2002, pp. 586-7.
6. Geoffrey Parker, *The Military Revolution: Military Innovation and the Rise of the West, 1500-1800*. Cambridge: Cambridge University Press, 1996 [ed. bras.: *A evolução da arte da guerra*. Rio de Janeiro: Biblioteca do Exército, 2021].
7. Esta história é habilmente contada em Jared M. Diamond, *Guns, Germs, and Steel: The Fates of Human Societies*. Nova York: W. W. Norton, 1999 [ed. bras.: *Armas, germes e aço: Os destinos das sociedades humanas*. Trad. de Sílvia de Souza Costa, Cynthia Cortes e Paulo Soares. Rio de Janeiro: Record, 2017]. O historiador da economia Brad DeLong elogiou recentemente o atual debate sobre os méritos e as limitações do relato de Diamond, e propôs que talvez a melhor lista total de variáveis-chave para a dominação ocidental seria "armas, germes, aço, carvão, escravidão, impérios marítimos, penínsulas, cordilheiras, chuvas e acaso". Ver Brad DeLong, "Guns, Germs, Steel, Coal, Slavery, Seaborne Empires, Peninsulas, Mountain Ranges, Rainfall, & Chance: Jared Diamond's 'Guns, Germs, & Steel' After Twenty-Five Years", *Brad DeLong's Grasping Reality*. Ver também: William H. McNeill, *Plagues and Peoples*. Nova York: Anchor, 2010.
8. Johan A. W. Nicolay, "Terp Excavation in the Netherlands", *Encyclopedia of Global Archaeology*, 2014, pp. 7271-3.
9. Jan de Vries, "On the Modernity of the Dutch Republic", *Journal of Economic History*, v. 33, n. 1, 1973, pp. 191-202.

10. Jan Luiten van Zanden, *The Long Road to the Industrial Revolution: The European Economy in a Global Perspective, 1000-1800*. Leiden: Brill Academic, 2009, pp. 98-100.
11. Russell Shorto, *Amsterdam: A History of the World's Most Liberal City*. Nova York: Vintage, 2014, p. 178.
12. Carta de Richard Clough para Thomas Gresham, Antuérpia, quarta-feira, 21 ago. 1566, em *Relations politiques des Pays-Bas et de L'Angleterre sous le règne de Philippe II*, 4. ed. J. M. B. C. Kervyn de Lettenhove, 1885, pp. 337-9, 341-4.
13. Nicholas Sander, "A Treatise of the Images of Christ and of His Saints, 1566", em Robert S. Miola, *Early Modern Catholicism: An Anthology of Primary Sources*. Oxford; Nova York: Oxford University Press, 2007, p. 59.
14. Estou pintando o quadro em termos bem genéricos. Os holandeses foram repressivos e brutais ao formar um império de além-mar, quando recrutaram centenas de milhares de trabalhadores escravizados para lavrar plantações na Indonésia e em outros lugares. Em todo caso, é verdade que a governança doméstica holandesa, comparada com a de outros países importantes da época, foi peculiar, conforme descrevi.
15. Oscar Gelderblom, "The Golden Age of the Dutch Republic", em David S. Landes, Joel Mokyr e William J. Baumol (orgs.), *The Invention of Enterprise*. Princeton, NJ: Princeton University Press, 2010, p. 161.
16. Jan Lucassen e Richard W. Unger, "Shipping, Productivity and Economic Growth", em Richard W. Unger (org.), *Shipping and Economics Growth 1350-1850*, v. 7. Leiden: Brill Academic, 2011, p. 31.
17. Tim Blanning, *The Pursuit of Glory: The Five Revolutions that Made Modern Europe, 1648-1815*. Nova York: Penguin, 2008, p. 188.
18. Ibid., p. 96.
19. Robert K. Massie, *Peter the Great: His Life and World*. Nova York: Wings, 1991, pp. 180-6 [ed. bras.: *Pedro, o Grande: Sua vida e seu mundo*. Trad. de Maurício Tamboni. Santana do Parnaíba: Amarilys, 2015].
20. Tim Blanning, op. cit., p. 98.
21. Ibid.
22. Sir William Temple, *Observations upon the United Provinces of the Netherlands*. Londres: Edward Gellibrand, 1676, pp. 99-100, citado em Marjolein 't Hart, "Cities and Statemaking in the Dutch Republic, 1580-1680", *Theory and Society*, v. 18, n. 5, 1989, pp. 663-87.
23. Matías Cabello, *The Counter-Reformation, Science, and Long-Term Growth: A Black Legend?*, não publicado.
24. Oscar Gelderblom, op. cit.
25. Alexandra M. De Pleijt e Jan Luiten van Zanden, "Accounting for the 'Little Divergence': What Drove Economic Growth in Pre-industrial Europe, 1300-1800?", *European Review of Economic History*, v. 20, n. 4, 2016.

26. Kees Klein Goldewijk, "Three Centuries of Global Population Growth: A Spatial Referenced Population (Density) Database for 1700-2000", *Population and Environment*, v. 26, n. 4, 2005, pp. 343-67, 356.
27. Paul Kennedy, *The Rise and Fall of the Great Powers: Economic Change and Military Conflict from 1500 to 2000*. Nova York: Random House, 1987, p. 69 [ed. bras.: *Ascensão e queda das grandes potências*. Trad. de Waltensir Dutra. São Paulo: Campus, Elsevier, 1989].
28. Liam Brunt e Cecilia García-Peñalosa, "Urbanisation and the Onset of Modern Economic Growth", *Economic Journal*, v. 132, n. 642, 2022.
29. Jonathan I. Israel, op. cit., p. 681.
30. Oscar Gelderblom, op. cit., p. 159.
31. Karel Davids, "Openness or Secrecy? Industrial Espionage in the Dutch Republic", *Journal of European Economic History*, v. 24, n. 2, 1995.
32. James D. Tracy, *The Founding of the Dutch Republic: War, Finance, and Politics in Holland 1572-1588*. Oxford: Oxford University Press, 2008, p. 312.
33. Jonathan I. Israel, op. cit., p. 2.
34. Ibid.
35. Russell Shorto, op. cit., p. 274.
36. Jonathan I. Israel, op. cit., pp. 612, 633.
37. Philip Mansel, *Louis XIV: King of the World*. Chicago: University of Chicago Press, 2020, pp. 562-3.

CAPÍTULO 2: A REVOLUÇÃO GLORIOSA

1. Thomas Babington Macaulay, *History of England from the Accession of James II*, v. 2, cap. 10, 1848.
2. Walter Scheidel, *Escape from Rome: The Failure of Empire and the Road to Prosperity*. Princeton, NJ: Princeton University Press, 2019, p. 363.
3. Não deve ser confundido com o parlamento mágico de J. K. Rowling, o Wizengamot, a Suprema Corte da Magia.
4. Walter Scheidel, op. cit., p. 365.
5. James W. Wood et al., "The Temporal Dynamics of the Fourteenth Century Black Death", *Human Biology*, 2003, citado em Sharon N. DeWitte, "Age Patterns of Mortality During the Black Death in London, A.D. 1349-1350", *Journal of Archaeological Science*, v. 37, n. 12, dez. 2010.
6. Ver, entre outros, Guillaume Vandenbroucke, "From Ye Olde Stagnation to Modern Growth in England", *Economic Synopses*, n. 3, 2023; Mark Bailey, "Society, Economy and the Law in Fourteenth-Century England", Universidade de Ox-

ford; Gregory Clark, "Microbes and Markets: Was the Black Death an Economic Revolution?", *Journal of Demographic Economics*, v. 82, n. 2, 2016, pp. 139-65.

7. Deirdre N. McCloskey, "Bourgeois Virtues?", *Prudentia*, 18 maio 2006. Para mais informações sobre as virtudes burguesas, ver Deirdre N. McCloskey, *The Bourgeois Virtues: Ethics for an Age of Commerce* (Chicago: University of Chicago Press, 2007).
8. Barrington Moore, *Social Origins of Dictatorship and Democracy: Lord and Peasant in the Making of the Modern World*. Boston: Beacon, 1993, p. 30 [ed. port.: *Origens sociais da ditadura e da democracia: Senhores e camponeses na construção do mundo moderno*. Trad. de Maria Ludovina F. Couto. Lisboa: Almedina; Edições 70, 2010].
9. Eric Hobsbawm, *The Age of Revolution: 1789-1845*. Nova York: Vintage, 1996, p. 51 [ed. bras.: *A era das revoluções: 1789-1845*. Trad. de Maria Tereza Lopes Teixeira e Marcos Penchel. São Paulo: Paz e Terra, 2012].
10. Patrick Wallis, Justin Colson e David Chilosi, "Structural Change and Economic Growth in the British Economy before the Industrial Revolution, 1500-1800", *Journal of Economic History*, v. 78, n. 3, 2018, p. 27.
11. Christopher Brooks, "The English Civil War and the Glorious Revolution", em *Western Civilization: A Concise History*. Portland: Portland Community College, 2019.
12. "No fim, cerca de 62 mil soldados estavam mortos, e talvez outros 100 mil tivessem morrido em decorrência de doenças relacionadas com a guerra." Jonathan Healey, *The Blazing World: A New History of Revolutionary England, 1603-1689* (Nova York: Knopf, 2023), p. 203.
13. O filho, Carlos II, continuaria com essas maquinações. O diário de Samuel Pepys registra: "Descubro que [...] por uma soma de dinheiro havemos de nos aliar ao rei da França [...] e que essa soma protegerá o rei de tal maneira que ele não precisará do Parlamento." *The Diary of Samuel Pepys*, entrada de 28 abr. 1669.
14. "September 1642: Order for Stage-plays to Cease", em C. H. Firth e R. S. Rait (orgs.), *Acts and Ordinances of the Interregnum, 1642-1660*. Londres: His Majesty's Stationery Office, 1911, pp. 26-7.
15. "Overview of the Civil", UK Parliament.
16. Howard Nenner, "Regicides", *Oxford Dictionary of National Biography*, 23 set. 2004.
17. D. F., *The Dutch-mens Pedigree: or A Relation, Shewing How They Were First Bred, and Descended from a Horse-Turd, Which Was Enclosed in a Butter-Box*... Londres, 1653. E devem ser vendidos à porta da Igreja de St. Michaels em Cornhill.
18. *The Diary of Samuel Pepys*, entrada de 19 jul. 1667.
19. Ibid., entrada de 29 jul. 1667.
20. Steve Pincus, *1688: The First Modern Revolution*. New Haven, CT: Yale University Press, 2011, pp. 233-4.
21. Já os holandeses, após a morte de Guilherme, em 1702, decidiram se virar por algum tempo sem um *estatuder*, o que cimentou a forma de governo republicana

nos Países Baixos. A república durou mais um século antes de ser destruída durante as Guerras Revolucionárias Francesas. Em 1815, no Congresso de Viena, os Países Baixos renasceram como uma monarquia sob o domínio da Casa de Orange, *status* que conservam até hoje.

22. Steve Pincus, op. cit., p. 94.
23. A Inglaterra viria a se tornar, talvez, a primeira sociedade na história humana a se manter permanentemente dentro daquilo que os estudiosos Daron Acemoglu e James A. Robinson chamam de "corredor estreito": um caminho entre a tirania e a anarquia. Ver Daron Acemoglu e James A. Robinson, *The Narrow Corridor: States, Societies, and the Fate of Liberty*. Nova York: Penguin, 2019 [ed. bras.: *O corredor estreito: Estados, sociedades e o destino da liberdade*. Trad. de Rogerio W. Galindo e Rosiane Correia de Freitas. Rio de Janeiro: Intrínseca, 2022].
24. Douglass C. North e Barry R. Weingast. "Constitutions and Commitment: The Evolution of Institutions Governing Public Choice in Seventeenth-Century England", *Journal of Economic History*, v. 49, n. 4, 1989, pp. 803-32.
25. John Brewer, *The Sinews of Power: War, Money and the English State, 1688-1783*. Cambridge, MA: Harvard University Press, 1990, pp. 154-5.
26. Para mais detalhes sobre a tolerância religiosa, ver Mark Koyama e Noel D. Johnson, *Persecution and Toleration: The Long Road to Religious Freedom*. Nova York: Cambridge University Press, 2019.
27. Jonathan I. Israel, op. cit., p. 630.
28. Philip Mansel, op. cit., p. 318.
29. "Huguenots and the World of Finance: Part One", Huguenot Society, 25 abr. 2022.
30. Karel Davids, *The Rise and Decline of Dutch Technological Leadership*. Leiden: Brill, 2008, pp. 153-4.
31. Jonathan I. Israel, op. cit., p. 1014.
32. As ideias de Maine foram expandidas na tese da economista Deirdre McCloskey sobre os "Quatro Rs" que nos deram o mundo moderno — a leitura [*reading*], a reforma, a revolta (nos Países Baixos) e a revolução (na Inglaterra, em 1688) culminaram, na Inglaterra do fim do século XVII, no quinto e decisivo "R", a reavaliação da burguesia, "uma reavaliação igualitária das pessoas comuns". Citado em Walter Scheidel, op. cit., p. 489.
33. Sidney W. Mintz, citado em Jan de Vries, *Industrious Revolution*. Nova York: Cambridge University Press, 2008, p. 31.
34. "Daily Supply of Calories per Person", 1800, Our World in Data, citando S. Broadberry, B. Campbell, A. Klein, M. Overton e B. van Leeuwen, *British Economic Growth, 1270-1870*. Cambridge: Cambridge University Press, 2015, e tabela 1.2 de R. W. Fogel, *The Escape from Hunger and Premature Death, 1700-2100: Europe, America, and the Third World*, v. 38. Cambridge: Cambridge University Press, 2004.

35. Daniel Defoe, *The Complete English Tradesman*, 1726, cap. 22, citado em Robert C. Allen, *British Industrial Revolution in Global Perspective*. Nova York: Cambridge University Press, 2009.
36. Walter Scheidel, op. cit., p. 382.
37. Ibid., p. 369.
38. Eric Hobsbawm, op. cit., p. 106.
39. O mais famoso historiador *whig*, Lord Macaulay, começou *História da Inglaterra*, de 1848, com a declaração de que "a história do nosso país durante os últimos 160 anos é eminentemente a história do aperfeiçoamento físico, moral e intelectual".

CAPÍTULO TRÊS: A REVOLUÇÃO FRACASSADA

1. Herbert Butterfield, *Christianity and History*. Nova York: Scribner, 1949, p. 11.
2. Os holandeses travaram a Guerra dos Oitenta Anos contra seus senhores, os Habsburgo, e testemunharam uma série de golpes domésticos, mas ainda assim conseguiram elaborar uma ordem política muito menos violenta do que a norma europeia da época. Embora a Revolução Gloriosa de 1688 na Inglaterra tenha sido notavelmente pouco sangrenta, seguiu-se à muito mais feroz Guerra Civil de 1642-51.
3. Philip Mansel, op. cit., p. 634.
4. Robert Darnton, *The Revolutionary Temper: Paris, 1748-1789*. Nova York: W. W. Norton, 2023.
5. Simon Schama, *Citizens: A Chronicle of the French Revolution*. Nova York: Knopf, 1990, p. 1028 [ed. bras.: *Cidadãos: Uma crônica da Revolução Francesa*. Trad. de Hildegard Feist. São Paulo: Companhia das Letras, 1989].
6. Ibid., p. 1031.
7. "The Proclamation of the Duke of Brunswick, 1792", em J. H. Robinson (org.), *Readings in European History*, v. 2. Boston: Ginn, 1906, pp. 443-5.
8. Malcolm Crook, *Elections in the French Revolution: An Apprenticeship in Democracy, 1789-1799*. Cambridge: Cambridge University Press, 2002, p. 85. Crook observa que, embora a exigência de que os eleitores fossem contribuintes tivesse sido retirada, os empregados domésticos e outros considerados "dependentes" ainda estavam excluídos das listas de votantes em 1792.
9. Guy Lemarchand, "Sur les élections pendant la Révolution: Patrice Gueniffey", *Le nombre et la raison. La Révolution française et les élections.* In: *Annales de Normandie*, 47e année, n. 5, 1997. Études médiévales. Journées d'histoire du droit — 1996, pp. 607-12.
10. Para um tratamento de Robespierre como figura humana — populista, intelectual, idealista e inclemente —, ver o retrato biográfico feito pela romancista Hilary Mantel, bem conhecida por retratar outros homens impiedosos nos salões do poder,

inclusive Thomas Cromwell e Henrique VIII. Hilary Mantel, "'What a Man This Is, with His Crowd of Women around Him!'", *London Review of Books*, 30 mar. 2000.

11. Ver a ilustração na p. 82: Anônimo, *Robespierre guillotinant le bourreau*, Louvre, Paris, França. Essa charge satírica mostra Robespierre pisoteando as Constituições de 1791-3; tendo guilhotinado toda a França, ele acaba, por fim, "guilhotinando o carrasco".
12. Nos casos de condenação oficial à morte, cerca de 59% das vítimas do Terror eram trabalhadores ou camponeses, 24%, da classe média, 8%, nobres, 6%, clérigos e 1,5%, outros, segundo estimativas de Donald Greer, *Incidence of the Terror during the French Revolution*. Cambridge, MA: Harvard University Press, 1935, p. 97. Convém ressaltar que essas estimativas não levam em conta as muitas outras vítimas que eram linchadas sem julgamento.
13. Simon Schama, *Citizens*, p. 1477.
14. Jacques Mallet du Pan, *Considérations sur la nature de la Révolution de France, et sur les causes qui en prolongent la durée*, 1793, p. 63.
15. William Doyle, *The Oxford History of the French Revolution*. Oxford: Oxford University Press, 1990, p. 278.
16. David Bell argumenta que, após o direito divino dos reis ser abalado, o modelo napoleônico mostrou um caminho para o poder que passava por posar como "homem do povo", fundindo impulsos democráticos e militaristas no "culto do homem forte". Ver David Bell, *Men on Horseback: The Power of Charisma in the Age of Revolution*. Nova York: Farrar, Straus and Giroux, 2020.
17. Simon Schama, *Citizens*, p. 184.
18. Philip Mansel, op. cit., p. 123.
19. Simon Schama, *Citizens*, p. 189.
20. De forma similar, a expressão *doux commerce*, comércio "gentil" ou pacífico, foi esposada pelo filósofo francês Montesquieu... mas essa visão, em que a guerra pela conquista era substituída pelo comércio mutuamente benéfico foi adotada em maior grau pelos britânicos, que cada vez mais aderiam ao livre-comércio do século XIX, e não pelos jacobinos, nem por Napoleão ou pelos sucessivos regimes franceses. Ver Baron de Montesquieu, *The Spirit of the Laws*, org. de Franz Neumann. Nova York: Hafner, 1949.
21. Citado em Philip Mansel, op. cit., p. 180.
22. Philip Mansel, op. cit., pp. 357, 643.
23. Tabela extraída de Stephen Broadberry e Leigh Gardner, "Africa's Growth Prospects in a European Mirror: A Historical Perspective", série de artigos de trabalho na Universidade de Warwick, 2013, p. 18.
24. Tim Blanning, op. cit., pp. 54-6.
25. Schama descreve a cena em *Citizens*: Era uma época de "física carismática [...] [eles tinham a] sensação de que testemunhavam um evento libertador — pres-

ságio de um futuro que pairaria livremente [...] [e que] exemplificava a visão do filósofo de um festival de liberdade: relances do Sublime em que era nobre a experiência, não a plateia".Ver Simon Schama, *Citizens*, p. 131.

26. Ver Rachel Hammersley, "Parallel Revolutions: Seventeenth-Century England and Eighteenth-Century France", em *The English Republican Tradition and Eighteenth-Century France: Between the Ancients and the Moderns*. Manchester: Manchester University Press, 2016.
27. Monsieur Navier, "Address", 1789, em Richard Price, "A Discourse on the Love of Our Country", 1789, citado em Steve Pincus, op. cit., p. 11.
28. Ver Peter McPhee, "The French Revolution, Peasants, and Capitalism", *American Historical Review*, v. 94, n. 5, 1989, pp. 1265-80.
29. O proponente mais famoso desse argumento foi Georges Lefebvre, *The Coming of the French Revolution*. Princeton, NJ: Princeton University Press, 2015.
30. Vemos no programa jacobino de reforma territorial súbita e drástica os bruxuleios de experimentos posteriores fracassados, como a coletivização altamente acelerada e mortal de Stálin ou o Grande Salto Adiante de Mao.
31. Eric Hobsbawm, op. cit., pp. 158-9.
32. Margaret Thatcher, *The Downing Street Years*. Nova York: HarperCollins, 1993, p. 753.
33. Ed Simon, "Why the French Revolution's 'Rational' Calendar Wasn't", *JSTOR Daily*, JSTOR, 23 maio 2018.
34. Fondation Napoléon/K. Huguenaud, *Grafittis à l'entrée du Temple d'Isis à Philae*, 1798, Egito.
35. "The Levée en Masse" (23 ago. 1793), Fordham Modern History Sourcebook.
36. Simon Schama, *Citizens*, p. 858.
37. William Wordsworth, "The Prelude", Livro 11, vol. 4, 1850.
38. Andrew Roberts, *Napoleon: A Life*. Nova York: Penguin, 2015, p. 37.
39. Francis Fukuyama, *Political Order and Political Decay*. Nova York: Farrar, Straus, and Giroux, 2015, p. 17 [ed. bras.: *Ordem e decadência política*. Trad. de Nivaldo Montigelli Jr. Rio de Janeiro: Record, 2018].
40. Não diferente da "Licença Raj" da Índia pós-independência, que dificultou o crescimento do país durante décadas.
41. Andrew Roberts, op. cit., pp. 936-7. Notar que as estimativas do número de sobreviventes da Grande Armée variam de 40 mil até um máximo de 120 mil.
42. Alistair Horne, *Seven Ages of Paris* (Nova York: Knopf, 2002), pp. 181-2.
43. Jean-Alexandre-Joseph Falguière, *La Triomphe de la Révolution*, 1882, figura em cera, 97 × 130 × 99 cm, Musée de Grenoble, Grenoble, França.
44. Charles de Gaulle tomou o poder em 1958 numa ação que constituiu um golpe extralegal, mesmo que a ascensão tenha sido posteriormente "ratificada" por uma eleição.

45. Extraído do título de sua esclarecedora história da era pós-napoleônica: Adam Zamoyski, *Phantom Terror: The Threat of Revolution and the Repression of Liberty, 1789-1848*. Reino Unido: William Collins, 2014.
46. Adam Zamoyski, op. cit., p. 96.
47. Conde Franz Anton von Kolowrat, carta de junho de 1833 citada em Adam Zamoyski, op. cit., p. 342.
48. A citação completa: "Esta, cavalheiros, é a minha profunda convicção: acredito que estamos, neste momento, dormindo sobre um vulcão adormecido. Estou profundamente convencido disso [...] eu dizia agora mesmo que o mal, cedo ou tarde, não sei como nem quando virá, trará consigo uma revolução extremamente séria: estejam certos de que assim será." Ver Alexis de Tocqueville, *Recollections of Alexis de Tocqueville* (Nova York: 1893).
49. Para um relato recente sobre 1848, ver Christopher Clark, "The Revolutionary Waves of 1848", em David Motadel (org.), *Revolutionary World*. Cambridge: Cambridge University Press, 2021.
50. Giuseppe Tomasi di Lampedusa, *Il Gattopardo*. Nova York: Pantheon, 1960, p. 22 [ed. bras.: *O leopardo*. Trad. de Mauricio Santana Dias. São Paulo: Companhia das Letras, 2017].
51. Leon Trotsky, "Two Speeches at the Central Control Commission, 1927", em *The Stalin School of Falsification*. Nova York: 1972.
52. Guillaume Daudin, Kevin O'Rourke e Leandro Prados de la Esosura, "Trade and Empire, 1700-1870", *OFCE*, p. 23.
53. Alfred Cobban, *A History of Modern France*, vol. 2. Penguin, 1963, pp. 49-52, citado em Andrew Roberts, op. cit., p. 571.
54. Eric Hobsbawm, op. cit., pp. 177-8.
55. Daron Acemoglu et al., "The Consequences of Radical Reform: The French Revolution". Cambridge, MA: National Bureau of Economic Research, abr. 2009. Disponível em: <doi.org/10.3386/w14831>.
56. Eric Hobsbawm, *The Age of Capital, 1848-1875*. Nova York: Vintage, 1996, p. 15 [ed. bras.: *A era do capital, 1848-1875*. Trad. de Luciano Costa. São Paulo: Paz e Terra, 2012].

CAPÍTULO 4: A MÃE DE TODAS AS REVOLUÇÕES

1. Eric Hobsbawm, *The Age of Revolution*, p. 29.
2. O historiador da economia Joel Mokyr traça uma distinção entre *savants* (pensadores científicos teóricos) e *fabricants* (trabalhadores industriais que sujavam as mãos) em *The Gifts of Athena*. Princeton, NJ: Princeton University Press, 2002.

3. William M. Cavert, *The Smoke of London: Energy and Environment in the Early Modern City, Cambridge Studies in Early Modern British History*. Cambridge: Cambridge University Press, 2016, p. 21.
4. Vaclav Smil, *Energy and Civilization: A History*. Cambridge, MA: MIT Press, 2018, pp. 12, 301 [ed. bras.: *Energia e civilização: Uma história*. Trad. de Manuel Marques. Porto Alegre: Bookman, 2023].
5. Alessandro Nuvolari e Christine Macleod, "Patents and Industrialisation: An Historical Overview of the British Case, 1624-1907", *SSRN (Social Science Research Network)*, 2010, p. 6.
6. Robert Burrell e Catherine Kelly, "Parliamentary Rewards and the Evolution of the Patent System", *Cambridge Law Journal*, v. 74, n. 3, 2015, pp. 423-49.
7. S. R. Epstein, "Craft Guilds, Apprenticeship, and Technological Change in Preindustrial Europe", *Journal of Economic History*, v. 58, n. 3, 1998, pp. 684-713.
8. Tim Blanning, op. cit., pp. 243-4.
9. David Cannadine, *Victorious Century: The United Kingdom, 1800-1906*. Nova York: Viking, 2018.
10. Robert C. Allen, "Engels' Pause: Technical Change, Capital Accumulation, and Inequality in the British Industrial Revolution", *Explorations in Economic History*, v. 46, n. 4, 2009, pp. 418-35, ver figura 1 e tabela 1.
11. J. Bradford DeLong, *Slouching Towards Utopia: An Economic History of the Twentieth Century*. Nova York: Basic, 2022, p. 18.
12. Os dados contêm problemas, mas mostram a expectativa de vida pairando por volta de 37,5 anos no início desse período e 41 anos perto do fim. Ver "Life Expectancy, 1743 to 1875", Our World in Data.
13. A população da Grã-Bretanha disparou, apesar da migração em massa para a América do Norte e a Oceania. (Nota: Esse número exclui a Irlanda, que viu a própria população declinar em meio à Grande Fome da Batata.) Ver "Population of England over History", Our World in Data. Disponível em: <ourworldindata.org/grapher/population-of-england-millennium>.
14. "Impact of the Industrial Revolution", Britannica.com.
15. Tim Hitchcock, "London, 1780-1900", Digital Panopticon.
16. "Railways in Early Nineteenth Century Britain", UK Parliament.
17. "British Railways", Britannica.com.
18. Daniel Boorstin, *The Discoverers*. Nova York: Vintage, 1983, pp. 71-3 [ed. bras.: *Os descobridores.* Trad. de Fernanda Pinto Rodrigues. Rio de Janeiro: Civilização Brasileira, 1993].
19. Ibid., p. 89.
20. Oxford English Directory Online, verbete "week-end".
21. Ian Buruma, *Anglomania: A European Love Affair*. Nova York: Vintage, 2000, p. 138.

22. Ibid., p. 150.
23. Ibid., p. 156.
24. William Shakespeare, *King Lear*. Nova York: Simon & Schuster, 2015, ato I, cena IV [ed. bras.: *Rei Lear*. Trad. de Lawrence Flores Pereira. São Paulo: Penguin Companhia, 2020].
25. Bret Devereaux, "Collections: Clothing, How Did They Make It? Part III: Spin Me Right Round…", A Collection of Unmitigated Pedantry, 19 mar. 2021, citando E. W. Barber, *Women's Work: The First 20,000 Years: Women, Cloth, and Society in Early Times*. Nova York: W. W. Norton, 1996.
26. A estimativa de Devereaux cita o trabalho de John S. Lee, *The Medieval Clothier, Working in the Middle Ages,* vol. 1. Woodbridge: Boydell, 2018; Eve Fisher, "The $3500 Shirt — A History Lesson in Economics", SleuthSayers, 6 jun. 2013; Gregory S. Aldrete, Scott Bartell e Alicia Aldrete, *Reconstructing Ancient Linen Body Armor: Unraveling the Linothorax Mystery*. Baltimore: Johns Hopkins University Press, 2013. Notar que a estimativa dele é uma média de valores antigos e medievais para gerar um composto pré-moderno, e enfatiza que a roda de fiar do período medieval tardio foi o maior impulso para a eficiência antes da era industrial.
27. J. R. R. Tolkien, *The Two Towers*. Boston; Nova York: Houghton Mifflin, 1994, livro 3, cap. 4, p. 462 [ed. bras.: *As duas torres*. Trad. de Ronald Kyrmse. Rio de Janeiro: HarperCollins Brasil, 2019].
28. J. R. R. Tolkien, *The Return of the King*. Boston; Nova York: Houghton Mifflin, 1994, livro 11, cap. 8, p. 981 [ed. bras.: *O retorno do rei*. Trad. de Ronald Kyrmse. Rio de Janeiro: HarperCollins Brasil, 2019].
29. Diamond usa o termo para se referir não ao mundo pré-industrial de sociedades agrícolas estabelecidas, mas ao caçador-coletor nômade que precedeu a lavoura e a industrialização.
30. Frederic Harrison, "Words on the Nineteenth Century", citado em Walter E. Houghton, *The Victorian Frame of Mind, 1830-1870*. New Haven, CT: Yale University Press, 1963, p. 42.
31. Oliver Goldsmith, "The Deserted Village", Poetry Foundation.
32. Robert C. Allen, "Engels' Pause", pp. 418-35.
33. Para essa explicação baseio-me em W. Arthur Lewis, "Economic Development with Unlimited Supplies of Labour", *Manchester School*, v. 22, n. 2, 1954, pp. 139-91, conforme citado em Robert C. Allen, "Engels' Pause"; e em Carl Benedikt Frey, *The Technology Trap: Capital, Labor, and Power in the Age of Automation*. Princeton, NJ: Princeton University Press, 2019, pp. 131-7.
34. Ver Richard Conniff, "What the Luddites Really Fought Against", *Smithsonian Magazine*, mar. 2011.

35. Neil Johnston, "The History of the Parliamentary Franchise", House of Commons Library, documento de pesquisa 13/14, 1 mar. 2013. A estimativa do autor é de 516 mil votantes elegíveis antes da Lei de Reforma de 1832, num país de cerca de 24 milhões de habitantes.
36. E. A. Wasson, "The Penetration of New Wealth into the English Governing Class from the Middle Ages to the First World War", *Economic History Review*, v. 51, n. 1, 1998, p. 28, figura 1.
37. Hillary Burlock, "Rotten Boroughs", Eighteenth-Century Political Participation and Electoral Culture Project, UK Arts and Humanities Research Council, Universidade de Newcastle e Universidade de Liverpool, 2020-23.
38. Richard D. Altick, *The English Common Reader: A Social History of the Mass Reading Public, 1800-1900*. Columbus: Ohio State University Press, 1998, pp. 324-6.
39. Emma Griffin, *Liberty's Dawn: A People's History of the Industrial Revolution*. New Haven, CT: Yale University Press, 2014, p. 220.
40. Thomas Babington Macaulay, "Ministerial Plan of Parliamentary Reform — Adjourned Debate" (discurso, Londres, 2 mar. 1831), acessado via Câmara dos Comuns — Hansard.
41. Havia 650 mil eleitores após 1832, em uma população masculina adulta de 13 milhões na Inglaterra e no País de Gales. Ver John A. Phillips e Charles Wetherell, "The Great Reform Act of 1832 and the Political Modernization of England", *American Historical Review*, v. 100, n. 2, 1995, p. 414.
42. A única meta cartista ainda não realizada são as eleições parlamentares anuais. Dado o frenesi da constante batalha política nos Estados Unidos, com eleições bienais para o Congresso, talvez haja um bom motivo para não adotar essa reforma.
43. Adam Zamoyski, op. cit., p. 368.
44. "Constructing the Most Accurate Clock in the World", UK Parliament.
45. Adam Zamoyski, op. cit., p. 94.
46. Walter Scheidel, op. cit., p. 383.
47. George Julian Harney para Friedrich Engels, 30 mar. 1846, em Frank Gees Black e Renée Métivier Black (orgs.), *The Harney Papers*. Assen: Van Gorcum, 1969, p. 240, citado em Henry Weisser, "Chartism in 1848: Reflections on a Non-Revolution", *Albion*, v. 13, n. 1, 1981, p. 14.
48. Miles Taylor, "The 1848 Revolutions and the British Empire", *Past & Present*, v. 166, n. 1, 2000, pp. 146-80.
49. "What Was Chartism?", National Archives (Reino Unido).
50. Henry Weisser, op. cit., p. 16.
51. Avner Greif e Murat Iyigun, "Social Institutions, Violence, and Innovations: Did the Old Poor Law Matter?", 25 dez. 2012; e Marjorie Keniston McIntosh, "The

Poor Laws of 1598 and 1601", em *Poor Relief in England, 1350-1600*. Cambridge: Cambridge University Press, 2011, pp. 273-93.

52. Emma Griffin, op. cit., pp. 27-8.
53. 1 Timóteo 6:10, Bíblia Sagrada, versão do rei Jaime.
54. Thomas Carlyle, "The Everlasting No", em *Sartor Resartus*, 1833, pp. 164-5, citado em Walter E. Houghton, *The Victorian Frame of Mind, 1830-1870*. New Haven, CT: Yale University Press, 1963, pp. 73-4.
55. John Ruskin, *The Stones of Venice*. Londres, Smith, Elder, 1853 [ed. bras.: *As pedras de Veneza*. Trad. de Luis Eduardo de Lima Brandão. São Paulo: Martins Fontes, 2019].
56. Ibid., pp. 162-3.
57. Douglas A. Irwin e Maksym G. Chepeliev, "The Economic Consequences of Sir Robert Peel: A Quantitative Assessment of the Repeal of the Corn Laws", *Economic Journal*, v. 131, n. 640, 2021, pp. 3322-37.
58. W. D. Rubinstein, "Wealth, Elites and the Class Structure of Modern Britain", *Past & Present*, n. 76, 1977, tabela 1, "Occupations of Wealth-Holders: Concise Ranking", p. 102.
59. George Eliot, *Middlemarch*. Reino Unido: Wordsworth, 1998 [ed. bras.: *Middlemarch*. Trad. de Jan Wigmar. Curitiba: Dying Tree Books, 2021].
60. Alexander C. R. Hammond, "Heroes of Progress, Pt. 41: John Stuart Mill", *Human Progress*, blog, Cato Institute.
61. Charles R. Morris, *The Dawn of Innovation: The First American Industrial Revolution* (Nova York: PublicAffairs, 2012), p. 70.
62. Paul Kennedy, op. cit., p. 153.
63. John Darwin, *The Empire Project: The Rise and Fall of the British World-System, 1830-1970*. Cambridge: Cambridge University Press, 2009, p. 37.
64. Joel Mokyr, resenha de *How the World Became Rich: The Historical Origins of Economic Growth*, de Mark Koyama e Jared Rubin, EH.net, jul. 2022.
65. George Orwell, *The Road to Wigan Pier*. Londres: Penguin Classics, 1937; reimpressão 2007, p. 229 [ed. bras.: *O caminho para Wigan Pier*. Trad. de Isa Mara Lando. Teutônia, RS: Camelot, 2021]; citado em Alex Tabarrok, "Orwell's Falsified Prediction on Empire", *Marginal Revolution*, 30 maio 2023.
66. Alex Tabarrok, op. cit., com base em dados da Maddison Project Database 2020.
67. Paul Kennedy, op. cit., p. 227.

CAPÍTULO 5: A VERDADEIRA REVOLUÇÃO AMERICANA

1. Chrystia Freeland, "America, Land of the Equals", *The New York Times*, 3 maio 2012.

2. Alexis de Tocqueville, "Individualism Stronger", em *Democracy in America*, v. 2, *Influence of Democracy on Progress of Opinion*. Historiadores posteriores concordam: ver Daniel Walker Howe, *What Hath God Wrought: the Transformation of America, 1815-1848*. Oxford: Oxford University Press, 2009, p. 490.
3. Samuel Huntington, "Tudor Polity and Modernizing Societies", em *Political Order in Changing Societies*. New Haven, CT: Yale University Press, 1968, pp. 134-5.
4. Bernard Bailyn, *The Ideological Origins of the American Revolution*. Cambridge, MA: Belknap, 1992, p. 283 [ed. bras.: *As origens ideológicas da Revolução Americana*. Trad. de Cleide Rapucci. Caxias do Sul: Edusc, 2003].
5. Citado em Daniel Walker Howe, op. cit., pp. 562-3.
6. Charles R. Morris, op. cit., p. 89.
7. Edward G. Hudon, "Literary Piracy, Charles Dickens and the American Copyright Law", *American Bar Association Journal*, v. 50, n. 12, 1964, pp. 1157-60.
8. Paul Wiseman, "In Trade Wars of 200 Years Ago, the Pirates Were Americans", Associated Press, 28 mar. 2019.
9. Essa frase bíblica, ao mesmo tempo repleta de veneração e presságios, deu título à história dos Estados Unidos na era do telégrafo e da ferrovia escrita por Daniel Walker Howe, *What Hath God Wrought*.
10. Abraham Lincoln para Joshua Speed, citado em Richard Cawardine, *Lincoln: A Life of Purpose and Power*. Londres: Vintage, 2003, p. 12, citado em Daniel Walker Howe, op. cit., p. 596.
11. Chester W. Wright, *Economic History of the United States*. Nova York: McGraw Hill, 1941, p. 707.
12. Adam Tooze, *The Deluge: The Great War, America and the Remaking of the Global Order, 1916-1931*. Nova York: Penguin, 2015.
13. Charles R. Morris, op. cit., p. 82.
14. Ibid., p. 89.
15. J. Bradford DeLong, op. cit., p. 62
16. Robert Gordon, *The Rise and Fall of American Growth: The U. S. Standard of Living since the Civil War*. Princeton, NJ: Princeton University Press, 2017, p. 6.
17. Jonathan Rees, *Industrialization and the Transformation of American Life*. Armonk, NY: M. E. Sharpe, 2013, p. 44.
18. Walt Whitman, "Crossing Brooklyn Ferry", Poetry Foundation. Disponível em: <www.poetryfoundation.org/poems/45470/crossing-brooklyn-ferry>.
19. Walt Whitman, "I Sit and Look Out", The Walt Whitman Archive.
20. Frances Dickey e Jimmie Killingsworth, "Love of Comrades: The Urbanization of Community in Walt Whitman's Poetry and Pragmatist Philosophy", *Walt Whitman Quarterly Review*, v. 21, n. 1, 2003, pp. 1-24.

21. David Kennedy, *Freedom from Fear: The American People in Depression and War, 1929-1945*. Oxford: Oxford University Press, 2001, p. 14.
22. Robert Gordon, op. cit., p. 30.
23. Sam Bass Warner Jr., *The Urban Wilderness: A History of the American City*. Nova York: Harper and Row, 1972, p. 93.
24. Robert Gordon, op. cit., p. 36.
25. Citado em Michael Lind, *Land of Promise: An Economic History of the United States*. Nova York: HarperCollins, 2013, p. 223.
26. Seymour Martin Lipset e Gary Wolfe Marks, *It Didn't Happen Here: Why Socialism Failed in the United States*. Nova York: W. W. Norton, 2001, p. 263.
27. David Roediger, *The Wages of Whiteness: Race and the Making of the American Working Class*. Brooklyn: Verso, 1991.
28. Theodore Roosevelt, citado em Frank Ninkovich, *Modernity and Power: A History of the Domino Theory in the Twentieth Century*. Chicago: University of Chicago Press, 1994, p. 4.
29. O paralelo aqui poderia ser com a campanha de Ross Perot em 1992, um augúrio precoce de populismo, que não teve êxito mas antecipou a captura de um partido político importante — o Republicano — pelo populismo em 2016.
30. Thomas Frank, *The People, No: A Brief History of Anti-Populism*. Nova York: Metropolitan, 2020, p. 69.
31. Henry M. Littlefield, "The Wizard of Oz: Parable on Populism", *American Quarterly*, v. 16, n. 1, 1964, pp. 47-58.
32. Bill D. Moyers, "What a Real President Was Like", *The Washington Post*, 13 nov. 1988.
33. David M. Kennedy e Elizabeth Cohen, "Progressivism and the Republican Roosevelt", *The American Pageant*. Nova York: Houghton Mifflin, 2001.
34. Theodore Roosevelt, *The Works of Theodore Roosevelt, National Edition*. Nova York: Charles Scribner's Sons, 1926, pp. 16-84.
35. Kathleen M. Dalton, "Theodore Roosevelt, Knickerbocker Aristocrat", *New York History*, v. 67, n. 1, 1986, p. 40.
36. Ibid., p. 41.
37. Walter Lippmann, "Puritanism De Luxe in the Coolidge Era", *Vanity Fair*, maio 1926.
38. Peter Clements, "Silent Cal", *History Today*, set. 2003.
39. Terry Golway, "The Making of the New Deal Democrats", *Politico*, 3 out. 2014.
40. Bernard Bellush, *Franklin D. Roosevelt as Governor of New York*. Nova York: Columbia University Press, 1955, p. 282.
41. David Kennedy, op. cit., pp. 11-3.
42. Ibid., p. 43.
43. Ibid., p. 55.

44. Franklin D. Roosevelt, "Annual Message to Congress", The American Presidency Project, 4 jan. 1935.
45. David Kennedy, op. cit., p. 247.
46. Sheri Berman, *The Primacy of Politics: Social Democracy and the Making of Europe's Twentieth Century*. Cambridge: Cambridge University Press, 2006.

CAPÍTULO SEIS: GLOBALIZAÇÃO EM EXCESSO

1. Ivan T. Berend, *Decades of Crisis: Central and Eastern Europe before World War II*. Berkeley: University of California Press, 2001, p. 14.
2. Jeffry A. Frieden, *Global Capitalism: Its Fall and Rise in the Twentieth Century*. Nova York: W. W. Norton, 2007, p. 8 [ed. bras.: *Capitalismo global: História econômica e política do século vinte*. Trad. de Vivian Mannheimer. Rio de Janeiro: Zahar, 2008].
3. Nicolas Barreyre, "The Politics of Economic Crises: The Panic of 1873, the End of Reconstruction, and the Realignment of American Politics", *Journal of the Gilded Age and Progressive Era*, v. 10, n. 4, 2011, pp. 403-23.
4. Johan Norberg, *Open: The Story of Human Progress*. Nova York: Atlantic, 2020, pp. 21-2.
5. Mesmo que o termo "globalização" não tenha entrado em uso corrente até a década de 1990, sua dinâmica fundamental tem estado em jogo desde o início dos anos 1800.
6. Kevin H. O'Rourke e Jeffrey G. Williamson, "When Did Globalisation Begin?", *European Review of Economic History*, v. 6, n. 1, 2002, pp. 23-50.
7. Jeffry A. Frieden, op. cit., p. 5.
8. Jeffry A. Frieden, op. cit., p. 4.
9. Recordemo-nos do gráfico histórico do "taco de hóquei", que mostra uma renda achatada durante milênios, até uma decolagem exponencial nos padrões de vida por volta da virada do século XIX. Em 1800, 90% da população global vivia com o equivalente a menos de 1 (um) dólar por dia; hoje, não mais do que 10% da população global vive nesse estado de extrema pobreza. Como a economista Deirdre McCloskey demonstrou, o acesso médio a bens e serviços aumentou 3.000% desde 1800 e os índices de alfabetização aumentaram em aproximadamente 80%. Ver Norberg, *Open: Story of Human Progress*, pp.167-8.
10. Colin Williscroft, *A Lasting Legacy: A 125 Year History of New Zealand Farming since the First Frozen Meat Shipment*. NZ: Rural Press, 2007.
11. Jeffry A. Frieden, *Global Capitalism*, op. cit., p. 5; Nayan Chanda, *Bound Together: How Traders, Preachers, Adventurers, and Warriors Shaped Globalization*. New Haven, CT: Yale University Press, 2008, p. 56 [ed. bras.: *Sem fronteira: Os comerciantes, missionários, aven-*

tureiros e soldados que moldaram a globalização. Trad. de Alexandre Martins. Rio de Janeiro: Record, 2011].

12. *The telegraphic messages of Queen Victoria and Pres. Buchanan*, 16 ago. 1858, fotografia, https://www.loc.gov/item/2005694829/.
13. Nayan Chanda, op. cit., pp. 66-7, 207.
14. Eric Hobsbawm, op. cit., p. 334.
15. J. Bradford DeLong, op. cit., p. 38, citando W. Arthur Lewis, *The Evolution of the International Economic Order*. Princeton, NJ: Princeton University Press, 1978, p. 14 [ed. bras.: *A ordem econômica internacional*. Trad. de Gláucia Freire Spósito. Belo Horizonte: Vértice, 1986].
16. Eric Hobsbawm, op. cit., p. 47.
17. Mark Mazower, *Governing the World: The History of an Idea, 1815 to the Present*. Nova York: Penguin, 2013, p. 26 [ed. port.: *Governar o mundo: A história de uma ideia: de 1815 aos nossos dias.* Lisboa: Edições 70, Almedina, 2017].
18. Mark Mazower, op. cit., pp. 19-20.
19. Fareed Zakaria, *Ten Lessons for a Post Pandemic World*. Nova York: W. W. Norton, 2020, p. 219 [ed. bras.: *Dez lições para um mundo pós-pandemia*. Trad. de Alexandre Raposo, Bruno Casotti, Flávia Rössler e Jaime Biaggio. Rio de Janeiro: Intrínseca, 2021], citando William E. Gladstone, "Third Midlothian Speech, West Calder, 27 November 1879", English Historical Documents, 1874-1914, organizado por W. D. Hancock e David Charles Douglas, citando "Political Speeches in Scotland (1880)", 1, pp. 115-7.
20. Ver Oona A. Hathaway e Scott J. Shapiro, *The Internationalists: How a Radical Plan to Outlaw War Remade the World*. Nova York: Simon and Schuster, 2017, p. 188.
21. Peter Alexis Gourevitch, "International Trade, Domestic Coalitions, and Liberty: Comparative Responses to the Crisis of 1873-1896", *Journal of Interdisciplinary History*, v. 8, n. 2, 1977, pp. 281–313.
22. Richard Jensen, "Daggers, Rifles and Dynamite: Anarchist Terrorism in Nineteenth Century Europe", *Terrorism and Political Violence*, v. 16, n. 1, 2004, pp. 116–53.
23. Richard Jensen, op. cit., p. 134; Mary S. Barton, "The Global War on Anarchism", *Diplomatic History*, v. 39, n. 2, 2015, pp. 303-30.
24. Citado em David Harris, "European Liberalism in the Nineteenth Century", *American Historical Review*, v. 60, n. 3, 1955, p. 514.
25. Peter Alexis Gourevitch, op. cit., pp. 281-313.
26. Citado em David S. Mason, *A Concise History of Modern Europe: Liberty, Equality, Solidarity*. Nova York: Penguin, 2013, p. 95.
27. David S. Mason, op. cit., p. 100.
28. Jeffry A. Frieden, "Failures of Development".

29. Mario J. Crucini e James Kahn, "Tariffs and the Great Depression Revisited", Staff Reports, Federal Reserve Bank of New York, 2003, p. 5.
30. Adam Tooze, *The Wages of Destruction: The Making and Breaking of the Nazi Economy*. Nova York: Viking, 2007, pp. 8-12.
31. Sheri Berman, op. cit.
32. J. Bradford DeLong, op. cit., p. 190.
33. Maurice Obstfeld, "Globalization and Nationalism: Retrospect and Prospect", Italian Economic Association Annual Meeting, 24 out. 2019.
34. Henry R. Luce, "The American Century", *Diplomatic History*, v. 23, n. 2, 1999, pp. 159-71.
35. Jeffry A. Frieden, op. cit., pp. 278-81.
36. "World GDP Over the Last Two Millennia", Our World in Data, citando Max Roser, "World GDP Over the Last Two Millennia".
37. Marc Levinson, "The Trucker", em *The Box: How the Shipping Container Made the World Smaller and the World Economy Bigger*, 2. ed. Princeton, NJ: Princeton University Press, 2016, cap. 3.
38. Nayan Chanda, op. cit., p. 57; Ben Thompson, "The History of the Shipping Container created in 1956", IncoDocs (blog), 31 ago. 2018.
39. Jeffry A. Frieden, op. cit., p. 289.
40. Don Harris, *Pan Am: A History of the Airline that Defined an Age*. Anaheim: Golgotha, 2011, p. 35.
41. Our World in Data, 2023, citando Bastian Herre, Veronika Samborska e Max Roser, "Tourism — International arrivals by world region"; Don Harris, op. cit., p. 60.
42. Don Harris, op. cit., p. 41.
43. Our World in Data, 2023, citando Bastian Herre, Veronika Samborska e Max Roser, "Tourism — International arrivals by world region".
44. Jeffry A. Frieden, op. cit., pp. 297-9.
45. "Top marginal income tax rate, 1971 to 2017", Our World in Data.
46. Adam Tooze, *Crashed: How a Decade of Financial Crisis Changes the World*. Nova York: Viking, 2018, p. 30.
47. Aled Davies, *The City of London and Social Democracy*. Oxford: Oxford University Press, 2017, p. 80.
48. Rana Foroohar, *Makers and Takers: The Rise of Finance and the Fall of American Business*. Nova York: Crown, 2016, p. 16.
49. Daniel Chudnovsky e Andrés López, "Foreign Investment and Sustainable Development in Argentina" (artigo de discussão, Working Group on Development and Environment in the Americas, 2008), p. 6.
50. Nayan Chanda, op. cit., p. 254.
51. Adam Tooze, op. cit., p. 54.

52. Jordan Weissman, "How Wall Street Devoured Corporate America", *Atlantic*, 5 mar. 2013.
53. Adam Tooze, op. cit., p. 123.
54. Luca Ciferri, "New flagship model will complete Skoda rebirth", *Automotive News Europe*, 2 jul. 2001.
55. Adam Tooze, op. cit., p. 120.
56. Brian Reinbold e Yi Wen, "How Industrialization Shaped America's Trade Balance", Federal Reserve Bank of. St. Louis, 6 fev. 2020.
57. Felipe Larraín B., Luis F. López-Calva e Andrés Rodríguez-Clare, "Intel: A case Study of Foreign Direct Investment in Central America", CID Working Paper [artigo de trabalho] n. 58, Center for International Development at Harvard University, dez. 2000, p. 13.
58. Jeffrey D. Sachs, *Ages of Globalization*. Nova York: Columbia University Press, 2020, p. 179.
59. "World GDP over the Last Two Millennia", Our World in Data, citando Roser, "Economic Growth—The World Economy over the Last Two Millennia".
60. Fareed Zakaria, *The Post-American World*. Nova York: W. W. Norton, 2008, pp. 7, 21 [ed. bras.: *O mundo pós-americano.* Trad.: Pedro Maia. São Paulo, Companhia das Letras, 2008].
61. Our World in Data, 19 jul. 2022, citando Bastian Herre, "People around the world have gained democratic rights, but some have many more rights than others".
62. Fareed Zakaria, op. cit., p. 44.
63. Francis Fukuyama, *The End of History and the Last Man*. Nova York: Free Press, 2006 [ed. bras.: *O fim da história e o último homem*. Trad.: Aulyde Soares. Rio de Janeiro: Rocco, 2015].
64. Para um quadro mais completo de quanto foi longo e árduo o caminho para a democracia liberal no Ocidente, ver Sheri Berman, *Democracy and Dictatorship in Europe: From the Ancien Régime to the Present Day*. Nova York: Oxford University Press, 2019.
65. Stephen Kotkin, *Uncivil Society: 1989 and the Implosion of the Communist Establishment*. Nova York: Modern Library, 2010.
66. Mark Beissinger e Stephen Kotkin, "The Historical Legacies of Communism: An Empirical Agenda", em *Historical Legacies of Communism in Russia and Eastern Europe*, Mark Beissinger e Stephen Kotkin (orgs.). Cambridge: Cambridge University Press, 2014.
67. Tamara Men et al., "Russian Mortality Trends for 1991-2001: Analysis by Cause and Region," *BMJ* 327, n. 7421, 25 out. 2003, p. 964.
68. Citado em Timothy J. Colton, *Russia: What Everyone Needs to Know*. Nova York: Oxford University Press, 2016, p. 104.

69. Joseph Stiglitz, *Globalization and Its Discontents Revisited: Anti-Globalization in the Era of Trump.* Nova York: W. W. Norton, 2018, p. 191.
70. Fareed Zakaria, op. cit., p. 102.
71. Nicholas R. Lardy, "Issues in China's WTO Accession", Brookings Institution, 9 maio 2001. Disponível em: https://www.brookings.edu/testimonies/issues-in--chinas-wto-accession/.
72. Nicholas R. Lardy, op. cit.
73. Alessandro Nicita e Carlos Razo, "China: The Rise of a Trade Titan", UNCTAD, 27 abr. 2021.
74. Raymond Vernon, "International Investment and International Trade in the Product Cycle", *Quarterly Journal of Economics*, v. 80, n. 2, 1966, pp. 190-207.
75. David Barboza, "An iPhone's Journey, From the Factory Floor to the Retail Store", *The New York Times*, 29 dez. 2016.
76. "Why Did the China Shock Hurt so Much?", *The Economist*, 7 mar. 2019.
77. Thomas Friedman, *The World Is Flat: A Brief History of the Twenty-First Century.* Nova York: Picador, 2007, p. 563 [ed. bras.: *O mundo é plano: Uma breve história do século XXI.* Trad. de Sérgio de Queiroz Duarte, Cristiana Serra, Bruno Casotti e Cristina Cavalcanti. São Paulo, Rio de Janeiro: Companhia das Letras, Objetiva, 2014].
78. Conforme citado em Fukuyama, *The end of History and the Last Man*, p. 175.
79. Mark J. Perry, "New US Homes Today Are 1,000 Square Feet Larger Than in 1973 and Living Space per Person Has Nearly Doubled", American Enterprise Institute, 5 jun. 2016.
80. "Percentage of Households by Number of Vehicles, 1960–2020", The Geography of Transport Systems.
81. Mark J. Perry, "Even with Baggage Fees, the 'Miracle of Flight' Remains a Real Bargain: Average 2011 Airfare Was 40% Below 1980 Average", American Enterprise Institute, 6 out. 2012; "Domestic Round-Trip Fares and Fees", Airlines for America, 1 jun. 2023.
82. Eliza Barclay, "Your Grandparents Spent More of Their Money on Food than You Do", NPR, 2 mar. 2015.
83. Peter Liquori, "The History of American-Made Clothing", Goodwear, 30 ago. 2017.
84. United States Census Bureau, "1960 Census: Population, Supplementary Reports: Educational Attainment of the Population of the United States"; United States Census Bureau [Bureau do Censo dos Estados Unidos], "Census Bureau Releases New Educational Attainment Data".
85. Christopher J. Conover, "How Private Health Insurance Slashed the Uninsured Rate for Americans: Health Fact of the Week", American Enterprise Institute, 16 set. 2011; Jennifer Tolbert, Patrick Drake e Anthony Damico, "Key Facts About the Uninsured Population", KFF, 19 dez. 2022.

86. Michelle Millar Fisher e Amber Winick, "A Brief History of the Sonogram", *Smithsonian Magazine*, 22 set. 2021; "CT scan and MRI introduced", PBS, banco de dados da *People and Discoveries*.
87. Rebecca L. Siegel et al., "Cancer statistics, 2023", *CA: A Cancer Journal for Clinicians* 73, n. 1 (2023), tabela 6.
88. "Historical Income Tables: People", United States Census Bureau, tabela P-4.
89. Harold James, *The Creation and Destruction of Value: The Globalization Cycle*. Cambridge, MA: Harvard University Press, 2012; Stiglitz, *Globalization and Its Discontents Revisited: Anti-Globalization in the Era of Trump*.
90. Quinn Slobodian, *Globalists: The End of Empire and the Birth of Neoliberalism*. Cambridge, MA: Harvard University Press, 2018 [ed. bras.: *Globalistas: O fim do Império e o nascimento do neoliberalismo*. Trad.: Olivir Freiras. Enunciado, 2022].
91. Helen Thompson e David Runciman, "Helen Thompson/Disorder", 24 fev. 2022, em *Talking Politics*, podcast, MP3 áudio, 48:26.
92. Karl Polanyi, *The Great Transformation* (1944).
93. "Household debt, loans and debt securities", International Monetary Fund [Fundo Monetário Internacional].
94. Geoffrey Kabaservice, "The Forever Grievance", *The Washington Post*, 4 dez. 2020; Jeremy W. Peters, "The Tea Party Didn't Get What It Wanted, but It Did Unleash the Politics of Anger", *The New York Times*, 28 ago. 2019.
95. "Remarks by National Security Advisor Jake Sullivan on Renewing American Economic Leadership at the Brookings Institution", The White House [Casa Branca], 27 abr. 2023.
96. Adam S. Posen, "The Price of Nostalgia", *Foreign Affairs*, maio 2021.

CAPÍTULO SETE: INFORMAÇÃO ILIMITADA

1. Tyler Cowen, *The Great Stagnation: How America Ate All the Low-Hanging Fruit of Modern History, Got Sick, and Will (Eventually) Feel Better.* Nova York: Dutton, 2011.
2. Francis J. Gavin, "How 1970s California created the modern world", Engelsberg Ideas, Fundação Axel e Margaret Ax:son Johnson, 3 abr. 2023.
3. Pew Research Center, "Internet/Broadband Fact Sheet", 7 abr. 2021.
4. "What Share of People Are Online?", Our World in Data.
5. The Radicati Group, "Email Statistics Report, 2022-2026", Statista, nov. 2022.
6. Shradha Aneja, "ChatGPT hits 100 million users in two months — here's how long Instagram and TikTok took", *Business Insider India*, 6 fev. 2023.
7. Erik Brynjolfsson e Avinash Collis, "How Should We Measure the Digital Economy?", *Harvard Business Review*, nov. 2019.

8. Erik Brynjolfsson e Andrew McAfee, *The Second Machine Age: Work, Progress, and Prosperity in a Time of Brilliant Technologies*. Nova York: W. W. Norton, 2016, p. 109, baseando-se em dados de Daniel Weld, "Internet Enabled Human Computation", 22 jul. 2013, slide 48.
9. International Federation of the Phonographic Industry, "IFPI:05 Digital Music Report", p. 6; International Federation of the Phonographic Industry, "Digital Music Report, 2009", p. 6.
10. Wikipedia: Size comparisons, "Comparison of encyclopedias", comparando a Wikipédia *circa* 2023 com a última *Britannica* impressa em 2013.
11. "Britannica for Sale", *Christian Science Monitor*, 1995.
12. "Unique devices", Wikimedia Statistics.
13. Erik Brynjolfsson e Andrew McAfee, op. cit., p. 116.
14. John Maynard Keynes, *The Economic Consequences of Peace*, 1999, p. 11 [ed. bras.: *As consequências econômicas da paz*. Trad. de Sérgio Bath. Brasília, UnB, 2002].
15. "Book Sales Statistics", WordsRated, 13 jun. 2023; April Berthene, "Ecommerce is 46.0% of All Apparel Sales", Digital Commerce 360, 28 jun. 2021; "What Is the Share of E-Commerce in Overall Retail Sales?", CBRE, 16 maio 2022.
16. Yoni Applebaum, "'I Alone Can Fix It'," *The Atlantic*, 21 jul. 2016.
17. Marshall McLuhan e Lewis H. Lapham, *Understanding Media: The Extensions of Man*. Cambridge, MA: MIT Press, 1994, p. 18 [ed. bras.: *Os meios de comunicação como extensão do homem*. Trad. de Décio Pignatari. São Paulo: Cultrix, 2012].
18. Em dados coletados pelo estudioso Tanner Greer, o número de associações americanas com mais de 1 milhão de membros decaiu nacionalmente de maneira ampla desde o começo do século XX: Tanner Greer, "A School of Strength and Character", *Palladium*, 30 mar. 2023.
19. Joshua Hochberg e Eitan Hersh, "Public Perceptions of Local Influence", *Sage Journals*, 14 jan. 2023.
20. Daniel A. Cox, "Men's Social Circles Are Shrinking", Survey Center on American Life, AEI, 29 jun. 2021.
21. "Our Epidemic of Loneliness and Isolation", US Department of Health and Human Services, p. 4, citando pesquisa de psicólogas como Julianne Holt-Lunstad, entre outras.
22. Zach Rausch e Jon Haidt, "The Teen Mental Illness Epidemic Is International, Part 1: The Anglospher", After Babel, Substack, 29 mar. 2023.
23. Olivia Solon, "'Incel': Reddit Bans Misogynist Men's Group Blaming Women for Their Celibacy", *The Guardian*, 8 nov. 2017.
24. Hannah Arendt, *Origins of Totalitarianism*. Nova York: Harcourt, 1968, p. 478 [ed. bras.: *Origens do totalitarismo*. Trad. de Roberto Raposo. São Paulo: Companhia das Letras, Edição de Bolso, 2013].

25. David Goodhart, *The Road to Somewhere: The Populist Revolt and the Future of Politics*. Londres: Hurst, 2017.
26. "Josh Hawley: Coastal Elitist and Ticking Missouri Time Bomb", *St. Louis American*, 22 mar. 2018.
27. David Skolnck, "Vance flips on people leaving hometowns", *Vindicator*, 13 ago. 2022.
28. Alan Ehrenhalt discute isso em um livro escrito em 1996: Alan Erenhalt, *The Lost City: Discovering the Forgotten Virtues of Community in the Chicago of the 1950s*. Nova York: Basic, 1996.
29. Judy Bachrach, "WIKIHISTORY: Did the Leaks Inspire the Arab Spring?", *World Affairs*, v. 174, n. 2, 2011, pp. 35-44.
30. Claudia Rosett, "The Age of the Celebrity Tyrant", *Forbes*, 27 ago. 2009.
31. Roy Greenslade, "How Syria's 'Desert Rose' became 'the First Lady of Hell'," *The Guardian*, 1 ago. 2012.
32. Erik Brynjolfsson e Andrew McAfee, op. cit., p. 11.
33. "A Guide to Economic Inequality", *American Compass*, 27 abr. 2021.
34. Ada Palmer, "We Are an Information Revolution Species", Microsoft.
35. "Full Text of Clinton's Speech on China Trade Bill", *The New York Times*, 9 mar. 2000.
36. Noah Smith, "It's Not Cancel Culture, It's Cancel Technology", Noahpinion, Substack, 16 fev. 2021.
37. Alexandra Alter, "She Pulled Her Debut Book When Critics Found It Racist. Now She Plans to Publish", *The New York Times*, 28 abr. 2019.
38. Philip Bump, "Six in 10 Republicans still Think 2020 Was Illegitimate", *The Washington Post*, 24 maio 2023.
39. Maroosha Muzaffar, "Deepfake Putin Declares Martial Law and Cries: 'Russia Is under Attack'", *The Independent*, 7 jun. 2023.
40. Nilesh Christopher, "An Indian Politician Says Scandalous Audio Clips Are AI deepfakes. We Had Them Tested", *Rest of World*, 5 jul. 2023.
41. "Employed Full Time: Wage and Salary Workers: Cashiers Occupations: 16 Years and Over", FRED Economic Data, St. Louis Fed.
42. "Hand Car Washes", UK Parliament, 6 nov. 2018.
43. "Will the US Go into Recession?", Goldman Sachs, 19 abr. 2022.
44. Jane Black, "How to Make an Unloved Job More Attractive? Restaurants Tinker With Wages", *The New York Times*, 20 set. 2021; Jeanna Smialek e Sydney Ember, "Companies Hoarding Workers Could Be Good News for the Economy", *The New York Times*, 12 out. 2022.
45. Derek Thompson, "A World Without Work", *The Atlantic*, jul. 2015.
46. "The Future of Jobs Report 2020", World Economic Forum, 20 out. 2020.
47. Essa seção é adaptada de um segmento que foi ao ar no meu programa da CNN em 30 de abril de 2023, o qual pode ser assistido em Fareed Zakaria

(@FareedZakaria), "Today's last look: ChatGPT is going to help software 'eat the world'", X, 30 abr. 2023. Disponível em: https://twitter.com/FareedZakaria/status/1652837826323439618. Foi inspirado na postagem do blog de Kedrosky e Norlin: "Society's Technical Debt and Software's Gutenberg Moment", *Irregular Ideas with Paul Kedrosky & Eric Norlin of SKV*, SKV, 21 mar. 2023.

48. Alexandra Garfinkle e Dylan Croll, "How Business Is already Using ChatGPT and other AI Tech", *Yahoo!*, 14 fev. 2023; Andrew Perlman, "The Implications of ChatGPT for Legal Services and Society", Center on the Legal Profession, Harvard Law School [Centro sobre a Profissão do Direito, Escola de Direito de Harvard], mar. 2023.
49. Techzine, "Salesforce Einstein GPT for Sales", YouTube, 7 mar. 2023, vídeo. Disponível em: https://www.youtube.com/watch?v=UH4lIIcAZdY; Salesforce Artificial Intelligence", Salesforce.
50. J. J. Zhuang, "Introducing the Instacart Plugin for ChatGPT", Instacart, 23 mar. 2023.
51. "Society's Technical Debt and Software's Gutenberg Moment", *Irregular Ideas with Paul Kedrosky and Eric Norlin of SKV*, SKV, 21 mar. 2023.
52. Andrej Karpathy (@karpathy), "The hottest new programming language in English", Twitter, 24 jan. 2023. Disponível em: http://twitter.com/karpathy/status/1617979122625712128.
53. Ben Shapiro, "Should We Limit Technology to Protect Jobs? | With Tucker Carlson", YouTube, vídeo. Disponível em: http://www.youtube.com/watch?v=awM0nrlOZxk.
54. Lisa Baertlein, "Focus: Jobs at Stake as California Port Terminal Upgrades to Green Technology", Reuters, 8 jun. 2023.
55. Stephen Moore, "Missing Milton: Who Will Speak For Free Markets?", *The Wall Street Journal*, 27 maio 2009.
56. Derek Thompson, op. cit.
57. David Kestenbaum, "Keynes Predicted We Would Be Working 15-Hour Weeks. Why Was He So Wrong?", NPR, 13 ago. 2015.
58. Henry A. Kissinger, Eric Schmidt e Daniel Huttenlocher, *The Age of AI and Our Human Future*, pp. 16-8. Confissão: atuei como conselheiro sênior para a Schmidt Futures e recebi apoio para escrever este livro.
59. Ken Goldberg, "Let's Give AI a Chance", *The Boston Globe*, 30 maio 2023.
60. Robert F. Service, "'The Game Has Changed.' AI Triumphs at Protein Folding", *Science*, v. 6521, n. 370, 4 dez. 2020.
61. Jennifer A. Doudna e Samuel H. Sternberg, *A Crack in Creation: Gene Editing and the Unthinkable Power to Control Evolution*. Nova York: Mariner, 2018, xvi.
62. Bill Clinton, "Announcing the Completion of the First Survey of the Entire Human Genome" (discurso, Washington, DC, 26 jun. 2000), The White House at Work.
63. "DNA Sequencing Costs: Data", National Human Genome Research Institute.

64. Gregory Zuckerman, *A Shot to Save the World: The Inside Story of the Life-or-Death Race for a COVID-19 Vaccine*. Nova York: Penguin, 2021, p. 231.
65. Gregory Zuckerman, op. cit., p. 157.
66. Gregory Zuckerman, op. cit., p. 220.
67. Stuart A. Thompson, "How Long Will a Vaccine Really Take?", *The New York Times*, 30 abr. 2020.
68. Fareed Zakaria, "Some Republicans Are Pushing People to Get Vaccinated. It May Be Too Late", *The Washington Post*, 22 jul. 2021.
69. Jill Colvin, "Biden's Vaccine Rules Ignite Instant, Hot GOP Opposition", AP News, 10 set. 2021.
70. Tom Nichols, "How America Lost Faith in Expertise", *Foreign Affairs*, 13 fev. 2017.
71. Susan Hockfield, *The Age of Living Machines: How Biology Will Build the Next Technology Revolution*. Nova York: W. W. Norton, 2020, p. 135.
72. Pamela Ronald, "The Case for Engineering Our Food", filmado em março de 2015 em Vancouver BC, Canadá, TED vídeo; A. S. Bawa e K. R. Anilakumar, "Genetically Modified Foods: Safety, Risks and Public Concerns — A Review", *Journal of Food Science and Technology*, v. 50, 19 dez. 2012.
73. Ed Regis, "The True Story of the Genetically Modified Superfood That Almost Saved Millions", *Foreign Policy*, 17 out. 2019.
74. Mark Lynas, "The True Story about Who Destroyed a Genetically Modified Rice Crop", *Slate*, 26 ago. 2013.
75. Helen Regan, Rebecca Wright e Alexandra Field, "The Scientist, the Twins and the Experiment That Geneticists Say Went Too Far", CNN Health, CNN, 1 dez. 2018.
76. *Homo deus*: Zakaria, *Ten Lessons for a Post-Pandemic World*, p. 119, citando Yuval Noah Harari, *Homo Deus: A Brief History of Tomorrow*. Nova York: HarperCollins, 2018 [ed. bras.: *Homo Deus: Uma breve história do amanhã*. Trad.: Paulo Geiger. São Paulo: Companhia das Letras, 2016].
77. Natasha Singer, "New A.I. Chatbot Tutors Could Upend Student Learning", *The New York Times*, 8 jun. 2023.
78. Fareed Zakaria, op. cit., p. 120.
79. Aristotle, *Politics*, trad. para o inglês CDC Reeve. Nova York: Hackett, 1998, Livro 1, capítulo 4, linhas 33-8 [*Política*. Diversas edições].

CAPÍTULO OITO: VINGANÇA DAS TRIBOS

1. Mark Kurlansky, *1968: The Year That Rocked the World*. Nova York: Random House, 2004, p. 5 [ed. bras.: *1968: O ano que abalou o mundo*. Trad. de Ana Coutinho. Rio de Janeiro: José Olympio, 2005].

2. "Les Murs Parlent", *Le Monde*, 3 maio 1973.
3. Joel Achenbach, "'A Party That Had Lost Its Mind': In 1968, Democrats Held One of History's Most Disastrous Conventions", *The Washington Post*, 24 ago. 2018.
4. Kurlansky, *1968: The Year That Rocked the World*, pp. 282-3.
5. Sylvia Poggioli, "Valle Giulia Has Taken on Mythological Stature", NPR, 23 jun. 2008.
6. David Frum, *How We Got Here: The 70's: The Decade That Brought You Modern Life*. Nova York: Basic, 2001, p. 349.
7. Ronald Inglehart, "The Nature of Value Change", em *The Silent Revolution*. Princeton, NJ: Princeton University Press, 1977.
8. Isso não deve diminuir o trabalho das sufragistas nos Estados Unidos e no Reino Unido, mas o movimento delas foi um movimento reformista voltado, na maior parte, para estender os direitos de voto às mulheres, não para revolucionar a sociedade.
9. Mark Lilia, "Still Living with '68", *The New York Times Magazine*, 16 ago. 1998, p. 34.
10. A recente proibição quase total na conservadora Polônia é uma exceção.
11. Patrick Joseph Buchanan, "Culture War Speech: Address to the Republican National Convention", transcrição de discurso feito em 17 de agosto de 1992, Voices of Democracy: The U.S. Oratory Project.
12. Karl Marx e Friedrich Engels, *Communist Manifesto*, trad. para o inglês por Samuel Moore, p. 14, Marxists Internet Archive [O *manifesto comunista*, diversas edições].
13. Lewis L. Gould, *The Republicans: A History of the Grand Old Party*. Oxford: Oxford University Press, 2014, p. 238; Emmanuel Saez e Gabriel Zucman, "The Rise of Income and Wealth Inequality in America: Evidence from Distributional Macroeconomic Accounts", *Journal of Economic Perspectives*, v. 34, n. 4, 2020, p. 21.
14. Dorothy Sue Cobble, *For the Many: American Feminists and the Global Fight for Democratic Equality*. Princeton, NJ: Princeton University Press, 2021, p. 4.
15. Ira Katznelson, *Fear Itself*. Nova York: W. W. Norton, 2013, p. 15.
16. Ira Katznelson, op. cit., p. 95.
17. Ira Katznelson, op. cit., p. 260.
18. Ira Katznelson, op. cit., p. 165.
19. "Summary of Conclusions and Proposals", *The American Political Society Review*, v. 44, n. 3, 1950, pp. 1–14.
20. Bob Dylan, "The Times They Are A-Changin'", *Bob Dylan Newsletter*.
21. Richard Zacks, "Easy Come, Easy Go", em *Rolling Stones: The Seventies*, Ashley Kahn, Holly George-Warren e Shawn Dahl (orgs.). Little, Brown, 1998, p. 54.
22. David Frum, op. cit., p. xxi.
23. Jon B. Gettman, "Crimes of Indiscretion: Marijuana Arrests in the United States", NORML, 2005, p. 28.

24. David Frum, op. cit., p. 149.
25. David Frum, op. cit., p. 4.
26. "Public Trust in Government: 1958-2022", Pew Research Center, 6 jun. 2022.
27. Inglehart, *The Silent Revolution*, p. 104.
28. Ronald Inglehart, "The Silent Revolution in Europe: Intergenerational Change in Post-Industrial Societies", *American Political Science Review*, v. 65, n. 4, 1971, p. 996. Embora sejam baseados em correlação e não controlados por idade, os achados de Inglehart ainda assim mostram uma surpreendente desconexão entre gerações.
29. Mark Kurlansky, op. cit., p. 145.
30. Robert Gerald Livingston, "Violence Is the Only Way", *The New York Times*, 3 jan. 1988.
31. "Marriages, divorces (time series)", Statistisches Bundesamt.
32. Hugh McLeod, "The Religious Crisis of the 1960s", *Journal of Modern European History/Zeitschrift Für Moderne Europäische Geschichte/Revue d'histoire Européenne Contemporaine*, v. 3, n. 2, 2005, p. 205.
33. "Being Christian in Western Europe", Pew Research Center, 29 maio 2018.
34. Tony Judt, *Postwar*, p. 488.
35. Enquanto a Alemanha Ocidental foi tecnicamente o primeiro país a legalizar o aborto em 1974, essa lei foi revogada pela Corte Constitucional em 1975. Uma lei revista foi então aprovada em 1976, e tem permanecido em vigor com ligeiras alterações até hoje. Ver mais: Deborah L. Goldberg, "Developments in German Abortion Law: A U.S. Perspective", *UCLA Women's Law Journal*, 1995.
36. Everett Carll Ladd, "The Shifting Party Coalitions — from the 1930s to the 1970s", em *Party Coalitions in the 1980s*, Seymour Martin Lipset (org.). São Francisco: Institute of Contemporary Studies, 1981.
37. Ralph Ellison, *Invisible Man*. Nova York: Random House, 1952, p. 3.
38. James C. Cobb, "When Martin Luther King Jr. Was Killed, He Was Less Popular than Donald Trump is Today", *USA Today*, 4 abr. 2018.
39. Harry Enten, "Americans see Martin Luther King Jr. as a Hero Now, but that Wasn't the Case during His Lifetime", CNN, 16 jan. 2023.
40. "CBS News Poll: U.S. Involvement in Vietnam", 28 jan. 2018.
41. Richard Nixon, "Address Accepting the Presidential Nomination at the Republican National Convention in Miami Beach, Florida" (discurso, 8 ago. 1968), The American Presidency Project.
42. Rick Hampton, "1970 Kent State Shootings Are an Enduring History Lesson", *USA Today*, 3 maio 2010.
43. Steven Pinker, "Decivilization in the 1960s", em *The Better Angels of Our Nature: Why Violence Has Declined*. Nova York: Penguin, 2012 [ed. bras.: *Os anjos bons da*

nossa natureza: Por que a violência diminuiu. Trad. de Bernardo Joffily e Laura Teixeira Mota. São Paulo: Companhia das Letras, 2017].

44. Astead W. Herndon e Sheryl Gay Stolberg, "How Joe Biden Became the Democrats' Anti-Busing Crusader", *The New York Times*, 15 jul. 2019.
45. David Frum, op. cit., p. 262.
46. Alana Semuels, "Where the White People Live", *The Atlantic*, 10 abr. 2015.
47. Mark Kurlansky, op. cit., p. 43.
48. Lewis Gould, *The Republicans: A History of the Grand Old Party*. Nova York: Oxford University Press, 2014, p. 52.
49. Ira Katznelson, op. cit., p. 175.
50. Rick Perlstein, *Reaganland: America's Right Turn 1976-1980*. Nova York: Simon & Schuster, 2020, p. 19.
51. Charles Kaiser, " 'We May Have Lost the South': What LBJ Really Said about Democrats in 1964", *The Guardian*, 23 jan. 2023.
52. Rick Perlstein, op. cit., p. 19.
53. "Trends in Contraceptive Practice: United States, 1965-76", CDC, 2023.
54. "Betty Friedan and *The Feminine Mystique*", *The First Measured Century*, FMC Program Segments 1960-2000, PBS.
55. Dorothy Sue Cobble, *For the Many*, p. 374.
56. David Frum, op. cit., p. xxi.
57. Barbara A. DeBuono et al., "Sexual Behavior of College Women in 1975, 1986, and 1989", *New England Journal of Medicine*, 22 mar. 1990.
58. "Number and rate of divorces and number and percent of children under 18 involved annually in divorces: 1950 to 1993", National Center for Education Statistics.
59. Betty Friedan, *The Feminine Mystique*. Nova York: W. W. Norton [ed. bras.: *A mística feminina*. Trad. de Carla Bitelli; Flávia Yacubian; Bhuvi Libanio; Marina Vargas. Rio de Janeiro: Record, Rosa dos Tempos, 2020].
60. "Stay-at-home mothers through the years", U.S. Bureau of Labor Statistics, set. 2014.
61. "The Data on Women Leaders", Pew Research Center, 13 set. 2018.
62. "Homosexuals in the Federal Government and Personnel Security", Eisenhower Library.
63. Tom W. Smith, "Public Attitudes toward Homosexuality", NORC/University of Chicago, set. 2011.
64. Albert L. Winseman, "Religion 'Very Important' to Most Americans", Gallup, 20 dez. 2005.
65. Perlstein, *Reaganland: America's Right Turn 1976-1980*, p. 348.
66. Liliana Mason, *Uncivil Agreement: How Politics Became Our Identity*. Chicago: University of Chicago Press, 2018, pp. 36-9.

67. Ezra Klein, *Why We're Polarized*. Nova York: Simon and Schuster, 2020, p. 59.
68. "Reagan Gets Backing of Right to Life Group for Stand on Abortion", *The New York Times*, 28 jun. 1980.
69. Christina Wolbrecht, *The Politics of Women's Rights: Parties, Positions, and Change*. Princeton: Princeton University Press, 2000, p. 88.
70. Hanna Kozlowska, "Phyllis Schlafly, Arch-Enemy of American Feminists, Died at 92", *Quartz*, 6 set. 2016.
71. Rick Perlstein, op. cit., p. 724.
72. Rick Perlstein, op. cit., p. 626.
73. Rick Perlstein, op. cit., p. 911.
74. E. J. Dionne Jr., "There Is No 'Catholic Vote.' And Yet, It Matters", Brookings Institute, 18 jun. 2000.
75. Justin Nortey, "Most White Americans who regularly attend worship services voted for Trump in 2020", Pew Research Center, 30 ago. 2021.
76. Jacob Weisberg, "The Road to Reagandom", *Slate*, 8 jan. 2016.
77. Gary Gerstle, *The Rise and Fall of the Neoliberal Order: America and the World in the Free Market Era*. Nova York: Oxford University Press, 2022, p. 156.
78. "The Clinton Presidency: Historic Economic Growth", The Clinton-Gore Administration: A Record of Progress; Gerstle, *The Rise and Fall of the Neoliberal Order: America and the World in the Free Market Era*, p. 157.
79. "'Meet the Press' transcript for Sept. 30, 2007", NBC News, 30 set. 2007.
80. Halimah Abdullah, "Reagan and Thatcher: 'Political soulmates'", CNN, 9 abr. 2013.
81. "The lasting legacy of Mrs Thatcher", *Financial Times*, 8 abr. 2013.
82. Peter Gatrell, The *Unsettling of Europe: How Migration Reshaped a Continent*. Nova York: Basic, 2019, p. 144.
83. Ian Aitken, "Enoch Powell dismissed for 'racialist' speech", *The Guardian*, 21 abr. 1968.
84. Marcus Collins, "Immigration and opinion polls in post-war Britain", *Modern History Review*, v. 18, n. 4, 2016, pp. 8–13.
85. Peter Gatrell, op. cit., p. 290.
86. Liesbet Hooghe, "Europe Divided? Elites vs. Public Opinion on European Integration", IHS Political Science Series, abr. 2003, p. 2.
87. "Italian Minister Calls on Navy to Open Fire on Illegal Immigrants", *Sydney Morning Herald*, 17 jun. 2003.
88. Alexandra Grass, "Stammwählerschaft ist auf knapp 50 Prozent geschrumpft", *Wiener Zeitung*, 4 jul. 2000.
89. Jasmin Luypaert, "Decline of Mainstream Parties: Party Responses After Electoral Loss in Flanders", apresentado no Estado da Federação Belga em dezembro de 2019, p. 3.

90. "Infographic—Irregular Arrivals to the EU (2008-2023)", European Council [Conselho Europeu], jun. 2023.
91. Cynthia Kroet, "Germany Set Immigration Record in 2015", *Politico*, 14 jul. 2016.
92. Danielle Lee Thompson, "The Rise of Sweden Democrats: Islam, Populism and the End of Swedish Exceptionalism", Brookings Institute, 5 mar. 2020.
93. Danielle Lee Thompson, op. cit.
94. Mark Gevisser, "How Globalisation Has Transformed the Fight for LGBTQ+ Rights", *The Guardian*, 16 jun. 2020.
95. Ian Traynor, "Swiss vote to ban construction of minarets on mosques", *The Guardian*, 25 nov. 2009; Marco Muller, "Which countries Have a 'Burqa Ban'?", Deutsche Welle (DW), 1 ago. 2019; Dustin Jones, "Switzerland Approves 'Burqa Ban' to Prohibit Some Face Coverings In Public", NPR, 7 mar. 2021.
96. Liliana Mason, op. cit., p. 132.
97. Ver, por exemplo, Steven Levitsky e Daniel Ziblatt, "The Unraveling", em *How Democracies Die*. Nova York: Penguin Random House, 2019.
98. Lydia Saad, "Bush Presidency Closes With 34% Approval, 61% Disapproval", Gallup, 14 jan. 2009.
99. Peter Baker, "Mourning 'Compassionate Conservatism' Along With Its Author", *The New York Times*, 10 fev. 2023.
100. Roberto Suro, Richard Fry e Jeffrey S. Passel, "IV. How Latinos Voted in 2004", Pew Research Center, 27 jun. 2005.
101. "CNBC's Rick Santelli's Chicago Tea Party", The Heritage Foundation, 19 fev. 2009, 2:55 a 4:36. Disponível em: https://www.youtube.com/watch?v=-zp-Jw-5Kx8k&t=145s&ab_channel=The Heritage Foundation.
102. Bob Cesca, "Keep Your Goddamn Government Hands Off My Medicare!", *HuffPost*, 5 set. 2009.
103. Lymari Morales, "Obama's Birth Certificate Convinces Some, but Not All, Skeptics", Gallup, 13 maio 2011; Stephanie Condon, "One in Four Americans Think Obama Was not Born in U.S.", CBS News, 21 abr. 2011.
104. Jennifer Agiesta, "Misperceptions Persist about Obama's Faith, but Aren't so Widespread", CNN, 14 set. 2015.
105. Fox Butterfield, "Trump Urged to Head Gala of Democrats", *The New York Times*, 18 nov. 1987.
106. Ilan Ben-Meir, "That Time Trump Spent Nearly $100,000 On an Ad Criticizing U.S. Foreign Policy In 1987", Buzzfeed News, 10 jul. 2015.
107. Hunter Schwarz, "The Many Ways in which Donald Trump Was once a Liberal's Liberal", *The Washington Post*, 9 jul. 2015.
108. Fareed Zakaria, "The Abortion Battle May Be the Precursor to Even Larger Struggles", *The Washington Post*, 5 maio 2022.

109. Ezra Klein, op. cit., p. xiii.
110. "Presidential Approval Ratings—Donald Trump", Gallup.
111. Lane Cuthbert e Alexander Theodoridis, "Do Republicans Believe Trump Won the 2020 Election? Our research Suggests They Do", *The Washington Post*, 7 jan. 2022.
112. Maxine Najle e Robert P. Jones, "American Democracy in Crisis: The Fate of Pluralism in a Divided Nation", PRRI, 19 fev. 2019.
113. Pippa Norris e Ronald Inglehart, *Cultural Backlash: Trump, Brexit, and Authoritarian Populism* (Cambridge: Cambridge University Press, 2019), pp. 15-6.
114. "U.S. Foreign-Born Population Trends", Pew Research Center, 28 set. 2015.
115. "Voting and Registration in the Election of November 1970", Bureau of the Census [Bureau do Censo], figura 2; "Voter Turnout Demographics", United States Elections Project.
116. Daniel Cox, Rachel Lienesch e Robert P. Jones, "Beyond Economics: Fears of Cultural Displacement Pushed the White Working Class to Trump", PRRI, 9 maio, 2017.
117. Norris e Inglehart, *Cultural Backlash*, p. 353.
118. Fareed Zakaria, "The Democrats should rethink their immigration absolutism", *The Washington Post*, 3 ago. 2017.
119. Derek Thompson, "Three Decades Ago, America Lost Its Religion. Why?", *The Atlantic*, 26 set. 2017.
120. Ronald F. Inglehart, *Religion's Sudden Decline: What's Causing It, and What Comes Next?*. Oxford: Oxford University Press, 2021, p. 14.
121. Ronald F. Inglehart, op. cit., p. 15.
122. Michelle Margolis, "When Politicians Determine Your Religious Beliefs", *The New York Times*, 11 jul. 2018.
123. Fareed Zakaria, op. cit.
124. Ronald Brownstein, "How religion widens the partisan divide", CNN, 22 out. 2019.
125. Ezra Klein, op. cit., p. 12.
126. Milan Singh, "The rise of the liberal Democrat", Slow Boring, 5 ago. 2023.
127. Ezra Klein, op. cit., p. 130.
128. Lydia Saad, "Socialism as Popular as Capitalism among Young Adults in U.S.", Gallup, 25 nov. 2019.
129. "Students Show Mixed Support for Police and Movement to Defund", Generation Lab, 6 jul. 2020.
130. Peter Smith, "Moscow Patriarch Stokes Orthodox Tensions with War Remarks", AP News, 8 mar. 2022.
131. Pjotr Sauer, "Putin says West Treating Russian Culture Like 'Cancelled' JK Rowling", *The Guardian*, 25 mar. 2022.

CAPÍTULO NOVE: AS REVOLUÇÕES DUAIS

1. Graham T. Allison, *Destined for War: Can America and China Escape Thucydides's Trap?*. Boston: Houghton Mifflin Harcourt, 2017, p. vii, [ed. bras.: *A caminho da guerra: Os Estados Unidos e a China conseguirão escapar da armadilha de Tucídides?* Trad. de Cássio de Arantes Leite. Rio de Janeiro: Intrínseca, 2020].
2. Graham T. Allison, op. cit. (Notar que o próprio Allison chama o dilema de "armadilha de Tucídides".)
3. Graham T. Allison, op. cit.
4. Esse parágrafo se baseia no meu livro de 2008 *The Post-American*.
5. "Globalization over 5 Centuries", Our World in Data. Dados de Mariko J. Klasing e P. Milionis, "Quantifying the Evolution of World Trade, 1870-1949", *Journal of International Economics*, v. 92, n. 1, 2014, pp. 185-97; A. Estevadeordal, B. Frantz e A. Taylor, "The Rise and Fall of World Trade, 1870-1939", *Quarterly Journal of Economics*, v. 118, n. 2, 2003, pp. 359-407; Banco Mundial — Indicadores de Desenvolvimento no Mundo; Robert C. Feenstra, Robert Inklaar e Marcel P. Timmer, "The Next Generation of the Penn World Table", *American Economic Review*, v. 105, n. 10, 2015, pp. 3150-82.
6. "International Tourism Growth Continues to Outpace the Global Economy", Organização Mundial de Turismo das Nações Unidas, 20 jan. 2020; "International Tourism Swiftly Overcoming Pandemic Downturn", Organização Mundial de Turismo das Nações Unidas, 19 set. 2023.
7. John Lewis Gaddis, *The Long Peace: Inquiries Into the History of the Cold War*. Oxford: Oxford University Press, 1989.
8. Fareed Zakaria, "A Conversation with Lee Kuan Yew," *Foreign Affairs*, 1 mar. 1994.
9. Fareed Zakaria, "The Rise of Illiberal Democracy", *Foreign Affairs*, 1 nov. 1997; e Fareed Zakaria, *The Future of Freedom: Illiberal Democracy at Home and Abroad*. Nova York: W. W. Norton, 2007 [ed. port.: *O futuro da liberdade*. Trad. de Arnaldo M. A. Gonçalves. Lisboa: Gradiva, 2004].
10. Hugo Grotius, *The Rights of War and Peace* (ed. 2005), v. 1 (Livro 1). Indianápolis: Liberty Fund, 1625.
11. Immanuel Kant, "Toward Perpetual Peace," in *Kant: Political Writings*. Cambridge: Cambridge University Press, 1991 [ed. bras.: À paz perpétua: Um projeto filosófico. Trad. de Bruno Cunha. Petrópolis: Vozes, 2020].
12. "Chasing Freedom: The Royal Navy and the suppression of the transatlantic slave trade", comemoração de 1807, Institute for the Public Understanding of the Past and the Institute of Historical Research, 2007.

13. Niall Ferguson, *The Pity of War*. Nova York: Basic, 1999 [ed. bras.: *O horror da guerra: Uma provocativa análise da Primeira Guerra Mundial*. Trad. de Janaina Marcantonio. Rio de Janeiro: Planeta do Brasil, Crítica, 2014].
14. William Ewart Gladstone, "Remember the Rights of the Savage" (discurso, Dalkieth, Reino Unido, 26 nov. 1879), *Journal of Liberal History*, Liberal History Democrat Group.
15. Esse parágrafo e os três seguintes foram extraídos do meu texto de 2019 na *Foreign Affairs*, "The Self-Destruction of American Power" (jul.-ago. 2019). Reimpresso com permissão da *Foreign Affairs*, copyright 2019 do Council of Foreign Relations.
16. R. W. Apple Jr., "The Houston Summit; A New Balance of Power", *The New York Times*, 12 jul. 1990.
17. "Tsongas Campaign Rally", vídeo, C-SPAN, 16 mar. 1992.
18. Charles Krauthammer, "The Unipolar Moment", *Foreign Affairs*, v. 70, n. 1, 1990, pp. 23-33.
19. Charles Krauthammer, "The Unipolar moment", *The Washington Post*, 20 jul. 1990.
20. Mark Wintz, "Origins of the Crisis: The Breakup of Yugoslavia", em *Transatlantic Diplomacy and the Use of Military Force in the Post-Cold War Era*. Nova York: Palgrave Macmillan, 2010.
21. "Rubin, Greenspan & Summers", *Time*, 15 fev. 1999.
22. Até mesmo a República Popular da China tem eleições (fortemente encenadas) de algum tipo, assim como muitas ditaduras se fantasiam de "democráticas".
23. Zakaria, *Post-American World*.
24. Com base em números de PIB nominal fornecidos pelo FMI para os anos 1990 e estimativas para 2023.
25. "The top 10 largest economies in the world in 2023", *Forbes India*, 16 out. 2023.
26. "GDP (current US$)", Banco Mundial.
27. "U.S. Defense Spending Compared to Other Countries", Fundação Peter G. Peterson, 24 abr. 2023.
28. "GDP (current US$) — China, United States", Banco Mundial.
29. "GDP (current US$) — India, United States, China, Brazil, Turkey, Saudi Arabia", Banco Mundial.
30. Devon Pendleton, "These Are the World's Richest Families", Bloomberg, 28 out. 2022.
31. Rosie Lesso, "What Are the 5 Tallest Buildings in the World?", The Collector, 16 fev. 2023.
32. Andrew Hyde, "China's Emerging Financial Influence at the UN Poses a Challenge to the U.S.", Stimson Center, 4 abr. 2022.

33. Bonnie S. Glaser e Courtney Fung, "China's Role in the Unites Nations", German Marshall Fund of the United States, 1 dez. 2022.
34. Fareed Zakaria, "The New China Scare", *Foreign Affairs*, 6 dez. 2019.
35. Xi Jinping, "Secure a Decisive Victory in Building a Moderately Prosperous Society in All Respects and Strive for the Great Success of Socialism with Chinese Characteristics for a New Era", apresentado no 19º Congresso Nacional do Partido Comunista da China, Xinhua, 18 out. 2017.
36. Fareed Zakaria, "The Decline of U.S. influence Is the Great Global Story of Our Times", *The Washington Post*, 28 dez. 2017.
37. Joshua Kurlantzick, "The Belligerents", *The New Republic*, 27 jan. 2011.
38. Ver Julia Lovell, *Maoism: A Global History*. Nova York: Alfred A. Knopf, 2019.
39. "2023: Trade in Goods with China", United States Census Bureau.
40. Partes desse parágrafo e do parágrafo seguinte são tiradas de Fareed Zakaria, "U.S. and China are in a Cold Peace", *The Washington Post*, 5 ago. 2021.
41. "GDP (Constant 2015 US$, Russian Federation)", Banco Mundial.
42. "Confiscate Russian Assets? The West Should Resist", The Editorial Board, Bloomberg, 18 jul. 2023.
43. "Russia's Invasion of Ukraine Exacerbates Hunger in Middle East, North Africa", Human Rights Watch, Human Rights Watch, 21 mar. 2022.
44. Fareed Zakaria, "Russia's biggest problem isn't the war. It's losing the 21st century", *The Washington Post*, 30 jun. 2023, citando Nicholas Eberstadt, "Russian Power in Decline: A Demographic and Human Resource Perspective", American Enterprise Institute, AEI Foreign & Defense Policy Working Paper 2022-01, ago. 2022.
45. "School Enrollment, Tertiary (% gross) — Russian Federation, European Union", Banco Mundial; "Literacy Rate, Adult Total (% of people ages 15 and above) — Russian Federation", Banco Mundial.
46. Fareed Zakaria, "Russia Is the last Multinational Empire, Fighting to Keep Its Colonies", *The Washington Post*, 31 mar. 2022.
47. "Putin: Soviet Collapse a 'Genuine Tragedy'", NBC News, 25 abr. 2005.
48. Fareed Zakaria, op. cit.
49. Essa seção baseia-se em Fareed Zakaria, *Ten Lessons for a Post-Pandemic World*, pp. 197-8, e Fareed Zakaria, "The New China Scare". Reimpresso com permissão de *Foreign Affairs*, jan./fev. 2020. Copyright 2020 do Council on Foreign Relations, Inc. www.ForeignAffairs.com.
50. Tradução: Observação do Conselho de Estado sobre a Publicação de 'Made in China 2025'", Georgetown Center for Security and Emerging Technology, 10 mar. 2022; ver também James McBride e Andrew Chatzky, "Is 'Made in China 2025' a Threat to Global Trade?", Council on Foreign Relations Backgrounder.

51. Fareed Zakaria, "What the West is still getting wrong about the rise of Xi Jingping", *The Washington Post*, 6 out. 2022.
52. "GDP Growth (annual %) — China", Banco Mundial.
53. Tracy Alloway, Joe Weisenthal e Isabel Webb Carey, "Richard Koo on China's Risk of a Japan–Style Balance Sheet Recession", Bloomberg, 10 jul. 2023.
54. Zongyuan Zoe Liu, entrevistado por Tracy Alloway e Joe Weisenthal, "The Odd Lots", Bloomberg, 21 ago. 2023.
55. Fareed Zakaria, op. cit.
56. Tiffany May, "He Fled China's Repression. But China's Long Arm Got Him in Another Country", *The New York Times*, 26 ago. 2023.
57. Fareed Zakaria, "It Takes Two to Tango. But Does China Want to Dance?", *The Washington Post*, 27 jul. 2023.
58. Elizabeth Economy, *The Third Revolution: Xi Jinping and the New Chinese State*. Nova York: Oxford University Press, 2018 [ed. bras.: *A terceira revolução: Xi Jinping e o novo Estado chinês*. Trad. de Adeliz de Siqueira Ferreira. Rio de Janeiro: Biblioteca do Exército, 2022].
59. Angela Stent, *Putin's World: Russia against the West and with the Rest*. Nova York: Twelve, 2019, p. 51.
60. Angela Stent, op. cit., p. 27.
61. A cientista política Angela Stent, entre outros, esclareceu esse eco. Ver Angela Stent, op. cit., p. 27.
62. Peter Pomerantsev, *Nothing Is True and Everything Is Possible: the Surreal Heart of the New Russia* (PublicAffairs; reimpressão de edição, 2015), p. 186.
63. Tim Hume, "Vladimir Putin: I didn't mean to scare Angela Merkel with my dog", CNN, 12 jan. 2016.
64. " 'There will be dad and mum': Putin rules out Russia legalizing gay marriage", Reuters, 13 fev. 2020; outra tradução para o inglês: "Extracts from Putin's speech at annexation ceremony", Reuters, 30 set. 2022.
65. Emma Bubola, "Putin Signs Law Banning Expressions of L.G.B.T.Q. Identity in Russia", *The New York Times*, 5 dez. 2022.
66. Neil MacFarquhar, "Putin signs a harsh new law targeting transgender people in Russia", *The New York Times*, 24 jul. 2023.
67. Youqin Wang, "Student Attacks against Teachers: The Revolution of 1966", *Issues & Studies*, v. 37, n. 2, mar./abr. 2001.
68. Li Yuan, 'Reversing Gears': China Increasingly Rejects English, and the World", *The New York Times*, 9 set. 2021.
69. Helen Davidson, "China Divorces Drop 70% after Controversial 'Cooling Off' Law", *The Guardian*, 18 maio 2021.

70. Carina Cheng, Oliver Hu e Larissa Gao, “Barred from Freezing Their Eggs at Home, Single Chinese Women Are Traveling Elsewhere”, NBC News, 4 set. 2023.
71. Robert Burton-Bradley, “Has China’s push to ban ‘effeminate’ and ‘sissy’ men claimed its first victim? The tragic case of Zhou Peng”, *South China Morning Post*, 4 jan. 2022.
72. Em toda essa seção, estou me baseando na excelente análise do observador e comentarista pseudônimo da China, N. S. Lyons: ver N. S. Lyons, “The Triumph and Terror of Wang Huning”, *Palladium*, 11 out. 2021.
73. N. S. Lyons, op. cit.
74. Niall Ferguson, “The Myth of the Liberal International Order”, Harvard Belfer Center, 11 jan. 2018.
75. Robert Kagan, *The Jungle Grows Back: America and Our Imperiled World*, Primeira edição da Vintage Books. Nova York: Vintage, 2019.
76. Para África Subsaariana, ver: “Trade Summary for SSD for Sub-Saharian Africa 2021”, Worls Integrated Trade Solutions, Banco Mundial; para América do Sul, ver “China Regional Snapshot: South America”, Foreign Affairs Commitee.
77. Fareed Zakaria, “Biden’s Course Correction on China Is Smart and Important”, *The Washington Post*, 21 abr. 2023.
78. “GDP (current US $)—India, China, United States, Germany, Japan”, 1960-2022, Banco Mundial.
79. Esse parágrafo se baseia em “The one hopeful sign coming out of Davos this year”, de Fareed Zakaria, publicado inicialmente pelo *The Washington Post* em 26 de maio de 2022.
80. Esse parágrafo se baseia em “The narrow path to liberal democracy”, de Fareed Zakaria, publicado inicialmente pelo *The Washington Post* em 29 de julho de 2021.
81. Fareed Zakaria, “The Narrow Path to Liberal Victory”, *The Washington Post*, 29 jul. 2021.
82. Larry Diamond, “All Democracy Is Global”, *Foreign Affairs*, 6 set. 2022.
83. ”‘It Was India’s Good Fortune to Be a British Colony’“, *Outlook*, 5 fev. 2022.

CONCLUSÃO: O ABISMO INFINITO

1. Walter Lippmann, *A Preface to Morals*, Social Science Classics Series. New Brunswick, NJ: Transaction, 1929, reimpressão 1982, p. 21.
2. Aristófanes, *Clouds*, trad. para o inglês de Lippmann, em *A Preface to Morals*, epígrafe.
3. Walter Lippmann, op. cit., pp. 19-20.
4. Max Roser, Esteban Ortiz-Ospina e Hannah Ritchie, “Life Expectancy”, Our World in Data, primeira publicação em 2013; última revisão em outubro de 2019.

5. Desmond M. Tutu, "The First Word: To Be Human Is to Be Free", *Journal of Law and Religion*, v. 30, n. 3, out. 2015, pp. 386-90.
6. Blaise Pascal, *Pensées*, trad. para o inglês de W. F. Trotter, p. 113.
7. Søren Kierkegaard, *The Concept of Anxiety: A Simple Psychologically Oriented Deliberation in View of the Dogmatic Problem of Hereditary Sin*, trad. para o inglês de Alastair Hannay. Nova York: Liveright, 2015, p. 188 [ed. bras.: *O conceito de angústia: Uma simples reflexão psicológico-demonstrativa direcionada ao problema dogmático do pecado hereditário de Vigilius Haufniensis*. Trad. de Álvaro Luis Montenegro Valls. Rio de Janeiro: Hemus, 2007].
8. Friedrich Nietzsche, *Thus Spoke Zarathustra*, Prólogo.
9. Erich Fromm, *Escape from Freedom*. Nova York: H. Holt, 1994, pp. 150-1 [ed. bras.: *O medo à liberdade*. Trad.: Octavio Alves Velho. Rio de Janeiro: Zahar, 1968].
10. Entrevista com Viktor Orbán feita por Tucker Carlson, 29 ago. 2023, About Hungary [Sobre a Hungria] (blog). Disponível em: https://abouthungary.hu/speeches-and-remarks/interview-with-viktor-orban-by-tucker-carlson.
11. Jesse Graham, Jonathan Haidt e Brian A. Nosek, "Liberals and Conservatives Rely on Different Sets of Moral Foundations", *Journal of Personality and Social Psychology*, v. 96, n. 5, maio 2009, pp. 1029-46.
12. Fukuyama posteriormente desenvolveu a ideia de Thymós, como uma força tanto necessária quanto contraproducente na sociedade humana, no livro *Identity: The Demand for Dignity and the Politics of Resentment*. Nova York: Farrar, Straus and Giroux, 2018 [ed. bras.: *Identidades: A exigência de dignidade e a política do ressentimento*. Dom Quixote, 2018].
13. Alan Ehrenhalt, *The Lost City: The Forgotten Virtues of Community in America*, 2 ed. Nova York: Basic, 1996.
14. Alan Ehrenhalt, op. cit., p. 95.
15. Walter Lippmann, op. cit., p. 10.
16. "The Inflation Reduction Act and US Business Investment", US Department of Treasury [Departamento do Tesouro dos Estados Unidos], 16 ago. 2023.
17. Fareed Zakaria, "National Service Can Bring Us Together as a Nation", *The Washington Post*, 19 maio 2019, citando dados fornecidos por Mark Muro, da Brookings Institution.
18. Mickey Kaus, *The End of Equality, A New Republic Book*. Nova York: Basic, 1996, p. 50.
19. Fareed Zakaria, "National Service Can Bring Us Together as a Nation", *The Washington Post*, 9 maio 2009.
20. "Southwest Land Border Encounters FY22", US Customs and Border Prediction.
21. David Frum, "If Liberals Won't Enforce Borders, Fascists Will", *The Atlantic*, abr. 2019.

22. Fareed Zakaria, "A Conversation with Lee Kuan Yew", *Foreign Affairs*, 1 mar. 1994.
23. Daniel Cox, Rachel Lienesch e Robert P. Jones, "Beyond Economics: Fears of Cultural Displacement Pushed the White Working Class to Trump", Public Religion Research Institute [Instituto Público de Pesquisa em Religião]/Reportagem, *The Atlantic*, 9 maio 2017.
24. George F. Will, *The Conservative Sensibility*. Nova York: Hachette, 2019, p. xxviii.
25. Eric Alterman, "Remembering the Left-Wing Terrorism of the 1970s", *The Nation*, 4 abr. 2015.
26. Isaiah Berlin, "A Message to the Twentieth Century", Commencement Address at University of Toronto [Discurso Inaugural na Universidade de Toronto], 25 nov. 1994, *The New York Review of Books*.
27. Thomas Babington Macaulay, *Speeches, Parliamentary and Miscellaneous*. Londres: H. Vizetelly, 1853, v. 1, pp. 11-4, 20-1, 25-6.
28. Gertrude Himmelfarb, *On Liberty and Liberalism: The Case of John Stuart Mill*. São Francisco, CA: ICS Press, 1990.
29. Von Bono, "Europe is a thought that needs to become a feeling", *Frankfurter Allgemeine Zeitung*, 27 ago. 2018.

ÍNDICE REMISSIVO

Nota: Números de página em itálico indicam ilustrações e números de página após 319 referem-se a notas.

CRÉDITOS

CRÉDITOS DO TEXTO

A discussão sobre o ChatGPT, no capítulo 7, "Informação ilimitada", foi adaptada de um segmento apresentado no programa do autor na CNN no dia 30 de abril de 2023 e pode ser vista no perfil de Fareed Zakaria na rede X (@FareedZakaria): "Today's last look: ChatGPT is going to help software 'eat the world'", 30 de abril de 2023, disponível em https://twitter.com/FareedZakaria/status/1652837826323439618. Foi inspirada em uma postagem no blog de Kedrosky e Norlin: "Society's Technical Debt and Software's Gutenberg Moment", *Irregular Ideas with Paul Kedrosky & Eric Norlin of SKV*, SKV, 21 de março de 2023.

Partes do capítulo 9, "As revoluções duais", foram retiradas de "The Self-Destruction of American Power". Reimpresso com a permissão de FOREIGN AFFAIRS, julho/agosto de 2019. Copyright © 2019 by the Council on Foreign Relations, Inc. www.ForeignAffairs.com; e "The New China Scare". Reimpresso com a permissão de FOREIGN AFFAIRS, janeiro/fevereiro de 2020. Copyright © 2020 by the Council on Foreign Relations, Inc. www.ForeignAffairs.com.

Este livro traz partes de obras do autor já publicadas, em especial as colunas do *The Washington Post*, que estão integralmente disponíveis em https://www.washigntonpost.com/people/fareed-zakaria/, e os livros *O mundo pós-americano* (2008) e *Dez lições para o mundo pós-pandemia* (2020), publicados originalmente pela W. W. Norton & Company.

CRÉDITOS DAS IMAGENS

Página 41: Kat Cantner, *Mapa dos Países Baixos de 1300 até o presente*. Copyright © 2019 American Geosciences Institute. Usado com permissão.
Página 77: *Luís XVI envergou o barrete vermelho e gritou "*Vive la nation*"*. Library of Congress, 1792.
Página 77: *A população obriga Luís XVI a adotar o "barrete vermelho"*, em *Cassell's Illustrated History of England*, volume 5, 1865.
Página 87: *Uma gravura de Robespierre guilhotinando o carrasco, depois de ter guilhotinado a França inteira*, extraída de *La Guillotine en 1793*, de H. Fleischmann, 1908, 269.
Página 110: "PIB mundial ao longo dos últimos dois milênios", *Our World in Data*, Global Change Data Lab, 2017, acessado em 29 de junho de 2023. Nota de *Our World in Data*: "As informações de 1900 adiante apresentadas aqui são do World Bank. É o PIB mundial total em dólares internacionais de 2011, conforme publicado aqui: http://data.worldbank.org/indicator/NY.GDP.MKTP.PP.KD (acessado em 16 de abril de 2017). As informações anteriores a 1990 foram extraídas de trás para frente do World Bank, e a observação de 1990 *é* baseada nos índices de crescimento indicados pelo Maddison data."
Página 128: James Gillray, *Liberdade francesa, escravidão britânica*, 21 de dezembro de 1792, Londres. The Metropolitan Museum of Art.
Página 136: *O interior do Palácio de Cristal (Fonte, vista de frente)*, *The Illustrated Exhibitor*, 1851.
Página 136: Adam Simpson, arte de Tom Shone, "Surveillance State", *The New York Times*, de Jenni Fagan, *O panóptico* [The Panopticon], 18 de julho de 2013.
Página 156: *Veteranos da União e dos confederados trocam apertos de mão em reunião para comemorar o 50º aniversário da batalha de Gettysburg*, Library of Congress, 1913.
Página 204: *O computador ENIAC (Electronic Numerical Integrator and Computer), desenvolvido na University of Pennsylvania em 1946: primeiro computador eletrônico*, 1º de janeiro de 1946, Apic / Hulton Archive via Getty Images.
Página 217: Norman Rockwell, *Liberdade de expressão* [Freedom of Speech], 1943. Impresso com a permissão de Norman Rockwell Family Agency, Copyright © 1943 the Norman Rockwell Family Entities.
Página 242: Stanley Forman, *A mácula de Velha Glória* [The Soiling of Old Glory], em *Boston Herald American*, 5 de abril de 1976.
Página 269: Bastian Herre, Esteban Ortiz-Ospina e Max Roser, "Democracy", *Our World in Data*, Global Change Data Lab, 2013 (atualizado em 2023).

1ª edição	JULHO DE 2024
impressão	IMPRENSA DA FÉ
papel de miolo	LUX CREAM 60 G/M²
papel de capa	CARTÃO SUPREMO ALTA ALVURA 250G/M²
tipografia	BEMBO